JN411638

동아시아의 역사Ⅱ
(북방민족-서민문화)

동아시아의 역사 II

북방민족 - 서민문화

동북아역사재단 엮음

발간사

1990년대 후반부터 일본에서 이른바 '역사수정주의'가 전면에 등장하면서 역사인식을 둘러싼 갈등이 커졌습니다. 그리고 2000년대 초부터 일본 우익계열이 편찬한 역사교과서가 이러한 갈등을 부추기기도 했습니다. 설상가상으로 비슷한 시기에 중국의 '동북공정'이 문제로 대두하자, 한·중·일의 역사갈등은 국민적·국가적 차원의 문제로 비화했습니다.

동북아역사재단은 이러한 상황을 배경으로 2006년 9월에 출범하였습니다. 그리고 한·중·일 역사가와 역사교육자들은 역사 갈등을 평화롭게 극복하기 위해 『미래를 여는 역사』 『마주보는 한일사』 『한일 교류의 역사』 등 여러 종류의 공동 역사부교재를 출간하였습니다.

이러한 성과에 힘입어 교육과학기술부는 한국사와 이웃나라의 역사를 좀 더 깊게 공부하도록 2007년 개정 교육과정에서 고등학교 역사과 선택과목으로 '동아시아사'를 신설하였습니다.

'동아시아사'는 인간이 동아시아 지역에서 전개한 활동과 그것이 남긴 문화유산을 역사적으로 파악하여 이 지역에 대한 이해를 증진하여 지역의 공동발전과 평화를 추구하는 안목과 자세를 기르도록 하기 위해 개설한 것입니다.

동아시아사 과목을 매개로, 학생들은 한국사와 세계사를 따로 따로 이해하는 인식을 극복하고, 통합적 역사에 접근할 수 있을 것입니다.

뿐만 아니라 동아시아의 과거와 현재를 객관적으로 이해하여, 최근 동아시아 국가들 사이에 조성되고 있는 역사 갈등을 미래지향적으로 극복하여 동아시아에서 평화와 번영을 이루는 기반을 마련하는 데도 기여할 수 있을 것입니다.

동북아역사재단은 '동아시아사' 교과목 개설이 필요하다는 점에 공감하여 '동아시아사' 교육과정 관련 작업에 직·간접적으로 참여하였던 연구자들이 2010년부터 동아시아사 교육과정의 26개 내용 요소별로 역사 교사를 위한 수업 참고자료인 『동아시아의 역사』를 개발하고, 2011년도에 교육과학기술부 지원을 받아 전국의 고등학교에 배포하게 되었습니다.

이 책은 고등학교 교육현장에서 '동아시아사' 교과목을 어떻게 적용하고 가르칠 것인지에 대해 유익한 참고자료 역할을 할 수 있을 것으로 기대합니다.

끝으로 『동아시아의 역사』 집필자 여러분과 출간을 위해 애쓰신 분들께 감사의 말씀을 드립니다.

2011년 11월

동북아역사재단이사장 정재정

Contents

발간사 … 4

제3장 생산력의 발전과 지배층의 교체
– 10세기부터 16세기까지

1. 북방민족의 발전과 정복왕조 _ 임상선

Ⅰ. 머리말 : 북방민족과 정복왕조 … 11
Ⅱ. 거란의 발전과 주변국과의 관계 … 13
Ⅲ. 금의 발전과 주변국과의 관계 … 23
Ⅳ. 몽골의 발전과 원 … 29

2. 10~16세기 동아시아 사회에서 농업생산량의 발전과 소농경제 _ 조복현

Ⅰ. 10~16세기 동아시아 세계 … 41
Ⅱ. 농업의 발전 … 46
Ⅲ. 농업 경영방식 … 66
Ⅳ. 농업발전의 영향 … 83

3. 문신과 무인 _ 이익주

Ⅰ. 사회 변동과 새로운 지배층의 등장 … 93
Ⅱ. 관리 선발 제도 … 112
Ⅲ. 14~16세기 역사 발전 … 120

4. 성리학 _ 강문식

Ⅰ. 머리말 … 137
Ⅱ. 성리학의 성립 과정 … 139
Ⅲ. 성리학의 관학화와 확산 … 156
Ⅳ. 동아시아 성리학의 지역적 특징 … 167
Ⅴ. 맺음말 … 191

제4장 국제질서 변화와 독자적 전통의 형성
– 16세기부터 19세기까지

1. 16세기말 동아시아 국제전쟁 _ 하우봉

Ⅰ. 머리말 … 201
Ⅱ. 전쟁 명칭에 대한 재검토 … 203
Ⅲ. 전쟁 이전 정세 … 212
Ⅳ. 임진전쟁 경과 … 218
Ⅴ. 임진전쟁과 동아시아 국제사회 변동 … 238
Ⅵ. 임진전쟁이 남긴 것 : 영향과 기억 … 247
Ⅶ. 맺음말 : 과제와 전망 … 265

2. 16~18세기 동아시아 교역망과 은 유통 _ 김동철

Ⅰ. 16세기 은광 개발붐 … 272
Ⅱ. 16세기 동아시아의 은 유통 … 280
Ⅲ. 17세기 동아시아 사무역 중심의 은 교역망 … 290
Ⅳ. 1680년대 이후 교역망과 은 유통 변화 … 311
Ⅴ. 18세기 이후 동아시아 무역 동향 … 319

Contents

3. 인구증가와 사회경제 _ 고동환

Ⅰ. 머리말 … 337
Ⅱ. 인구증가와 사회변화 … 338
Ⅲ. 상공업 발달과 도시의 성장 … 355
Ⅳ. 맺음말 : 동아시아 3국의 인구증가와 도시화 비교 … 377

4 . 서민문회; 각국의 독자적 전통 _ 김문식

Ⅰ. 서학의 성립과 전파 … 385
Ⅱ. 경세적 학풍의 성립 … 399
Ⅲ. 고증적 학풍 성립 … 412
Ⅳ. 서민문화의 성립 … 424

찾아보기 … 434

제3장

생산력의 발전과 지배층의 교체

– 10세기부터 16세기까지

북방민족의 발전과 정복왕조
– 요, 금, 원

임상선 | 동북아역사재단

Ⅰ. 머리말 : 북방민족과 정복왕조

Ⅱ. 거란의 발전과 주변국과의 관계

Ⅲ. 금의 발전과 주변국과의 관계

Ⅳ. 몽골의 발전과 원

I. 머리말 : 북방민족과 정복왕조

동아시아에서는 예로부터 북방의 삼림·초원지대에 사는 수렵·유목민 사회와 남방의 평원·계곡지대에 사는 농경 사회와의 사이에 정치·문화적 차이가 있어, 침략·정복·지배 등의 다양한 역사적 과정이 있었다.

선비족 이후 몽골 초원과 만주 지역에 거주한 민족은 일반적으로 호(胡) 혹은 적(狄)이라고 불렸는데, 이들 북방민족들이 한족문화를 일부 수용하면서도 그들 본래의 유목민족적 사회조직과 전통·문화·종교 등을 유지한 이원적 통치체제를 실시하였다는 것이 독일계 미국학자 비트포겔(Karl A. Wittfogel)이 2차 세계대전 후 제기한 '정복왕조론'이다. 1949년 『중국사회사 : 요』(The History of Chinese Society, Liao)라는 저서(중국학자 馮家升과 공저)의 서문에서 진·한부터 청에 이르는 중국의 전근대 왕조를 '전형적 중국왕조'와 '정복왕조' 두 종류로 구분했다.[1] '정복왕조'에서는 통치민족이 중원으로 들어온 방식에 따라 두 종류로 구분되는데, 그 하나는 '침투형 왕조'(Dynasties of Infiltration)로 16국과 북위 등이 대표적이고, 다른 하나는 '정복왕조'(Dynasties of Conquest)로 요·금·원·청이 대표적이다. 한문화에 대한 태도에서도 '정복왕조'는 비교적 거부하는 편이었고, '침투왕조'는 흡수하는 편이었다는 비트포겔의 '정복왕족론'은 특히 서구학계에 큰 영향을 주었으나, 중국학계는 일본군국주의 혹은 제국주의 논리를 계승한 것에 불과하다고 비판한다.[2]

---

1 Karl Wittfogel and Feng Chia-sheng(1949), The History of Chinese Society : Liao (907~1125), Philadelphia : American Philosophical Society, pp. 1~32 참조.

2 정복왕조론에 대해서는 아래의 논고 참조.
윤영인(2008), 「거란·요 연구-21세기 연구성과를 중심으로-」『중국학계의 북방민

10세기 초 거란(契丹), 12세기 초 여진(女眞), 그리고 13세기 초 몽골 제국의 등장은 당시 동아시아 국제 관계에 큰 변화를 몰고 왔다. 먼저 거란이 요(遼)를 세운 이후 중원에서는 북송(北宋, 960~1127)과 남송(南宋, 1127~1279)이 번갈아 일어나고, 그 서북쪽에서는 탕구트족(黨項族)의 서하(西夏, 1038~1227)가 송의 지배를 벗어나 독립 국가를 세웠다. 또한 한반도에서는 고려가 흥기하고, 오늘날 중국 동북지방에서는 여진의 금(金)이 등장하였다. 그후 몽골 제국의 등장은 거란과 여진에 의하여 촉발된 다원적 국제 질서를 넘어, 중국 전역을 통일하고, 동아시아를 넘어 중앙아시아와 서아시아 및 동유럽 문턱까지 확장시켜 세계 제국을 건설했는데, 이는 단지 동아시아사에 그치지 않고 정치·경제·문화·군사 등 다방면에 걸쳐 유라시아 역사를 새로 쓰게 하는 역사적 사건이었다.[3]

이제까지의 북방민족 연구는 한족중심적 시각이 농후한 한문기록에 거의 전적으로 의존해 왔고 정복왕조는 상대적으로 경시되어 왔다. 과거 북방민족의 정복왕조가 통치하였던 지역 대부분이 현재 중국의 영토에 속한다고 하여, 정복왕조의 역사를 '중국사' 혹은 '중화민족'의 역사로 해석하는 것은 재론의 여지가 많다.[4]

족·국가 연구』, 동북아역사재단.
윤영인(2009), 「책머리에-북방민족과 정복왕조의 역사적 중요성」『10~18세기 북방민족과 정복왕조 연구』, 동북아역사재단.
테므르(2010), 「북방민족 왕조와 중국역사-중국학계의 요·금·원·청 등 왕조에 대한 연구」『외국학계의 정복왕조 연구 시각과 최근 동향』, 동북아역사재단.

3 이평래(2009), 「북방민족」『동아시아사 교과서 집필 안내서』, 동북아역사재단.

4 윤영인(2009), 「책머리에-북방민족과 정복왕조의 역사적 중요성」『10~18세기 북방민족과 정복왕조 연구』, 동북아역사재단, 14~15쪽.

II. 거란의 발전과 주변국과의 관계

1. 거란 연구현황[5]

요 왕조는 야율아보기(耶律阿保機)가 황제를 칭한 때부터 천조제가 금에 투항할 때까지 9명의 황제, 210년 동안 존속하였다(916~1125).

최근까지도 거란(요)제국에 대한 연구는 한족중심적 편견과 기본 사료의 결핍 때문에 학자들의 관심을 끌지 못하였고 그 성과도 송, 명 등 한족왕조에 비해 크게 못 미쳤다. 1980년을 전후하여 본격화된 중국학계의 거란 대외관계사 연구는 대부분 중원 한족왕조 송과의 관계를 다루고 있다.[6]

현재 중국에서는 다민족주의의 입장과 전통적인 입장인 한족왕조 송을 위주로 한 입장이 큰 차이를 보이는 가운데, 1980년대 이후 논문들은 전자의 경우가 많다. '동북공정'과 관련하여 '통일적다민족국가론(統一的多民族國家論)'을 입증하기 위해 한족과 북방민족과의 관계사가 중국 내부의 민족모순이라는 전제하에 송·요 간에 전쟁과 충돌이 있었지만 평화적인 교류가

---

5 거란 연구현황에 대해서는 아래의 논고 참조.
윤영인(2008), 「거란·요 연구-21세기 연구성과를 중심으로-」『중국학계의 북방민족·국가 연구』, 동북아역사재단.
조복현(2010), 「중국에서의 오대 왕조와 거란의 관계사 연구동향」『동북아 중세의 한족과 북방민족-최근 중국학계의 연구동향과 그 성격』, 동북아역사재단.
박지훈(2010), 「중국학계의 북송과 요의 관계사 연구동향」『동북아 중세의 한족과 북방민족-최근 중국학계의 연구동향과 그 성격』, 동북아역사재단.

6 윤영인(2008), 「거란·요 연구-21세기 연구성과를 중심으로-」『중국학계의 북방민족·국가 연구』, 동북아역사재단.

주류를 이루었다고 보고 있다.[7]

심지어 거란이 '진(秦)'의 한 갈래로서 진민족이 시거지를 벗어난 이후 그 한 갈래는 서북으로, 또 한 갈래는 동북으로 이주한 것이며, 결국, 거란민족은 진민족과 함께 모두 동이족계의 후대로서 동족관계에 있으며, 거란족이 동이의 한 갈래인 이상 그 조상이 '염제(炎帝)에게서 나왔다'고 하는 것도 절대로 무슨 '가탁한 것'이 아니며 실제의 역사라고 주장하기도 한다.[8]

다음으로 송과 요가 병존했던 시기를 '남북조' 내지는 '삼국정립'이라는 표현을 쓰거나 '송요하금 시기' 등으로 표기해야한다는 의견이 다수 제출되고 있다.[9] 송과 요를 병기할 때 기존의 '송요'라는 표현 대신 '요송'으로 표기하는 경우도 있다.

2. 요 건국과 발전

거란은 본래 동호종(東胡種), 혹은 고막해(庫莫奚)와 이종동류(異種同類)라고도 하는데, 최근에는 그 원류가 선비(鮮卑)라는 주장이 설득력을 얻고 있다. 10세기에 야율아보기가 거란족의 유력한 지도자로 등장하면서 발전의 전기

7 박지훈(2010), 「중국학계의 북송과 요의 관계사 연구동향」 『동북아 중세의 한족과 북방민족-최근 중국학계의 연구동향과 그 성격』, 동북아역사재단, 151~152쪽.

8 李德山·欒凡(2003), 『中國東北古民族發展史』, 中國社會科學出版社, 217~221쪽.

9 孟古托力의 「宋遼"南北朝"說考論」(「學習與探索」1990-8, 132~138쪽)은 송요 왕조가 중국 역사상 두 번째 '남북조'였다고 주장한다. 그는 '당송원명청'은 7세기에서 20세기 초 중국 역사 및 그 시간 서열의 일반적인 호칭이나, 정확한 것은 '당요오대송금원명청'이라고 한다. (박지훈(2010), 「중국학계의 북송과 요의 관계사 연구동향」, 『동북아 중세의 한족과 북방민족-최근 중국학계의 연구동향과 그 성격』, 동북아역사재단, 138쪽에서 재인용).

를 맞이하였다. 활발한 대외확장을 추진하던 거란은 동북의 여러 세력을 모두 복속시키고, 발해마저 멸망시키고 중원 공격을 본격화하였다.[10]

당시 중국은 오대의 혼란기였는데 후당의 하동절도사 석경당은 연운(燕雲)16주[11]의 할양과 거란으로의 신속관계를 조건으로 원병을 청하였다. 태종(재위 926~947년)은 이 기회를 빌어 침입하여 후당의 수도 낙양을 공략하고 석경당의 후진 왕조를 옹립하였으며 937년에는 국호를 대요라고 정했다.

요는 제6대 성종대에 이르러 극성기를 맞았으니, 송의 영토를 향해 남하하여 진종의 군대와 황하를 사이에 두고 대치한 후 양국간에 화의가 성립되었다. 이때 송은 요에 세폐(歲幣)로써 은 10만냥, 비단 20만필을 바칠 것을 약속했는데 이것이 곧 전연(澶淵)의 맹약(1004)이다.

정복왕조는 초원이나 만주지역의 유목 부족들을 다스리는 정치체제로 중원지역의 정착민을 효율적으로 통치할 수 없었기에 중원을 통치하면서, 부득불 '인속이치(因俗而治)', 즉 각 민족의 풍속에 따라 다스리는 이원적 통치를 하게 되었다.[12]

즉, "북면관(北面官)은 궁장, 부족, 속국의 정치를 관장하고, 남면관(南面官)이 한인(漢人) 주현의 조부, 군마를 관장하는"[13] 이른바 "국제로서 거란을 다스리고, 한제로서 한인을 대우하여"[14], 마침내 "풍속에 의거하여 다스리니,

---

10 10세기초 거란의 발해 멸망 전후의 관계에 대해서는 임상선(2008), 「渤海國과 契丹의 교섭관계 재검토」『고구려발해연구』32집, 고구려발해학회 참조.

11 燕云十六州는 또한 '幽云十六州' '幽蓟十六州'라고도 하며, 后晋 天福3년(938) 石敬瑭이 거란에게 할양한 것이며, 오늘날의 北京, 天津 및 山西, 河北 북부에 있는 탁·계·단(檀)·순(順)·영(瀛)·막(莫)·울(蔚)·삭(朔)·응(應)·신(新)·규·유(儒)·무(武)·환·유(幽)·운(雲)의 16개 주이다. 이로써 요의 강역이 長城 인근에 이르게 되었다.

12 신승하(2002), 『중국사』, 대한교과서, 284쪽.

13 『遼史』卷45 百官志1, 遼官制分北南院 北面治宮帳部族屬國之政 南面治漢人州縣租賦軍馬之事 因俗而治得其宜矣.

14 『遼史』卷45, 百官志1, "以國制治契丹 以漢制待漢人".

그 마땅함을 얻게 되었다”[15]라 하여 한인을 등용해서 한인의 제도로서 한인을 다스리는 제도가 확립되었고, 이는 자연히 한인의 비중이 늘어나는 원인이 되었다. ‘인속이치’의 정책과 ‘겸제중국, 관분남북’[16]은 거란의 통치를 안정시키는 주요한 역할을 담당하였다.[17]

북면조관은 요왕조 관제의 주요기구로서 예를 들어서 북추밀원관병부(北樞密院管兵部)와 남추밀원관병부처럼 남과 북으로 구분되었다. 남북관제는 복잡하게 보이지만 엄격히 구분되었다. 북면조관 가운데 남북추밀원은 요의 최고행정기구였다. 이 두 기구는 군정과 민정을 나누어 관장했으며, 일반적으로는 북아(北衙)와 남아로 불렀다. 북면관제에 대응하는 남면관제는 태종이 중원의 연운십육주를 얻은 후에 당왕조의 관제를 모방하여 설치했다. 삼성육부(三省六部)로 구성된 남면관제에는 한족이 참여하여 한족을 관리했다. 거란인도 남면관으로 등용되었다. 이들을 한관(漢官)이라 불렀으며 한족의 옷을 입었다. 남면관이라는 명칭이 붙은 것은 이들이 근무하는 곳이 요왕의 대장막 남쪽에 있었기 때문이다. 남면관은 아보기의 시대에 한아사(漢兒司)라고 불렀던 한인추밀원과 중서성, 상서성, 문하성, 어사대, 한림원 등으로 구성되었다.[18] 지방관제도 거란인을 비롯한 다른 유목민족들에게는 부족제(部族制)를 적용했고, 한족과 발해인들에게는 주현제(州縣制)를 적용했다.

15 『遼史』卷45, 百官志1, “因俗而治 得其宜矣”.

16 『遼史』卷45, 百官志1, “兼制中國 官分南北 以國制治契丹 以漢制待漢人”.

17 이상은·이석현(2009), 「요의 민족정책과 漢族士人」『북방민족과 중원왕조의 민족인식』, 동북아역사재단, 83~85쪽 참조.

18 契丹舊俗 事簡職專 官制樸實 不以名亂之 其興也勃焉 太祖神冊六年 詔正班爵 至於太宗(926~946) 兼制中國 官分南北 以國制治契丹 以漢制待漢人 國制簡樸 漢制由沿名之風固存也 遼國官制 分北南院 北面治宮帳部族屬國之政 南面治漢人州縣 租賦軍馬之事 因俗而治 得其宜矣…北面朝官契丹北樞密院 掌兵機武銓群牧之政 凡契丹軍馬皆屬焉 以其牙帳居大內帳殿之北, 故名北院…契丹南樞密院 掌文銓部族丁賦之政 凡契丹人民皆屬焉 以其牙帳居大內之南 故名南院 (『遼史』권45, 志제15, 百官志1, 北面朝官).

한문화는 거란에 비하여 높은 수준이었기 때문에 요는 국가 체제가 정비되어 갈수록 점차 한문화를 수용하게 되었다. 그러면서도 한편으로는 자기 민족의 특색을 보존·유지하려고 노력하였다. 야율아보기는 건국 후 돌여불에게 거란 문자를 만들도록 하여 이를 '거란 대자'라 하였으며, 또 그의 동생 질자는 거란 소자를 만들었다. 전자는 한자의 자체에서, 후자는 회흘문을 참조하였는데, 주로 귀족 문인들만이 사용하여 넓게 보급되지는 못하였다.[19]

3. 요와 주변국의 관계

10세기 후반 거란과 송은 군사적으로 대치하면서 대규모 군사적 충돌이 잇달았다. 1004년 겨울 거란군이 송의 수도 개봉(開封)에서 약 100㎞ 정도밖에 떨어지지 않은 전연까지 진출하자, 양국은 협상과 타협으로 1004~5년에 전연지맹을 맺었다. 맹약의 주요 내용은 송이 매년 비단 20만필과 은 10만량의 세폐를 보내고, 양국의 국경을 확실하게 정하여 준수하며, 국경을 넘은 도망자를 받아들이지 않고, 국경지역에서 새 군사시설을 건설하지 않아 상대방의 영토보존을 서로 인정한다는 것이었다.[20]

---

19 신승하(2002), 『중국사』, 대한교과서, 287쪽.

20 甲辰統和二十二年 宋真宗景德元年 春三月 契丹侵宋…冬十月 攻瀛州 為守臣李延渥敗死者三萬餘人 傷者倍之 乃解去…契丹自瀛州率衆三十萬…契丹既陷德清 率衆抵澶州北直犯大陣 圍合三面…十一月 宋真宗親駕澶淵 是時曹利用之書已通契丹 尋遣左飛龍使韓杞持國書偕至南朝 跪授書函 復以關南為請 宋帝曰 所言歸地事極無名 若必邀求 朕當決戰耳 實念河北居人重有勞擾 歲以金帛濟其不足 朝廷之體固亦無傷 誓書不必具言但令曹利用與韓杞口述茲事可也 利用一再往返 乃許歲遺絹二十萬疋 銀一十萬兩 兩議遂定 契丹且請以兄禮事之 乃命李繼昌齎國書與姚東之俱往 契丹遣丁振奉誓書之宋 遂退師 自是不復侵邊矣 (『契丹國志』권7, 聖宗天輔皇帝).

전연지맹은 그 내용 못지않게 중요한 것이 그 조약 문서에 들어있는 용어의 상징적인 의미이다.[21] 송은 거란에 바치는 '공(貢)'의 성격인 비단과 은을 '세폐(歲幣)'라고 하여 체면을 유지하려고 하였고, 두 나라는 서로를 '북조'와 '남조'라고 칭하면서 양국의 황제들은 '형제' 관계를 맺고 황실에 확대 적용하여 송 황제는 요의 황태후를 '숙모'로 요의 황제를 '동생'으로 공식적으로 호칭하게 되었다. 전연지맹은 한족왕조를 천하의 중심임을 설정한 기존 국제질서의 틀이 더 이상 수용되지 않고 있음을 보여준다.[22]

전연의 맹약에 대해 과거에는 일반적으로 모두 그것이 타협적이고 굴욕적인 맹약이라고 인식되었지만 최근 중국에서는 새로운 평가가 나타나고 있다. 첫째, '전연지맹'은 송요 양국이 우호관계를 맺은 하나의 평등조약이라는 견해이고,[23] 둘째, 긍정적인 결과, 즉 타협은 백년이 넘는 평화적인 국면을 유지시켜 정치, 경제와 문화교류를 촉진시켰다고 평가하며,[24] 셋째, 전연지맹을 통해서 한문화가 거란문화에 더 큰 영향을 준 것으로 평가한다.[25] 또한 전연지맹의 성격에 대해서 북송은 전쟁 전의 역량을 대비해볼 때 약자가 아니었고, 북송은 공격을 수비로 바꾸었고, 요는 전투에서 화의로 바꾸었으며, '전연지맹'은 북송이 전투하면 승리할 수 있었던 조건 하에서 체결한 상호이익을 위한 협의라는 점을 지적하였다.[26] 요는 스스로 중국을 대표한다고 인

21 양측의 「宋眞宗誓書」와 「遼聖宗誓書」에는 '남조' '북조' '兩朝' '不宣' '大宋皇帝' 와 '大契丹皇帝' 등의 용어가 사용되었다. (『契丹國志』권20, 晉表, 宋真宗誓書 / 契丹聖宗誓書).

22 피터 윤(2005), 「몽골 이전 동아시아의 다원적 국제관계」『만주연구』제3집, 47쪽.

23 羅朝霞(2000), 「"澶淵之盟"之性質辨」『貴陽師專學報(社會科學版)』2000-1, 35~38쪽.

24 芮忠漢(2002), 「談澶淵之盟」『中國社會科學院研究生院學報』2002-5, 105~106쪽.

25 田相林(2001), 「宋遼"澶淵之盟" : 古代少數民族與漢族長期和好的範例」「平原大學學報」18-4, 45~47쪽.

26 李錫厚(2007), 「論"非"城下之盟"」(張希清, 田浩, 穆紹珩, 劉鄉英 主編, 『澶淵之盟新論』, 人民出版社), 1~22쪽.

식하였고 또한 '정통(正統)'이라고 자처하였고, 이로 인하여 요송 대립 시기는 역사상의 기타 분열시기와 마찬가지로 두 개 혹은 여러 개 왕조가 중국이라는 영토 위에 병존하며, 쌍방이 정식으로 남, 북조라고 호칭하였다. 여기에서 요송은 형제의 나라가 되어 송 진종은 요 성종보다 나이가 많아 진종이 형, 성종이 동생이 되었고 승천태후는 숙모가 되었다. 이후 인종 대에도 나이에 따라 형제관계를 다시 정하였다. 심지어 요송 황실 사이에 이러한 형제관계를 맺은 것은 당연히 거란과 한족 두 민족이 골육친정을 맺었다는 것을 반영한 것이라고 주장하기에 이르렀다.[27]

한편 송조가 그 영향력을 현저하게 감퇴시킨 또 다른 지역의 하나는 서북방면으로, 이곳에서는 서하(西夏, 1038~1227)가 일어났다. 서북방의 오르도스로부터 감숙성의 지역을 지배하였던 탕구트족의 일족인 이계천(李繼遷)은 요에 신례를 갖추고 송군과 싸워 오르도스의 요지인 영주를 빼앗으니, 이계천이 서하의 태조이다. 1032년 태종의 아들 이원호(李元昊)가 뒤를 이어 하서의 전역을 제압하였다. 1038년에는 송과의 신속관계를 끊고 황제를 칭하였으며 국호를 대하(大夏, 송측에서는 西夏라 함)라 하고 흥경부를 국도로 삼았다. 이후 송과의 사이에 교전이 계속되었지만 결국 1044년 원호는 송에 신례를 취해 하국왕에 책봉되었고 대신에 송은 서하에게 매년 막대한 세폐를 주게 되었다. 이원호는 독자적 서하문자를 제정하고 나아가 유교와 불교도 적극적으로 받아들여 발전하며, 1227년 징기스칸에 멸망될 때까지 190년에 걸쳐 명맥을 보존하였다.[28] 중국사에 있어서 요·금사와 함께 서하의 역사연구는 후계 민족이나 국가가 없는 일종의 '절학(絶學)'에 속하며, 중국학계에서는 서하를 서북지방에 있던 독립된 국가로 보기보다는 '통일적다민족국가론'으로

27 이상은·박지훈(2010), 「중국학계의 북송과 요의 관계사 연구동향」『동북아 중세의 한족과 북방민족-최근 중국학계의 연구동향과 그 성격』, 동북아역사재단, 119~122쪽 참조.

28 松丸道雄 외 저·조성을 역(2004), 『중국사개설』, 도서출판 한울, 260~261쪽.

해석하는 입장이 강하다.[29]

거란과 고려 초의 관계는 고려 태조의 인식을 통해서도 엿볼 수 있다. 태조 왕건은 918년 건국한 이후 이전의 궁예시대와 달리 점차 고구려 계승의식을 강조하면서, 국호를 고려라 칭하고, 옛 고구려의 영토를 회복할 것을 적극적으로 천명하였다.

> [後晋齊王 開運2년(945)] 처음에 고려 王建이 군사를 써서 주변나라를 병탄함으로써 자못 강대해졌다. (281권 高祖 天福 원년조에 내용이 보인다) 왕건은 오랑캐 승려인 襪囉를 통하여 高祖에게 이르기를 "渤海는 나와 婚姻한 사이인데 王이 契丹에 잡혔으니, 청컨대 後晉朝廷과 함께 거란을 쳐서 발해왕을 구하고자 한다"고 하였으나 高祖는 응답하지 않았다. 出帝가 거란과 원수가 됨에 이르러 襪囉가 다시 말하였다. 출제가 고려로 하여금 거란의 동쪽 변경을 어지럽혀 거란의 세력을 나누고자 하였으나, 마침 王建이 죽고 아들인 王武[惠宗]이 스스로 權知國事라 칭하며 表를 올려 喪을 알렸다. 11월 戊戌에 왕무를 大義軍使 高麗王으로 삼고, 通事舍人 郭仁遇를 고려에 사신으로 보내어 거란을 공격하도록 詔指로서 깨우쳤다. (거란이 이를 알까 두려워하여 詔命의 형태를 띠지 않고 詔指로서 이를 깨우쳤을 뿐이다) 郭仁遇가 그 나라에 이르러, 고려의 군사가 매우 약하여 지난번 襪囉의 말이 단지 王建의 과장일 뿐이며 사실은 감히 거란과 적수가 되지 못함을 알았다. (宋白이 다음과 같이 말하였다. 후진 天福 중 西域의 僧侶 襪囉가 來朝하였는데 火卜에 능하였다. 잠시 뒤에 高祖를 하직하고 高麗로 유람하기를 청하였는데, 王建이 그를 극진

29 유원준(2010), 「중국의 서하사 연구동향-언어, 문자, 문헌, 기원 및 관계사 연구를 중심으로」『동북아 중세의 한족과 북방민족-최근 중국학계의 연구동향과 그 성격』, 동북아역사재단, 155~158쪽.

히 예우하였다. 당시는 契丹이 渤海의 땅을 병합한 지 몇 년이 지난 뒤로서, 王建은 조용히 襪囉에게 이르기를 "발해는 본래 나의 親戚 나라인데 그 王이 거란에 잡혔으니, 내가 後晉朝廷과 더불어 거란을 공격하여 발해왕을 구하고, 또 옛날의 원한을 갚고자 한다. 선생이 돌아가 천자에게 말하고 기일을 정해 함께 거란을 공격하기로 합시다"고 하였다. 말라가 돌아가 갖추어 아뢰었으나 高祖는 응답하지 않았다. 出帝가 거란과 싸우게 되니 말라가 다시 아뢰었다. 出帝는 郭仁遇를 통하여 왕건에게 조지를 보내어 고려가 거란 깊숙이 공격하여 거란을 위협하도록 하였다. 마침 왕건이 이미 죽고 王武가 나라 일을 맡아 아버지의 大臣과 화합하지 못하고 서로 죽였다. 내부의 患亂이 점차 평정되었으나 군사의 위력이 아직 떨치지 못하였고, 또 오랑캐가 겁이 많으니, 襪囉의 말은 모두 王建의 거짓일 뿐이다) 郭仁遇가 돌아가자 王武는 다시 다른 이유를 들어 해명하였다.[30]

위의 기록에는 후진 천복(936~943)연간에 서역의 승려 말라(襪囉)가 고려에 왔을 때 고려 태조 왕건이 말라를 통하여 고조에게 이르기를 후진 조

30 [後晋 齊王 開運二年]初 高麗王建 用兵呑滅隣國 頗彊大(事見二百八十一卷高祖天福元年) 因胡僧襪囉言於高祖曰 勃海我昏姻也 其王爲契丹所虜 請與朝廷共擊取之 高朝不報 及帝與契丹爲仇 襪囉復言之 帝慾使高麗擾契丹東邊 以分其兵勢 會建卒 子武自稱權和國事 上表告喪 十一月戊戌 以武爲大義軍使高麗王 遣通事舍人郭仁遇使其國 諭指使擊契丹 (畏契丹知之 不形諸詔命 以詔指諭之而已) 仁遇至其國 見其兵極弱 曏者襪囉之言 特建爲誇誕耳 實不敢與契丹爲敵 (宋白曰 晋天福中 有西域僧襪囉來朝 善火卜 俄辭高祖 請遊高麗 王建甚禮之 時契丹倂勃海之地有年矣 建因從容謂襪囉曰 勃海本吾親戚之國 其王爲契丹所虜 吾欲爲朝廷攻而取之 且欲平其舊怨 師廻 爲言於天子 當定期兩襲之 襪囉還 具奏 高朝不報 出帝與契丹交兵 襪囉復奏之 帝遣郭仁遇 飛詔謙建深攻其地以牽脅之 會建已卒 武知國事 與其交之大臣不叶 自相魚肉 內難稍平 兵威未振 且夷人怯懦 襪囉之言皆建虛誕耳) 仁遇還 武更以它故爲解(『資治通鑑』 권제285, 後晉紀6, 齊王下, 開運2年條(上海古籍出版社, 1987), 1979~1980쪽).

정과 함께 사로잡힌 발해왕을 구하자고 제의하였으나,[31] 이때 고조가 응하지 않았다. 그런데, 출제가 거란과 원수가 됨에 이르러 고려로 하여금 거란의 동쪽 변경을 어지럽혀 거란의 세력을 나누고자 하였으나, 마침 왕건이 죽어 아들인 혜종에게 거란을 공격하도록 요구하였다. 그러나 거란이 이를 알까 두려워하여 조명(詔命)의 형태를 띠지 않고 조지(詔指)로서 이를 깨우쳤을 뿐이라고 하였다. 당시 후진이 거란의 영향하에 있으면서도 이를 타개하기 위하여 기회를 엿보고 있었던 것을 알 수 있다.

발해에 대한 고려의 태도는 얼마 후 거란과 단교에 이르는 주요한 배경이 되었다. 태조 25년(942) 10월에 거란이 낙타 50필과 함께 사신을 보내왔는데, 고려 태조에 의하면 발해와 거란은 오랫동안 이웃 국가로서 서로 평화로운 관계를 유지하기로 맹약을 맺고 있었는데, 갑자기 의심하며 두마음이 생겨 맹약을 어기고 발해를 멸망시켰으니, 이것은 무도한 짓이라며 교빙을 거절하고, 그 사신 30인을 섬에 유배하고 낙타를 만부교 아래에 매어놓아 다 굶어 죽게 하였다.[32]

그 후 거란은 3차에 걸쳐 고려를 침공하였다. 즉, 939년 10월 소손녕(蕭遜寧)의 침입, 1010년(현종 1) 11월 강조(康兆)가 목종을 시해한 죄를 묻는다는 구실로 성종의 직접 침입, 1018년 12월 소배압(蕭排押)의 침입이 있었다. 1019년 양국 사이에 사신이 왕래하면서 국교가 회복되고, 고려는 송 대신에 요의 연호를 사용하고, 요가 멸망하는 1125년까지 양국 사이에 무역과 불교 등의 방면에서 활발한 교류가 이루어졌다.

---

31 고려 태조가 거란을 공격하여 발해왕을 구하려는 이유는 "발해는 나와 혼인한 사이" 혹은 "발해는 본래 나의 친척의 나라"이기 때문이라고 언급하고 있다. (임상선(1999), 『발해의 지배세력 연구』, 도서출판 신서원).

32 『高麗史』2권, 世家2, 太祖2, "二十五年冬十月 契丹遣使來 遣槖駝五十匹 王以契丹嘗與渤海連和 忽生疑貳背盟殄滅 此甚無道 不足遠結爲隣 遂絶交聘 流其使三十人于海島 繫槖駝萬夫橋下 皆餓死".

III. 금의 발전과 주변국과의 관계

1. 금 연구현황

금은 여진족의 완안아골타가 요를 멸망시키고 세운 것으로 개봉을 탈취하고, 남송과 회수에서 대산관에 이르는 선을 경계로 대립하였다. 금은 요에 비하여 영토에 있어서나 통치이념에 있어서 훨씬 중국화의 정도가 높았다.[33]

금에 대한 중국측의 연구경향을 살펴보면,[34] 요·금과 양송 전쟁의 성질, 거란, 여진과 한족관계에 대한 견해는 첫째, 대다수 사람들이 거란, 여진은 당시 국내 민족이며 요, 금은 중국이라 하고, 둘째, 당시 아직 각 왕조의 강역 밖에서 독립국가로 있었다면 당시 중국의 범위내에 포괄할 수 없다고 한다.[35]

송금의 전쟁이나 관련된 인물들에 대한 평가에서도 중국학계는 자신들의 평가 기준이 화이론적인 편견에 있지 않다는 점을 강조한다. 장박천(張博泉)은 '貴中華(중원한족) 賤夷狄(변강소수민족)'의 차별의식을 '봉건적'이라는 표현으로 그것이 시대착오적인 사상임을 지적하는 데 그치지 않고, 그것

33 佐伯富 외(1991), 『쎄미나 中國史』, 민족문화사, 147쪽.

34 금에 대한 연구현황에 대해서는 아래의 논고를 참조.
김위현(2008), 「금 연구」 『중국학계의 북방민족·국가 연구』, 동북아역사재단
윤영인(2010), 「서구학계의 거란·금 연구」 『외국학계의 정복왕조 연구 시각과 최근 동향』, 동북아역사재단.
육정임(2010), 「중국학계의 송금관계사 연구동향-"중화민족일체론"의 영향을 중심으로」 『동북아 중세의 한족과 북방민족-최근 중국학계의 연구동향과 그 성격』, 동북아역사재단.

35 김위현(2008), 「금 연구」 『중국학계의 북방민족·국가 연구』, 동북아역사재단, 355~356쪽.

이 '반동적 민족분열 사상'의 지배를 받고 있다고 신랄하게 비판한다.[36] 이보다 앞서 진술(陳述)이 『거란사론증고』에서 요금과 오대 양송의 남북 대치를 중국 역사상 제2차 남북조라고 지적한 바 있는데, 장박천(張博泉)의 주장도 그 연속선 상에 있다고 할 수 있다. 고대부터 주로 한족이 통치하던 중원통치의 역사가, 송요, 송금 시대에 이르러 소수민족이 통치하는 중원의 역사로 '발전'했고, 송과 금 사이 정통의 문제를 둘러싼 쟁론이 있었다 해도 소수민족의 왕조를 '외부'로 본 적은 과거에도 없었다고 한다.[37]

2. 여진의 발전과 금

장백산과 흑룡강 유역에 살고 있던 여진족은 고대에는 숙신, 위 · 진 · 남북조 시대에는 물길, 당대에는 말갈로 불렸다. 요의 호적에 편입된 여진은 숙여진, 그렇지 않았던 여진을 생여진이라고 하였는데, 여진은 요의 지배를 받으면서 흥종 때 숙여진의 완안부, 백산부 등이 부족 연맹을 형성하였다.[38]

1115년 정월 완안의 아골타는 나라를 세우고 칭제(稱帝)하여, 국호를 금(金)이라 하였다. 연호를 수국(收國)이라 하고 회녕(會寧, 지금의 阿城 白城子)을 국도로 삼았다. 금을 건국한 후 태조는 계속하여 요나라를 공격하여, 금 천보 6년(1122) 정월 동북지구 전체를 점령하였다. 금 태종(太宗)은 태조가 못 다

36 張博泉(1984),「金宋和戰史論」『史學集刊』1984-2.

37 육정임(2010),「중국 학계의 송금관계사 연구동향-"중화민족일체론"의 영향을 중심으로」『동북아 중세의 한족과 북방민족-최근 중국학계의 연구동향과 그 성격』, 동북아역사재단, 219~220쪽.

38 신승하(2002),『중국사』, 대한교과서, 289쪽.

이룬 사업을 계승하여 계속 요를 공략하여, 천회(天會) 3년(1125) 3월 요 천조제를 포로로 잡고, 요나라를 멸망시켰다.[39] 요가 멸망한 이후 금은 즉각 북송(北宋)을 공격하여, 천회 4년(1126) 윤 11월 송의 수도 변경(汴京)을 함락하여 북송을 멸망시켰다. 이후 금은 중국 북부지방의 통치를 확립하여, 강남으로 물러난 남송과 서로 대치하는 형세를 이루었다.[40]

결국 1142년 회수(淮水)로부터 대산관(大散關)에 이르는 선을 국경으로 하고, 송은 금의 책봉을 받아 신례를 취하며, 매년 은 25만량, 비단 25만 필을 금에 보내는 등의 조건으로 화의가 성립하였다. 중국의 왕조가 주변 이민족 국가에게 신례를 취한 것은 이례적이며 여기에 당시 동아시아 국제관계의 변동이 보여지고 있다. 해릉왕은 강렬한 화북주의자로서 남송을 토멸하여 전통적인 중국왕조체제를 스스로 구축하려고 하여, 도읍을 상경·회녕부로부터 연경으로 옮겼으며, 세종(재위 1161~1189년)이 즉위하였다. 세종은 금의 명군이라고 일컬어지는데 1165년 다시 송과 화약을 맺어 이후 양국의 관계는 40년간 안정되었다. 세종은 한편으로는 여진의 독자적 문화 유지를 꾀하여 국초에 창제되어 있었던 여진문자로 한적을 번역시키기도 하였다.[41]

이러한 금의 융성의 기초가 된 것이 맹안, 모극이라는 독특한 행정·군사제도였다. 맹안은 천을 의미하는 여진어 민간, 모극은 족장의 뜻인 무게의 음역이라고 전해지는데 원래는 하나 내지 몇개 부락의 지도자였다. 아골타는 300호로 1모극, 10모극으로 1맹안을 조직하고 1모극 중에서 약 100명을 뽑아 1모극군으로 하고, 10모극군으로 1맹안군을 편성하였다. 그리하여 지

39 일족인 야율대석은 멀리 중앙아시아로 도망가 츄강변에 가까운 베라사군을 도읍으로 하여 서요(카라·키타이)를 세웠다. 이 나라는 이후 약 80년간(1132~1211년) 지속되었다.

40 李德山·欒凡(2003),『中國東北古民族發展史』, 中國社會科學出版社, 55쪽.

41 松丸道雄 외 저·조성을 역(2004),『중국사개설』, 도서출판 한울, 265~266쪽

배영역의 확대와 함께 그 휘하에 있었던 숙여진과 거란인도 맹안·모극제에 편성되었지만 그것은 그때까지의 부족조직을 완전히 해체·재편한 것은 아니고 종래의 부족 지도자를 맹안, 모극에 편입시킨 것이다. 또 중앙에서는 황제 아래에 수명의 발극열이라는 대신이 두어졌는데 모두 유력한 호족이 차지하였다. 행정은 황제를 포함한 전원의 합의제에 의해 행해졌다. 이러한 금의 초기 체제에는 아직 여진족 고유의 부족제의 영향이 강하게 보인다.[42]

3. 금과 주변국의 관계

금은 송 수도였던 하남성의 개봉을 공격하여 1027년 송나라의 상황 휘종(徽宗, 재위 1100~1125)·황제 흠종(欽宗) 등을 사로잡고 송나라를 강남으로 밀어냈다. 제3대 희종(熙宗, 재위 1135~1149) 때에 회수·섬서성의 대산관을 잇는 지대를 국경으로 정하고, 남송의 황제는 앞으로 신하의 예를 갖추어 금의 황제를 대하며, 또한 은과 비단을 세폐로 바친다는 조건으로 화의를 체결하게 되었다. 제4대 해릉왕(海陵王, 재위 1149~1161) 때인 1153년에는 금의 창업 근거지였던 상경회령부를 버리고 연경으로 천도하고, 여진인을 화북지방으로 대거 이주하였다.

12세기초 요가 여진과 송의 협공으로 무너지자 1142년의 송–금 간의 조약으로 이어지는데 『금사(金史)』에 있는 1141년의 서표(誓表)에는 남송을 건국한 고종이 자신의 이름 '구(構)'를 사용하면서 신하를 자칭하고, 보잘 것 없는 나라[弊邑] 송이 상국인 금나라에 회하이북의 땅을 할양하고, 황제의

42 松丸道雄 외 저·조성을 역(2004), 『중국사개설』, 도서출판 한울, 262~263쪽.

생일과 신년을 하례하는 사절을 보내며 '세폐'가 아닌 '세공(歲貢)'으로 매년은 25만냥과 비단 25만필을 보낼 것을 약조하고 있다.[43] 이러한 송의 태도나 조공품의 규모는 고려나 하가 요와 금에 보인 '조공국'의 면모를 초월하는 것이었다. 고려와 하를 항상 '중국'의 '조공국'이라 하면서, 금으로부터 책봉을 받고 금에 서표와 공물을 바친 남송에게는 조공국의 호칭을 적용하지 않는 것은 한족 중심적 화이사상에 입각한 편견 때문이다.[44]

금과의 관계 설정을 둘러싸고 송에서 이루어진 논란의 중심에 악비(岳飛, 1103~1142)와 진회(秦檜, 1090~1155)가 있었다. 장박천(張博泉)은 금송전쟁사에서 관련 인물을 평가하며,[45] 송금 양측 강경파 주전 인물로 완안종필(完顏宗弼, 兀術) 과 악비를 두 왕조 투쟁 중 모두 자신의 재능을 적극적으로 표현한 중화민족상 칭찬할만한 인물들이라고 추켜세웠다. 반면 양측의 주화파 인물인 진회와 달라(撻懶)에 대해서는 중화민족 최고 반동세력의 대표로 폄하했는데 이유는 달라가 금조의 한제(漢制) 개혁 과정에서 수구세력으로 금의 진보적 개혁에 반한 인물이라는 점을 들었고, 진회는 달라가 풀어준 후

43 皇統二年(1142)二月 宗弼朝京師 兼監修國史 宋主遣端明殿學士何鑄等進誓表 其表曰 臣構言 今來畫疆 合以淮水中流爲界 西有唐 鄧州割屬上國 自鄧州西四十裏並南四十裏爲界 屬鄧州 其四十裏外並西南盡屬光化軍 爲弊邑沿邊州城 既蒙恩造 許備藩方 世世子孫 謹守臣節 每年皇帝生辰並正旦 遣使稱賀不絕 歲貢銀 絹二十五萬兩匹 自壬戌年爲首 每春季差人般送至泗州交納 有渝此盟 明神是殛 墜命亡氏 踣其國家 臣今既進誓表 伏望上國蚤降誓詔 庶使弊邑永有憑焉 宗弼進拜太傅 乃遣左宣徽使劉筈使宋 以袞冕圭寶佩璲玉冊冊康王爲宋帝 其冊文曰 皇帝若曰 咨爾宋康王趙構 不吊 天降喪於爾邦 亟瀆齊盟 自貽顛覆 俾爾越在江表 用勤我師旅 蓋十有八年於茲 朕用震悼 斯民其何罪 今天其悔禍 誕誘爾衷 封奏狎至 願身列於藩輔 今遣光祿大夫 左宣徽使劉筈等持節冊命爾爲帝 國號宋 世服臣職 永爲屏翰 嗚呼欽哉 其恭聽朕命 仍詔天下 賜宗弼人口牛馬各千駝百羊萬 仍每歲宋國進貢內給銀絹二千兩匹 (『金史』 列傳제15 宗弼 : 本名兀術 亨本名孛迭 張邦昌 劉豫 撻懶 宗弼 本名斡啜 又作兀術 亦作斡出 或作晃斡出 太祖第四子也).

44 피터 윤(2005), 「몽골 이전 동아시아의 다원적 국제관계」 『만주연구』제3집, 53쪽.

45 張博泉(1984), 「金宋和戰史論」 『史學集刊』1984-2. 張博泉(1984), 『金史簡編』, 遼寧人民出版社.

송 내부에서 의화를 주장했기 때문이다. 또 송금 양측에서 통일전쟁을 시도했던 인물로 해릉왕 완안량과 한탁주를 들었다. 해릉왕의 전쟁 발동은 통일 조건과 기초를 갖추지 못했던, 시기상 부적합했고 본래 목적이 자신의 뜻을 추진하는 데 있었기 때문에, 그리고 한탁주는 개혁가가 아니며 사마원 등 통일 반동세력을 청산하지 못한 채 시도하여 실패로 끝난 점을 들어 역시 부정적인 평가를 내렸다.[46]

13세기초 몽골이 등장하기 전까지 북중국과 만주를 지배한 요와 금은 송과 동등한 혹은 우월한 상대로 존재하였다. 북송은 아무리 스스로 천하의 중심이라고 자처하여도 당시의 지정학적 현실에서는 '변방'에 불과하였다. 다원적 국제관계는 그 형식과 의례에 있어서도 기존의 조공체제와 근본적으로 달랐다. 북방의 정복왕조와 남방의 한족왕조는 동등하게 인식되었고, 두 명, 때로는 세명의 '천자'가 동시에 존재하며 한족왕조를 천하의 중심으로 설정한 이전의 허구적 논리는 더 이상 설득력을 갖지 못하게 되었다.[47]

46 육정임(2010), 「중국 학계의 송금관계사 연구동향-"중화민족일체론"의 영향을 중심으로」『동북아 중세의 한족과 북방민족-최근 중국학계의 연구동향과 그 성격』, 동북아역사재단, 244~246쪽.

47 피터 윤(2005), 「몽골 이전 동아시아의 다원적 국제관계」『만주연구』제3집, 49쪽.

IV. 몽골의 발전과 원

1. 몽골(원) 연구현황[48]

몽골제국에 대한 연구는 수많은 다른 언어로 쓰였던 자료들을 소화해야 하는 현실적인 난관을 안고 있다. 동쪽의 일본부터 서쪽의 유럽까지, 북쪽의 시베리아에서 남쪽의 자바 섬에 이르기까지, 몽골의 침공을 받은 지역은 유라시아 대륙 전역에 걸쳐 있다. 그렇기 때문에 이제까지 몽골제국에 대한 연구와 이해는 연구자가 다룰 수 있는 자료의 한계를 벗어나기 어려웠다.[49]

또한 중국학계는 1950년대에 출간된 연구물에서는 거의 전적으로 원조의 남송 정복을 비판하는 한족 중심의 민족주의적 시각이 주류였다. 그후 1980년을 전후하여 오히려 원의 통일이 당말 오대 이래 지속된 중국의 분열을

48 몽골(원) 연구 동향에 대해서는 아래의 논고 참조.
이익주(2010), 「세계질서와 고려-몽골관계」『동아시아 국제질서 속의 한중관계사-제언과 모색』, 동북아역사재단.
김호동(2010), 『몽골제국과 세계사의 탄생』, 돌베개.
이용규(2009), 「몽골제국사 연구동향(1995~2008)」『10~18세기 북방민족과 정복왕조 연구』, 동북아역사재단.
이용규(2010), 「몽골제국사 연구의 주요 논쟁-연구의 분절성과 그로 인한 문제점을 중심으로」『외국학계의 정복왕조 연구 시각과 최근 동향』, 동북아역사재단.
토마스 알슨(2010), 「몽골제국사 회고와 전망」『외국학계의 정복왕조 연구 시각과 최근 동향』, 동북아역사재단.
미할 비란(2010), 「중동학 및 중앙아시아학의 관점에서 본 몽골제국에 관한 연구(1989~2009)」『외국학계의 정복왕조 연구 시각과 최근 동향』, 동북아역사재단.
테므르(2010), 「북방민족 왕조와 중국역사-중국학계의 요·금·원·청 등 왕조에 대한 연구」『외국학계의 정복왕조 연구 시각과 최근 동향』, 동북아역사재단.

49 김호동(2010), 『몽골제국과 세계사의 탄생』, 돌베개, 77쪽.

300여 년만에 종식시킨 매우 의미 있는 사건이었다고 평가하고, 1990년대를 넘어서면서는 완전히 긍정적 의의만을 강조하기에 이르렀다. 그러나 이렇듯 최근의 중국학계에서 원의 남송 정복에 대해 긍정 일변도의 평가를 가하고 있지만, 통일적다민족국가론이라는 정책적 지향, 그리고 심리적으로 여전히 잔존하는 한족 중심적 판단이라는 두 개의 상호 모순적인 시각이 묘한 형태로 공존하고 있다. 그러나 1980년대를 경계로 이전까지 계급투쟁을 강조하는 역사인식과 비교하여, 통일적다민족국가론 내지 중화민족 일체론이라는 시각이 전면적으로 강조되고 있다. 그러나 연구의 세부 분야에 들어가면 종래의 한족 중심적 민족주의가 그대로 답습되는 경우가 대부분이다.[50]

최근 이러한 한계를 넘어서 다양한 자료들을 종합하여 몽골제국의 전체상을 바라보려는 노력들이 경주되고 있고 상당한 성과들이 나오고 있다. 스기야마 마사아키[杉山正明]와 김호동이 이 새로운 경향을 대표한다고 할 수 있는데,[51] 이들은 몽골사 연구의 기본 자료로서 한문 사료인 『원사(元史)』보다는 페르시아어 사료인 라시드 앗 딘의 『집사(集史)』를 중시하는 공통점을 가지고 있다. 『집사』를 활용함으로써 한문 사료에 배어 있는 중국 중심의 역사상으로부터 벗어나고자 하는 것이다.[52]

김호동은 쿠빌라이가 제국의 수도를 몽골리아에서 북중국으로 옮기고, 1272년에 '원'이라는 중국식 왕조명을 채택함으로써, 원, 차가타이 칸국, 킵

---

50 이근명(2010), 「남송-몽골관계사 연구의 주요 쟁점과 그 추이」 『동북아 중세의 한족과 북방민족-최근 중국학계의 연구동향과 그 성격』, 동북아역사재단, 282~289쪽.

51 임대희·김장구·양영우 역(1999), 『몽골 세계제국』, 신서원 ; 杉山正明(1996), 『モンゴル帝國の興亡』(上·下), 講談社現代新書.
金浩東(2006), 「몽골제국과 '大元'」 「歷史學報」192 ; (2007), 「몽골제국과 고려」, 서울대학교출판부.

52 이상은·이익주(2010), 「세계질서와 고려-몽골관계」 『동아시아 국제질서 속의 한중관계사-제언과 모색』, 동북아역사재단, 164쪽 참조.

착 칸국, 일 칸국 등 소위 '4개의 칸국'으로 분열되었다는 주장에 반대한다. 그는 이러한 방식의 이해는 몽골제국의 본질을 올바로 파악하지 못했기 때문에 생겨난 결과이며 몽골제국은 1260년 이후 몇 개의 '계승 국가'로 분열된 것이 아니라 일종의 느슨한 울루스들의 연맹으로서 제국적 연대감과 일체성을 상당 부분 보존하고 있었다고 보아야 한다고 주장한다.[53]

김호동은 이러한 분열사관을 비판하면서 몽골제국 전체를 시야에 넣는 통합적 접근을 대안으로 제시하였다. 쿠빌라이의 제국을 '대소 권력이 복합하는 일종의 「세계연방」'으로 파악한 스기야마의 견해에 동의하고, 한 걸음 더 나아가 흔히 원(元 또는 元朝)이라 불리는 '대원(大元)'이, 중국을 중심으로 하는 왕조를 가리키는 것이 아니라 '대몽골 울루스'의 한자식 명칭이고, 고려 등 한자문화권에서만 사용되었다고 주장하였다. 결국 김호동과 스기야마는 몽골제국이 중국 왕조가 아니며, 중국 지역에 자리잡은 '카안 울루스'(김호동) 또는 '대원 울루스'(스기야마) 역시 중국 왕조가 아니라는 것이다.[54]

이상과 같이 1990년대 말에서 2000년대의 몽골 제국사 연구는 다양한 사료들을 발굴하고 적극적으로 이용하면서 통합사적 이해, 또는 전체적인 큰 그림에 대한 이해를 추구하는 방향으로 진행되어 가고 있다. 아울러 몽골제국사를 바라보는 시각도 정주적 틀이 아닌 유목적인 틀을 강조하면서 문화적인 다양성에 대해 강조하는 흐름이 점차 대세를 주도하는 상황이라고 하겠다.[55]

또한 고고학적인 발굴 성과도 향후의 몽골제국사 연구에 중요한 역

53 김호동(2010), 『몽골제국과 세계사의 탄생』, 돌베개, 125~129쪽.

54 이익주(2010), 「세계질서와 고려-몽골관계」 『동아시아 국제질서 속의 한중관계사-제언과 모색』, 동북아역사재단, 165쪽.

55 이용규(2009), 「몽골제국사 연구동향(1995~2008)」 『10~18세기 북방민족과 정복왕조 연구』, 동북아역사재단, 111쪽.

할을 할 것이다. 2000년에서 2004년까지 진행된 독일 고고학 인스티튜트(Deutschen Archäologischen Instituts, DAI) 탐사대의 하라호름 지역 우구데이한의 궁터와 그 주변 발굴 성과와 러시아 고고학 탐사대에 의한 킵차크 초원지대, 볼가강 유역, 북 코카사스 지역, 크림 반도 일대의 몽골 통치 시기 유물 및 유적 조사 성과가 발표되었다. 아울러 일본 역사학자들이 몽골의 고고학계와 추진하고 있는 각종 고고학 분야의 조사 활동과 중국 지역 내에서 발굴한 금석문 연구도 문헌 사료의 한계를 극복하는데 도움을 주고 있다.[56]

2. 몽골제국 성립

징기스 칸이 몽골리아를 통일하고 제국의 기틀을 세운 것은 1206년이었지만, 몽골리아 초원에서 위구르 제국이 무너진 840년 경부터 거의 3세기 반에 걸쳐 오랜 혼란기가 있었다. 10세기 유목민 사회는 몇 개의 커다란 정치적 블록으로 구분되어 있었는데, 이 블록을 당시 몽골인들은 '울루스'라고 불렀다. 13세기 초 몽골제국 성립 이전의 몽골 유목민 사회 단위는 동일한 부계혈통을 소유한 '오복'이라고 불리던 씨족이었고, 이 씨족들이 모여서 '울루스'라는 부족을 구성했다. 그러나 최근 이러한 전통적 이론에 대해서 비판이 제기되었는데, 징기스 칸은 친족적 구성원리와 무관한 새로운 사회·군사 조직을 만들었고, 그것이 바로 그가 1206년 건국 직후 조직한 '천호제(千戶制)'였다는 것이다.[57]

56 이용규(2009), 「몽골제국사 연구동향(1995~2008)」『10~18세기 북방민족과 정복왕조 연구』, 동북아역사재단, 97쪽.

57 김호동(2010), 『몽골제국과 세계사의 탄생』, 돌베개, 83~86쪽.

1206년 '건국' 직후 징기스 칸이 가장 먼저 한 일은 몽골 울루스를 구성하는 95개의 천호를 조직하고 그것을 지휘할 88명의 천호장을 임명한 것이었다. 각각의 천호는 다시 백호(百戶)로, 백호는 다시 십호(十戶)로 나뉘어, 각각 백호장과 십호장도 임명되었다.[58] 오늘날의 군대조직과 비교해 볼 때 백호는 중대(약 100명) 규모이고, 천호는 대대(약 450명) 보다는 크고 연대(약 2천명 미만) 보다는 작은 규모이다. 95개의 천호에서 9만 5천명의 병력이 배출된다고 하면, 1개 사단이 1만 5천명 정도이므로 대략 6~10개 사단 규모이니, 당시에 있어서는 기마병으로만 구성된 6~10개 사단이 출현한 것이다. 이들 95개의 천호부대는 좌익, 중군, 우익 3개의 만호에 배속되어 몽골리아 전역에 배치되었다.[59]

징기스 칸 사후 몽골인들이 수행한 전쟁은 단순히 응징이나 약탈이 아니라 정복을 통해 세계제국을 건설하려는 의지의 표현이었다. 몽골의 지배를 받아들이는 정권에 대해서는 일단 그 명맥을 보존시키되 일련의 의무조항들을 이행할 것을 요구하였다. 이 요구조건은 그동안 학계에서 '육사'라고 흔히 불렸지만, 꼭 여섯 가지의 특징 항목으로 정해진 것은 아니었다. 대체로 ① 국왕 친조, ② 질자 파견, ③ 호적 제출, ④ 역참 설치, ⑤ 병력 파견, ⑥ 물자 공출, ⑦ 다루가치 주재 등으로 구성되었다. 물론 이 조건을 받아들이지 않는다면 그것은 곧 전쟁을 의미했고, 그 전쟁은 그저 응징이 아니라 정복을 통한 몽골제국 영역의 확대를 목표로 한 것이었다. 이렇게 해서 몽골제국

58 징기스 칸의 아시아 정복을 뒷받침한 군사력은 천호 · 백호제였다. 그것은 금조의 맹안 · 모극제의 경우와 똑같이 몽고의 부족제를 10진법적인 군사 · 행정의 조직으로 편성한 것이었고 천호, 백호의 장에는 징기스칸에 충성을 서약하여 그 신임을 얻은 장령이 임명되었다. 이 장령들의 지위는 거의 세습되어 징기스 칸의 일족과 함께 유목귀족층을 구성하고 몽고 종실과 신하관계를 형성하였다. (松丸道雄 외 저, 조성을 역(2004), 『중국사개설』, 도서출판 한울, 270쪽).

59 김호동(2010), 『몽골제국과 세계사의 탄생』, 돌베개, 103~106쪽.

의 정복전은 전 세계를 대상으로 펼쳐졌다.[60]

징기스 칸은 1219년부터 1225년까지 남으로는 인더스강 유역에, 서로는 카스피해를 넘어 남러시아에 이르는 중앙아시아의 거의 전역을 지배하에 두고, 1227년 서하를 정복하였다. 제2대 오고타이 칸(태종, 재위 1229~1241년)은 금을 멸망시키고(1239년) 화북을 영유하였으며, 그 원정군은 러시아로부터 동유럽까지를 석권하였다. 제4대 몽케칸(재위 1251~1259년)은 서아시아의 압바스왕조를 무너뜨려 그 영역은 동으로는 동해로부터 서로는 남러시아에까지 이르렀다. 뭉케 사후 그 뒤를 이은 쿠빌라이는 마치내 1276년 남송을 함락시킴으로써 몽골제국은 그 최대 판도를 이룩하였다. 이 대영역은 몽고습관에 의해 징기스 간의 여러 자제에게 분할되었다. 몽고의 본지 및 화북은 몽고 황제의 직할령이 되었고 남러시아에는 킵차크 칸국(장자 쥬치의 아들 바투), 서아시아에는 일 칸국(막내아들 투루이의 아들 훌라구), 서투르키스탄에는 차가타이 칸국(둘째 아들 차가타이), 동투르키스탄에는 오고타이 칸국(태종의 자손에 의해 계승)의 4칸국이 세워졌고 그밖의 지역도 징기스 칸의 일족, 유목귀족에게 나누어졌다. 그리하여 몽고황제를 종주로 하는 대제국이 출현하게 되었다.[61]

60 김호동(2001), 『몽골제국과 세계사의 탄생』, 돌베개, 123~124쪽.

61 松丸道雄 외 저·조성을 역(2004), 『중국사개설』, 도서출판 한울, 266~267쪽.

3. 원의 중국 통치

세조 쿠빌라이는 원을 세워 중국식의 관제를 만들고 남송을 멸한 후 중국 전역을 평정하였다. 쿠빌라이 칸은 중국 왕조의 예에 따라 황제라 부르고, 중통(中統)이란 연호를 사용하였다. 그리고 국호도 대원(大元)이라 고쳤으며, 개평을 상도(上都)라 하여 여름에만 머물고, 연경을 대도(大都)라 고쳐 도읍으로 정하였다. 또 고려를 복속시키고 남송마저 멸망시켜(1279) 북방 민족으로는 처음으로 전 중국을 지배하게 되었다. 그러나 원은 남송을 멸망시키고 중국을 완전하게 지배하게 된 지 불과 90년도 안 되어 멸망되고 말았다.[62]

세조는 35년간의 치세에 금나라와 당나라의 제도를 본받아 관제와 세제 정비, 밖으로는 미얀마·참파·자바·일본 등을 쳐서, 일본을 제외한 동아시아의 대부분이 그 영역에 포함되었다. 그 관제는 중앙에 중서성(행정), 추밀원(군사), 어사대(감찰)를 두고 지방은 내지(內地)와 외두(外頭, 행중서성)로 이분하여 각각 로(路)-부(府)-주(州)-현(縣)을 설치하였다. 또 로 이하의 단위에는 다루가치라고 하는 몽고인 감독관이 임명되었다. 몽고인이 지배계급으로써 여러 가지의 특권을 갖고 있었으니, 가령 몽고인과 중국인이 싸워 몽고인이 구타해도 중국인은 보복해서는 안된다는 규정이 있을 정도였다.[63]

원은 사람을 4등급으로 나누었다. 몽고인은 1등급이었으며, 그 다음이 색목인(色目人)으로 천산(天山) 남북에서 총령(總領) 서쪽에 거주하는 사람들이었다. 그 다음이 '한인(漢人)'으로 이는 황하 유역의 한인과 여진족 등을 가리킨다. 가장 아래가 남인(南人)으로 남송 멸망 후에야 귀순한 장강 유역 및 그 이남 지역의 사람들이다. 한인이 그 중 다수를 차지하였다.[64] 이 4등

62 신승하(2002), 『중국사』, 대한교과서, 302~303쪽.

63 佐伯富 외(1991), 『쎄미나 中國史』, 민족문화사, 147쪽.

64 인구를 4계급별로 보면 1, 2계급은 4, 5만 호로 3%에 불과하였지만, 제3계급인 한인

급과 상응하여 군대도 몽고군, 탐마적군(探馬赤軍), 한군(漢軍)과 신부군(新附軍)으로 나누었다.[65]

원조는 중국의 전통적인 유교문화에는 냉담한 반면, 색목인을 중심으로 이슬람계 문화가 유행하고 궁정을 비롯해 몽고인 사이에는 라마교가 풍미하였고 몽고세계의 국제어는 페르시아어였다. 또 몽고어는 색목인에 의해 도입된 위루르 문자에 의해 쓰여지게 되었다. 이러한 정치, 사회, 문화의 형태는 요·금의 뒤를 이은 원조가 정복왕조로서의 모습을 가장 명백히 보여주는 것이라고 할 수 있다.

은 200만 호로 15%, 제4계급은 1,000만 호로 82%였다. (신승하(2002), 『중국사』, 대한교과서, 304쪽).

65 白壽彝 주편·임효섭·임춘성 옮김(1991), 『중국통사강요』학술총서 18, 이론과 실천, 257쪽.

Karl Wittfogel and Feng Chia-sheng(1949), The History of Chinese Society : Liao (907-1125), Philadelphia : American Philosophical Society.

고마츠 히사오 외 지음, 이평래 옮김(2005), 『중앙유라시아의 역사』, 소나무.

金浩東(2006), 「몽골제국과 '大元'」『歷史學報』192.

김위현(2008), 「금 연구」『중국학계의 북방민족·국가 연구』, 동북아역사재단.

김호동(1989), 「몽고제국의 형성과 전개」『강좌 중국사 III』, 지식산업사.

______(2007), 『몽골제국과 고려』, 서울대학교출판부.

______(2010), 『몽골제국과 세계사의 탄생』, 돌베개.

羅朝霞(2000), 「"澶淵之盟"之性質辨」『貴陽師專學報(社會科學版)』2000-1.

島田正郎(1979), 『遼朝史の硏究』, 創文社.

孟古托力(1990), 「宋遼"南北朝"說考論」『學習與探索』1990-8.

미할 비란(2010), 「중동학 및 중앙아시아학의 관점에서 본 몽골제국에 관한 연구(1989~2009)」『외국학계의 정복왕조 연구 시각과 최근 동향』, 동북아역사재단.

박지훈(2010), 「중국 학계의 북송과 요의 관계사 연구동향」『동북아 중세의 한족과 북방민족-최근 중국학계의 연구동향과 그 성격』, 동북아역사재단, 참조.

白壽彝 주편·임효섭·임춘성 옮김(1991), 『중국통사강요』학술총서 18, 이론과 실천.

杉山正明 저·임대희·김장구·양영우 역(1999), 『몽골 세계제국』, 신서원.

松丸道雄 외 저·조성을 역(2004), 『중국사개설』, 도서출판 한울.

신승하(2002), 『중국사』, 대한교과서.

芮忠漢(2002), 「談澶淵之盟」『中國社會科學院硏究生院學報』2002-5.

유원수 역주(2004), 『몽골비사』, 사계절.

유원준(2010), 「중국의 서하사 연구동향-언어, 문자, 문헌, 기원 및 관계사 연구를 중심으로」『동북아 중세의 한족과 북방민족-최근 중국학계의 연구동향과 그 성격』, 동북아역사재단.

육정임(2010), 「중국 학계의 송금관계사 연구동향-"중화민족일체론"의 영향을 중심으로」『동북아 중세의 한족과 북방민족-최근 중국학계의 연구동향과 그 성격』, 동북아역사재단.

윤영인(2007), 「10~13세기 동북아시아 다원적 국제질서에서의 책봉과 맹약」『동양사학연구』101.

______(2008), 「거란·요 연구-21세기 연구성과를 중심으로-」『중국학계의 북방민족·국

가 연구』, 동북아역사재단.
______(2009), 「책머리에-북방민족과 정복왕조의 역사적 중요성」『10~18세기 북방민족과 정복왕조 연구』, 동북아역사재단.
______(2010), 「서구학계의 거란·금 연구」『외국학계의 정복왕조 연구 시각과 최근 동향』, 동북아역사재단.
이근명(2010), 「남송-몽골관계사 연구의 주요 쟁점과 그 추이」『동북아 중세의 한족과 북방민족-최근 중국학계의 연구동향과 그 성격』, 동북아역사재단.
李德山·欒凡(2003), 『中國東北古民族發展史』, 中國社會科學出版社.
이석현(2009), 「요의 민족정책과 漢族士人」『북방민족과 중원왕조의 민족인식』, 동북아역사재단.
李錫厚(2007), 「論"非"城下之盟"」(張希淸, 田浩, 穆紹珩, 劉鄕英 主編, 『澶淵之盟新論』, 人民出版社).
이용규(2009), 「몽골제국사 연구동향(1995~2008)」『10~18세기 북방민족과 정복왕조 연구』, 동북아역사재단.
______(2010), 「몽골제국사 연구의 주요 논쟁-연구의 분절성과 그로 인한 문제점을 중심으로」『외국학계의 정복왕조 연구 시각과 최근 동향』, 동북아역사재단.
이익주(2010), 「세계질서와 고려-몽골관계」『동아시아 국제질서 속의 한중관계사-제언과 모색』, 동북아역사재단.
이평래(2008), 「중국 학계의 몽골사 서술 분석」『중국학자들의 소수민족 역사 서술』, 동북아역사재단.
______(2009), 「북방민족」『동아시아사 교과서 집필 안내서』, 동북아역사재단.
임상선(1999), 『발해의 지배세력 연구』, 도서출판 신서원.
______(2008), 「渤海國과 契丹의 교섭관계 재검토」『고구려발해연구』32집, 고구려발해학회.
______(2011), 「"帝王韻紀"에 보이는 北方王朝 인식」『史學硏究』 제103호.
張博泉(1984a), 「金宋和戰史論」『史學集刊』1984-2.
______(1984b), 『金史簡編』, 遼寧人民出版社.
田相林(2001), 「宋遼"澶淵之盟" : 古代少數民族與漢族長期和好的範例」『平原大學學報』18-4.
조복현(2010), 「중국에서의 오대 왕조와 거란의 관계사 연구동향」『동북아 중세의 한족과 북방민족-최근 중국학계의 연구동향과 그 성격』, 동북아역사재단.
佐伯富 외(1991), 『쎄미나 中國史』, 민족문화사.
테므르(2010), 「북방민족 왕조와 중국역사-중국학계의 요·금·원·청 등 왕조에 대한 연구」『외국학계의 정복왕조 연구 시각과 최근 동향』, 동북아역사재단.

토마스 알슨(2010),「몽골제국사 회고와 전망」『외국학계의 정복왕조 연구 시각과 최근 동향』, 동북아역사재단.
피터 윤(2005),「몽골 이전 동아시아의 다원적 국제관계」『만주연구』제3집.

10~16세기 동아시아 사회에서 농업생산량의 발전과 소농경제

조복현 | 경희대학교

Ⅰ. 10~16세기 동아시아 세계
Ⅱ. 농업의 발전
Ⅲ. 농업 경영방식
Ⅳ. 농업발전의 영향

I. 10~16세기 동아시아 세계

10세기에 들어서면 동아시아 지역은 모두 커다란 변화를 맞게 된다. 당대의 국제적인 문화는 중국과 인접한 민족들의 문화발전을 크게 자극하였고, 당왕조의 멸망에 따라 중국 주변의 민족들이 여러 개의 정권을 수립하여 기존의 중국 중심의 국제질서가 와해되었다. 당왕조를 대신해서 오대의 혼란기를 극복하고 건립된 송왕조는 주변의 민족정권들을 제어할 수 없었고, 북방에서는 거란과 여진 및 몽고가 잇달아 정권을 수립하면서 정치적·군사적인 측면에서 주도적인 위치를 차지하였다. 서북방에서는 당항족(党項族)이 서하(西夏)를 건립하여 오랜 기간 존속하면서 북방민족과 중원민족 사이에서 균형추와 같은 역할을 담당하였고, 남방에서는 한대 이래로 중국의 지배를 받아왔던 베트남이 최초로 응오[吳]왕조를 건립하여 독자적인 정권을 수립한 이외에 토번(土蕃)과 대리(大理)정권도 존재하였다.

이러한 동아시아 세계는 몽고가 여러 정권을 멸망시키고 대제국을 건설할 때까지 절대적인 강자가 존재하지 않는 가운데 상호간에 수많은 전쟁 혹은 선린 외교를 수행하면서 매우 복잡하면서도 다변적인 국제관계를 형성하였다. 이러한 국제적 환경으로 인해서 중국은 송왕조를 중심으로 하는 농경사회와 거란과 여진 및 몽고 등의 유목사회가 병존하고 있었다. 본고에서는 농업과 농민들의 생활을 서술대상으로 하고 있기에 당시의 동아시아 사회에서 커다란 비중을 차지하고 있었던 유목사회나 유목민들에 대해서는 상술하지 않고자 한다.

이 시기에 중국은 매우 독특한 과정을 겪게 되는데 그것은 곧 강력한 군사력을 바탕으로 인접국을 점령하면서 대제국을 건립했던 한당왕조와는 달리 송왕조는 정치적·군사적으로 피동적인 위치에 처해 있으면서도 경제적·문화적으로는 비교적 발전하였다. 그러나 비슷한 시기에 유목민족들이 발전하기 시작하여 초기에 거란이 북경을 포함한 북중국을 점유하였고, 여진은 그 영역을 더욱 확대하여 화이슈[淮水] 이북을 통치하였고, 급기야 몽고족은 송이라는 한족왕조를 멸망시키고 원왕조를 수립하였다. 이후 다시 주원장에 의해서 명왕조가 건립되고 유목민족은 다시 만리장성의 바깥으로 축출되었다. 따라서 이 시기에 중국은 왕조가 송[농경문화]-원[유목문화]-명[농경문화]으로 이어지면서 본문에서 서술하고자 하는 농업과 농민 자체는 커다란 굴곡을 겪을 수밖에 없었다.

이러한 장기적인 역사시기 안에서 송원명으로 이어지는 600여 년의 기간은 농업의 발전이라는 측면에서는 상당히 높은 수준을 보여준다. 송대를 예로 들면 1무(畝)의 토지에서 일반적으로 1석에서 2석의 곡식을 수확할 수 있었고, 비옥한 타이후[太湖]유역을 중심으로 한 양절로 지역의 경우 1무당 생산량이 4석에서 6석 심지어는 7석에 이르기까지 하였다.[1] 그리하여 농업의 노동생산성은 단위면적당 생산량으로 볼 때, 전국시대에 비교하여 최소한 3~4배가 높아졌다. 그리고 농업의 노동생산성이 높아짐에 따라 송대의 수공업, 상업과 도시의 경제 또한 전에 없이 빠른 속도로 신속하고 큰 폭으로 신장되었다. 사회경제의 전면적인 발전에 따라 봉건적인 소작관계는 전국적인 범위에서 주도적인 위치를 차지하고, 태호유역을 중심으로 하는 양절지역은 실물로써 혹은 화폐로써 납부하는 정액지조가 출현하였고, 상품과 화폐의 관계 또한 신속하게 발전하게 되고 사회경제 관계도 이에 상응하는 변화

1 조복현(2007), 「宋代 米價의 變動과 消費生活」 『歷史學報』 194집, 238쪽에 의하면, 송대의 1畝는 567m²이고 명대의 1畝는 580m²로서 현재의 667m²와는 약간의 차이가 있고, 宋代의 1石은 지금의 6.6斗이고, 46.2kg에 해당하여 도량형의 차이에 주의해야 한다.

가 발생했다. 하지만 14세기 후부터는 중국사회의 발전이 점차로 느려지고 지체되어 갔으며, 비록 명 중엽이후에 자본주의 맹아가 출현하였다고는 하지만 이미 명확하게 유럽의 몇몇 국가에게 뒤쳐지게 되었다.

한국에서는 918년에 고려가 건국되어 1392년에 멸망하고 이어서 조선이 건국되면서 현재 중국의 영역 내에 있는 북방민족들과 많은 전쟁을 치르거나 우호적인 관계를 유지하였다. 중국에서 요와 송이 '전연지맹(澶淵之盟)'을 체결하여 중원의 전선이 안정되자 거란족의 요가 고려를 수차례 침범한 바가 있고, 12세기 초엽에는 윤관이 여진을 공격하여 9성을 축조하고 당시의 국제정세의 흐름에 따라서 외교적 교섭을 통해 이를 여진에게 환부한 바가 있지만 대체적으로 평화적인 관계를 유지하였다. 몽고족이 흥성하고 동녕부와 쌍서총관부 등이 설치되면서 고려 영토의 잠식이 있었지만 몽고 세력의 약화에 따라 전쟁과 외교적 방식으로 이들을 수복하였고, 조선조에 들어서 신흥의 명조와 철령위의 설치를 둘러싸고 외교적 마찰이 있었지만 현재 한반도의 영역을 회복할 수 있었다.

이 시기에는 사회적으로 많은 변화를 겪게 되는데 우선 신라 말의 혼란기를 거치면서 전통적인 골품제도가 동요되고, 무신집권기와 원의 간섭기에는 전통적인 신분제가 더욱 심하게 동요되는 가운데 신진사대부가 등장하여 조선 건국의 주체가 되었다. 한편 중국에서는 위진남북조와 수당시기를 지나면서 송대 이후에는 유, 불, 도의 삼교가 서로의 장점을 취하면서 점차로 '삼교귀일(三敎歸一)'의 특징을 보인다. 반면에 고려에서는 불교가 특별히 중시되는 가운데, 고려 초기에 과거제도가 시행되면서 유학이 발달하였다. 물론 당시에는 도교나 풍수지리도 유행하기는 하지만 점차적으로 불교와 유교가 대립하는 양상을 보였다. 그리고 원의 간섭기인 고려 말에는 문화적인 측면에서 중원의 농경민족들에 비하여 상대적으로 개방적인 유목민족의 특성에 따라서 목화나 화약 등과 함께 성리학이 유입되어 조선의 주도적인 이념으로 자리하게 되었다.

경제적인 측면에서 보면 고려는 거란과 여진 및 몽고 등 북방민족들과 전란을 치르고, 특히 몽고의 침략기에는 30여 년에 걸쳐서 침략을 받았기 때문에 경제적인 발전은 상대적으로 어려울 밖에 없었다. 하지만 농업생산량이라는 측면에서는 어느 정도의 발전을 이루었고, 이를 구체적으로 살펴보면 토지를 개간하고 수리시설을 확충하였으며, 시비법을 개발함과 동시에 새품종을 도입하고 경종법(耕種法)을 변화시키는 등의 성과가 있었다.[2]

한편, 일본은 10세기 초 후지와라[藤原] 가문이 장원을 비롯한 사유지를 확대하는 동시에 황실의 외척이 되어 섭정하면서 관백으로써 천황을 능가하는 정치권력을 장악하는 이른바 섭관정치를 열면서 10세기 말 전성기를 맞이하였다. 이어 11세기 말부터 12세기 말까지 1세기 동안은 천황의 경험자인 상황에 의한 정치형태가 나타났는데, 이때를 '원정(院政)시대'라고 한다. 상황은 천황보다 관례에서 자유로웠고, 장원을 정식으로 인가했기 때문에 상황에게 장원을 기진(寄進)하는 경우가 늘면서 서서히 경제적으로 섭관가를 압도했다.

12세기 후반에 이르러 다이라[平]가문과 미나모토[源]가문, 그리고 후지와라가문의 정치적 투쟁을 거쳐 미나모토노 요리토모[源頼朝]가 전국을 제패하여 가마쿠라에 막부를 열고, 정이대장군(征夷大將軍)이 된 1192년부터 1333년에 가마쿠라 막부가 멸망하기까지 140여년을 가마쿠라시대라고 한다. 그리고 무로마치 시대는 아시카가 다카우지[足利尊氏]가 정권을 장악하고 1336년에 쿄토에 막부를 열 때까지 1573년에 막부가 멸망할 때까지 약 240년인데 무로마치라는 이름은 아시카가 요시미쓰[足利義滿]가 1377년에 교토 무로마치에 '하나노고쇼[花の御所]'를 지은 일에서 유래한다. 그 사이 1392년까지의 약 60년간 조정이 남조와 북조로 나뉘어 항쟁했기 때문에 남북조시대

2 박용운(2010), 『고려시대사』, 一志社, 666쪽.

라고도 하는데, 1392년에 남북 양조가 합쳐졌다. 또한 1568년에 이르는 1세기는 각지에 다이묘가 할거하여 전국시대라고 한다.

이 시기 일본 경제의 바탕이 된 것은 장원공령제(莊園公領制)에 입각한 장원이었는데, 이것은 크게 간전지계(墾田地系) 장원과 기진지계(寄進地系) 장원으로 나뉘었다. 무로마치[室町] 시대에 이르러서는 후자의 형태가 전국적으로 우세한 형세로 변모하여 유력한 권문의 등장을 야기하였다. 또한 이 시기 장원은 대토지사유였을 뿐만 아니라 조세 면제와 중앙 정부에서 파견한 관리의 출입을 통제하는 치외법권적 권리까지 누렸다. 이 때문에 중앙과 지방은 끊임없는 긴장 관계가 이어져 지방 장원을 관리하는 호족들이 무장하기 시작하는 한편, 조세 수취를 위해 파견된 고쿠시[國司]도 무장하면서 무사계층이 발생하게 되는 요인으로 작용하였다.[3]

이 시기 농민들 가운데에는 간전지계 장원의 출현과 더불어 간전 개발과 경작에 힘을 쏟은 농민이 출현하였다. 그러나 토지를 떠나 유랑하는 농민도 증가하여 농민의 분화가 촉진되는 한편, 점차 의식의 성장으로 도산을 비롯하여 폭동과 전쟁을 일으켜 자신들의 권리를 확보하려 노력하였다. 15세기에 접어들면서 기후의 변동으로 인한 고통 속에서도 조선을 통해 들어온 목면의 전국적 보급과 벼농사의 2모작이 간토[關東] 서쪽을 넘어 전국으로 확대되었고 전란의 시기에 발달한 축성기술과 토목기술이 개간에 활용되어 전국의 논 면적이 비약적으로 증가해 농업생산성의 진전이 이루어지면서 농민들의 생활도 점차 나아졌다.[4]

이상에서 살펴본 바와 같이 10에서 16세기에 동아시아 3국의 역사가 복잡다단하게 진행되었고, 이에 따라서 각국의 농업에 발달이나 농민들의 생

3 松山良三(2004),『日本の農業史』, 新風舍, 98~99쪽.

4 稻垣泰彦(1975),「中世の農業經營と收取形態」『日本歷史 6, 中世 2』, 180~181쪽.

활은 매우 다양하게 나타날 수밖에 없었다. 동시에 이와 관련된 각국에 현존하는 문헌 기록의 양도 현저한 차이를 보이기에 비교하여 고찰하는 것이 매우 어려운 작업이 될 수도 있다. 하지만 본고에서는 이와 관련된 각국의 분산된 사료와 기존의 연구 성과들을 수집하고 정리하여 당시의 사회를 이해하는데 도움을 주고자 한다.

II. 농업의 발전

1. 한국

1) 새로운 품종 도입

고려시대에 점성도가 도입되었다는 증거가 직접적으로 나타나지는 않지만, 충렬왕 때 원나라로부터 강남미가 도입된 사료를 보면 중국과의 교섭을 통해 중국에 널리 퍼져있던 점성도의 한국도래는 충분히 예상할 수 있다. 그런데 조선시대의 농서에서는 점성도의 도래의 흔적을 쉽게 찾을 수 있다. 점성도는 산도의 일종으로서 송대 이후의 어느 시기엔가 우리나라에 들어온 도종으로 적미종이며 성건하고 바람에 잘 견디며 척박한 토지에 알맞고 일찍 심은 조도로서 소개되고 있다.

그리고 강남 도종(稻種)의 하나로서 선명도(蟬鳴稻)와 같은 조도종이 도입되었는데 선명도는 중국에서는 송대 이후에 이러한 종자가 사라졌는데도 불구하고 고려에서는 후기까지 사료에 선명도가 보이는 것은, 고려의 농업이 이때까지 휴한의 단계를 벗어나지 못했음을 보여주는 사례라고 주장하는 학자도 있지만 실제로 선명도는 중국에서 강남농법이 발전하면서 발전된 농법에 스스로 적응하면서 청대까지 계속 재배되었다고 한다.[5]

이러한 조도종의 도입은 조도종과 만도종의 다양한 분화와 함께 이에 따른 다양한 도작법의 발전을 가져왔을 것으로 보인다. 또한 기후조건에 따라 조도를 필요로 했던 한반도의 북부지역까지 도작 지역이 확대되도록 하였다.[6]

2) 농기구 개선

고려시대에 수전이나 한전이나 모두 1년 1작을 기본으로 하는 연작법이 시행되었다고 한다면 그에 상응하는 농기구나 시비 기술에 대해서도 검토해 보아야 할 것이다. 농기구를 보면 삼국시대부터 이미 쟁기를 사용한 우경이 있었다. 그런데 쟁기의 모양에 대해서는 이와 비슷한 시기에 중국과 일본에서 모두 사용하고 있었던 유벽유상(有鐴有床)[7]의 쟁기였을 것으로 추정

5 魏恩淑(1988), 「12세기 농업기술의 발전」『釜大史學』 12집, 96~97쪽.

6 魏恩淑(1996), 「농업과 농업기술」, 국사편찬위원회 편 『한국사』19, 탐구당, 326쪽.

7 쟁기는 보습을 고정하는 '술'의 생김새에 따라 눕쟁기·선쟁기·굽쟁기로 나눈다. '선쟁기'는 술이 지면과 직각에 가까운 각도로 우뚝 선 쟁기로 보습이 술 끝에 박혀 있어 술 바닥이 없는 까닭에 '무상려(無床犁)'라고 한다. 구조가 간단하고 가벼울 뿐 아니라 지면과의 마찰 면적이 적어 힘이 덜 든다. 하지만 안전성서이 없어서 다루기 어렵고, 평야지대의 차진 땅에서는 쓸모가 적어 골을 파는데 쓰거나, 토양에 돌이나 바위가 섞여 있는 두메지역에서 주로 사용하였다. 눕쟁기는 술이 지면과 평행을 길게 뻗어나간 쟁기로 보습이 술 끝에 얹혀 술의 길이와 바닥이 길기 때문에 '장상려(長床犁)'라고 한다. 안정성이 좋고 쟁기를 부리기는 쉽지만, 보습의 날이 지면과 거의 평행을 이루므로 땅을 깊기 갈 수가 없어 깊이갈이에는 적합하지 않다. 굽쟁기는 선쟁기와 눕쟁기의 단점을 보완하여 술과 지면을 약 45도 정도 각도로 세운 쟁기로

할 수 있다.[8]

그리고 제초기구인 호미는 서서 작업하는 장병서(長柄鋤)가 고려시대는 물론이고 조선시대까지 일반적이어서 조방적인 경영을 하였다는 견해도 있기는 하지만 8세기 경의 것으로 추정되는 호미가 경주 안압지에서 출토되었고, 고려시대에 엎드려 김을 매는 모습을 묘사한 사료를 통해서 추정해 볼 때 앉아서 작업하는 단병서(短柄鋤)를 통하여 집약노동이 가능했다는 것을 알 수 있다.[9]

조선시대의 농민들은 과거에 비해 훨씬 발달된 농업기술을 습득하고 있었다. 이들은 이미 토지를 기름지게 하기 위하여 각종 비료를 사용하였다. 그 결과로 해를 건너 휴경하는 휴한법의 단계에서 벗어나 매년 토지를 경작할 수 있는 연작법의 단계로 옮아가고 있었다. 또 논에서는 보통 직파법이 행해지고 있었으나 이앙법도 생겨나고 있었다. 그리고 가뭄에 대비하기 위하여 저수지도 만들었는데 그 수는 경상도에서만도 600개를 초과하였다. 그리고 한국의 기후에 알맞도록 품종을 개량하는 데도 힘을 기울였으며, 밭은 밭고랑과 밭이랑을 만들어 씨를 밭고랑에다 뿌리는 견종법(畎種法)이 보급되었다. 이러한 농업기술의 향상으로 인하여 자연스럽게 농업생산량이 증가하게 되었다.[10]

술의 길이와 바닥이 짧기 때문에 '단상려(短床犁)'라고 한다. 눕쟁기는 굽쟁기와 함께 토양이 차진 평야지대에서 썼다.

8 魏恩淑(2003), 「전시과 체제」, 국사편찬위원회 편 『한국사』14, 탐구당, 324쪽.

9 魏恩淑(2003), 325~328쪽.

10 李基白(1992), 『한국사신론』, 一潮閣, 248쪽.

3) 농업기술 발전

농업생산이 증가하기 위해서는 지력회복을 위한 시비기술의 발전이 있어야 한다. 그러나 고려시대에 시비법을 시행한 모습을 보여주는 사료는 극히 적지만 고려의 명종이 신하에서 "속담에 봄 가뭄은 밭에 거름을 주는 것과 같다"고 한 말에서 보듯이 분전(糞田)이라는 용어가 있는 것으로 보아 분전법이 시행되었을 것으로 보인다.

또한 중국의 송대에는 종이의 생산량 증가와 인쇄술의 발달 등으로 인해서 많은 서적이 출판되었고, 고려와 송조의 서적교류가 광범위했다는 점을 고려하면 적지 않은 농서의 도입과 유통이 있었을 것으로 예상된다. 그렇다면 고려에서는 초기부터 화분(火糞), 초분(草糞), 인수분(人獸糞)과 같은 초보적인 시비기술 뿐만 아니라 종자를 골즙(骨汁)이나 분즙(糞汁)에 담그는 지종법(漬種法)이나, 넓은 면적에 시비하면서 제조가 쉽다는 장점을 지닌 녹비법 및 소의 분뇨를 이용하는 답분법(踏糞法) 등도 광범위하게 이용되었을 것으로 추정된다.[11] 고려후기에도 우마를 소유한 중농 이상의 계층은 분전에 있어서 대단히 유리한 입장에 있었고, 이것을 통한 생산력의 증대와 몰락농민층의 노동력을 활용하는 농업경영에 의해 부를 축적해 나갈 수 있었다.

조선시대 전기의 농서에 의하면 당시의 비료는 전혀 가공을 하지 않은 것과 어떠한 형태로든 일차 가공을 가한 것이 있었으나, 시비량의 절대적인 부족으로 당시의 토지 비옥도는 전반적으로 척박하였지만 수전 농업에서는 객토와 초목비료를 중심으로 한 시비가 행해졌고, 특히 저습한 토양에 완전히 부숙(腐熟)되지 않은 비료를 넣어서 쟁기질로 골고루 갈아 그 부숙을 촉진하였다. 그리고 한전에서는 초경 전후에 시비법과 파종시와 파종 후의 시

11 魏恩淑(2003), 328~329쪽을 참조.

비법이 있기는 하였지만 가장 많이 행해진 분종(糞種)의 경우까지도 주로 열등지만을 중심으로 시비되었다. 16세기에는 구비(廐肥)를 전지에다 시비하였는데, 이는 추수나 타작 후에 남은 부산물과 봄과 여름에 베어서 쌓아놓은 산야의 잡초를 매일 외양간에 3촌씩 깔아놓았다가, 매일 아침 우마분과 함께 꺼내 적재한 뒤에 12월과 1월 사이에 척박한 전지에다 뿌리는 방법이다.[12]

농업생산력을 확대하기 위한 또 하나의 조치는 수리시설의 확충이다. 이러한 수리시설의 확충은 12세기 이후의 고려 말에 특히 집중적으로 나타나고 있다. 수리시설은 제언(堤堰)의 보수와 수축이나 연해안 저습지와 간척지를 개발하기 위한 하거공사나 방천제나 방조제의 건설이다. 제언에는 산곡형과 평지형의 두 종류가 있는데 산곡형은 하천이 산곡으로부터 평지로 흘러내리는 지점에 건설하는 것으로, 산의 경사면을 제로 이용하기 때문에 수심이 깊고 면적이 적어도 많은 저수량을 얻을 수 있는데 반해, 천수가 운반하는 대량의 토사 때문에 정기적으로 준설을 행하지 않으면 수심이 얕아지고 폐허화되는 단점이 있다. 평지형 제언은 중국의 파나 일본의 혈지에 해당하는 것으로, 평지부를 파서 그 흙을 주위에 쌓아서 제언으로 조성하여 지하에서 복류하고 있는 수류의 용수나 천수를 모아서 관개하는 것이다.

제언의 보수와 수축에 관한 사례들을 보면, 문종년간에 남대지(南大池)의 개수, 현종년간 벽골제의 보수, 의종 24년에 남천제(南川堤)의 개수, 무신집권기에 중방제(重房堤)의 수축, 명종년간에 조서를 내려 전국적으로 제언을 중·보수하라고 명령함으로서 광범위하게 시행되었을 것으로 보인다. 또한 연해안의 저습지와 간척지 개발을 위해서 인종 21년에 수주(樹州, 경기도 부평)의 구거공사(溝渠工事), 의종대 명주(溟州, 강릉)의 준거공사(浚渠事業)과 洪州[홍성]에서 거(渠)의 준설 및 영광에서의 방조제 수축, 명종년간에 해주와 전

12 李鎬澈(2003), 「농업과 농업기술」, 국사편찬위원회 편 『한국사』 24, 탐구당, 106~107쪽.

주에서의 간척지 개발이 있었고, 이 이후에도 전국의 각지에서 많은 방조제의 수축과 저습지의 개발이 있었다. 이러한 사업들은 당시 사회의 여러 가지 모순과는 별도로 어느 정도 생산력의 발전을 가능하게 하였고, 이에 따라서 농민 생활의 안정에도 기여했을 것으로 보인다.[13]

조선시대에 편찬된 『농사직설』에는 봄가뭄으로 수경이 불가능한 경우 행하라는 전경직파법이 설명되어 있으며, 15세기까지 가장 보편적인 도작법이었고, 『산림경제』에는 전경법이 이앙법을 응용한 건앙법까지 나오고 있는데, 조선시대 초기까지도 이앙법은 수리시설의 미비로 경상도와 강원도의 일부에서만 행해졌을 것으로 보인다. 하지만 사료에 의하면 고려 후기에도 이앙법을 시행한 예가 나타나고 있다. 예를 들어 농가에서 이앙을 하지 못해 많은 사람들이 굶주린다거나 들녘에서 이앙가가 울려 퍼지고 있다는 등의 기록을 보면 당시에 이앙법은 상당히 확산되었을 것이다. 당시의 농민들은 종자의 유실이 적은 이앙법을 선호했지만 정부에서는 가뭄이 들어 농사를 망칠 것을 염려하여 직파와 이앙을 겸할 것을 장려하였다. 하지만 이앙법은 제초를 위해서나 단위면적당 생산량의 증대라는 측면에서 유리하였기 때문에 상당히 확산되었을 것으로 보인다.[14]

조선시대의 농업생산 기술은 크게 수전농업과 한전농법으로 나누어지는데 수전농법의 가장 큰 특징은 황무지를 개간하고 숙전화하는 기술이다. 이렇게 해서 이전보다 수전의 면적이 크게 확대되었는데 방금 개간한 척박한 열등지에서는 만도가 연작되었고, 기후가 가물어 수경법으로 직파가 불가능할 때에는 한전농법을 응용한 건경법에 의해 벼가 재배될 수 있었다. 또한 부족한 수원을 최대한 활용하기 위하여 수전과 한전을 서로 교대하는 조선

13 魏恩淑(1996), 329~330쪽.

14 魏恩淑(1996), 336~337쪽.

특유의 회환(回換)이 이루어지는 윤답지대와 수도만을 매년 경작하는 상경지대로 나누어지는데, 윤답지대에서는 매년 전곡과 수도가 교대로 경작되었고, 가물어서 직파가 불가능할 경우에는 건경이 행해졌다. 건경이란 '1년 2작식' 윤작체제가 행해졌으며, 일부 빈농층의 경우에는 작물이 자라고 있는 기간 중에 같은 한전의 이랑 사이로 다른 작물을 재배하는 간종법이 나타났다.[15]

4) 농업관련 제도와 정책

고려는 초기부터 권농에 깊은 관심을 가지고 있어서 고려 태조는 즉위 초부터 민심수습을 위하여 문란해진 토지제도와 수취체제에 관심을 기울이면서도 민생안정을 위하여 농업과 잠상을 장려하였다. 그리고 광종년간에는 평농서사(評農書史)나 사농경(司農卿) 등의 관원 명칭이 있는 것으로 보아 중앙정부에 권농을 담당하는 기구가 있었을 것으로 추정된다. 그리고 성종대에는 지방제도가 대체적으로 정비되면서 국가의 권농정책이 지방관을 통하여 수행되었다.

고려시대 초기 권농의 목적은 정부에서 표방하듯이 민생의 안정에 있다고는 하지만 더욱 중요한 것은 농민생활의 안정을 통하여 국가의 조세 수입을 증대시켜서 재정을 확보하는데 있었다. 이러한 목적을 이루기 위해서는 정부에서 불필요한 요역을 금지하고, 종자를 지급하거나, 농기구를 사급하거나 관우를 대여하기도 하였다. 또한 농업 생산력의 발전을 위하여 선진적인 농업기술의 전수나 그것을 위한 농서의 연구와 보급이 행해졌을 것이다.[16]

15 李鎬澈(2003), 101~103쪽.

16 魏恩淑(2003), 329~330쪽.

조선시대에 농업생산력을 증대시키기 위한 정책의 하나는 중국의 농서를 수집 보급하여 중국의 선진 농법을 우리 것으로 흡수하려는 정책이었고, 다른 하나는 국내 농업 선진지역의 관행기술을 채록하여 농서로 편찬하고 보급하는 정책이었다. 조선 전기에 가장 널리 보급된 중국의 농서는 『농상집요(農桑輯要)』와 『사시찬요(四時纂要)』가 대표적인 중국의 농업서로서, 전국 각지에서는 우리의 농법과 농업 환경에 알맞는 새로운 농서를 필요로 하였다. 이러한 필요성은 국가의 권농정책으로 이어져 1429년에는 최초의 관찬농서인 『농사직설(農事直說)』이 편찬되었다. 이는 먼저 우리의 풍토에서 이미 실험이 끝난 선진지역 노농(老農)들의 관행 농법을 충분히 수집하여 편찬한 것인데, 정부는 이렇게 편찬한 농서를 농업 후진지역으로 보급시켜 선진 농법을 확산시키려는 노력을 계속하였다. 그리고 이러한 농서의 편찬은 관찬과 사찬의 두가지 보완적인 방식을 통하여 급속히 전개되었는데 16세기에 들어서는 더욱 확산되었고, 이러한 농학의 발달은 이 시대 농업의 발달에 커다란 영향을 주었다.[17]

그리고 조선 전기에는 여러 가지 개간 정책들이 시행되었는데 그 첫 번째는 조세감면정책이다. 이는 정부가 가장 새로 개간한 농지에 대해서는 일정기간 면세조치를 취하는 방안이었는데, 개간의 필요성이 절실할수록 면세의 기간도 점차 연장되었다. 또한 개간이 가능한 공한지를 지방관으로 하여금 토지가 없는 농민이나 백정이나 노비들에게 나누어주고 개간을 촉진하는 정책도 시도되었다. 국가적인 수리 사업을 통해 새롭게 토지를 개간할 때에도 이를 땅이 없는 농민들에게 골고루 나누어주어 '농지도 개간하고 경제도 안정시키는' 효과를 거두기도 하였다. 둘째는 사민정책으로 이는 북변 방어의 군사적 목적에서 비롯되었다. 그러나 농지 개간 정책의 차원에서 보면 인

17 李鎬澈(2003), 98~101쪽.

구는 많고 토지는 부족한 하3도의 농민을 인구는 적지만 토지가 많은 북부 지방으로 대량 이주시켜 이 지역을 개간하도록 하였던 것이다. 셋째는 둔전 정책으로 이는 군인들이 스스로 경작하여 자신의 군량미를 마련하게 하는 일종의 관영농장이었던 둔전을 여러 곳에 설치하여 개간을 촉진하는 정책이다. 이러한 둔전은 중국에서도 관전의 중요한 부분의 하나이고, 토지정책에서 중요한 부분을 차지하였는데 조선에서도 둔전을 통해 재정 수입을 확보하고자 주력하였으므로 개간 사업은 널리 확대되었다. 이외에도 조선에서는 정부가 농우를 증식하여 관급하는 농우정책을 시행하였다. 이 시기에 농지를 개간하는 중심세력은 봉건국가, 양반지배층, 부농층이었으며 이들에 의해 조선 전기의 농지 공급은 크게 확대되었다. 이렇게 해서 생산요소 가운데 토지의 면적이 계속 증가하게 함으로서 전체 농업생산량의 발전에도 중요한 영향을 끼쳤다.[18]

2. 중국

1) 신품종 도입

종자는 그것이 얼마나 좋은가에 따라서 생산량의 다과에 직접적인 영향을 끼치기에 농업에서 차지하는 비중이 매우 크다. 따라서 농업 생산에 종사하는 과정에서 토양이나 물을 대단히 중시하기도 하였지만, 어떠한 종자를 선택하고 재배할 것인가를 고심하는 동시에 우량 품종을 도입 보급하는

18 李鎬澈(2003), 114~115쪽.

일에도 게을리 하지 않았다.

송대에 새롭게 도입된 작물로는 대표적으로 점성도(占城稻)를 들 수 있다. 이것은 일종의 지대가 높은 지역에서 재배되던 내한성이 강한 벼로 "중국의 벼에 비해서 이삭이 길고 까끄라기가 없으며, 낱알의 차이가 적고, 토양을 가리지 않고 생장한다"[19]고 하여 적응성이 강한 조생종이다. 진종 대중상부 5년(1012년)에 강남지방에 큰 가뭄이 들자 정부에서는 사람을 파견하여 복건으로 가서 점성도 3만 곡(斛)을 가져와 높은 곳에 토지가 있는 백성들을 골라서 종자를 나누어 주고, 아울러 재배방법을 조판에 새겨 인쇄하고 방을 붙여서 백성들에게 알려 재배를 확대하였다. 이로부터 점성도는 강회와 양절지방에서 뿌리를 내리게 되었고, 그 후 재배하면서 다시 계속해서 개량하고 변화시켰다.[20]

벼는 중국의 남방에서 보편적으로 재배되는 작물이고 따라서 벼의 품종 또한 대단히 많다. 문헌기록에서 보면 시조우[歙州]에 벼가 31개 품종으로 그 중에 선도(籼稻 : 메벼의 일종)가 11종, 갱도(秔稻 : 메벼의 일종)가 13종, 나도(糯稻 : 찹쌀)가 7종이고, 후이지[會稽]는 56개 품종, 타이조우[台州]는 30개 품종, 밍조우[明州]는 25개 품종, 쿤샨[昆山]은 33개 품종, 창슈[常熟]는 40여 개의 품종이 있다. 구오이[郭翼]가 기록한 어메이시엔[峨嵋縣]에는 25개의 품종이 있는데 "다른 곳에서는 좀처럼 그 이름을 듣기가 어렵다"고 하였으며 우칭전[烏青鎭]만 하더라도 메벼 70여 종과 찰벼 40여개 품종이 있으며, 푸조우[福州]에는 조생종이 6종 만생종이 10종, 찰벼가 11종이 있어서 벼의 재배가 대단히 성행했음을 알 수 있다.[21]

그리고 황립도(黃粒稻)라는 벼가 환난[皖南]의 산악지대인 지우화샨[九華山]

19 『宋史』 卷 173 「食貨志·農田」.

20 漆俠(1987), 『宋代經濟史』, 上海人民出版社, 115쪽.

21 漆俠(1987), 117~118쪽.

에서 생산되었는데 그 까끄라기가 뾰족하고 씨알이 기름지며, 그 색깔이 은근하고, 그 맛이 향기롭고 부드러워 보통 벼와는 다르다. 전하는 말에 따르면 김지장(金地藏)이 신라에 갔다가 종자를 가지고 와서 구화산에 이르러 이를 심었다고 한다.

벼 이외에도 녹두가 있는데 이는 진종대에 천국[天竺]으로부터 도입된 것이다. 이 품종은 종자가 크고 알이 많다는 것을 특징으로 한다. 그러므로 대단히 빠른 속도로 남북 각로에 보급되었다. 그리고 수박이 있는데 수박의 원산지는 분명하지 않지만 중국에서는 먼저 신강지역으로 전래되었고, 이후 대략 당말오대에 가장 먼저 중국 북부의 요나라로 전래되었다가 여진족이 금국을 건립하였을 때 지금의 북경지역까지 재배되었다. 남송 초기에는 허베이[河北]와 허난[河南]지방에서 보편적으로 재배하다가 점차 회수를 넘어 중국 전역에서 재배하여 수박이 서북 변방에서부터 도입되어 남방의 각지로 보편화되기까지 대략 2세기가 넘는 시간이 소요되었다.[22]

명대에 새로 도입된 작물로는 옥수수가 있어서 곡물의 재배가 어려운 고산지대나 건조한 땅에서 경작하기 좋은 작물이 되었는데, 본래 옥수수는 명대인 16세기 중엽에 전래되어 18세기 중엽 이후에 각 지역에 보급되었다. 그리고 고구마도 16세기에 전래되어 구릉지와 건조한 지역 혹은 모래땅에서 재배하였는데, 고구마는 다른 작물과는 달리 무성번식이라서 재배가 쉽고 단위면적당 수확량도 많아서 고구마는 전래된 직후부터 지방관들이 재배를 적극 권장하였다.[23]

22 漆俠(1987), 115~116쪽.

23 오금성 외(2007), 『명청시대사회경제사』, 이산, 495~496쪽.

2) 농기구 개선

송대는 전국시대와 진한대를 이어서 야철기술과 철제도구가 다시 한 번 변혁되는 중요한 시기이다. 특히 철 산량의 격증에 따라서 철제 쟁기의 개선과 철제 절삭도구의 창조 및 보급 등에서 많은 변화가 있었다.

중국의 농업사에서 쟁기에 벽(鐴)과 상(床)의 유무가 휴한농법에서 경지 전면경을 통한 연작농법으로의 이행이 결정되었는데, 화베이[華北]의 농업에서는 전한말에 벽과 상이 있는 장상리(長床犁)가 나와서 그 문제를 해결하였다.[24] 송대에는 직원리(直轅犁)를 고쳐서 곡원리(曲轅犁)로 만들었는데 이는 쟁기질을 할 때 더욱 신속하고 편리하였고, 농업생산력의 발전을 위하여 중요한 작용을 하여 단위면적당 생산량에 직접적인 영향을 주었다. 특히 중요한 것은 쟁기에 '체도(銐刀)' 혹은 '개황체도(開荒銐刀)'라고 하는 황무지를 개간하는데 사용하는 장치가 있었다는 것이다. 이 도구는 황무지를 개간하는 칼의 일종으로 그 형태는 낫과 같고, 그 윗부분이 더 두꺼운데 그 칼날은 강철로 만들어 더욱 날카롭고 오래 쓸 수 있게 하였다. 이것을 사용하면 보습으로 밭을 갈 때에 흙을 들어올리기가 쉽고 소도 힘이 덜 들게 된다.[25]

농사에 있어서 기계로 경작하기 이전에 가장 중요한 것은 소인데 송대의 북방에는 소가 없거나 매우 적었기 때문에 남방의 소에 의존해야만 했다. 소가 없는 농민들은 생산물을 분배할 때 지주들에게 10분지 1의 소작료를 추가해서 부담해야 했다. 이처럼 경우가 부족하거나 우경을 모르는 지역에서는 답리(踏犁)와 쇠스랑과 곡괭이가 중요한 농구가 되었다.

답리는 두 사람이 밭을 갈 때 사용하는 쟁기로서 전적으로 인력에 의지

---

24 魏恩淑(1996), 323쪽.

25 漆侠(1987), 110~111쪽.

해서 땅을 뒤집어 우경의 효과에 절반 정도를 얻을 수 있고, 발을 사용하는 것이 손을 사용하는 것보다 효과가 크기 때문에 곡괭이를 사용하여 밭을 가는 것보다 효과가 두 배이다. 이런 공구는 생산이 낙후되거나 조방농업을 경영하는 지역에서 유행하였다. 쇠스랑은 4개나 6개의 써래날을 가지고 있는데 그 날이 날카롭고 약간 구부러져 있는데 써레 같으면서 써레는 아니고 흙을 쌓아놓은 것이 탑과 같아서 이것을 철탑(鐵搭)이라고 한다. 소를 이용하는 쟁기가 부족하면 이것을 가지고 땅을 파서 경작에 대용하는데 써레와 곡괭이의 효과를 겸하여 가지고 있다. 북방지역에서 곡괭이는 쟁기의 대용품으로서 허난[河南]에서 출토된 곡괭이를 보면 형태와 구조가 상당히 큰 모습을 하고 있으며, 노동력이 풍족한 타이후[太湖]유역에서는 곡괭이로 길게 토지를 뒤집을 수 있어서 역시 중요한 경작도구의 하나로 사용하였다.

송대에 창조된 새로운 도구로 앙마(秧馬)가 있다. 이것은 모내기를 할 때 사용하는 도구의 일종으로 위에 타고서 모내기를 하며 허리를 굽혀서 모내기를 하는 것보다 적지 않게 체력의 소모를 줄일 수 있었다. 앙마는 대략 북송 신종대에 발명되었고, 느릅나무와 대추나무로 배를 만들어 미끄러지게 하고 가래나무와 오동나무로 등을 만들어 그것을 가볍게 했는데, 배 부분은 조그만 배와 같이 그 머리와 꼬리를 치켜들고 등 부분은 마치 기와를 엎어놓은 것과 같이 하여 두 다리로 흙 안에서 뛰기에 편리하게 만들었다. 그 머리에다 모를 묶어놓고서 모내기를 했다. 하지만 이 도구가 체력의 소모를 줄이기는 하였으나 속도가 빠르지 못하다는 단점이 있었다.

송원대는 또한 하분루종(下糞耬種)이라고 하는 파종 도구가 발명되었는데, 이는 씨를 담는 깔대기에 따로 분뇨를 거르는 체를 설치하여 누에의 똥과 섞어서 파종할 때 종자를 따라서 떨어져 종자의 위를 덮으니 사용에 더욱 편리하였다.

송대의 남방에서는 또한 운탕(耘蕩 : 써레의 일종)이라는 새로운 도구를 발명하였다. 운탕의 형태는 나막신 같이 생겨서 실제 길이는 한 척 정도인데, 20여 개의 짧은 못을 배열하여서 이를 사용하여 논두둑 사이에 풀이나 흙을 쳐서 이들을 섞거나 빠트려 밭이 더욱 고르고 비옥하게 한다. 써레나 호미보다 성능과 효과가 좋아서 인력의 소모를 줄이고 노동생산율을 높이는데 중요하게 작용하였다.[26]

3) 농업기술 발전

관개용 도구 중에서는 이전부터 대나무 통을 이용해서 이를 연결시켜 물을 끌어들여 관개를 하는 이외에 송대에는 이른바 통차(筒車)라는 것이 있었다. 통차는 흐르는 물에다 만든 것으로, 물에 흐르는 힘을 이용하여 바퀴살을 돌리고 바퀴살에 부착된 대나무 통에 물을 담은 다음에 강안의 위로 끌어올려 수로를 통해 밭에다 물을 대는 것이다. 반면에 정지되어 고인 물에서는 답차(踏車)를 사용하였다. 답차는 용골차(龍骨車)라고도 하며 물에 가까운 지역이면 모두 설치할 수 있어서 비록 많은 노동력이 필요하지만, 남방에 벼를 재배하는 지역에서는 거의 집집마다 모두 있어서 광범위하게 사용된 관개용 도구였다.[27]

명대에는 농업 생산도구에 커다란 발전이 없었고, 이전의 것들을 답습하는 수준이었다. 다만 일명 '목우(木牛)'라고도 하는 '대경기(代耕器)'가 출현하여 세 사람이 함께 밭을 갈면서 노동력을 절감하고 효율을 높이는데 사용하였다. 현재 이러한 대경기가 어느 정도의 범위에서 얼마나 많이 사용되었는지는 명확히 알기 어렵지만, 이러한 기계적 농기구가 등장하였다는 점에

26 漆俠(1987), 112~113쪽.

27 漆俠(1987), 114쪽.

서 의미가 있다.

명대에는 서양 서적을 통해 우물에서 물을 퍼 올리는 기술이나 하천과 못에서 물을 퍼 올리는 기술 등 서양의 수리기술을 사용하였다. 그리고 수리 기술의 발달로 각 지역마다 수리시설이 정비되었는데 명대 홍무년간에 전국의 당언(塘堰)이 40,987곳이었으며, 명대에 장시[江西]성에 설치된 피당만도 수만 곳에 이를 정도였다. 명대에는 수리시설에 대한 관리가 법으로 규정되었는데, 이는 농업이 국가의 경제기반이고 수리시설이 농업의 인프라였기 때문이다. 따라서 『대명율』에는 수리시설을 훼손하면 처벌하는 규정까지 있어서 하천의 제방을 무너뜨리거나 몰래 물을 끌어다 사용하면 장 100대에 처하였고, 아울러 수리시설 지역에 사람들이 이주하거나 개인적으로 수리시설을 만드는 것도 법으로 금지되었다.[28]

중국에서는 서주시대에 이미 무성한 풀을 베어서 땅속에 묻어 비료로 하는 초분을 시비의 수단으로 사용하였고, 한대에 이미 지종법(漬種法)이 시행되었고, 당대에는 소의 분뇨를 사용한 답분법 등으로 시비를 하였다. 원대에는 답분을 가장 보편적으로 사용하면서 강남의 벼농사 지역에서는 델타 지역의 진흙을 비료로 사용하는 니분(泥糞)과 산성 토양을 중화시키는 석회를 새로운 비료로서 사용하였음을 알 수 있다.[29]

4) 농업관련 정책

농서는 농업 관련 정보를 많이 담고 있기 때문에 한 시대의 농업기술 수준을 이해하는데 매우 중요하다. 그런데 송대 이후로는 종합농서로서 송대에

28 오금성 외(2007), 498~500쪽.

29 魏恩淑(1996), 328~329쪽을 참조.

진부(陳旉)의 『농서』나 원대에 『농상집요』와 왕정(王禎)의 농서가 출판되고, 전문 농서로서 『잠서』 『작약보』 『여지보』와 같은 농서들이 출현하였다.[30]

주원장은 명조를 건국한 해부터 적극적으로 권농정책을 실시하였는데, 첫째는 황무지를 개간하면 원래 주인이 있고 없고를 가리지 않고 개간한 자의 소유로 한다는 정책을 발표한 이후로 여러 차례 개간을 장려하는 조치를 취하여 홍무 26년에 이르면 전국의 경지면적이 850만경에 이르렀고, 황무지의 개간이 대체로 완료되었다. 둘째는 군둔과 민둔을 시행하였는데, 군둔은 주둔지에서 지휘관의 관리 하에 군인 한 사람이 50무의 경지를 경작하게 하는 것이고, 민둔은 토지가 부족한 지역의 빈한한 백성이나 호적이 없이 유랑하는 백성이나 범죄를 저지른 관리를 황무지로 보내서 경작하게 하는 것인데, 홍무시대에 이러한 둔전의 면적은 89만 3천 경에 이르러 전체 경지 면적의 1/10을 조금 넘었다. 셋째는 대대적인 수리공사를 벌여서 주원장은 건국 초기에 영전사(營田司)를 설치하고 전국의 수리를 관리하게 하였다. 각종 사서에서는 명대 초기에 각종 수리공사가 활발하게 진행된 기록이 많이 나타나는데 이는 농업의 회복과 발전에 커다란 영향을 끼쳤다. 넷째는 토지겸병의 방지로, 주원장은 원대 말기에 지방 토호들이 가난하고 힘없는 농민의 토지를 침탈하는 것을 목격하였기에 부호들을 다른 곳으로 이주시켜 토지를 겸병하는 것을 방지하였다.[31]

---

30 오금성 외(2007), 493~494쪽.

31 范文瀾 저·박종일 역(2009), 『중국통사』, 도서출판 인간사랑, 374~375쪽.

3. 일본

1) 품종 도입

헤이안시대에 새롭게 전파된 작물의 기원과 전파의 경로 등을 살펴보면, 먼저 기장은 원산지가 동부아시아 대륙성 기후 지역으로서 중국의 화베이(華北)에서 한반도를 거쳐 전래된 것으로 추정되며 쇼헤이[昇平]연간(931~937)의 『왜명류취초(倭名類聚抄)』에 기장이 있다고 하였다. 유채과의 두해살이풀인 겨자는 원산지인 중앙아시아로부터 중국 동부로 전래된 바 있으며, 일본에는 고대에 중국으로부터 전래된 것으로 추정되는데 『본초화명』에는 '가라시[加良之]', 『신선자경』에는 '다카나[太加奈]'로 기록되었다.

상추도 원산지는 중동지방이었는데 중국으로부터 전래되었다가 일본으로 전래되었고, 『왜명초』에 '백거(白苣)'라고 기록되어 있다. 염교는 원래 중국이 원산지로서 저장[浙江]성의 산야에 야생하고 있다가 9세기에 중국으로부터 전래되었는데 당시에는 오로지 약용으로 제공된 듯하다. 사과는 코카서스와 소아시아 지방이 원산지로서 중국에 6세기 전래되었는데 이것과는 달리 중국 원산 사과가 있다. 일본에는 중국이 원산인 사과가 헤이안 시대 중엽에 전래되었다고 『본초화명』과 『왜명류취초』에 기재되어 있다. 또 19세기에 구미로부터 서양계 사과가 도입되어 그 보급에 따라 중국 원산 사과 재배는 소멸하였다. 그리고 비파는 중국의 양자강 연안이 원산지로 9세기를 전후하여 전래된 듯하다. 살구는 원산지가 중국 북부 산둥, 산시, 허베이성 산악지대와 만주 남부에 이르는 지역으로, 『본초화명』(918)에는 '당도(唐桃)'로 기재되어 있는데, 그 이전에 전래되어 심어진 듯하다. 초기에는 의약용 씨앗을 얻고자 하였는데, 점차 과일을 이용하게 되었다. 유자의 원산지는 양쯔강 유역으로 일본에는 한반도를 거쳐 전래되었다. 헤이안 시대에 재배되어 『왜명류취초』(937년경)에 '유(柚)'라고 쓰여 있다. 석류의 원산지는 페르시아에서 인도 북서부로 당시에 재배가 되었는지에 대해서는 의문이 들지만 헤이안 말기부터 가마쿠라 초기에 전래된 듯하다. 또 포도에 대해서는 일본 원산 포도가 기원전부터 있었는데, 12세기 말 문치 2년(1186) 유럽 품종이 고슈[甲州]로 들어와서 에도시대부터 고슈포도라는 이름으로 유명하게 되었다.[32]

15세기는 일본에서 산업경제가 발전하는 시기로서 농업에서도 경영의 집약화가 진전되어 벼의 품종도 여러 품종으로 개량되었다. 전국시대의 농업서인 『세이료키(淸良記)』에는 조도 12종, 중도 24종, 만도 24종이 있다고 기록되어 있다. 벼와 보리를 번갈아 심어 수확하는 2모작이 일반적으로 시행되어 후진 지역인 간토지방까지 보급되었다. 그리고 재배기술의 발달과 관개시설의 확충 및 비료의 이용 등에 의하여 선진지역에서는 미곡의 수확이 증가되었다.[33]

2) 농기구 개선

헤이안 시대에는 농민의 노력이 점차 쌓여 농업기술이 진보하여 농업생산도 높아갔다. 헤이안 시대의 농업기술은 장원이 발달할 때, 귀족과 영주의 수중에 모인 우수한 철제 농기구가 점차 지방 농민들 사이로 보급되었고, 소와 말을 사용한 농사가 널리 행해졌다. 또한 파종 전에 씨앗을 물에 담가 두고, 못자리에 모를 길러 밭에 옮겨 심는 법도 보급되었다. 그리고 밭에는 비료가 뿌려졌다. 비료로 쓰인 것은 산과 들의 풀과 그것을 재로 만든 것이었다. 소가 농경에 이용됨에 따라 외양간 두엄도 쓰였을 것으로 추정되는데, 9~10세기 경 궁정에서 관리하는 밭에서 외양간 두엄이 대량으로 쓰였다는

32 松山良三(2004), 111~112쪽.

33 구태훈(2004), 『일본역사탐구』, 태학사.

예가 있다. 인분뇨는 아직 쓰이지 않았다.[34]

벼 수확기에는 새와 짐승 피해를 막고자 허수아비를 만들어 놓고, 딸랑이를 달아놓은 새끼줄을 늘어뜨리는 등의 고안도 만들어냈다. 벼 베기를 할 때에는 뿌리 쪽을 베었다. 벼 베기를 한 벼를 말리고자 하는 시렁을 밭 한 가운데 나무를 엮어 만들었다. 이 방법은 야마토국 농민의 고안으로 정부는 이를 채용하여 전국에 보급하였던 것으로 추정된다.

벼농사에 대해서는 씨앗의 침지, 육묘, 이앙, 시비, 방제, 벼베기, 단의 건조라고 하는 일련의 기본기술의 원형이 헤이안 시대에 굳어졌다고 말할 수 있다. 이 시대 농업생산은 간토에서 북쪽으로 향해 눈부시게 발달하였고, 조·피·보리·밀 등의 밭작물 생산은 해협을 넘어 홋카이도의 이시카리가와[石狩川] 유역까지 이르렀다.

일본은 8세기경에 의례용의 실물쟁기로 쇼소인[正倉院]에 자일수신서(子日水辛鋤)가 볏도 없고 상도 없는 쟁기로 전해지고 있고, 비슷한 시기에 볏이 있는 쟁기도 존재하였는데 두 가지는 모두 고려에서 건너 온 것으로 추정하고 있다. 그리고 10세기 이후로는 모두 볏이 있고 상도 있는 쟁기가 이미 나타났다고 한다.[35]

가마쿠라시대에 농민들은 토양을 비옥하게 하기 위하여 비료를 사용하였는데 인분 이외에 퇴비가 사용되었다. 퇴비는 풀이나 나뭇잎을 베어 땅에 묻어서 썩히는 방법으로 생산하였다. 또한 풀이나 나무를 태워서 그 재를 비료로 사용하기도 하였으며, 석회질 비료를 사용하기도 하였다.

농경에는 소나 말을 이용하였는데 소는 주로 논밭을 가는데 이용되었고, 말은 주로 짐을 운반하는데 이용되었다. 농기구로는 호미, 삽, 쟁기 낫이 사

34 松山良三(2004), 110쪽.

35 魏恩淑(1996), 323쪽.

용되었는데 철제 농기구는 대장간에서 비교적 저렴한 가격으로 구입할 수 있었기 때문에 영주는 물론이고 일반 농민들도 쉽게 이용할 수 있었다. 그리고 소규모의 저수지를 쌓고, 대나무를 이용한 수차로 논에 물을 대기도 하였다.

가마쿠라 시대에 시작한 논의 2모작이 간토 이서의 전국으로 확대되었고, 기나이[畿內] 주변과 서일본 각지에서는 보리의 2모작도 행해졌다. 전란의 시대에 발달한 축성 등 토목기술이 개간에 활용되어 논 면적이 비약적으로 증대하였다. 또, 농민의 노력과 전국 다이묘들의 지도에 따라 농업기술이 발달하여 농업생산력이 향상되었다.[36]

15세기에는 과일, 잡곡, 채소, 뽕나무, 옻나무 등 다양한 작물이 재배되면서 시비법도 발달하였다. 땅을 비옥하게 하기 위하여 논에다 풀을 깔고 재를 뿌리고 인분을 거름으로 사용하는 한편 외양간의 두엄도 퇴비로 이용하였다.

각지에서 상업작물도 재배하여 옷감의 재료가 되는 마와 모시풀이 동부 일본 지역에서 많이 재배되었고, 미카와[三河]지역에서는 면화도 재배되기 시작하였다. 그리고 염료의 재료가 되는 쪽이 서부 일본 지역에서 재배되고, 꼭두서니, 지치, 잇꽃 등이 동부 일본 지역에서 재배되었다. 태평양 연안 지역에서는 들깨가 재배되고, 종이의 원료인 닥나무도 각 지역에서 종식되었다. 교토나 나라와 같은 대도시의 근처에는 다양한 종류의 야채가 재배되었다. 당시에 각 지역의 특산품으로는 우치(宇治)의 차, 고슈의 포도, 기슈[紀州]의 밀감 등이 유명하였다.[37]

36 稻垣泰彦(1975), 170~171쪽 참조.

37 구태훈(2004), 189쪽.

III. 농업 경영방식

1. 한국

1) 토지제도와 경영방식

고려의 토지제도에서 중요한 위치를 차지하는 것은 전시과(田柴科)였는데, 이는 태조 23(930)년에 역분전(役分田)에 기초를 둔 것으로 역분전은 통일 이후에 논공행상적인 것이었다. 그 후 경종 원년(976)에 처음으로 전시과라 칭하였고, 목종 원년(998)에 비로소 성종 때의 관제를 기준으로 관직의 고하에 따라 18과로 구분하여 토지와 시지(柴地)를 나누어 주었으니, 이는 곧 관리에 대한 보수였던 셈이고 따라서 관원이 죽으면 국가에 반납해야 했다. 그리고 공음전(功蔭田)은 대체로 5품 이상의 관리에게 일정한 토지를 주어 이를 자손에게 세습하는 것을 허락한 영업전(永業田)으로, 공음전은 전호에 의해서 경작되고 그 지조는 수급자가 자신의 책임 하에 수취하였다. 따라서 공음전은 사유지의 성격이 강한 토지이며, 관직보다는 귀족의 신분을 뒷받침해 주는 토지였다. 이외에 향리에게는 외역전(外役田)을 주었는데 이는 그들의 향역에 대한 대가로서 세습이 가능하고 지조도 스스로 수취하였다. 군인에게는 군인전(軍人田)을 주었는데 그들은 신분이 세습되었기 때문에 군인전도 세습되었고, 군인마다 양호(養戶)가 있어서 군인전을 경작하였다. 이외에 궁성에 소속된 내장전(內莊田)이 있어서 왕실의 사유지와 마찬가지였지만 그 관리가 특정한 행정구역을 통하여 행해졌다는 특징이 있다. 그리고 관아의 비용을 충당하기 위하여 할당되는 공해전(公廨田)과 사원이 소유하는

사원전(寺院田)이 있었다.[38]

고려시대에 한국에서 경지를 이용한 방식을 이해하기에는 사료가 매우 부족한 상황이다. 따라서 기존의 연구 성과는 그리 많지 않지만 토지의 경영 방식에 대해서는 대체로 고려 전기에 산전은 세역농법의 단계에 있었고, 평전은 연작의 단계에 있었다는 설과 고려 전기에는 휴한농법이 일반적이며, 고려 후기 내지는 조선 초기에 이르면 상경화가 보편적이었다는 설이 병존하여 확언하기는 어렵다. 기존 학자들이 주장한 바에 따르면, 고려시대의 일반적인 농지의 이용 방식이 휴한의 단계에 있었다고 하는 주장에 대해서, 일부의 학자들은 산전은 휴한의 단계이고, 평전은 상경의 단계에 있었다고 하고, 나아가 어떤 학자는 그나마 산전도 휴한이 아닌 작물교대설에 가깝다고 보기도 한다.

근대 이전의 농법사에서는 한전의 비중이 수전에 비교하여 비중이 월등하게 높다고 일반적으로 인식하고 있는데, 수전과 마찬가지로 고려시대의 농업경영에 대한 자료가 매우 미비하기 때문에 이후 조선의 농법이나 중국의 농법을 통해서 간접적으로 이해할 수밖에 없다. 중국은 다음 절에서 논하겠고, 조선에서는 15세기에 쓰여진 『농사직설』에서 보리와 청량조, 보리와 콩이나 팥, 보리와 강피, 보리와 호마(胡麻) 및 밀, 콩, 쌀, 목맥(木麥)과 보리 등의 윤작 방법이 보이고, 실제로 조선의 『태종실록』에서는 보리밭에 대해서 1년에 두 번 조세를 수취하는 것을 거론하고 있음을 볼 때 적어도 고려에서는 주곡을 중심으로 1년 1작은 확립되었다고 볼 수 있다. 물론 이렇게 되기 위해서는 위에서 언급한 농기구의 개선이나 시비법의 시행 등이 전제가 되어야 할 것이다.

38 李基白(1992), 169~170쪽.

2) 농민의 생활

중세 사회에 있어서 지배적 생산부문은 농업이었다. 농업과 결합한 부업으로서 가내수공업과 독립수공업이 다소 존재하였다고 하더라도 그것은 농업에 부속된 것이거나 농업으로부터 완전히 분리될 수 없었다. 한국의 중세사에 있어서 농업생산의 기본 단위는 소농민 경영이었다고 생각되며, 토지 소유관계로 볼 때 기본적으로 두 가지 범주로 나누어 볼 수 있다. 하나는 자기가 경작하는 토지를 소유하고 있는 자작농민이며, 다른 하나는 지주의 토지를 경영하는 전호(佃戶)인데 간접적인 자료를 통해 추론해 볼 때 고려초기와 조선초기에는 자작농민의 비중이 크고, 고려말기나 조선말기에는 전호의 비중이 컸던 것으로 보인다.[39]

수확량과 농민의 생활에 대해서는, 1결의 면적이 수확량에 달라지기 때문에 큰 차이가 있으며, 고려말과 조선전기까지는 결당 수확량이 300두(20석)이고, 전조는 10분지 1인 30두(2석)이였다. 그리고 세종26년에 공법(貢法)이 시행된 이후에는 1결당 면적이 축소되어 3,000평에서 12,000에 이르기까지 4배의 차이가 있고, 수확량은 400두에 전조는 20두로 책정되었지만 농민들의 지조는 지주전호관계 하에서는 병작반수(竝作半收)라고 하여 수확량의 1/2이 관례로 행해지고 있었다. 따라서 이 시기에 민전을 소유하고 있는 양인자작농의 경우 부를 축적할 수 없다고 하더라도 5인 가족이 기본적인 생계를 꾸려가기 위해서는 대략 중등전 4결 정도는 소유하고 있어야 했을 것이라고[40] 하는 주장이 있다. 이와 관련해서 현재 중국사학계에서 중세에 1가구 5인 가족이 1년의 최소한의 생활을 위해서 대략 40석 정도의 미곡이 필요하였고,

39 安秉直(1978), 「韓國에 있어서 封建的 土地所有의 性格」『經濟史學』 2집, 143~144쪽.

40 한국역사연구회 편(1989), 『한국사강의』, 한울아카데미, 121~124쪽.

청대에 강남에서 거주하는 농민의 생활비가 1년에 평균 32.6냥의 화폐가 필요하다고 하는 통계가 있다.[41]

이러한 통계는 약간의 차이가 있기는 하지만 이는 양국 간에 도량형의 차이나 생활 습관의 차이가 있기에 더욱 상세한 분석이 필요할 것으로 보인다. 여하간 이와 같은 통계는 농민에게 있어서 매우 큰 의미를 가지는데, 이는 농민들이 수확하고 소비를 한 이후에 잉여생산품이 존재하는가의 여부가 농민들의 계층분화의 원인이 되기 때문이다. 농민의 계층 분화에 원인으로는 부세와 장리(長利) 및 토지매매의 자유 등이 있는데, 부세는 자작농인 양민에게 매우 가혹하였다는 것은 주지의 사실로서 관리나 양반지주들은 여러 가지 특권에 의하여 합법적으로 혹은 특권을 행사하여 부세부담을 면제 또는 경감 받을 수 있었지만, 일반 농민들은 자기 몫은 물론이고 지주들의 몫까지 부담해야 하였다. 그리고 고리대인 장리 또한 농민들의 경제적 몰락을 가져오는 중요한 원인이었음은 주지의 사실이다. 하지만 농민의 계층 분화에 가장 중요한 원인은 토지매매의 자유이다. 한국의 중세사회에서 토지의 사적 소유를 전제로 하는 토지매매가 꾸준히 지속되어 왔다는 사실은 기존의 연구업적에 의하여 매우 명확하게 밝혀지기는 하였지만, 그 매매의 범위가 어느 정도이며 또 그것이 얼마나 활발하게 진행되었는지 단정하기는 어렵다.[42]

또한 한국의 중세 사회에서 신분은 혈연이나 지연 또는 경제력 등 여러 가지 요소에 의해 결정되지만, 궁극적으로는 경제력의 차이가 법률에 의해 사회적인 계층 구조로 반영되고, 이것이 혈연에 의해 세습되고 고착된 것이라 할 수 있다. 그러나 신분이 거꾸로 경제적인 계급관계에 일정한 영향을

41 조복현(2007), 「宋代 米價의 變動과 消費生活」『歷史學報』 194집, 238쪽.

42 安秉直(1978), 147~149쪽.

미치기도 하였다. 따라서 신분제와 토지소유관계는 상호보완적으로 유지하는 것이었다.[43]

농업이 주축을 이루는 고려에서 사회의 기층을 이루고 있는 것은 토지를 직접 경작하는 농민들이었다. 이들은 국가로부터 토지를 받을 수 없었으며 그들이 경작하는 토지는 보통 민전이었으며, 이는 수확의 10분지 1을 지조로서 국가에 바치기도 하고, 귀족의 사유지를 경작할 경우에 지대는 1/2 이어서 민전의 경우와는 큰 차이가 있었다. 그리고 농민들은 지조 이외에도 공부(貢賦)와 요역의 의무가 있었다. 이러한 양민들보다 천대받는 계층으로는 농업에 종사하는 사람들의 집단 거주지인 향과 부곡이 있고, 금, 은, 동, 철, 종이, 도자기 등을 채굴하거나 제조하는 수공업에 종사하는 사람들의 집단 거주지인 소(所)가 있었다. 또한 교통기관으로서 육상이나 수상의 교통 요지에 설치된 역(驛)이나 진(津) 그리고 숙박기구로서의 관(館)이 있었는데, 이러한 모든 계층들은 모두 양인보다 낮은 신분의 소유자들이었다. 그러나 점차로 그 특수성이 소멸되면서 양인화되어 갔다.[44]

조선조 전기에 농민 대중을 형성한 사회 신분 계층은 농민과 노비였다. 이들을 다시 토지의 소유나 신분적 지위의 측면에서 분류해 본다면 소규모 토지를 보유한 양인자작농, 토지를 보유하지 못한 양인전호와 노비전호로 나눌 수 있다. 한국에서 중세사회의 기본적 특징이 지주의 대토지소유와 농민의 분산적 경영이었기 때문에, 전호가 지주와 맺는 사회적 관계는 한국 중세사의 성격을 결정하는데 대단히 중요한 의의를 가진다.

양인전호와 노비전호의 사회경제적인 지위는 지주에 의한 간접적인 것인지 혹은 봉건국가에 의한 간접적인 것인지를 불문하고 경제 외적인 강제 하에

43 한국역사연구회 편(1989), 118쪽.

44 李基白(1992), 173쪽.

있었다. 노비는 지주의 재산이었으며, 그 때문에 지주에 의한 인격적 예속은 그만큼 강했다. 지주는 자기의 노비에 대하여 외거(外居)시킬 수도 있었고, 내거(內居)기킬 수도 있었다. 이러한 조건 하에서 노비의 독립적 경영은 지주의 자의에 의하여 파괴될 수 있었으며, 노비의 독립적 경영자의 위치는 그만큼 불안정한 것이었다. 그에 반해 양인전호는 지주에 대해서 인격적으로는 자유스러운 존재였기에 비록 그가 지주의 전호가 된다고 하여도 지주가 전호를 자기의 재산처럼 다룰 수는 없었다. 그러나 현실적으로 지주에 대하여 경제적으로 예속되어 있는 양인은 지주에 대한 인격적 예속을 받지 않을 수 없었다. 따라서 지주에 의해서 노복처럼 사역되었고, 처간(處干) 혹은 고공(雇工)이라고 불리웠다. 다시 말하면 그들은 신분적으로는 양인이었지만 사회경제적으로는 양인과 노비의 중간적인 존재였다.[45]

양인 자작농은 국가에 대한 부담으로 조(租), 공물(貢物), 요역(徭役), 양역(良役)이 있었다. 조는 1결의 논일 경우 조미(糙米) 30두(2석), 밭일 경우에 잡곡 30두였다. 공물은 민호를 대상으로 부과되는 토산물인데 부과에는 일정한 기준이 없고 각 주현의 면적이나 지방의 물산과 중앙 관아의 수요를 참작하여 주현이 부과량을 결정하였는데, 징수대상은 각종 농산물이나 수공업제품 및 광산품 뿐만 아니라 수렵물이나 산해진미 등 대단히 다양한 품목이 있어서 농민들에게 매우 큰 부담이 되었다. 요역은 토지를 기준으로 부과되었는데 원칙적으로 8결에 1인을 거출하며, 연간 6일을 국가의 잡역에 봉사한다. 양역은 여러 가지의 신역(身役)으로 구성되었는데 그중 가장 중요한 것은 군역이었다. 군역은 양인의 국가에 대한 부담 가운데 가장 무거운 부담이었기 때문에 상번하는 군인 즉 호수(戶首)에 대해서는 수명의 보인(保人) 혹은 봉족(奉足)을 지급하였다. 조는 면세지나 수조지를 제외한 모든 토

45 安秉直(1978), 152~154쪽.

지에 대하여 징수하였고, 공부도 원칙상 모든 호에 대하여 징수되었으므로 특별히 양인에게만 경제적 부담이 되었던 것은 아니다.[46]

법제적인 측면에서 양반은 한국의 중세사회에서 가장 상위의 신분이며, 지배자인 관료의 반열에 자유롭게 참가할 수 있는 계층이다. 그리고 그들은 여러 가지 의무적인 부세나 국역을 면제받고 있었던 특권계급이었다. 양인은 법제적인 측면에서는 양반과 크게 다르지 않다고 주장하기도 하지만, 대부분의 양인은 그 경제적 기반의 불안정성과 무거운 국역의 부담 때문에 법제적으로도 경제적으로도 양반으로 신분이 상승할 수 없었고, 국가에 대하여 일정한 부역의 의무를 지는 피지배계급이라고 볼 수 있다. 노비는 공노비와 사노비를 불문하고 주인에게 강력한 인격적 예속을 받는 신분이었다. 노비는 주인의 재산이었으며 매매가 법적으로 허용되었다. 그들은 현실적으로 가정을 가지고 독립적인 경영의 주체가 되기는 하였지만, 그것은 노비의 법제적 신분이 그것을 보장해 주는 것이 아니었던 것인 만큼 주인의 요구에 의하여 그 권리가 박탈될 수 있었다.[47]

일반적으로 조선초기에 지주는 전호로부터 수확량의 2분지 1을 지대로서 수취하였는데 중국에서도 이를 대분제(對分制)라고 하는 향촌의 구례로써 안정적인 지대로 인식하고 있고, 이러한 구례를 벗어나서 6대4 혹은 7대3 등과 같이 일정한 비율로 나누는 것을 분성제(分成制)라고 하여 소작인들의 소작 조건을 크게 악화시키는 것으로 보았다. 이처럼 지대를 수취하는 지주들은 분명 대토지 소유자였으며, 토지의 사적 소유권과 전호에 대한 인신적 구속을 근거로 수확량의 절반에 달하는 지대를 받을 수 있었다.[48]

46 安秉直(1978), 160~161쪽.

47 安秉直(1978), 150~151쪽.

48 安秉直(1978), 159쪽.

2. 중국

중국에서는 전국시대에 『맹자』에 기록되어 있는 정전제(井田制)나 서진의 점전제(占田制) 및 북위부터 당대까지 시행되었던 균전제(均田制)와 같이 국가에서 양민들에게 토지를 분배해주고 토지세를 징수하는 국가 수전제도(授田制度)가 송대에는 더 이상 시행되지 않고, 이른바 전제불립(田制不立)이라고 하여 국가에서 토지의 소유권에 대해서는 방임하면서 기존에 토지세에 더해서 매매의 과정에서도 세금을 징수하는 방향으로 정책을 선회하였다. 따라서 관료와 지주 및 상인 계층은 무제한으로 많은 토지를 점유할 수 있었다. 이들은 위진남북조시대부터 수당대까지 흥성했던 문벌귀족은 아니지만 커다란 경제력을 보유한 새로운 사회세력으로 등장하였다.

이에 따라 토지의 소유권자도 많은 변화가 있게 되는데, 송대에 토지를 누가 보유하였는가에 따라서 분류해 보면 관전과 관원의 토지 및 지주의 장전(莊田)으로 나눌 수가 있다. 관전은 당대 전기에 균전제가 시행되면서 인구에 따라 토지를 분배해 주었는데, 이는 실질적으로 국가가 소유한 관전으로서 국가에서 토지세를 수취하였다. 그러나 당대 중기 이후로 문벌귀족 세력이 쇠약해지면서 많은 수의 관전은 점차 지주들이 보유하거나 버려져 황폐하게 되었다. 송대에는 둔전(屯田), 영전(營田), 관장전(官莊田)이 있었는데, 둔전과 영전은 주둔하는 군인들에게 경작하게 하였고, 관장전은 대부분 황폐화되어 국가에서는 농민들에게 개간을 허락하고 조세를 수취하는 정책을 채택함으로서 송대에 관전은 이전의 시기만큼 중시되지 않았다.

관원의 토지는 이전의 당대에는 관원들에게 품등에 따라서 1품에게 100경에서 9품의 2경까지의 영업전(永業田)을 주었지만, 당대 중기 이후로는 이러한 제도가 점차 폐기되었다. 당대에는 또한 관원들에게 12경부터 2경까지의 직분전(職分田)을 주었지만 이 또한 오대시기에 폐지되었다. 그리고 송대에는 관원들에게 토지를 지급하지 않고 봉록을 주어서 스스로 토지를 획득하여 경영하게 하면서 토지를 보유하는 수량에 대해서는 제한을 두지 않았다. 따라서 일부의 관원들은 매우 많은 토지를 점유할 수 있었다.

지주의 장전은 당대 중기 이후부터 지주들이 많은 토지를 점유하면서 장전을 형성하였는데 송대에는 이러한 추세가 더욱 강해졌다. 대지주는 이러한 장전에 주택을 지어 거주하고 이를 소작하는 객호(客戶)들도 함께 거주하면서 자연경제 단위의 촌락을 형성하였다. 송대의 관원들은 마음대로 토지를 구입하여 지주가 될 수 있었고, 지주들은 과거를 통하여 다시 관원이 될 수 있었다. 따라서 관원과 지주는 합위일체가 되어 전국 대부분의 토지를 점유하고, 일부 자작농의 토지는 많으면 수십 무에서 적으면 수 무에 이르게 되었다.[49]

토지 점유의 측면에서 송대의 사회계층을 분석해 보면 크게 전체의 인구에서 10%를 초과하지 않는 소수의 지주와 전체의 인구에서 90% 이상을 차지하는 농민으로 나눌 수 있고, 지주는 다시 대지주와 중소지주로 나누고, 농민은 자작농과 반자작농 및 토지를 전혀 보유하지 못한 객호(客戶)로 나눌 수 있다.

먼저 대지주계층에는 황제를 정점으로 하여 관료와 대상인, 일부의 고리대 업자나 대토지를 보유한 사원, 그리고 400무 이상의 토지를 보유한 1등호가 여기에 속한다. 이들은 대체적으로 인구의 1% 미만의 소수이지만 보유한 토지는 전국 토지의 40~50%에 이른다. 송대에는 관원들이 토지를 보유하는 양에 제한을 두지 않았기 때문에 일부 관료나 지주들의 토지가 점차로 확대되었고, 각 지방에서 많은 토지를 보유한 대지주들이 출현하여 대성

49 蔡美彪 외(1994), 『中國通史』제5책, 人民出版社, 36~37쪽.

호족(大姓豪族) 세력을 형성하였다.[50]

중등지주와 소지주를 가르는 선은 원래 토지가 면적보다 질에 따라서 생산량에 많은 차이가 있기 때문에 명확하지 않다. 하지만 몇몇 문헌기록을 토대로 분석하면 대체적으로 100~150무 정도로 보는 것이 무난하다. 즉 중등지주는 400무에서 최저 100무에 이르는 토지를 보유한 자들로서 대개는 향촌 2등호에 해당된다. 소지주는 최대 150무 이하의 토지를 보유하면서 전부 혹은 일부의 토지를 전호에게 소작시키는 자들로 대개 향촌 3등호에 해당된다.[51] 따라서 같은 지주라고 하더라도 대지주와 중소지주의 사이에는 경제력에 많은 차이가 있지만, 일부 중소지주는 다시 대지주로 상승할 수도 있고, 파산하여 일반 농민이 될 수도 있었다.

다음으로 농민 가운데 자작농은 최대 150무 이하 최소 30무 이상의 토지를 보유하면서 대체적으로 향촌 3등호에 해당하며, 자력으로 경작하여 생활하는 자이다. 농가 1호가 어느 정도의 토지를 경작하고 어느 정도를 수확할 수 있는지에 대해서는 상세한 분석이 필요하다. 이에 대한 일부의 연구자들에 따르면, 송대의 농가 1호가 5인 가족으로 구성되어 있다고 가정하고 이들이 기본적으로 의식주를 무난하게 해결하기 위해서는 36~38石(송대에 1석은 46.2kg)이 필요하다고 하였다. 자작농계층은 스스로 경작해서 소비에 충당하면서 재생산을 반복하고 간혹 잉여생산품이 있는 경우에는 확대재생산도 가능하였다. 그리고 대부분의 자작농과 반자작농 및 객호의 가정에 부녀자들은 방직기를 이용하여 마포나 견을 생산하는 가정수공업에 종사함

50 漆俠(1987), 504쪽.

51 한국사학계에서 1結의 면적에 대해서는 많은 의견에 차이가 있는 것과는 달리 중국의 토지 면적에 대해서는 斯波義信에 따르면 송대의 1畝는 567㎡이고, 명대에는 580㎡이며, 현재는 667㎡인데, 일반적으로 중국에서는 100무에서 150무의 토지는 농가 1호가 모두 경작할 수 없는 면적으로 본다.

으로서 필요한 의류도 자급하였다.[52]

반자작농은 일반적인 상황이라면 30무 이하의 토지를 보유한 계층이고, 전체 인구에서 차지하는 비중은 북송대에는 전체 인구의 25%, 남송대에는 전체 인구의 35~40%를 차지하는 대체적으로 향촌 4등호와 5등호에 해당하는 계층이다. 반자작농계층은 자신의 가정을 부양할만큼의 양식을 수확할 수 없을 정도로 소량의 토지를 보유하고 있기에 지주의 토지를 경작해야만 한다. 이른바 반자작농은 대단히 빈곤한 생활을 영위하는 계층이지만 객호와는 달리 재산을 보유한 세호이기 때문에 정부의 부역을 담당해야 했고, 또 지주의 토지를 소작하기 때문에 소작료를 납부해야 하는 이중의 고통을 겪어야만 했다.[53]

객호는 농민의 여러 계층 가운데서 가장 하층으로 신분적으로 농노의 지위를 차지한다. 이들은 대부분 지주의 토지를 소작하는 동시에 부업도 병행하지만 대단히 빈곤한 생활을 영위하였다. 생산력이 발달한 극히 일부 지역의 객호는 부유해져서 자신의 토지를 보유하기도 하지만, 대다수는 대단히 심각한 착취를 당하면서 반항심도 강해서 농민의 반란이 발생할 때 가장 적극적으로 참가하기도 하였다. 이외에 또 다른 무산계층으로서 노비계층이 있었지만 송대 이후로는 대부분이 지주나 관료들의 가정 내에서 노역하였고, 별도의 생산활동에는 참여하지 않았다.

송대에 토지의 점유를 둘러싼 특징은 아래와 같은 세 가지가 있다. 첫째는 토지를 점유하는데 있어서 매우 큰 차이가 있었고, 지주계급과 농민계급의 모순은 이러한 차이에서 발전한 것이다. 둘째는 토지소유의 관계가 매우 복잡하였는데 대체적으로 지주전호의 관계에서 점차 화폐관계로 발전하였다.

52 漆俠(1987), 518쪽.

53 漆俠(1987), 520~521쪽.

셋째로 각각의 계급은 모두 각자의 이익의 관점에서 활동하였고, 이러한 활동은 토지관계가 변화하는 과정에 적응하려면 송대 사회 생산력 발전의 성질에 적응해야만 하였다는 것이다.[54]

3. 일본

헤이안 시대 초기 농민은 생업이 힘들었다고 하는데, 봄이 되면 볍씨를 정부에서 빌려 가을 수확기에 이자를 납부하는 '스이코'라고 하는 장치에 의존하였다. 스이코는 처음에는 은사적인 것이었는데, 얼마 안 있어 정부가 강제적으로 대부하여 주고는 이자를 거두어가 세금을 대신하게 되었다. 게다가 봄에 볍씨를 분배하지 않고 이자 해당분을 징수하는 이도율징(利稻率徵)으로 변하여 스이코제가 소멸한 것은 10~11세기의 일이었다.[55]

히죠·나라 시대에는 개간을 장려하여 고쿠시에 개간을 신청하고, 신청 후 3년 동안 개간하지 않은 경우에는 다른 사람의 신청을 인정한다는 조건(3년 불경의 원칙)이 붙어 있었는데, 이 원칙을 역이용하여 개간을 겸하고 있던 자의 권한을 빼앗는 유력 권문이 있었다. 그 때문에 896년에 백성이 신청한 개간에 2/10를 개간한다면 3년 불경의 원칙을 적용하지 않는다는 방침을 내세워 개간의 제약은 미리 고쿠시에 신청하여 허가를 얻는다는 조건이 남아 있었지만, 실제로는 없어졌다고 해도 좋을 것이다.

이렇게 하여 9세기 말에 개간의 제약이 없어지게 되자 개간이 광범위하게

54 漆俠(1987), 534쪽.

55 佐藤泰弘(2004), 「莊園制と都鄙交通」『日本史講座』3(中世の形成), 東京大學出版會, 98~102쪽 참조.

행해졌는데, 농민 가운데에는 자신의 구분전을 경영하는 것 이외에 자신을 위한 개간에 몰두하는 한편, 권문 사원의 요청에 응해 간전 개발과 경작에 종사하여 오늘날 표현으로 말하자면 경영센스가 있는 유능한 농민이 등장하기에 이르렀다. 이러한 농민은 간백성[堪百姓] 또는 '능력 있는 소작인'이라고 불렀다. 또 간백성의 활동 범위는 한 군내 또는 한 구니 안에 한정하지 않고 광범하게 걸쳤다.[56]

반면에 토지에서 이탈하는 농민도 증가하였다. 그들은 이른 봄에 볍씨를 정부로부터 빌려 가을 수확기에 이자를 바치는 스이코의 연이율 5할의 이자가 높았고, 뒤에 3할이 되었는데, 이자를 지불하고자 토지에서 떠나려는 자가 증가하였기 때문이다. 부유한 농민이 이를 사취하였고, 또 귀족, 사원 등의 민간 유력자도 스이코를 할 때 농민으로부터 저당 잡은 토지를 점차로 모아갔다.[57]

가마쿠라 시대에는 지토[地頭]의 영주화가 진행되었는데 지토에 임명된 고케닌은 무력을 배경으로 장원영주에게 바치는 연공을 체납하거나 횡령하기도 하고, 농민을 부당하게 지배하기도 하였기 때문에 장원영주와의 분쟁이 끊이지 않았다. 막부는 지토의 불법행위를 엄중히 금지했지만 대도시에 거주하는 장원영주가 현지에 거주하는 지토나 그의 대리인들의 불법행위를 막을 수는 없었다. 따라서 장원영주는 장원의 관리 일체를 지토에게 맡기고 정액의 연공을 납입시키는 방법을 취했다. 이를 지토우케[地頭請]라고 하는데 지토는 이 약속도 어기는 경우가 많았다. 이 때문에 장원영주는 장원의 토지를 반으로 나누어 장원영주와 지토의 소유로 하고 서로 영주권을 침해하지 않기로 계약하는 시타지츄분[下地中分]의 방법을 취하기도 하였다.

56 永遠慶二(1965), 『中世經濟史總論』 『日本經濟史大系』 2(中世), 東京大學出版會, 17~18쪽 참조.

57 稻垣泰彦(1975), 194~196쪽 참조.

이렇게 해서 장원은 지토에게 침식되어 지토의 영주화가 진행되었다. 지토가 영주화할 수 있었던 것은 연공의 수취만을 목적으로 하는 장원영주와는 달리 그들 자신이 농촌에 관사를 짓고 영지를 경영할 수 있었기 때문이다.[58]

장원의 농민 가운데 자신의 토지를 보유한 지주을 묘슈[名主]라고 하는데 그들 내부에 경제력의 차이가 매우 커서 광대한 묘덴[名田]을 소유하고 일반 묘슈를 거느린 자도 있고, 아즈카리도코로[預所], 게시[下司]나 구몬[公文]으로 일컬어지는 쇼칸[莊官 : 장원영주가 임명한 관리][59]이 되기도 하였으며, 막부의 고케닌이 되어서 지토에 임명된 자도 있었다. 반면 규모가 작은 경작지를 보유한 묘슈는 직접 경작에 참여하기도 하였다. 이들은 평상시에는 농민이었으며 전투시에는 무장을 갖추고 전투에 참가하였다. 소위 중산층의 묘슈는 자신의 땅의 일부를 쓰쿠다[佃] 또는 쇼사쿠[正作]라고 하는 직영지로 하여 게닌[下人]이나 쇼주[所從] 등의 예속민을 이용하여 자작하고, 그밖의 대부분은 사쿠닌[作人]이라 불리우는 하층농민에게 청작(請作)시켰다.[60]

묘슈들은 사쿠닌에 비교하면 신분도 다르고 생활도 풍부하였다. 영주는 묘슈에게 토지에 대한 권리는 인정하였는데 이를 시키[職]이라고 하며, 묘슈의 권리는 묘슈시키[名主職]라 하였다. 반면에 영주는 묘슈에게 과중한 부담을 주었다. 쌀로 납부하는 연공은 수확량에 3할 내지는 5할을 내야했고, 밭작물인 보리, 조, 콩 등에도 많은 세금이 부과되었다. 또한 과일, 석탄, 연료, 피륙 등의 특산물도 바쳐야 했다. 또한 영주를 위해서 말을 끌기도 하고, 때로는 그들의 전답을 경작하는데 동원되기도 하고, 여행을 갈 때는 무거운 짐을 운반하기도 하였다. 묘슈는 자신이 부담해야 할 일을 자신의 밑에 있

58 永遠慶二(1965), 35~41쪽 참조.

59 일본 장원제에서 장원영주인 혼쇼[本所]와 토지의 소유권자인 료케[領家]로부터 현지 관리를 위임받은 사람 모두를 가리킨다.

60 佐藤泰弘(2004), 123~127쪽 참조.

는 게닌이나 사쿠닌에게 대신하게 하였다.[61]

묘슈 이외의 농민은 대부분 사쿠닌이었는데 사쿠닌은 사쿠시키[作職]라고 하는 경작권을 매개로 하여 다시 하층의 농민에게 소작을 주는 경우가 많았는데 이를 게사쿠닌[下作人]이라고 하였다. 사쿠닌은 묘슈에게 연공 이외에 가지시[加地子]라고 하는 소작료를 내야 했으며 그들의 생활은 매우 초라하였다. 반면 지토와 묘슈들은 게닌을 거느리고 살면서 사쿠닌과의 사이에는 점차 지배관계로까지 발전하였다.[62]

기술의 진보에 의하여 농업경영에 세심한 주의를 기울이게 되자 농민과 예속민을 부역시켜 경작하는 직접경영으로는 충분한 효과를 거두기 어려웠다. 그래서 묘슈와 지토는 직접 그들에게 경영을 맡기기도 하고 장원영주의 직영지 등을 경작하던 소농민들도 경작지에 대한 권리를 강화해 나갔다. 농민은 자신이 직접 경영하게 되자 새로운 농법의 습득을 통하여 생산력을 증대시켰다.[63]

가마쿠라 막부는 지방을 통치하고자 전국적으로 슈고와 지토를 두었다. 슈고는 각 구니마다 설치되어 그 구니의 안에서는 고케닌[御家人 : 미나모토노 요리토모와 주종관계인 무사]의 지휘와 치안유지를 맡았는데, 이를테면 막부의 지방장관의 구실을 맡았다. 지토는 장원과 구니의 직접 지배지인 국아령[國衙領]을 두고 농민 관리, 연공 수취를 맡았고, 경미한 범죄에 대한 경찰권이 있었다. 장원영주와의 관계에서 지토는 쇼칸이었는데, 가마쿠라 시대에 이르러 요리모토만이 임면 결정권을 지닌 장관이 될 수 있었다. 게다가 조큐[承久]의 난 이후 막부에 등을 돌린 귀족과 무사가 소유한 3천여 곳의 영지를 몰수하여 전공이 있는 고케닌에게 주고 지토를 파견하였다. 지토는

61 永遠慶二(1965), 39~41쪽 참조.

62 松山良三(2004), 119쪽.

63 松山良三(2004), 120쪽.

장원영주와 대립하지는 않았고, 장내 농민에 대해서도 지배를 강화하여 세력을 확대하였다. 그 결과 지토와 유력 장관은 토지를 영유하여 농민을 지배하는 영주가 되었다. 쇼칸은 어떤 경우에는 농민과 연합하여 장원영주를 압박하기도 하고, 어떤 경우에는 새로운 지배자로서 농민 위에 군림하기도 하였다. 따라서 쇼칸의 입장은 미묘하며 전술 또한 유연하였다.[64]

한편, 농민은 남북조와 전국시대를 거치면서 전란으로부터 자신을 지키고자 촌을 단위로 하는 자치조직인 소무라[惣村]를 조직하였다. 소무라는 공동체를 방어하고 장원영주의 부당한 요구에 저항하기 위하여 유력한 농민이 소농민을 구성원에 포함시켜 구성하였다. 소무라에서는 회의를 열어서 수호신에게 제사를 지내고 공유지나 관개용수의 관리나 정비를 행하였다. 또 무라오키테[村掟]이라고 하는 자치규약을 만들어 위반자는 소무라에서 추방하는 등 경찰권과 재판권을 행사하였다. 이들은 무력도 보유하면서 소무라의 지도자들이 장원영주와 교섭하여 연공의 면제나 감면을 요구하기도 하였다.[65]

나아가 농민들은 14세기 중기에 지금의 효고현[兵庫縣] 지역인 하리마[播磨]의 야노노쇼[矢野莊]라고 하는 장원에서 장원의 쇼칸인 와키다 쇼한[脇田昌範]의 악행을 지적하면서 소송을 제기하여 그의 파면을 요구하였다. 또한 지금의 미에현[三重縣] 지역인 이세(伊勢)의 소네노쇼[曾禰莊]는 제호사(醍醐寺)의 영지였는데 1347년에 토지를 측량하고자 하자 농민들은 온갖 이유로 토지 조사를 반대하였고, 농민들의 조직적이고 적극적인 저항으로 제호사는 결국 이후에 연공을 성실하게 납부한다는 약속을 받고 토지 조사를 포기하였다. 농민들은 조금이라도 연공의 부담을 덜고자 하였고, 부담이 적어진다면 영주는 누구라도 상관없었다. 농민들의 이러한 입장을 쇼칸은 교묘하게 이용

64 稲垣泰彦(1975), 200~201쪽 참조.

65 松山良三(2004), 121쪽.

하였다. 그래서 결국은 쇼칸의 이러한 행동이나 농민의 투쟁이나 모두 장원 영주에게는 심각한 타격을 입히게 되었다.[66]

가마쿠라시대 이후에 일본의 토지는 크게 장원과 고쿠가의 지배지인 고쿠가령으로 나뉘었는데, 무로마치시대 중기 이후로 커다란 변화가 발생하였다. 그중 가장 큰 변화는 고쿠가령이 점차 슈고다이묘의 지배지로 변화한다는 것이다. 고쿠가령은 형식상 고쿠시가 관리하도록 되었지만 실질적으로는 호족들이 실권을 장악하고 있었다. 그런데 내란이 계속되면서 고쿠시는 더욱 무력하게 되었고, 고쿠가의 권한을 실질적으로 슈고가 행사하면서 고쿠가령의 호족들은 일찍부터 슈고의 가신이 되어 있었다. 그리하여 고쿠가령도 실질적으로는 슈고다이묘의 지배하에 들어가게 되었고, 연공의 극히 일부만이 고쿠시로 운반되었다. 이에 비하여 장원은 귀족과 사원의 사적인 영지였기 때문에 장원 영주도 관리에 힘을 기울이는 편이었다. 따라서 아무리 무력을 행사할 수 있는 슈고다이묘라고 하여도 장원을 침략하기에는 쉬운 일이 아니었다. 그러나 슈고다이묘가 연공미 징수의 청부를 맡게 되면서 장원은 서서히 무너지게 되었다.[67]

그리고 농민의 지역적 결합이 점차 강화되면서 장원 영주와 슈고다이묘와 무사의 부당한 처사에 대하여 강력하게 저항하게 되었다. 처음에 농민들은 장원 영주에게 가혹한 관리의 파면이나 연공의 감면을 요구하는 수소(愁訴)나 강소(强訴)를 행하였다. 그러나 슈고나 영주의 지배가 강화되자 농민들은 집단으로 행동하였는데 이를 잇키[一揆]라고 하였다. 경작지를 포기하고 도망할 때에도 산야로 숨지 않고 다른 마을로 도망하여 숨는 적극적인 행동을 취하였다. 그리고 여러 소무라가 연합하여 무력으로 봉기하는 경우도 있었

66 구태훈(2004), 183~186쪽.

67 구태훈(2004), 186~187쪽.

는데 이를 도잇키라고 하며, 그 세력은 슈고다이묘에게 실력으로 대항할 정도로 성장하였다. 농민들은 흉작이나 질병이 유행할 때에는 덕정령(德政令)이나 연공의 감면을 요구하며 잇키를 일으켰다. 1428년에는 교토를 중심으로 하여 발생한 쇼초[正長]의 도잇키는 덕정령의 시행을 강요한 최초의 대규모 도잇키였는데 막부는 그것을 진압하지 못하였고, 이후로도 교토일대에서는 도잇키가 자주 발생하였다. 진압에 실패한 막부는 잇키 세력의 요구를 받아들이지 않을 수 없었다. 심지어 1457년에는 조로쿠[長祿]의 도잇키가 발생하였는데, 호소카와씨[細川氏]의 군사를 중심으로 한 슈고다이묘의 군대가 도잇키 세력에게 패배하기도 하였다.[68]

IV. 농업발전의 영향

1. 한국

1) 인구증가와 경지면적 확대

조선은 개국과 더불어 정부에서 3년마다 호구조사를 실시하고 호적을 작성하였다. 또한 조선 전기에는 적어도 전체 인구의 40% 이상이 노비였기 때

68 구태훈(2004), 187~188쪽 ; 松山良三(2004), 136쪽.

문에 결국 당시의 농업 노동은 노비제와 편호제적인 성격을 강하게 띠었다. 조선 전기의 인구 자료는 기본적으로 편호 및 남정 수로 구성된 호구 통계와 자연호와 자연구로 나타내는 통계의 두 가지로 구성되었다. 조선 전기의 편호와 남정 수는 대략 20만 호와 70만 구였고, 실제에 가까웠을 것으로 추정되는 자연호와 자연구는 각각 7~80만 호와 3~400만 구로 구성되었지만 모두 노인이나 여성 및 아동의 인구가 누락된 불완전한 통계이다. 이전의 연구에 의하면 조선의 인구는 대략 555만 명으로 추정하였지만 최근의 연구에서는 그보다 많은 750만 명 정도이고, 당시 인구의 평균 증가율은 0.15%로 추정하고 있다. 그후 임진왜란이 발발하는 1592년에 이르면 1,012만에서 1,410만 명에 달할 정도로 성장하였다. 인구의 압력은 조선 초기보다 2배에 가깝게 높아졌으며, 인구 분포가 불균등했기 때문에 심지어 어떠한 지역에서는 매우 높은 인구 압력이 작용하기도 하였다.[69]

고려 말인 1389년에 양계지방을 제외한 6도의 경지 총수는 50만 결에 불과하였다. 그러나 세종 14년인 1432년 경에는 119만에서 125만 결로 증가하였다. 이후에 양전 사업을 통하여 경지의 면적이 급격하게 증가하여 『세종실록 지리지』에 의하면 163만에서 171만 결로 증가하였다. 이후에 전분 6등제가 제정된 이후부터 임진왜란 이전까지는 여러 차례의 양전 사업에도 불구하고 경지면적을 보여주는 통계는 극히 부족한데, 대체적으로 세종 시기의 경지 면적과 비슷하여 『증보문헌비고』와 『반계수록(磻溪隧錄)』에 기록된 경지 면적의 총계가 152만에서 171만 결이었다.[70]

---

69 李鎬澈(2003), 111~113쪽.

70 李鎬澈(2003), 113쪽.

2) 수공업 상황

조선전기까지 농민들의 자급자족을 목적으로 한 가내수공업은 무명을 짜는 면직업이 주가 되고 있었다. 물론 비단을 짜는 견직업이나 삼베를 짜는 마직업 및 모시를 짜는 저직업도 행해지기는 하였으나 조선전기에는 목면의 재배가 성행하여 면직업이 널리 행해졌다. 면직물은 농민들의 옷감으로 사용되었을 뿐만 아니라 군복의 재료나 무역품으로서 정부의 중요한 수요품이었기에 부세로서 면포를 납부하게 하기도 하였다. 한편 농촌에서는 농기구 제조업이 행해졌으며 야장(冶匠)들이 이를 담당하였다.

조선전기에 수공업에서 가장 큰 비중을 차지하고 있던 것은 고려 때와 마찬가지로 관영 수공업이었지만 도시에서는 전업적인 사영 수공업도 성장하고 있었다. 비슷한 시기에 명(明)에서 시행되는 것과 마찬가지로 장인이 장적(匠籍)에 등록되었다고 하더라도 관역에 동원되는 때를 제외하고는 민수품의 제조가 가능하였지만, 이때에는 순수한 사영 수공업자인 사장(私匠)도 등장하고 있었다. 이들은 양반들의 사치품을 주문받아 생산하기도 하였지만, 놋그릇이나 갓이나 가죽신과 같은 주로 일반의 생활필수품을 생산하여 시장에 팔기도 하였다.[71]

3) 상업과 화폐경제 상황

조선시대에는 서울에 일찍부터 종로를 중심으로 한 도로변에 시전이 있었는데 이것은 관설 점포를 상인들에게 임대한 것이었다. 이들은 특정한 상품을 독점해서 팔 수 있는 특권을 얻는 대신에 관부의 수요품을 바치는

71 李基白(1992), 251~252쪽.

납세의 의무가 있는 어용상인이었다. 그러나 아무런 부담이 없는 영세한 시전도 있었고, 몇 군데서는 장시(場市)가 열리기도 하였다. 지방에는 장문(場門)이라고 하는 상설시가 조선초기부터 발달하기 시작했다. 그런데 이것은 기근이 들거나 군역이나 조부를 피하기 위해 도망한 농민들이 이룬 것이기 때문에 금압을 받아서 상설시로서의 상업도시로 발달하지 못한 채 정기적인 장시만이 성행하였다. 대개 5일마다 열리는 장시에는 보부상이라는 행상들이 있어서 농산품, 수공업제품, 수산품, 약재와 같은 상품들을 유통시켰다.

한편 화폐는 태종원년(1401)에 저화(楮貨)가 만들어지고, 세종5년(1423)에는 조선통보라는 동전이 주조되고, 세조10년(1464)에는 전폐(箭幣)가 만들어졌으나 이들은 대개 국가에서 부세를 징수하려는 목적으로 만들어졌다. 그러므로 국가의 정책적인 면에서는 의의가 있었으나 사회적인 요구에 부응한 것은 아니기 때문에 널리 유통되지는 않았다. 그리고 교환의 매개로 주로 유통된 것은 포백(布帛)이었다.[72]

2. 중국

1) 인구변화

당대에 인구에 관한 최고의 기록은 현종 천보(天寶)년간인데 호구는 총 9,864,160호에 인구는 52,880,488구가 있어서 1호당 평균 가족 수는 5.5명이었다. 송대에는 당대보다 영토가 축소되었으나 호구의 수는 많고 인구 수는

72 李基白(1992), 253~254쪽.

감소하는 특징을 보인다. 구체적으로 보면, 송이 처음에 건국되었을 때 후주의 판도에 967,000호가 있었는데 통일이 진행되면서 점차로 증가하여 개보(開寶)9년(976)에는 총 3,090,504호가 있었으며, 단공(端拱)2년(989)에는 6,499,145호가 있었다. 대체적으로 중원지역을 통일한 후에는 인구가 꾸준히 증가하여 인종 경우(景祐)원년(1034)에는 10,296,565호에 26,255,441정(丁)이 있었고, 신종 희녕(熙寧)5년(1072)에는 15,091,560호에 21,867,852구가 있어서 1호당 구의 비율은 1.45구였으며, 철종 원부(元符)2년(1099)에는 19,715,555호에 44,364,949구가 있어서 1호당 구의 비율은 2.25구였다. 휘종 대관(大觀)년간에는 20,882,258호에 46,734,784구로 1호당 평균 2.24구였다. 이는 당대에 1호당 인구가 5.5명인 것에 비교하여 크게 적은 수치인데, 성인 남자의 수[丁]만을 기록하였기 때문이다.

남송대의 호구는 경지 면적과 마찬가지로 많은 영토를 상실하였기 때문에 감소하게 되는데, 고종 소흥(紹興)29년(1159)에 11,091,885호에 16,842,401구로 1호당 평균 1.52구였다. 이후로 호구의 수는 계속해서 증감을 반복하였는데 대체적으로 호는 1,100만에서 1,300만호의 사이에 있었고, 구는 1,600만에서 2,800만구의 사이에 있었고, 평균 구수는 1.52에서 2.6의 사이에 있었다. 그 중 최고의 수치는 순희(淳熙)5년(1178)에 12,976,123호에 28,558,940구로 1호당 평균 2.20구였고, 최소의 수치는 남송말 이종(理宗) 경정(景定)5년(1264)에 호는 총 5,696,989호에 구는 13,026,532로 1호당 평균 구수는 2.29였다.[73]

2) 경지면적 변화

송대에는 부세와 부역이 과중하였기 때문에 은전(隱田)이 많았다. 그에

73 朱伯康·施正康(2005), 『中國經濟史』上冊, 復旦大學出版社, 555~556쪽.

따라서 정확한 규모를 파악하기는 어렵고 다만 대체적인 범위를 파악하는 자료로 활용해야 한다. 사서에 따르면 개보(開寶)말년(983)에 2,952,320경 60무이고, 지도(至道)2년(996)에는 3,125,251경 25무이며, 천희(天禧)5년(1021)에는 5,247,584경 32무였으나, 치평(治平)년간(1061~1064)에는 오히려 440여만 경으로 감소하였다. 남송대에는 영토가 축소되어 회수의 이북 지역을 상실하였기 때문에 북송의 3분지 2에도 미치지 못하고 기타 정치나 경제 및 재정 등 여러 방면의 상황이 악화되었다. 농업의 상황은 회수 유역과 양자강 이북 지역은 북송보다 후퇴하였고, 양자강 이남 지역은 경지의 면적이 감소하고 인구가 그만큼 밀집되었기 때문에 집약적 농업을 행해야 했고, 이에 따라 농업기술은 계속해서 발달하였다.[74]

송원시기에 중국은 일부 수공업 분야나 각종 생산기술과 생산규모에서 상당히 앞서 있었기 때문에 중국의 과학기술 수준은 서양세계에 비교하여 우세를 점했다고 볼 수 있었다. 그리고 명대 초기에 정화의 남방원정이 있을 때까지도 이러한 상황은 유지되었다고 볼 수 있다. 그러나 이후 유럽의 각국에서 대규모의 수공업 공장들이 건설되어 방직이나 제철, 유리와 조선업 및 화약 무기의 제조 등에서 새로운 생산기술을 채택하여 커다란 발전을 이룩하였다. 비록 명대 말기 가정제(嘉靖帝)부터 만력제(萬曆帝)까지의 백여 년에 걸쳐서 농업과 수공업 및 상업 등의 방면에서 약간의 발전은 있었다고 하지만, 세계사의 범위에서 보면 원래의 선진적인 지위를 상실하고 유럽 각국에 뒤지게 되었다.

74 朱伯康·施正康(2005), 546~547쪽.

3. 일본

가마쿠라 시대에 농업생산력의 증대는 수공업과 상업의 발달을 가져왔다. 수공업자는 처음에 장원영주의 주문에 따라 주물과 도기 등의 생산에 종사했으나 농업생산의 향상에 의해 농민의 수요가 증대하여 철제농구와 솥이나 남비 등 생활용품도 생산하였다. 또한 농업과 수공업의 발달에 따라서 상업도 활발해져 농산품과 수공업제품의 교환을 위해 장원내 교통의 요지와 사원·신사의 문전에 시장이 열리고 정기시의 형태로 발전해 갔다.[75]

교환경제의 발달은 화폐의 필요성을 자극하여 중국에서 수입한 송전(宋錢)이 유통되었다. 장원의 공납도 시(市)에서 전화(錢貨)로 바꾸어 납입하는 일이 많아졌다. 또 돈을 빌려주고 고리를 챙기는 가시아게[借上]라고 하는 금융업자가 나타나 무사나 농민의 토지가 이들에게 넘어가는 일도 있었다. 이밖에 연공과 상품의 운송과 보관 및 위탁판매를 하는 도이마르[問丸]도 각지에서 활약하였다.[76]

무로마치시대의 상공업은 국내 수요의 증가와 대외무역의 성황에 힘입어 크게 발전하였다. 수공업자는 점차로 장원의 예속에서 벗어나 독립하였고, 수공업의 분화도 진전되면서 주문생산과 아울러 시장의 수요를 예측하여 상품을 생산하였다. 농민의 수요에 대응하여 낫, 쟁기, 호미 등의 농기구나 냄비와 솥과 같은 일용품이 생산되었다. 도검은 국내의 수요가 많았을 뿐만 아니라 주요 수출품이기도 하였기 때문에 대량으로 생산되었지만, 그로 인해서 가마쿠라시대보다 품질은 저하되었다.

각지의 특산품으로 교토, 가가(加賀), 에치젠[越前], 시모스케[下野]의 견직

---

75 佐佐木銀彌(1965),「産業分化と中世商業」『日本經濟史大系』2(中世), 東京大學出版會, 157~158쪽 참조.

76 佐佐木銀彌(1965), 171~173쪽.

물과 에치고[越後]와 시나모[信濃]의 마포가 유명하였다. 그리고 마구치[山口], 히카타[博多], 사카이[堺], 교토에서는 중국에서 기술자들이 와서 고급의 견직물을 생산하였다. 또한 하리마[播磨]와 에치젠, 미노[美濃]과 나라[奈良]는 고급 종이의 산지로 유명한데, 특히 미노지방에는 종이만을 취급하는 전문시장이 있었다. 양조업도 발달하여 가와치[河内]와 야마토[大和]와 셋쓰, 교토 등이 술의 산지로 유명하였는데, 15세기를 전후하여 교토에만 350개소에 가까운 양조장이 있을 정도였다.[77]

농업과 수공업의 발달로 인해서 시장의 발달도 촉진되었다. 각지에서는 장이 섰으며 그 횟수도 가마쿠라시대에 비교하여 증가하여 월 6회의 장이 서게 되었다. 그리하여 각 지역별로 장이 서는 날을 엇갈리게 정하기도 하였다. 시장에서는 상품의 종류에 따라서 판매하는 자리가 지정되어 있었고, 시장은 장원 영주나 슈고다이묘가 파견한 감독관이 통제하였다. 상인들은 장원 영주나 슈고다이묘에게 시장세를 납부하고 판매의 독점권을 보장받았다. 이 시대에는 행상도 증가하였는데 행상은 개인이 짐을 들고 다니면서 물건을 파는 상인과 시장에 일정한 근거를 두고 일정한 지역을 순회하며 판매하는 상인이 있었다. 그리고 상인 중에는 대규모 행상단을 조직하여 활약하는 대상인도 있었다. 한편 대도시에는 상설점포가 개설되었는데 점포는 수십 개가 처마를 맞대고 줄지어 늘어서서 상품을 진열하고 장사하였다. 이렇게 한 곳에 정착하여 상업활동에 종사하는 상인들을 가마쿠라시대 말기부터 조닌[町人]이라고 불렀다.[78]

상품경제의 발달과 함께 화폐가 유통되었다. 세금도 동전으로 납부할 수 있게 되면서 화폐는 더욱 활발하게 유통되었다. 그리고 연공의 수납액을 화

77 구태훈(2004), 189~190쪽 ; 佐佐木銀彌(1965), 181~184쪽 참조.

78 구태훈(2004) ; 松山良三(2004), 130~132쪽을 참조.

폐 특히 영락전(永樂錢)으로 환산하여 표시하고 관고제(貫高制)가 일반화되었다. 그러나 막부는 화폐를 주조하지 않고 중국에서 송전(宋錢)이나 명전(明錢)을 수입하여 유통시켰다. 시간이 지나면서 상품 유통의 규모가 커지고, 수입되는 동전이 감소하면서 통화가 부족하게 되자 일본 국내에서 사적으로 주조한 품질이 조악한 동전이 유통되면서 통화유통의 혼란이 발생하였다. 상인들이 거래할 때 조악한 동전을 꺼리고 양질의 동전만을 선별하여 받는 풍조가 확산되면서 혼란이 가중되었다. 막부와 다이묘는 화폐의 교환비율을 정하고 품질이 조악한 화폐를 지정하여 유통화폐의 종류를 제한하는 등 혼란을 줄이려고 노력하였지만 완전히 진정시킬 수는 없었다.[79]

사회경제적인 측면에서의 커다란 변화에 따라 교통도 발달하게 되었다. 특히 상품의 유통에 중요한 역할을 수행한 것은 해상교통으로서 서부 일본의 태평양 연안지역에서는 정기선이 왕래하였다. 이 선박으로 항구까지 운반된 상품은 운송업자들에 의해서 각지로 운반되었다. 교통이 발달하고 각지의 사원이나 신사를 참배하는 것이 유행하면서 서민들의 여행도 증가하였다. 그런데 이 시기에는 각지에 도적들이 있었고, 세키쇼[關所]가 많이 설치되어 관세를 받았기 때문에 서민들의 여행은 쉽지 않았다. 세키쇼를 설치한 중요한 목적은 관세를 징수하기 위한 것으로 각지에 상당히 많은 수가 설치되었다. 15세기 이세(伊勢) 가도의 구와나[桑名]에서 히나가[日永]까지의 16㎞의 거리에 60여 개의 세키쇼가 있었으며, 이렇게 많은 세키쇼에서 왕래하는 상인과 여행자에게 통행세를 부과하였다.[80]

79 구태훈(2004) ; 西川裕一(1999),「江戸期三貨制度の萌芽 : 中世から近世への貨幣經濟の連續性」『金融研究』, 日本銀行金融研究所를 참조.

80 구태훈(2004), 192쪽 ; 佐佐木銀彌(1965), 163~168쪽 참조.

문신과 무인

이익주 | 서울시립대학교

Ⅰ. 사회 변동과 새로운 지배층의 등장
Ⅱ. 관리 선발 제도
Ⅲ. 14~16세기 역사 발전

I. 사회 변동과 새로운 지배층의 등장*

1. 중국 : 당·송 변혁과 사대부

당·송 변혁론이란 중국사에서 안사의 난(755)으로부터 11세기 말 왕안석의 신법(新法)에 이르는 시기까지 단순한 왕조의 교체를 넘어서는 '혁명적' 전환이 있었다는 역사 인식론이다. 이는 고대–중세–근대로 이행하는 세계사적 보편 발전 과정을 전제한 것이다. 곧 당·송 변혁은 당말·오대까지를 고대 혹은 중세로 볼 것인가, 또는 송대 이후를 중세 혹은 근세로 볼 것인가 하는 시대구분의 문제와 관련된다.

그 쟁점은 송대 토지 소유 형태, 전호의 거주·이전의 자유와 법적 신분 등의 문제에 집중된다. 토지 소유 문제에 관해서는 송 이후 대토지 소유가 발달하면서 지주–전호 관계가 지배적이었음이 대체로 인정되고 있다. 다만, 이 대토지 소유가 서구 중세의 장원제에 비견되는 일원적 경영이었는가, 그렇지 않으면 명칭만 장원(莊園)[1]이었을 뿐 실제로는 소규모 영세 토지를 집

* 이 글은 대략 10세기부터 15세기까지 한국·중국·일본의 역사를 사회 변동의 관점에서 정리한 것이다. 본문의 중국사 서술은 설배환(서울대 동양사학과 박사과정)의 도움을 받았음을 밝혀둔다.

1 장원(莊園)이란 전근대 시기에 황실, 귀족, 고관, 부호(富豪) 등이 대규모로 소유, 경영한 토지를 일컬으며 서한(西漢) 말기에 출현한 것으로 알려져 있다. 중국 사료에서 장원은 장전(莊田), 장택(莊宅), 산장(山莊), 장(莊), 별업(別業) 등의 명칭으로 나타나며, 특히 8세기 중엽 이후 당대 사회에 만연하던 토지 겸병 현상과 그에 따른 균전제의 폐지, 강남 지역의 개발 확대와 깊이 연관되어 있다. 한편, 서양사에서 장원[manor]은 하나의 경제 단위로 인식되지만, 9세기에서 11세기 초에 이르는 고전장원제 시기에 영주는 재판권, 치안권, 행정권을 독점하고 농민에게 경제외적 지배를 행사하였다. 이후 중세 후기의 순수장원제 하에서 장원에서 부역 노동 등 경제 외

적한 소농 경영에 불과했는가 하는 논의가 전개되었다.

송 이후 봉건론(혹은 중세론 : 이하 '중세론')은 일본의 카토 시게루[加藤繁], 슈토 요시유키[周藤吉之], 니이다 노보루[仁井田陞] 등이 주장하였고, 주로 도쿄대학 출신 학자들(이른바 '도쿄학파')의 지지를 받았다. 이들은 당 이후 균전제가 붕괴되고 지주-전호 관계를 기반으로 장원제가 발달한 사실에 주목한다. 이에 따라 송·원·명·청 시기의 중국 사회를 봉건 후기로 설정하였다. 하지만 슈토는 송대 대토지 소유가 발달한 것을 인정하면서도, 직접 생산자로서 전호는 토지에 얽매여 있으면서 신분적으로 지주에게 강하게 예속된 존재로 간주하였다. 곧 지주-전호 관계는 경제적 관계이면서도 경제외적 강세가 포함된 봉건적 관계에 놓인 것으로 이해되었다.

송 이후 근세론(이하 '근세론')은 1918년 경 나이토 코난[內藤湖南]이 주창한 후 미야자키 이치사다[宮崎市定]에 의해 확고해졌다. 교토대학 출신 학자들(이른바 '교토학파')이 그 중심에 있었으며, 이후 서양의 중국사가들이 여기에 가세하였고 한국학계도 대체로 공감하는 편이다. 이 사론(史論)은 송대 군주독재권이 확립되고 관료의 지위가 고양되었으며 인민의 사유재산권이 확립되고 서민문화가 크게 진작되는 등 당·송 전환기에 사회·경제·문화 전반에 걸쳐 나타난 역사적 변화를 근세(近世, The Early Modern Period)로 설정할 수 있다는 관점이다. 근세론은 전호제를 근간으로 한 대토지소유제를 인정하며 이때 지주-전호는 계약 관계에 놓여 있다고 본다. 송 이후 대토지 소유는 명목상 장원이지만 실제로는 근세적 자본주의적 경영이었다고 간주한다. 미야자키는 한 걸음 나아가 지주-전호는 봉건적 주종·예속 관계가 아닌 순수한 경제적 관계이자, 자유농민과 지주 사이의 자유 계약 관계(일종의 '자본주의적 고용 관계')라고 적극 평가한다. 전호의 거주 이전 제한은 그

적 강제가 축소되었다.

의 도망이나 계약 위반에 대처하기 위한 것일 뿐이라는 것이다.

근세론에 따르면, 당대까지 토지 소유는 토지와 인민을 지배하고 자손을 위한 강고한 경제적 기반을 마련하려는 것이었다. 반면, 송 이후 토지는 일종의 투자 대상이었으며 지주-전호 관계는 거의 순수한 경제적 관계였다. 요컨대 전제군주의 독재체제 아래 지주제를 기반으로 하는 토지 소유와 촌락 사회 위에서 송대 근세 사회가 성립되었다고 이해되고 있다.

하지만 명·청 시대만을 근세로 간주하는 논자도 있는 것처럼, 송 이후 중국사 전체를 단일한 근세 사회로 확언하기 어려운 점도 있다. 지주-전호가 순수 경제적 계약 관계였다고 단정할 수 없다. 전호가 법률상 양민으로서 독립된 경영 주체였지만 지주로부터 이탈이 금지되는 등 신분적으로 지주에 예속되었던 것은 분명하기 때문이다. 더욱이 동일한 대토지 소유 혹은 지주-전호 관계라고 하더라도 강남과 변경 지역에서 상당한 차이가 있었다.

미야자키의 '자본주의'는 일반적인 자본주의 개념과 같지 않다. '근세 자본주의'는 전기(前期) 상업 자본과 고리대 자본에 바탕을 둔 유통경제를 상정한 것이었다. 미야자키는 근세 성립기 중국 사회의 선진성을 강조하지만, 동시에 그것은 명·청 시대 정체성과 표리 관계에 있다. 그는 스승 나이토가 중국 민족의 주체성을 부정하고 일본의 중국 침략 정책을 긍정하는 한계를 보인 것과 맥락을 같이 하였다.

고대에서 중세로든, 혹은 중세에서 근세로든 간에 당·송 교체기에 일어난 '혁명적' 변화는 연구자들 사이에서 대체로 인정되고 있다. 즉, 송대 이후의 사회는 삼국에서 당대까지와 크게 다르며 명·청 시대와 동질성이 더 많이 관찰된다. 결국 당·송 변혁의 문제는 황제·관료 지배의 전통과 자작농의 끊임없는 재생산, 거듭된 왕조 말기의 반란 등 중국사에서의 장기 지속적 요소들을 구체적 역사 맥락 위에서 구조적으로 접근할 필요가 있다. 이는 황제 지배의 성격(개별인신적 황제 지배, 귀족제하의 황제권, 전제권이 성립된 사대부 사회의 황제)이나 관료의 성격(향거리선鄕擧里選으로 충원된 관료, 구품중정제하 문벌귀족사회의 관료, 과거제하의 사대부 관료), 지배층의 성격(호족, 문벌귀족, 사대부·신사) 등을 둘러싸고 일련의 지속과 변화 과정을 검토함으로써 가능해진다.

예컨대, 후주(後周 : 951~960)의 금군 총사령관이었던 조광윤(趙匡胤)은 960년 거란의 침입을 방어할 목적으로 출병하였다가 진교역(陳橋驛 : 북송의 수도 변경汴京의 동북쪽 40리 위치) 정변을 통해 송의 천자(태조)가 되었다. 이는 안사의 난 이후 강화된 번진(藩鎭) 체제[2]와 오대의 군벌 체제를 종식시킨 사건이었다. 이후 송 태조는 당말 번진의 할거 이래 황제의 손에서 떠나 있던 병권·재정권·민정권의 회수에 주력하였다. 그는 특히 군사제도를 개혁하여 금군을 대폭 강화하는 한편(인종 시기 80여 만 명), 병권이 1인에게 집중되는 것을 막기 위해 분권화하고 그 통수권은 황제에 집중시켰다. 또한 과거제를 정비하여 그 공정성·개방성을 넓히는 한편, 황제가 과거의 최종 합격자를 직접 선발하는 전시제(殿試制)를 채택하여 과거 합격자들과 군주의 결속력을 공고히 하였다. 과거제를 발판으로 송조는 군대와 중앙·지방의 주요 실권자를 모두 문관으로 임명하는 문신 관료제[3]를 확립시킬 수 있었다.

---

2 7세기 후반 당의 율령 통치가 동요하고 소농민이 몰락하면서 균전제·조용조와 함께 병농일치의 부병제가 붕괴되었다. 이에 당 예종은 710년 모병제에 기초한 번진을 설치하고 712년 정식으로 절도사를 파견하였다. 절도사들은 점차 군대를 사조직화하고 물자를 독점하고 관리를 자의로 임명·파면하는 등 분권적 경향을 보였다. 이러한 흐름은 안사의 난 이후 더욱 강화되어 내지에 약 40개, 변경에 약 10개의 번진이 설치되기에 이르렀고 이로써 번진의 수장인 절도사가 군사·민정·재정의 3권을 장악하는 반(半) 독립적 번진 체제가 형성되었다. 이는 후량(後梁 : 907~923), 후주(後周 : 951~960), 후당(後唐 : 923~936), 후진(後晋 : 936~947), 후한(後漢 : 947~950)의 군벌 체제를 낳는 기반이 되었다.

3 문신 관료체제는 송조를 군사보다 문화에 경도된 평화국가로 평가하게 하는 경향이 있지만 송조는 다른 중화왕조에 뒤지지 않는 군사 국가였다. 2만 명을 넘는 관료들과 150만에 달하는 방대한 군대를 보유하고 있었던 것이다. 그러나 막대한 군사비에도 불구하고 송조는 요·금은 물론 서하조차 제압하지 못하였으며, 팽창된 군

황제는 권신의 집단화를 억제하기 위해 관료들이 재상의 사저(私邸)를 출입하는 것을 금하는 알금제(謁禁制)와 관리의 출신지 부임을 금하는 회피제를 시행하였다. 또한 강력한 첩보망을 동원하여 황제권에 반하는 관료나 군사 지휘권을 사전에 차단함으로써 관료들이 황제를 두려워하도록 유도하였다. 이러한 변화는 송대 근세론을 정치적으로 뒷받침하는 군주 독재 체제설의 토대가 되었다. 재상권·신권을 축소하는 한편 제도적으로 황제권에 정당성을 부여하여 국가의 최종결정권을 황제에 집중시키는 송대의 독재 군주권은 개인의 능력에 의해 독재 권력을 행사한 진의 시황제, 한 무제, 수 양제, 당 태종 등과는 질적으로 다른 것이었다.[4]

송대 황제권은 당의 귀족 사회가 붕괴되고 당말·오대에 새로 등장한 형세호(形勢戶)[5]를 기반으로 나타난 사대부 사회를 배경으로 성립되었다. 사대부[6]는 과거를 통하여 황제의 인적 기반인 관료로 진출하여 사대부 문신 관료체제를 구축하였다. 호족[7]과 문벌 귀족은 가문과 출신에 의해 그 신분

사력은 송 정부를 재정적으로 압박하였다.

4 최근 한 연구는 송대 '군주 독재 체제설'을 철회하고 후량(後梁)에 의한 당 제국 해체 과정에서 시작된 3성 6부 체제의 변질, 이에 따른 송대 관제의 오대적(五代的) 실체, 그리고 송대 황제의 성품 및 변칙적 황위 계승, 황제권과 사대부 관료의 상호 관계, 송과 북방민족과의 갈등의 국면을 고려할 때 송대 황제권이 결코 독재적이라고 볼 수 없다는 주장을 제기하였다(신채식(2010), 「宋代 "君主獨裁體制說"에 대한 異論」『東洋史學硏究』 111).

5 형세호는 지방의 상층 부호를 지칭하는 것으로 송대 형세호는 관호(官戶)와 주현 아문의 공리(公吏), 향촌의 상호(上戶)를 포함하였다.

6 사대부란 과거제를 통해 입사한 관료를 지칭하면서도 유교적 지식과 사회적 지위·명성을 지닌 지식인이나 교양인을 포괄하는 용어이다. 사대부의 성장은 당 중엽 측천무후 집권기에 이미 그 태동을 보였던 것으로 알려져 있다. 현종 시기 개원의 치(開元之治)를 이룩한 명재상으로 평가되는 요숭(姚崇)과 송경(宋璟)도 무후 시대 과거에 합격한 인물이었다.

7 한대(漢代) 이후 위진남북조 시대까지 지방의 정치는 호족에 의해 좌우되었다. 관(섬서성)·롱(감숙성) 지역 출신으로 호족적 색채를 강하게 지닌 관롱(關隴) 집단은 서위에서 수·당에 이르는 시기의 지배층을 구성하였다.

이 규정되었던 반면, 사대부는 원칙적으로 출신과 무관하며 자신의 능력, 곧 유교 경전 지식과 문필 능력에 의해 신분이 결정되었다. 사대부의 계층 유동성은 송대 과거 급제자들 가운데 본인의 앞 3대 이내에 관료를 배출하지 못한 비관료 가문 출신이 절반 이상을 차지한 점에서 짐작할 수 있다. 그렇지만 과거 시험에 전념할 수 있도록 사대부에게 어느 정도 경제적 능력은 필수적이었다. 사대부가 사실상 중소 지주 이상의 경제력 보유자 혹은 상인 출신이었던 것도 이러한 이유에서 비롯되었다.

곧 사대부는 국가 권력에 의한 승인과 경제적 부를 존립 기반으로 지식과 교양을 사회적 특권으로 전환하는 데 성공한 세력이었다. 지주로서 사대부는 농업 생산을 매개로 지역 사회와 긴밀하게 연결되어 있었다. 그들은 진부(陳旉)의 『농서(農書)』의 사례와 같이 농서의 간행과 보급에 관심을 기울였으며 강남에서는 수리 개발에 적극 개입하였다. 수리 개발은 기본적으로 중앙·지방 정부에 책임을 지었으나 실제 사업 수행에서 부담은 사대부 등 지역 사회 구성원이 담당하였다.

이러한 사회·경제적 배경 아래 북송 때 여대균(呂大鈞, 1031~1082)은 섬서 지역에서 향약을 처음으로 도입하였다. 교화와 상호부조를 통하여 지역 사회의 질서를 유지하려는 목적으로 하는 향약은 주희(朱熹, 1130~1200)에 의해 정비되어 이후 명대에 널리 보급되었다. 또한 주희에 의해 정착된 사창(社倉)은 사대부가 주도하는 지역 사회의 자치적 구휼 기관으로서 기능할 수 있었다.

사대부의 활동은 그들의 정치의식과 무관하지 않았다. 예컨대 범중엄(范仲淹, 989~1052)은 "천하의 근심을 앞서 근심하며, 천하의 즐거움을 남보다 뒤에 즐거워한다[先天下之憂而憂, 後天下之樂而樂]"고 하여 사대부가 황제를 대신하여 천하 통치의 책임을 져야 한다는 치자(治者) 의식을 강조하였다. 반면, 천하를 향한 근심은 오직 하늘[天]로부터 통치를 위임받은 황제만의 소관이고, 관료는 천자의 충실한 수족으로 머무는 피동적 존재라는 인식도 공존하였다. 그래서 관료는 황제 권력과 경쟁하기도 하고 때로 협력하면서 자신의 이익을 추구해 나갔다.

그러나 송대 과도한 중앙집권화와 문치주의는 관료 기구의 비대화를 낳았고 행정·재정의 효율성을 저해하였다. 송 태조의 문치주의는 분권적 절도사 체제를 중앙집권적 문신 관료체제로 전환하여 황제 지배체제를 복원할 수 있었지만, 다른 한편으로 군사력을 약화시키고 동아시아의 정세 변화에 대응하지 못하는 빌미를 제공하였다. 그 결과 강력한 유목 국가의 출현에 직면하여 송은 줄곧 고전하였다. 거란과의 7년에 걸친 전쟁 끝에 1004년 송은 거란에 연운십육주(燕雲十六州 : 현 북경·천진·산서 등의 16개 주)를 양도하고 매년 비단 20만 필, 은 10만 냥을 세폐로 보내기로 하는 것을 내용으로 하는 전연(澶淵)의 맹약을 체결하였다. 길지 않은 평화가 찾아온 뒤 1126년에는 황제 휘종과 흠종이 여진족의 포로가 되어 만주의 오국성(五國城)에서 최후를 맞이했다[정강의 변]. 이후 고종에 의해 남송이 재건되었지만, 1279년에 몽골제국에 병합되었다. 몽골의 지배 하에서 남송의 문인 사대부들은 송을 향한 이상적 충절과 현실 타협의 갈림길에서 갈등하면서 몽골의 질서에 편입해 들어갔다.[8]

8 몽골인들이 유학을 천시하고 유자를 차별했다는 주장이 오래도록 인정되어 왔다. 최근 연구에 따르면 소수의 몽골인들이 다수의 중국인에 대해 경계심을 가질 수밖에 없었지만, 몽골제국은 다양한 종족의 풍습과 문화를 보장하고 제국 통치에 동참할 기회를 제공하였다(김호동(2010), 『몽골제국과 세계사의 탄생』, 돌베개, pp.160~161). 그리하여 일부 관료나 학자들은 몽골에 봉사하기를 거부하기도 하였지만, 사천택(史天澤), 유병충(劉秉忠), 학경(郝經), 요추(姚樞), 조맹부(趙孟頫) 등 많은 한인(漢人)·남송인들이 몽골 조정에서 활약하였다.

2. 한국 : 신라말 고려초 사회변동과 문벌귀족사회의 발전

한국에서는 신라 말인 9세기 후반에 지방 호족들이 새로운 지배계층으로 등장하였다. 이 시기에는 골품제의 해체로 대표되는 지배질서의 붕괴와 함께 민의 항쟁이 전국적으로 발생하였다. 그리고 그 과정에서 지방세력이 성장하였으며, 이들은 후삼국의 혼란을 거쳐 고려를 건국하고 새로운 지배층으로 등장하였던 것이다.

통일신라의 정치는 골품제에 포함된 왕경인(王京人)에 의해 주도되었으며, 그 가운데서도 최상위 신분인 진골귀족들이 정치적, 사회적 특권을 독점하고 있었다. 그러나 8세기 후반부터 진골귀족 내부에서 분열이 일어나 왕위 쟁탈전이 빈번하게 발생하였고, 그로 말미암아 정치적 혼란이 계속되었다. 『삼국사기』에서 '하대(下代)'라고 이름붙인 제37대 선덕왕(재위 780~785)부터 제56대 경순왕(재위 927~935)까지 155년 동안 20명의 왕이 교체되었다. 그와 동시에 귀족들이 전장(田莊)이라는 이름으로 대규모의 소유지를 확대해갔는데, 여기에는 국가로부터 토지를 받거나 새로운 토지를 개간하는 등의 합법적인 수단 외에 고리대 또는 권력에 의해 농민들의 토지를 빼앗는 불법적인 수단이 동원되었다. 게다가 귀족들의 전장에서는 국가에 공부를 납부하지 않았으므로 국가 재정이 궁핍해지는 요인이 되었다.

신라 하대의 혼란이 절정에 달한 것은 9세기 말의 진성여왕(재위 887~897) 때였다. 『삼국사기』에는,

> (진성왕) 3년(889)에 국내의 여러 주군(州郡)이 공부를 수납하지 않으므로 국가의 창고가 비어 국용이 궁핍해졌다. 왕이 사람을 보내 독촉하자 각지에서 도적들이 봉기하였다(『삼국사기』 권11, 신라본기11).

는 기록이 있다. 당시 수취체제에 저항하여 일어난 민의 저항은 '신라 말년에 정치가 어지럽고 민이 흩어져 왕기(王畿) 밖의 주현은 반기(叛旗)를 든 곳과 복속한 곳이 서로 반반'(『삼국사기』 권50, 열전10 궁예)이라고 할 정도로 광범하게 전개되었다. 그 가운데 두드러진 사례로 사벌주(상주)에서 일어난 원종과 애노, 북원(원주)의 양길과 궁예, 죽주(안성)의 기훤, 완산주(전주)의 견훤 등을 들 수 있다.

한편, 신라 하대에는 중앙의 통제력이 지방사회에 미치지 못하는 가운데 지방에서 새로운 세력이 성장하고 있었다. 그들 가운데는 지방으로 내려간 중앙 귀족이나 지방에 파견된 군진(軍鎭) 세력, 해상 세력 등이 있었지만, 대다수는 지방의 촌주(村主)들이 자립한 경우였다. 지방민으로서 행정의 말단에 있던 촌주들이 신라 말의 혼란 속에서 스스로를 성주(城主), 장군(將軍)이라 부르면서 중앙 정부의 통제에서 벗어나 자립하였다. 이들은 사방에서 도적이 일어나고 있던 상황에서 지역공동체를 자위하면서 지방의 실력자로 부상하였으며, 점차 독자적인 군사력을 바탕으로 지방의 행정을 장악하고 민으로부터 세금을 징수함으로써 신라 왕조를 붕괴시키는 데 결정적인 역할을 하였다. 이처럼 신라 말에 등장한 지방 세력을 호족(豪族)이라고 부른다.[9]

9 신라 말에 등장한 지방 세력을 호족이라고 부르는 데 반대하는 의견도 있다. 우선, 호족은 당시 사료에서 찾은 용어가 아니다. 한국사 연구에서 이 용어를 처음 사용한 사람은 일본인 학자 하타다[旗田巍]인데, 그는 한국사의 시대구분에서 고려 후기 이전을 고대 사회로 보았고, 그 때문에 고려 초의 새로운 지배 세력을 중국이나 일본에서 고대에 등장한 호족이라고 부르게 되었다는 것이다. 그러나 현재 대부분의 연구자들은 신라 말, 고려 초의 시기를 고대에서 중세로 이행하는 시기로 보거나, 혹은 그 전에 이미 중세사회로 이행했다고 보고 있으므로 이 시기의 새로운 지배 세력을 중국사나 일본사의 고대적 존재인 호족으로 부르는 것은 적절치 않다는 주장이다. 호족을 대신하는 용어로서 '豪富層'이 사용되기도 했지만, 아직은 그것을 대신할 수 있는 용어가 정착되어 있지는 않다. 이에 대해서는 李純根(1987), 「羅末麗初 豪族 용어에 대한 연구사적 검토」『聖心女大論文集』 19 ; 蔡雄錫(2000), 『高麗時代의 國家와 地方社會』, 서울대학교출판부, 16~17쪽 참조.

신라 말의 농민 반란군 가운데 견훤과 궁예가 후백제와 후고려를 건국함으로써 신라와 더불어 정립하는 후삼국시대가 도래하였다. 후백제와 후고려는 배타적인 영역을 확보하는 데 이르지 못하였고 각 지방에서는 호족들이 독립 세력으로 존재하였다. 따라서 후삼국의 경쟁은 호족들의 향배에 크게 좌우될 수밖에 없었다. 결국 개성의 호족 출신인 왕건이 궁예를 몰아내고 고려를 건국한 뒤 후삼국을 통일하였는데, 여기에는 호족들의 지지가 크게 작용하였다. 고려의 건국과 후삼국 통일로 지방의 호족들이 통일신라의 폐쇄적인 골품제를 붕괴시키고 새로운 지배층으로 등장하였다.

후삼국 통일 이후에는 중앙집권화 정책을 추진한 고려 왕실과, 지방에서의 세력을 유지하려는 호족들 사이에 갈등이 일어났다. 태조 때 이미 사심관 제도와 기인 제도, 군현 이름의 개정과 토성(土姓) 분정 등 호족들을 회유, 통제하여 중앙집권을 이루려는 정책을 실시하였다. 그러나 광종대(재위 949~975)에 호족들에 대한 대대적인 숙청이 벌어지고, 광종 사후에 그에 대한 보복이 진행되었던 것에서 보듯이 국왕과 호족의 관계는 아직 불안정하였다. 고려의 중앙집권화 정책은 성종(재위 981~997) 때 전국에 12목을 설치하고 지방관을 파견하는 것과 동시에 향직(鄕職)을 개편하여 지방 호족들을 지방관을 보좌하는 향리로 격하함으로써 일단락되었다. 향리직 개편에 대해서는『고려사』에,

> 성종 2년(982)에 주, 부, 군, 현의 이직(吏職)을 고쳤다. 병부(兵部)는 사병(司兵)으로, 창부(倉部)는 사창(司倉)으로 고치고, 당대등(堂大等)은 호장(戶長), 대등은 부호장, 낭중(郎中)은 호정(戶正), 원외랑(員外郞)은 부호정, 집사(執事)는 사(史), 병부경(兵部卿)은 병정(兵正), 연상(筵上)은 부병정, 유내(維乃)는 병사(兵史), 창부경(倉部卿)은 창정(倉正)으로 삼았다(『고려사』 권75, 선거3 전주 향직).

라고 기록되어 있다. 이 사료는 신라 말 이래 호족들이 독자적으로 설치한 병부, 창부 등의 관부와 당대등, 대등 이하의 관직을 사병, 사창 등 향리 관사와 호장, 부호장 이하의 향리직으로 개편한 사실을 알려준다. 이로써 지방에서 호족들의 독립성이 약화되었을 것이며, 이후 지방제도를 정비하면서 지방관 파견이 늘어남에 따라 지방 세력은 더욱 위축되었다. 그 결과 현종(재위 1009~1031) 때 지방제도 정비를 일단락하는 것과 동시에 각 주현의 규모에 따라 향리의 수를 정하고 향리들의 공복을 제정함으로써 이제 지방 세력은 지방관의 행정을 보좌하는 향리로 격하되었다.

한편, 성종 이후 고려의 국가체제가 안정되어 감에 따라 새로운 지배세력이 정착되었다. 국초에 호족의 후예로서 중앙의 관리가 된 사람들은 대대로 고위 관직에 오르면서 귀족화되었다. 그리고 이렇게 해서 형성된 고려 전기의 지배세력을 문벌귀족이라고 하며, 그들이 지배했던 고려 전기 사회를 문벌귀족사회라고 한다. 문벌귀족들이 정치적, 경제적 기반을 유지할 수 있는 제도적 장치로는 관리 선발제도인 음서제와 토지제도인 공음전시 두 가지가 손꼽힌다. 음서제에 대해서는 뒤에 설명하기로 하고 공음전시에 대해 살펴보면 다음과 같다.

공음전시에 대한 규정은『고려사』에 다음과 같이 기록되어 있다.

> 문종 3년(1049) 5월에 양반공음전시법을 정하였다. 1품 문하시랑평장사 이상은 전지(田地) 25결, 시지(柴地) 15결, 2품 참지정사 이상은 전지 22결, 시지 12결, 3품은 전지 20결, 시지 10결, 4품은 전지 17결, 시지 8결, 5품은 전지15결, 시지 5결씩으로 하며, 자손에게 전수하도록 한다(『高麗史』 권78, 식화1 전제 공음전시).

이 기록에 따르면 5품 이상의 관리들은 등급에 따라 전지와 시지를 받았으며, 그 토지는 전시과의 과전과는 달리 세습이 허용되었다. 즉, 공음전시는 사유지와 다름이 없어서 매매나 처분이 가능했을 것이며, 소작 등의 방법으로 직접 경영하였을 것으로 여겨진다. 전시과의 과전이 수조권을 지급한 것이고, 관직에서 물러나면 반납하도록 되어 있었던 것과 비교할 때 공음전시의 가치는 매우 컸다고 할 수 있다.

공음전시가 5품 이상 관리들에게 지급되었고, 음서 역시 5품 이상 관리들에게 주어진 특권이었다는 점에 주목하여 고려의 5품 이상 관리를 귀족으로 간주하는 경우가 많다. 즉, 고려의 귀족은 작위 등을 통해 법제적으로 규정된 특권신분이 아니라 음서와 공음전시 등의 제도로써 실질적으로 특권적 지위를 보장받고 세습해간 존재라는 설명이다. 하지만 그러한 존재를 귀족으로 정의하는 데 대한 반론도 있어 고려를 귀족제 사회로 규정하는 것은 그리 간단한 문제가 아니다.[10]

또한 공음전시 제도를 근거로 고려 귀족제사회설을 주장하는 데에서도 위에 인용한 사료 가운데 '1품 문하시랑평장사 이상'이라는 구절이 문제가 된다. 고려의 문하시랑평장사는 정2품 관직이므로 위 사료의 '품'은 관품이 아니고 공음전시 지급을 위해 전체 관리들을 5등급으로 나누었을 때 각 등급을 의미하는 것이라는 견해이다. 그렇게 본다면 공음전시는 전체 관리들에게 지급한 토지가 되며, 5품 이상 관리에 대한 특혜라는 설명은 받아들여질 수 없다. 이에 대해서는 고려의 관제에 정1품 관직이 없었으므로 종1품 관직인 문하시중을 정1품으로 대우하고 정2품 관직인 평장사를 종1품으로 대우한 데서 오는 기록상의 착오라는 설명이 있지만, 이것을 둘러싼 논란이 명료하게 매듭지어진 것은 아니다.

10 고려를 귀족제 사회로 볼 수 있는가에 대한 논의로는 유승원(1997), 「고려사회를 귀족사회로 보아야 할 것인가」『역사비평』 36 ; 朴龍雲(1998·1999), 「高麗는 貴族社會임을 다시 논함」『韓國學報』93·94 참조.

문벌귀족이 성장하고 귀족사회가 발전해 가는 동안, 지방에 남아 향리가 된 사람들은 향리직을 세습하면서 사회적 지위를 유지하였다. 이들의 주된 임무는 중앙에서 파견된 지방관을 보좌하며 조세와 공부를 수취하고 역역을 징발하는 것으로, 그 대가로서 향리전(또는 외역전)을 지급받았다. 그러나 고려의 향리는 과거에 응시할 수 있었으므로 과거에 합격하여 문신관료가 되기도 하였고, 더 많은 경우는 무신으로 진출함으로써 신진 관리의 공급원 역할을 하였다.

11세기에 안정되었던 고려 귀족사회는 12세기에 들어 동요하기 시작하였다. 문벌귀족 내부의 분열로 이자겸의 난(1126)과 묘청의 난(1135)이 일어났고, 결국 무신난(1170)으로 귀족사회가 붕괴되었다. 이러한 현상은 이 시기의 사회경제적 변동과 직접 관련된 것이었다. 고려 전기 이래 계속된 농업생산력 발달의 추세 속에서 증대된 이익을 둘러싸고 지배층과 피지배층, 그리고 지배층 내부의 다툼이 벌어졌다. 그 가운데 지배층과 피지배층의 대립은 토지 탈점 및 수탈 강화와 그로 인한 민의 유망으로 나타났고, 지배층 내부의 대립은 위와 같은 정쟁으로 나타났다. 이자겸의 난과 묘청의 난은 실패로 끝났지만, 무신난은 성공을 거둠으로써 고려 사회를 크게 변화시키는 계기가 되었다.

고려는 문무 양반을 두 축으로 하는 관직체계를 만들어 놓았지만, 실제로는 문신에 비해 무신을 차별하였다. 당시 지배세력이던 문벌귀족이 대부분 문반으로 진출한 반면, 무반은 주로 하급 지배층의 출사로가 되었고, 따라서 무신들에 대한 차별은 당연한 것이었다. 그러나 고려 전기 이래 거란·여진과의 전쟁이나 이자겸·묘청 난을 진압하는 과정에서 무신들의 역할이 중시되었고, 이는 곧 무신들의 성장으로 이어졌다. 그러한 상황에서 무신들에 대한 차별 대우가 그들의 불만을 고조시켰고, 결국 무신난을 촉발하게 되었던 것이다.

무신난은 지배세력의 전면적인 교체를 초래하였으며, 이는 지방의 향리들이 중앙으로 진출하는 데 유리한 환경이 되었다. 무신집권기 초기에는 문신들에 대한 탄압이 자행되었지만, 시간이 흐를수록 행정능력을 갖춘 관리들이 필요해짐에 따라 지방 향리 출신의 관리들이 등용되기 시작하였다. 특히 최충헌 집권 이후 정권이 안정되면서 이러한 경향이 더욱 심해졌다. 이때 문신들을 선발하면서 가문의 배경 보다는 개인의 능력을 중시하는 풍조가 있었고, 특히 '능문능리(能文能吏)'라 하여 문학적 소양과 행정 실무의 능력을 함께 갖춘 사람들이 우대되었다. 이에 대해서는『고려사절요』에

> 최우가 일찍이 조사(朝士)들의 성적을 매기는 데 능문능리(能文能吏)를 제일로 하고, 문이불능리(文而不能吏)를 다음으로 하고, 이이불능문(吏而不能文)을 그 다음으로 하고, 문리구불능(文吏俱不能)을 최하로 하였다. 모두 손수 병풍에 적어 놓고 인사가 있을 때마다 여러 번 살피고 임명하였다(『고려사절요』 권18, 원종 원년 7월 계유).

라는 기록이 있다. 무신집정 최우는 정방을 설치하여 인사권을 독점하였지만, 실제 인사에서는 문학적 소양과 행정실무 능력이라는 두 가지 기준을 가지고 유능한 관리를 등용하고자 노력했던 것이다. 그에 따라 지방에서 행정실무의 경험을 쌓은 향리와 그 자제들이 과거를 통해 관직에 진출하는 현상이 두드러졌고, 이렇게 문신관리가 된 사람들을 사대부(士大夫)라고 부른다.

사대부는 지방의 향리이자 중소지주 출신으로서 무신집권기에 과거를 통해 활발히 진출하여 '능문능리'의 새로운 관인층을 형성하였으며, 고려 말에 이르러 정치적·사회적 기반을 확충하고 조선 왕조를 개창하였다고 설명된다.[11] 한국사에서 사대부의 개념이 처음 제시된 것은 1960년대의 일로,

11 李佑成(1964),「高麗朝의「吏」에 對하여」『歷史學報』23.

그것은 한국사학계 전반에 걸쳐 전개된 내재적 발전론과 밀접한 관련이 있었다. 즉, 한국사의 내재적 발전이 강조되는 가운데 고려후기 사회의 발전에도 관심이 기울여졌고, 그것을 주도하면서 새롭게 등장한 세력으로서 사대부의 존재가 부각되었던 것이다. 이후 사대부의 성장과정에 대한 연구가 이어졌고, 원 간섭기의 개혁정치가 사대부에 의한 반원개혁으로서 주목되었다. 또한 고려후기 성리학 수용 과정도 사대부의 성장과 관련하여 이해되었다.

그러나 사대부의 성장 배경과 등장 시기에 대해서는 다른 설명이 있다. 즉, 고려 후기에는 농업 부문에서 휴한을 극복하는 기술상의 성과가 있었고, 그러한 변화를 주도하면서 지방의 중소지주들이 경제적 기반을 확충하고 관직 진출을 활발히 함으로써 사대부가 등장할 수 있었다는 것이다.[12] 그에 따르면 사대부의 시원은 무신집권기에 출현한 '능문능리'의 관인층에 닿지 않고 고려 말 사회변동의 상한으로 설정되는 13세기 말 충선왕의 개혁정치로 연결된다. 이 견해는 1298년 충선왕이 즉위하여 시행한 개혁정치를 반원(反元) 개혁으로 이해한 당시 연구 수준에 의해 제약된 점이 있지만, 고려후기 사대부의 성장이 사회변동에 따른 재지 중소지주의 성장의 결과라는 사실을 밝힌 점에 커다란 의미가 있다.

3. 일본

중국과 한국에서는 10세기를 전후한 시기에 사회변동과 함께 새로운 사회세력인 '사대부'가 등장하였고, 이들이 과거를 통해 중앙의 관료로 진출하

12 李泰鎭(1983), 「高麗末·朝鮮初의 社會變化」 『震檀學報』 55.

는 양상을 보였다. 그런데 일본의 경우는 이와 다르게 귀족들이 세습을 통해 관료가 되는 전통이 계속 유지되었으며, 시험을 통한 관료선발은 미미한 정도에 그쳤다. 그 대신에 메이지유신 이전까지 '무사(武士)'라고 불리는 계층이 지배세력으로서 존재하였는데, 이 무사는 단순히 '무력을 가진 존재'라는 일반적인 의미보다 일본 역사상 고대에서 중세로 넘어가는 시기에 등장하여 근대화 이전까지 지배층으로 군림한 계층을 가리킨다.[13]

일본에서 무사가 등장한 것은 10세기 초였다. 물론 훨씬 이전인 나라시대(710~794)에도 무사라는 용어 자체는 보이지만, 특정한 사회적 신분으로서 의미를 갖게 된 것은 이때부터였다. 그에 앞서 9세기 후반 농민의 유랑과 도망이 심해져 율령에 의한 지배를 할 수 없게 되고 군당(群黨)과 해적들이 토지를 침탈하자 지방 장관인 고쿠시(國司)나 장원영주들이 치안 유지와 영지 보호를 위해 스스로 무장하기 시작하였다. 그에 따라 무력의 사용이 사회적으로 용인되면서 이를 직업으로 하는 사람들이 나타났는데, 이들을 무사라고 한다.

무사가 된 사람들은 지방의 유력 토호나 유력 농민의 자제들로서 농업에 종사하지 않는 자이거나 수렵·어로 등에 종사하는 비농민층으로, 그들은 무예 훈련을 통해 점차 전업 무사가 되어 갔다. 무사들은 전투를 위해 집단을 형성하는 일이 많았고, 나아가 일족과 낭당(郎黨 : 종자)을 이끌고 무사단으로 성장해갔다.

무사단의 우두머리 가운데는 황족이나 귀족의 자손들이 적지 않았다. 이들은 군사지휘관으로 지방에 파견되어 치안을 담당하였는데, 군당과 해적

13 무사는 '쓰와모노[兵]' '모노노후[武士]' '부시[武士]' '사무라이[侍]' 등의 여러 명칭으로 불렸다. 이들은 자신들이 가지고 있던 군사적 기능으로 지배계급에 봉사하는 직능집단으로서, 11세기 중반에 이르러 사무라이 가문으로 세습되기 시작한 것으로 보이며 군사전문가로서 명확한 자기정체성을 갖는 일본 최초의 사회집단이었다(이케가미 에이코, 남명수 옮김(2008), 『사무라이의 나라』, 지식노마드).

을 진압한 뒤 일국의 지방 장관인 고쿠시가 되거나, 그 관아인 고쿠가[國衙]의 관리가 되어 지방에 머물렀다. 이들은 우월한 신분을 바탕으로 무사들의 신망을 얻은 다음 몇 개의 무사단을 통솔하는 군사귀족으로 변신하였다. 이들을 동량(棟梁)이라고 불렀는데, 간무 헤이시[桓武平氏]와 세이와 겐지[淸和源氏]가 가장 유력한 동량이었다.

10세기 중엽 국아의 관리로서 지방 지배를 담당하고 있던 무사들이 일족의 내분이나 은상에 대한 불만 때문에 국아에 반항하고 그것이 확대되어 국가에 대한 대규모 반란으로 발전하는 사건이 벌어졌다. 다이라노 마사카도의 난(939~940)과 후지와라노 스미토모의 난(939~941)이 그것으로, 중앙 정부는 다른 무사 세력을 동원하여 이 반란을 진압하였다. 그 과정에서 지방무사단의 실력이 입증되었으며, 이때 공을 세운 무사들이 수도 교토로 올라와 궁정의 경비나 귀족의 호위를 담당하기 시작하였다. 본래 사무라이(侍)는 '상급 귀족을 호위한다'는 뜻이었는데, 이때 이르러 일본의 무사를 가리키는 말이 되었다. 이와 같이 중앙에서 무사 가문이 형성될 무렵, 지방에서는 무사들이 고쿠가의 군사력으로 편입되어 갔다. 그러면서 고쿠시의 거처를 무사가 경호하거나, 고쿠시가 주최하는 사냥이나 신사의 행사에 무사가 봉사하는 체제가 만들어졌다.

10세기 무사 집단이 형성될 무렵만 해도 무사는 무예가 뛰어난 몰락 귀족의 성격이 강했다. 하지만 11세기 중엽부터 군사전문가인 동시에 토지 개간자 혹은 그 관리자의 성격을 띠게 된다. 이들은 결혼이나 기타의 방법으로 지방 호족과 결합하거나 혹은 무력으로 영지를 차지하기도 했다. 하지만 대부분의 무사는 직접 토지를 개간해 현지의 지배자가 되었고, 점차 지방 영주로 변모해갔다. 한편, 조정은 이들의 영지를 새로운 과세 대상지로 삼고자 하였는데, 이를 피하기 위해 지방 영주들 가운데는 자신이 그 땅의 관리자가 되는 조건으로 영지를 상급 귀족이나 사찰·신사에 기진하는 사람들이 나타났다. 이 때 기진된 영지를 장원이라고 한다. 기진을 받은 상급귀족 등은 자신들의 권익을 더 강화하기 위해 대귀족이나 천황가 등에 다시 기진하였으므로 장원은 점차 천황가나 섭관가에 집중되어 갔다.

장원에서는 조세를 납부하는 것이 원칙이었지만 기진 받은 상급 귀족의 정치력에 따라 조세를 면제받고, 고쿠시의 토지 조사를 거부할 수 있는 권한을 부여받았다. 그 결과 고쿠시의 지배권이 미치지 않는 장원이 증가하였는데, 12세기 중반에는 공령(公領)의 반 이상이 장원으로 바뀌었을 정도이다. 한편, 고쿠시가 지배하는 공령의 지배 방식도 변화하여 일국의 지배권 전체를 상급 귀족이나 대사원 등에 수여하였고, 그에 따라 공령의 수익이 상급 귀족 등에게 돌아감으로써 공령도 장원과 다름없는 성격을 갖게 되었다. 이와 같이 장원과 공령을 바탕으로 형성된 토지제도를 장원공령제(莊園公領制)라고 하는데, 이것은 12세기에 확립된 이래 일본 중세사회를 지탱하는 토지제도가 되었다.

11세기 후반에는 9세기 이후 약 100년 동안 계속되었던 후지와라 씨의 섭관정치(攝關政治)가 종식되고 원정(院政)이 시작되었다. 원정이란 천황의 아버지가 상황(上皇)으로서 정치를 주도하는 정치형태로, 상황의 거처를 '원'이라고 하였으므로 원정이라는 이름이 붙게 되었다. 이로써 천황가가 권력을 장악했지만 12세기 중엽에 이르면 천황가의 분열로 내전이 일어났고, 그 과정에서 무사들의 역할이 중시되었다. 특히 원과 결탁한 다이라노 기요모리[平淸盛]가 무사로서는 처음으로 최고 관직인 태정대신에 올라 헤이시[平氏] 정권을 성립시켰다. 헤이시 정권은 그 형태에서 뒤에 출현하는 무가정권인 가마쿠라 막부의 선구라고 할 수 있다.

헤이시 일족은 관료제에 의존하여 권력을 독점하였으며, 천황가와의 혼인을 통해 점차 귀족화되어 갔다. 그러나 헤이시 정권은 점차 무사들의 지지를 잃게 되었고, 결국 전국 각지에서 무사들이 일으킨 반란으로 붕괴되었다. 헤이시 정권을 무너뜨린 미나모토노 요리토모[源賴朝]는 전국에 대한 지배권을 장악한 뒤 가마쿠라를 근거지로 하여 무사정권을 수립하였다. 그는 1192년 최고 관직인 정이대장군(征夷大將軍)에 임명되었는데, 이로써 명실상부한 전국적인 무사정권이 탄생하였다. 이를 가마쿠라 막부라고 한다. 이때부터 1868년 메이지유신 전까지 약 700년 동안 일본 특유의 막부체제가 지속되었다.

막부를 세운 미나모토노 요리토모는 자신의 휘하 무사들과 주종관계를 맺고 그들을 고케닌으로 삼아 권력의 기반을 다졌다. 가마쿠라 막부는 교토에 있던 중앙 귀족들을 그대로 두고, 무사계층을 가마쿠라로 집결시킨 뒤, 새로 싯켄[執權]과 렌쇼[連署] 같은 직책을 만들어나갔다. 조정은 교토에 그대로 존속하고 있었고 고쿠시를 파견하여 전국의 일반 행정을 이전처럼 유지하였지만, 막부의 직할지와 여러 고케닌의 영지는 막부의 지배를 받음으로써 사실상 이원적인 지배형태로 운영되었다. 또한 막부는 고케닌들을 통솔하는 사무라이도코로[侍所], 고케닌 간의 소송을 담당하는 몬추조[問注所], 일반 사무를 관장하는 만도코로[政所] 등 독자적인 정치기구를 설치하고, 지방에는 치안 담당자인 슈고[守護]와 장원 관리인인 지토[地頭]를 두어 휘하의 고케닌을 임명함으로써 지방에 대한 통치권을 확보하였다.

무사들은 지방에 살면서 자신의 영지 확대에 힘쓰는 한편, 막부로부터 지토에 임명되어 영주들의 장원을 관리하였다. 시간이 지나면서 막부의 권력이 강화됨에 따라 지토의 권한도 확대되었고, 영주에게 연공을 납부하지 않거나 농민들을 과도하게 부리는 등의 불법 행위를 일삼았다. 장원영주들은 이를 억제하고자 하였지만, 현지에 뿌리를 둔 지토의 불법 행위를 막을 수는 없었다. 결국 장원영주들이 지토에게 장원 관리 일체를 맡기고 일정액의 연공만을 납입하게 하거나, 토지를 분할하여 지토의 영유권을 인정해 주었는데, 이러한 지토의 영주화를 통해 무사들의 토지에 대한 지배권이 강화되어 갔다.

II. 관리 선발 제도

1. 중국의 관리 선발제도 : 과거제

중국에서 사대부가 관계(官界)로 진입할 통로가 되었던 과거(科擧)는 송대에 어떻게 발전하였는가? 과거가 처음 시행된 것은 587년 수(隋 : 581~618)에서의 일이었다. 위진남북조의 오랜 분열을 종식시킨 수 왕조는 관료제를 정비한 후 관료를 충원할 필요가 있었다. 더욱이 호족이나 문벌귀족들은 황제가 아닌 가문과 지역 사회를 발판으로 중앙에 진출하여 정치에 영향력을 행사하였는데, 가문의 위세를 등에 업고 천자의 권위를 무시하는 일도 비일비재하였다. 이에 민인 가운데 가장 현명한 자를 뽑아 천자의 천하 통치를 분담시키고자 과거제가 도입되었다. 과거는 지방 관아의 고급 관원을 모두 중앙에서 임명, 파견하여 세습 귀족의 특권을 인정하지 않고 문벌귀족을 견제할 목적에서 출발한 것이었다. 당시 과거는 '과목선거(科目選擧)'라는 용어로 쓰였으며, 문제 때 수재(秀才), 명경(明經), 진사(進士) 등의 과목이 만들어졌다.

수의 과거제는 당으로 계승되었는데, 당의 과거는 일종의 관원후보 자격시험(禮部에서 주관하는 예부시)으로, 관리로 임명되기 위해서는 이부시(吏部試)에 다시 합격해야만 했다. 이부시는 인사권이 황제가 아닌 귀족에게 있었고 신언서판(身言書判)이 선발 기준이었기 때문에 가문에 따라 당락이 결정되는 경우가 많았다. 과거 과목에는 수재과, 명경과, 진사과 등이 있었는데, 경전 시험인 명경과와 시문 시험인 진사과가 가장 성행하였다.

송대에는 전시(殿試) 제도를 통해 황제가 과거합격자를 최종 결정하는 방식을 채택한 점이 특징이다. 전시제는 과거 합격자와 시험관 사이에 사적인 관계가 형성되어 붕당이 생기는 것을 막고 황제를 향한 충성을 보장하기 위한 것이었다. 천자는 과거를 통해 자신이 원하는 관리를 충분히 공급할 수 있었고, 과거의 합격이 천자에 의해 결정되므로 합격자는 황제의 충실한 문생(門生)으로서 강한 연대와 자부심을 가졌다. 전시는 시험관이 천자였으므로 답안도 천자의 질문에 대한 대책(對策), 곧 상표문의 형식으로 작성되었다.

초기에 부정기적으로 시행되었던 과거는 영종 치세에 3년에 한 번 치르는 시험으로 정례화되었다[三年一貢制]. 이로써 황제를 온존시키면서 그 하부의 관료들을 주기적으로 순환시키는 구도가 정착되었다. 황제가 주관하는 전시는 지방의 예비시험인 해시(解試 또는 향시鄕試), 예부에서 주관하는 본시험인 성시(省試 또는 회시會試)와 함께 과거제의 기본 틀을 형성하였다. 과거의 절차는 이 틀을 유지하면서도 명·청 시대를 거치며 작은 시험이 추가되면서 점점 복잡해졌다.

송대에는 시험의 객관성과 공정성을 보장하기 위해 답안지에 수험자의 이름과 연령 등을 풀칠하여 봉하는 봉미법과, 답안 내용을 일괄적으로 옮겨 적어 필체의 차이를 없앤 다음 채점하는 등록법이 실시되었다. 이로써 과거 합격에 응시자의 사회적 지위나 신분이 영향을 미칠 수 있는 범위가 크게 축소되었으며, 과거에 의한 계층 이동의 가능성이 확대되었다. 북송대 구법당 관료인 진양(陳襄)은 「선거권학문」에서 다음과 같이 과거의 개방성을 찬미하였다.

> 지금 천자께서 3년에 한 번 선비를 뽑으시니 저 산야의 빈천한 집이라 할지라도 자제 중에 문학의 재질이 있으면 반드시 과명(科名)을 천자로부터 사여 받아 부귀를 누리고 가문은 영광되고 요역이 없고 자손 또한 그 음(蔭)으로 대업에 보임된다(『적성집(赤城集)』 권18).

과거제는 재능 있는 자가 관계(官界)로 진출하는 경로이자 동시에 새로운 인재를 유인하는 효과를 지녔다. 과거제의 정착은 과거 응시자의 증가를 촉진하였다. 송대 해시 합격자 총수는 대략 2~3만 명으로 추정된다. 그 경쟁률은 1023년에는 2대1, 1045년 5대1, 1093년 10대1, 1156년 100대1, 1275년 200대1로 점점 치열해졌다.

과거 응시자 및 지식인의 확대는 학교의 발달과 관련이 있다. 인종 경력(慶曆) 연간(1041~1048)은 송대 문치주의 발전에서 획기적인 시대로 간주된다. 당시 교육 진흥과 문교 개혁을 담당한 인물이 범중엄이었다. 그는 중앙의 태학을 확장하고 주현에 학교를 설립하고 종래 시부(詩賦) 위주의 교육을 바꿔 실용적인 논책(論策)과 경의(經義)를 중시할 것을 강조하였다. 그의 개혁은 신종 희녕 연간(1069~1073)에 실시된 왕안석의 신법 가운데 문교 개혁에 영향을 주었다.

송초 중앙의 최고 학교인 국자감은 이후 태학으로 개편된 후 일반민에게까지 개방되고 정원이 늘어났다. 주·현 등 각급 행정단위에는 주학·현학이 설립되어 일반민의 교육 기회를 넓혔다. 사립학교인 서원은 당말·오대에 처음 등장하여 송대 본격적인 학교제도로 자리 잡았다. 서원은 특히 신유학(곧 송학)의 발달과 긴밀한 관계를 맺고 있었고, 남송 중엽 이후 관학을 대신하는 교육 중심 기관으로 부상하였다. 신유학은 사대부라는 새로운 계층의 형성, 학교의 발달에 따른 지식의 보급, 제지술·인쇄술의 발달 등을 배경으로 한 것이었다.

당대까지 유학은 경전의 주석에 치우친 훈고학이었지만 도교나 불교에 비해 사상적으로 뒤처져 있었다. 송대를 전후하여 유교에 대한 재해석 움직임 속에 신유학, 즉 성리학이 등장하여 인성론이나 우주론 같은 철학적 문제를 탐구하기 시작했다. 성리학은 불교를 비판하면서도 도교·불교의 철학 체계를 수용하여 유교에 결여된 정미한 이론과 사상 체계를 형성할 수 있었다. 북송의 소옹·주돈이·정호·정이 등이 그 선구자였으며 이를 집대성한 인물이 남송의 주희였다. 성리학은 사대부의 통치 이념으로 자리하며 전제적 황제권의 지배 질서를 지탱해 주는 체제교학으로 기능하기도 하였다. 하지만 성리학은 이상주의적 측면과 도학적 윤리성으로 인해 자유로운 사색과 비판적 정신을 억압하여 사상적 독단과 형식주의에 함몰되기도 하였다.

송대 과거제와 학문은 주변국에도 확산되었다.[14] 고려에서 과거제를 채택하고 성리학을 수용한 것은 널리 알려져 있으므로, 여기서는 베트남의 사례만을 간략히 거론한다. 베트남의 리(Lý) 왕조는 1075년 송의 제도를 받아들여 최초로 과거제를 시행하였다. 그 이듬해에는 국립대학인 국자감이 설치되어 유학 교육이 이루어졌다. 물론 리 왕조의 과거는 미숙한 수준이었고 선발 인원도 많지 않았지만 제도적으로 왕권의 강화에 기여하였다. 또한 아인똥(Ahn Tông, 1138~1175) 치세에 히엔 타인은 무인이면서도 유학을 장려하고 공묘(孔廟) 건립을 주도하였다.

송대에 성장을 거듭하던 과거제는 몽골제국 시기에 들어서는 거의 실시되지 못했다. 제국 말기 유학에 다소 호의적이었던 아유르바르와다[仁宗]가 1313년에야 과거를 실시했을 뿐이었다. 이는 쿠빌라이를 비롯한 몽골 대칸들이 학교나 과거에 흥미를 보이지 않았기 때문이었다. 당시 문인 관료의 출사는 매우 제한적이어서 다음 기록에 따르면 5% 수준에 머물러 있었다.[15]

14 과거는 주변국 인물들을 중국으로 끌어들이는 역할도 하였다. 신라인들은 당의 외국인을 위한 과거 시험인 빈공과(賓貢科)에 응시하였는데, 58명의 합격자가 나왔다고 하며 이 가운데는 빈공과에 처음 합격한 김운경(金雲卿)을 비롯하여 최치원 등이 있었다. 고려와 조선에서도 중국에 들어가 과거에 합격하여 진사가 된 사람들이 있었다. 하지만 일본에서는 당대에 아베노 나카마로(阿倍仲麻呂)가 진사가 된 것으로 전해질 뿐이다. 신라·고려와 달리 일본에서는 견당사(遣唐使)라는 이름으로 주로 승려들이 파견되었다. 견당사는 630년부터 883년까지 약 20회 파견되었는데, 이들은 일본에 돌아가 다이카 개신(大化改新)에 기여하였다. 견당사 시대 왜·일본의 유학승은 스승을 찾아 불법을 배워 국가를 수호하는 데 이바지하고자 하는 목적이었던 데 비해, 쵸넨(奝然, 938~1016) 이후 송을 방문한 승려들은 오대산 등의 성지를 순례할 목적으로 도항하였다. 곧 일본의 유학승은 당·송 시기를 거치면서 구법승(求法僧)에서 순례승(巡禮僧)으로 변화한 것이다.

15 송과 달리 몽골제국에서 품관은 대칸의 숙위, 곧 케식(친위대)을 거쳐 임명되는 것

오늘날 벼슬하는 데는 세 가지 길이 있는데, 첫째 숙위(宿衛), 둘째 유(儒), 셋째 리(吏)에서 임용되는 것이다. 숙위에서 임용되는 자는 [임명하는] 말이 중금(中禁)에서 나와 중서성에서 봉행하니 제칙(制敕: 황제의 詔令)일 뿐으로 10명 가운데 1명이다. 유(儒)에서 임용되는 자는 교관(校官)으로, 품관(品官)에 오른 자는 제거교수(提擧教授)이며 중서성에서 나오고, [품관에] 오르지 못한 자는 곧 정록(正錄)으로 아래로는 행성(行省)이나 선위사(宣慰司)로 나가는데 십분의 일의 절반이다. 리(吏)에서 임용되는 자는 중서성, 어사대, 추밀원과 중외의 서사(庶司), 군현에 10명 가운데 9.5명이다(『全元文』 권301, 姚燧3 送李茂卿序).

이와 달리 몽골인을 축출하고 한족 중심의 왕조를 회복한 명 태조 주원장은 학교와 과거를 병용하는 정책을 채택하였다. 전국에 학교를 설립하고 경전 교육을 충분히 실시한 후에 생도 가운데 우수한 자를 과거 시험을 거쳐 발탁하였다. 이는 명대 사회 지배층으로서 신사층의 성장을 촉진하였다.

2. 고려의 과거제와 음서제

고려는 신라의 폐쇄적인 골품제를 극복하고 세워진 왕조였다. 따라서 지방 세력이 중앙으로 진출하여 관리가 될 수 있게 되었고, 그것을 가능하게 하는 관리 선발 제도가 마련되었다. 고려의 가장 중요한 관리 선발 제도는

이 상례였다. 케식은 대칸에 충성하는 엘리트 집단을 육성하는 창구 역할을 했는데, 몽골인과 색목인이 그 구성의 핵심을 이루었다. 다만 중국 한인(漢人)이나 고려인이 발탁되기도 하였다. 색목인(色目人)은 '여러 종류의 사람들'이란 의미로, 여기에는 티베트인, 위구르인, 킵착인, 무슬림, 나아가 유럽인도 포함되어 있었다.

과거제와 음서제였다.

과거제는 중국의 수당 시대에 이미 만들어졌지만, 한국에 도입된 것은 고려 초의 일이었다. 후삼국 통일 후 중앙집권 정책을 추진하던 중에 광종이 호족 세력을 약화시키고 왕권을 강화하기 위한 목적에서 과거제를 처음 실시하였다(958년). 당시 광종은 후주에서 귀화한 쌍기의 건의를 받아들여 과거제를 도입했는데, 후주에서는 세종이 군주권 강화를 위해 과거제를 실시한 적이 있었다. 이와 같이 과거제는 정치적인 목적에서 도입되었지만, 광종 사후에도 폐지되지 않고 고려가 멸망할 때까지 가장 중요한 관리 선발 제도로서 기능하였다.

과거는 시부(詩賦) 등 문예의 능력과 유교경전에 대한 지식을 평가하였으므로 출신 배경보다는 개인의 능력을 기준으로 관리를 선발하는 제도였다고 할 수 있다. 물론 유력한 가문 출신자들이 학습의 기회가 더 많았을 것이므로 과거에 급제할 가능성이 더 큰 것은 어쩔 수 없었지만, 기본적으로 개인의 능력을 평가한다는 점에서 귀족제적 요소를 탈피해 가는 과정이었다고 평가할 수 있다. 더욱이 고려 초에 광범하게 존재하였던 지방 세력이 중앙의 문신관료로 진출하여 고위직에 오를 수 있는 유일한 통로가 과거였던 만큼 고려 초 지방 세력의 성장에서 과거가 차지하는 의미는 매우 컸다.

과거의 시행과 밀접하게 관련된 것이 학교의 건립이었다. 고려 이전에도 신라의 국학(國學)같은 교육기관이 있었지만, 고려 태조 때 이미 학교를 세웠다. 교육 기관의 설립은 성종 때 특히 두드러졌는데, 지방에서 260명의 자제들을 뽑아 서울에서 교육을 받도록 하였는가 하면 최고 교육기관인 국자감(國子監)을 창건하였다. 국자감에는 국자학(國子學)·태학(太學)·사문학(四門學) 등 유학부(儒學部)와 서학(書學)·산학(算學)·율학(律學) 등 잡학부(雜學部)가 설치되었으며, 이를 모두 합쳐 경사 6학(京師六學)이라고 불렀다. 이 가운데 국자학·태학·사문학에서는 『효경』과 『논어』를 공통 필수 과목으로 하고 『상서(尙書)』『공양전(公羊傳)』『곡량전(穀梁傳)』 가운데 하나, 『주역(周易)』『모시(毛詩)』『주례(周禮)』『의례(儀禮)』 가운데 하나, 『예기(禮記)』『좌전(左傳)』 가운데 하나를 이수하도록 하였으며, 잡학의 경우 율학에서는 율(律)과 영(令)을, 서학에서는 고문·대전(大篆)·소전(小篆)·예서(隸書) 등의 8서(八書)를, 산학에서는 산술을 교육하였다. 한편, 인종 때 정해진 학식에 따르면 국자학에는 문무 3품 이상 관리의 아들과 손자, 태학에는 문무 5품 이상 관리의 아들과 손자, 사문학에는 문무 7품 이상 관리의 아들, 잡학에는 8품 이하 관리의 아들 및 서인이 입학할 수 있었다.

시간이 지나면서 과거제 역시 정비되어 시험 과목에 따라 문예를 시험하는 제술업(製述業)과 경전을 시험하는 명경업(明經業), 그리고 명법업(明法業)·명산업(明算業)·명서업(明書業)·의업(醫業)·주금업(呪噤業)·지리업(地理業) 등 잡업(雜業)으로 구분되었으며, 이 가운데 제술업이 가장 중시되었다. 고려시대에 제술업은 대략 2년마다 실시되었고, 매번 33명을 선발하여 총 6,300여 명 정도의 급제자가 배출되었다. 시험 절차는 예비 시험인 국자감시와 본 시험인 예부시로 구분되었는데, 본 시험 이후 국왕이 주관하여 재시험하는 복시(覆試) 또는 친시(親試)는 고려 전기 몇 차례를 제외하고는 실시되지 않았다. 이는 문신의 선발에서 국왕의 개입이 제한되고 대신 고시관의 역할이 컸음을 보여주는 것이다.

초기의 과거는 지방 세력을 중앙의 관리로 흡수하기 위한 목적을 가지고 있었으므로, 응시 자격이나 절차가 복잡하지 않았을 것으로 추측된다. 즉, 지방 출신의 응시자를 향공(鄕貢)이라 하여 중앙관리의 자제들과 함께 과거에 응시하도록 하고, 별도의 예비 시험 없이 과거에 합격하면 관직을 주었을 것이다. 그러나 점차 중앙권력이 안정되면서 지방 향리들에 대한 응시 제한이 두어졌는데, 1024년(현종 15) 주현의 크기에 따라 향공의 숫자를 제한하여 정(丁)의 수가 1,000명 이상인 주현에서는 3명, 500명 이상이면 2명, 그 이하이면 1명만이 과거에 응시할 수 있도록 하였고, 그와 동시에 향공들은 본시험에 앞서 각 지방의 계수관이 주관하는 시험과 서울의 국자감시를 거치도록 하였다. 이러한 규정은 과거제의 정비 과정에서 자연스럽게 나타난 것이라고도 할 수 있지만, 결과적으로 지방 향리들의 과거를 통한 진출을 막는 효과를 거두었을 것이다.

게다가 고려의 과거는 초기에는 합격과 동시에 관직에 임명되었을 것이지만, 시간이 흐를수록 임용되지 못하는 경우가 생겼다. 즉, 과거에 급제하더라도 실직(實職)이 아니라 동정직(同正職)이라는 산직(散職)을 받고 이후 별도의 절차를 거쳐 관직에 임용되었는데, 끝내 동정직에 그치고 실직에 오르지 못하는 경우가 많아졌다. 따라서 고려의 과거는 관리 선발에 앞선 자격시험의 성격이 강했다고 할 수 있다. 문벌귀족 사회가 안정화되어 가는 추세 속에서 문벌 출신이나 중앙 관인에 비해 지방 향리의 자제들이 과거에 급제하고도 관직에 임용되지 못할 가능성이 컸을 것이므로, 과거를 통한 향리의 진출은 점점 더 어려워졌을 것으로 짐작된다.

고려시대에 과거가 관리 선발제도로서 제한적인 기능을 하게 된 또 하나의 중요한 이유는 음서제에 있었다. 음서는 전적으로 가문에 배경을 둔 관리선발 제도로서, 왕족 및 공신의 후예와 5품 이상 관리의 자손들에게 8품 이하의 관직을 수여하였다. 이 가운데 5품 이상 관리들의 경우 품계에 따라 아들, 손자뿐 아니라 사위, 조카, 동생에게까지 관직을 줄 수 있었고, 음서의 기회도 여러 차례 행사할 수 있었다. 따라서 이들은 관직에 오르기가 쉬웠고, 그럼으로써 5품 이상으로 승진할 가능성도 높았으며, 이를 대물림하여 문벌의 지위를 유지할 수 있었다. 음서제를 공음전시와 함께 고려를 귀족제 사회로 보는 중요한 근거로 삼는 것은 이 때문이다.

관리선발 제도로서 음서가 일반화되어 있었지만 개인의 능력을 평가하는 과거는 여전히 중시되었고, 그에 합격하는 것은 커다란 명예로 여겨졌다. 실제로 고려시대에는 문한직처럼 과거에 급제한 사람만이 임용될 수 있는 관직이 따로 있을 정도였다. 또 과거에 급제하지 못하고 음서만으로 관직에 오르는 것을 수치스럽게 여기는 풍조가 있었고, 그 때문에 음서로 관직에 오른 뒤에 다시 과거에 응시하는 경우도 적지 않았다. 과거가 중시되었던 사실에 주목하여 고려를 관료제 사회로 보기도 한다.

III. 14~16세기 역사 발전

1. 14~16세기 중국의 역사 발전

몽골제국은 몽골리아로부터 동유럽에 이르는 광대한 영토 위에 대통합과 평화의 시대(이른바 '팍스 몽골리카')를 열었지만, 14세기 중엽부터 제국의 존립을 위협하는 징후가 나타나기 시작했다. 대칸의 후계 문제를 둘러싸고 제왕(諸王)과 권신들의 암투가 끊이지 않았을 뿐만 아니라, 홍수·가뭄·지진 등 빈발하는 자연재해와 역병, 그에 따른 사회 동요는 카안울루스(이른바 '元朝')의 정치·경제적 기반을 흔들었다. 정치·경제·사회 각 방면에서 개혁을 실시하고 티베트 불교를 후원하는 등 황실 권위를 재건하고자 한 토곤 테무르(順帝, 재위 1333~68)의 시도는 실패로 돌아갔다. 특히 1344년 대규모의 범람 끝에 황하의 물줄기가 바뀌면서 화북 일대에 치명적 타격을 가하였다.

원조는 황하 복원 공사에 15만 여 명의 민인과 2만 명의 군인을 투입하였지만, 공사 과정에서 식량과 인건비가 충분히 지급되지 않아 하층민의 불만이 고조되었다. 이에 붉은 두건을 두르고 송의 부흥을 주창하는 백련교도의 홍건군이 화북 일대에서 세력을 확대하였다.

당시 회하(淮河)[16] 일대에서 걸식하던 탁발승이었던 주원장(朱元璋)이 홍건군에 투신하였다. 전란 중에 두각을 보인 주원장은 남경을 전략적 거점으로 삼고 유교 지식인을 흡수하며 국가 건설의 기틀을 마련하였다. 그는 1368년 남경에서 명(明)을 창건한 후 몽골인을 북쪽으로 축출했다.[17] 홍무제는 한족 전통을 회복하고자 몽골 풍습을 금지시켰으며, 원조에서 혼란의 원인을 국가 기강 해이로 인식하고 예(禮)와 법(法)을 국가의 기강이라고 선언하였다. 그는 유교에 기반한 여섯 가지 가르침(육유六諭)을 반포는 등 예(禮)에 근거하여 군주와 신민이 상하 관계를 유지하며 각기 분수를 지키고 생활하는 이상 사회를 실현하고자 하였다. 그리고 황제권을 강화할 목적으로 권력의 중추였던 강남 지주층과 건국 공신 등을 대대적으로 숙청하였다. 이 과정에서 재상이 중심이 된 중서성이 폐지되고 황제를 보좌하는 고문 기관인 내각과 그 책임자인 내각대학사의 역할이 증대되었다. 내각은 황제에게 보고되는 공문을 최종적으로 처리하고 황태자의 교육을 담당하면서 권한이 크게 강화되어 관료제도의 정점으로 올라섰다.

특히 1449년 영종이 서몽골 오이라트의 포로로 붙잡히는 사건이 발생한 후

16 회하 유역은 당시 잦은 기근과 대량 유민의 발생하여 일종의 "거지들의 고향"이었으며 중국의 중심부에 위치하여 화북과 강남을 제어하기에 유리하였다. 이는 주원장이 승리할 수 있는 지리적 원인을 제공하였다.

17 1368년 토곤 테무르는 몽골 제국의 여름 수도인 상도(上都)로 피신하였다가 이후 내몽골의 응창(應昌)으로 옮겼다가 1370년 사망하였다. 대칸의 직위를 계승한 그의 아들 아유시리다라는 중국 왕조를 수복하려는 희망을 품고 있었다. 따라서 엄밀하게 말하면, 1368년 이후 몽골제국은 멸망한 것이 아니라 몽골 초원으로 정치 중심을 옮긴 것이라고 할 수 있다.

(토목보의 변) 내각의 수장격인 수보(首輔)가 출현하였다. 수보의 권한은 만력 초기 장거정(張居正, 1525~1582)에 이르러 절정을 이루었다. 장거정은 16세기 중반의 정치 부패와 사회 혼란을 바로잡고 부국강병과 민생 안정을 도모한 명대 최고의 재상으로 손꼽힌다. 하지만 1572년 10살의 만력제가 즉위하자, 그는 내각수보로서 권력을 장악하여 10년간 국정을 독단하였다. 그의 사후 내각에 의한 과도한 권력 남용, 관료 통제, 지방의 재정자율권 축소 등을 이유로 신사층을 중심으로 동림(東林) 운동[18]과 복사(復社) 활동이 출현하였다.

내각과 함께 국정을 좌우한 이들은 환관이었다. 홍무제는 환관의 정치 개입을 억제하고자 하였다. 하지만 환관이 영락제의 제위 찬탈에 크게 기여한 후 그들의 권한이 확대되었다. 명조는 포로 출신을 환관으로 대거 기용하였으며, 그 가운데는 정화와 같이 걸출한 인물이 적지 않았다. 또 각국의 인재를 모으고 후궁들을 관리할 목적에서 조선과 베트남 등지에서 온 거세자가 환관으로 등용되었다. 빈곤층은 신분 상승을 목적으로 스스로 거세하거나 자제를 거세하여 환관이 되었다. 이는 환관의 질적 저하를 초래하였고, 그 결과 환관은 황제의 비호 아래 전권을 휘두르고 모반을 꾀하는 등 명조를 쇠퇴, 멸망시키는 발단이 되었다.

황제권 강화는 대외적으로 해금(海禁)과 책봉-조공으로 나타났다. 홍무제는 1371년 "연해의 민(民)이 사적으로 바다로 나가는 것을 금하라"는 칙령을 내렸다. 해금은 14세기 중엽 원조의 해양 지배가 동요하는 가운데 왜구의 활동 영역이 한반도와 중국의 연해로 확장하고 나아가 중국의 해양 세력이 가세하는 현상과 맞물려 있었다. 이는 또한 일본 등지로 동전이 유출되는 것을 막

18 동림당은 장거정 사후 만력제의 황태자 책봉 문제 등을 쟁점으로 당쟁을 벌이다 낙향한 고헌성(顧憲成)이 무석(無錫)에서 중건한 동림서원에서 유래한다. 강남 신사들이 동림서원을 중심으로 중앙정치에 비판을 전개하였는데, 이들을 동림당이라고 하였다.

는 효과도 있었다. 해금은 외국과 교류를 국가에서 독점하려는 정책으로 쇄국과는 다른 것이었지만, 해상교역을 적극 장려, 확대한 몽골제국과는 질적으로 달랐다. 명은 상인 등의 사적 교역 활동을 금하면서도 고려, 안남, 점성, 자바, 일본 등에 조공을 요구하였다. 반대급부로 명은 조공국의 국왕을 책봉하고 물자를 하사하였다. 곧 책봉-조공은 전근대 동아시아에 형성되어 있던 국제 질서[19]라고 할 수 있다. 1404년 일본의 무로마치 막부가 조공 형식의 감합(勘合) 무역을 시행한 것도 이러한 배경에서 비롯된 것이었다. 이로써 명과 일본 사이에 정식 국교가 체결되고 쇼군은 명으로부터 일본국왕에 책봉되었다.

국제 관계에서 지배적 질서를 장악하려는 명조의 욕구는 정화의 원정에서 뚜렷하게 살필 수 있다. 무슬림 출신의 환관 정화는 영락제의 명령으로 대규모 선단을 지휘하여 남해를 원정하였다. 정화는 최대 7,000톤에 달하는 화물을 적재할 수 있는 보선(寶船)을 지휘하여 1405년부터 일곱 차례에 원정을 단행하였다. 정화의 원정은 경제적 측면보다 황제의 권위를 높이기 위한 정치적 목적에서 추진되었다. 영락제는 인도양 각지에 명의 우월적 지위를 선전하고 조공을 독려하여 몽골제국에 버금가는 제국으로서 명조를 과시하고자 하였던 것이다. 하지만 정화의 원정은 15세기 중엽 토목보의 변을 비롯하여 몽골 오이라트 등 북방으로부터의 위협이 가중되면서 명조의 관심이 내륙으로 향하게 되자 중단될 수밖에 없었다.

명이 내적으로 황제 중심의 독재 권력을 구축하고 외적으로 주변국에 책봉-조공 질서로 편입할 것을 요구할 수 있었던 기반은 사회 안정과 경제 발전이

19 조공은 명을 동아시아의 패자로 인정하는 나라와 민족들이 토산품을 공물로 바치는 행위였고, 명은 그에 상응하는 보상으로서 책봉을 실시하였다. 따라서 책봉-조공은 당사자의 이익에 기초하여 철저하게 합목적적인 정치 행위였던 것으로 평가된다. 이는 명이 일방적으로 형성하고 주도한 관계가 아니라 조공국의 선택과 호응을 전제로 해서만 가능한 관계였다(이익주 외(2010), 『동아시아 국제질서 속의 한중관계사-제언과 모색』, 동북아역사재단).

자리하고 있다. 홍무제는 농촌의 생산력을 회복시켜 농민 생활을 안정시키고자 향촌 사회의 운영을 주민 스스로에게 맡기는 방침 아래 이갑제를 조직하였다. 조세 징수를 목적으로 토지대장인 어린도책(魚鱗圖冊)을 만들고 각 호마다 인구 수, 토지 소유 정도, 조세 부담액 등을 기록한 부역황책(賦役黃冊)을 작성하도록 하였다. 이로써 중앙 정부의 지배력이 향촌에까지 미칠 수 있었다. 농업 생산량이 증가하고 면직물, 견직물 등 상품 생산이 활발해지는 한편, 시진과 교통망이 정비됨에 따라 상업이 크게 진작되었다. 이와 함께 상인들은 명 중엽 이후 혈연과 지연을 기초로 집단화하는 경향을 보였다.

송대 사대부를 계승한 명대 신사는 중앙 정계 및 지역 사회에서 특권을 향유하며 사적 이익을 추구하면서도 명조가 향촌을 통치하는 데 보좌역을 담당하였다. 이들은 또한 국가 권력에 대하여 향촌의 여론을 대변하였다. 신사층은 명 중엽 이갑제가 해체된 이후에 지역에서 영향력을 더욱 강화해 나갔다.

2. 한국 : 사대부 성장과 조선 건국

고려 후기에 지방 향리들이 중앙으로 진출함으로써 사대부가 출현하였지만, 이들이 정치세력을 형성한 것은 빨라야 14세기 후반 공민왕 때의 일이었고, 조선을 건국한 뒤에야 지배세력이 되었다. 따라서 고려후기 사회의 지배세력으로 고려 전기의 문벌귀족과 구별되고, 동시에 조선시대의 사대부와도 구별되는 제3의 존재에 주목하게 되었는데, 권문세족(權門世族)이 바로 그것이다. 즉, 『고려사』에 실려 있는 충선왕의 복위교서에서 왕실의 동성혼을 금지하는 규정 가운데,

종친은 마땅히 여러 대에 걸쳐 재상을 지낸 집안의 딸을 아내로 맞아들이고, 그 재상 집안의 아들이라야 종실의 딸과 결혼할 수 있다. (중략) 신라 왕손인 김흔(金暉)의 일가는 순경태후의 형제 집안이며, 언양 김씨 일종, 정안 임태후의 일종, 경원 이태후와 안산 김태후의 집안, 그리고 철원 최씨, 해주 최씨, 공암 허씨, 평강 채씨, 청주 이씨, 당성 홍씨, 황려 민씨, 횡천 조씨, 파평 윤씨, 평양 조씨는 모두 누대에 걸친 공신이요 재상지종(宰相之宗)이니, 대대로 혼인하여 남자는 종실의 딸을 아내로 맞게 하고 그 딸은 왕비로 삼을 만하다(『고려사』 권33, 충선왕 복위년 11월 신미).

라고 한 데서 원간섭기에 왕실과 결혼할 수 있는 가문으로 나열된 '재상지종'을 당시의 지배세력으로 보고, 이들을 권문세족이라고 이름 붙이게 되었던 것이다.[20] 권문세족은 무신난 이후 변화된 정치·사회적 여건 아래서 성장하기 시작하여 14세기 초에 고려사회의 지배세력으로 정착하였다. 이들의 중요한 특징으로는 ① 문학적, 유교적 소양 없이 대부분 과거보다는 음서를 통해 관리가 되었고 ② 왕권이 약화되어 있는 가운데 도평의사사를 중심으로 정치권력을 장악하였고 ③ 원과 결탁하는 데 적극성을 띠었고 ④ 경제적 기반을 농장에 두고 있는 대토지소유자였고 ⑤ 관료적 성격이 강하다는 점에서 고려 전기의 문벌귀족과 구별되는 존재였다는 점이 거론된다.

권문세족이 개념이 제시되면서 고려후기 역사는 권문세족과 사대부의 대립 과정으로 설명되었으며, 특히 사대부의 정치적 성장 과정이 관심을 끌었다. 원간섭기의 개혁정치를 사대부에 의한 반원(反元) 개혁으로 보는 시각이 대표적인 연구 성과이다. 그러나 원간섭기의 개혁정치가 국왕의 교체 등 정치적 변동이 일어났을 때 전대의 권력집단을 제거하기 위한 정치적 목적

20 閔賢九(1974), 「高麗後期의 權門世族」 『한국사』8, 국사편찬위원회.

을 가진 것이라거나, 더 나아가서는 토지 탈점과 수탈 등으로 말미암아 유망의 형태로 표출된 민의 저항에 대한 지배층의 대응으로서 나타난 것이라는 견해도 있어 반원개혁이었다는 설명을 그대로 받아들이기 어려우며, 따라서 원 간섭기에 사대부가 반원적 성향을 띠었다는 견해도 수용하기 어렵다.

원 간섭기 사대부의 성장과 관련하여 또 한 가지 주목되는 것이 성리학의 수용이다. 남송에서 발전한 성리학이 고려 후기에 원을 거쳐 고려에 수용되었는데, 지금까지 연구에 따르면, 13세기 말에 안향이 원나라에서 들여온 뒤 백이정·이제현·이색 등에 의해 보급, 확산된 것으로 알려져 있다. 특히 1313년에 원에서 과거제도를 실시하면서 성리학을 시험과목에 포함시킨 것이 고려에서 성리학이 빠르게 수용되는 계기가 되었다. 당시 고려 사람들도 원의 제과에 응시할 수 있었고, 그 시험에 합격하는 것을 대단한 영광으로 생각했는데, 그러기 위해서는 반드시 성리학을 공부해야 했기 때문이다. 더욱이 1344년에는 고려의 과거제도가 개편되어 성리학 서적인 논어·맹자·중용·대학 등 사서가 시험과목에 포함됨으로써 성리학이 확산되는 결정적인 계기가 되었다.

고려후기 성리학의 수용과 확산이 원의 제과나 고려의 과거제 개편과 맞물려 진행되었으므로 사대부들만 성리학을 수용했다고 볼 근거는 없으며, 권문세족도 역시 성리학을 수용했다고 보아야 할 것이다. 따라서 고려후기의 성리학자를 사대부와 동일시하는 것은 논리적으로 오류이며, 사대부와 권문세족을 막론하고 성리학을 받아들인 사람들을 가리키는 용어가 필요할 것인데, '신흥유신(新興儒臣)'이 바로 그것이다.[21]

당시 신흥유신들은 같은 성리학자로서 현실인식을 공유하였다. 이들이 정치에 참여하는 계기가 된 것이 충목왕대(1345~1348)의 개혁정치였다.

21 이익주(1995), 「공민왕대 개혁의 추이와 신흥유신의 성장」『역사와 현실』15.

이때 이제현이 글을 올려 국왕이 직접 성리학을 공부할 것을 건의하였고, 서연이 열려 성리학자들의 군주수신론(君主修身論)이 실현되었다. 과거제도가 개편되어 사서가 포함된 것도 이때의 일이었으며, 이로부터 좌주-문생 관계를 통해 신흥유신들 사이의 유대가 강화되기 시작하였다.

충목왕대의 개혁은 원의 개입으로 실패했지만, 뒤이은 공민왕대 개혁의 선구가 되었다는 점에서 의미가 있었다. 공민왕은 몽골제국이 쇠퇴하는 국제 정세의 변화를 활용하여 반원 운동을 일으킴으로써 원의 간섭에서 벗어나는 데 성공하였으며, 곧이어 개혁에 착수하였다. 공민왕의 개혁은 권세가들이 불법으로 빼앗은 토지를 본래 주인에게 돌려주고, 억지로 노비가 된 사람들을 본래 신분으로 되돌리는, 즉 전민변정(田民辨整) 수준의 것이었다. 하지만 반원운동 이후 홍건적과 왜구의 침략, 그리고 고려에 대한 영향력을 회복하고자 하는 원의 개입 등으로 개혁은 제대로 추진되지 못하였다. 개혁을 추진할 수 있는 정치세력이 성장해 있지 못했던 것도 실패의 중요한 원인 중 하나였다. 이 때문에 공민왕은 신돈을 등용하였는데,『고려사』에는 당시 사정이 다음과 같이 기록되어 있다.

> 왕이 재위한 지 오래되었는데 재상들이 뜻에 맞지 않으므로 말하기를, "세신대족(世臣大族)들은 친당이 뿌리처럼 이어져 있어 서로 허물을 가려준다. 초야신진(草野新進)들은 감정을 감추고 행동을 꾸며 명망을 탐하다가 귀현해지면 집안이 한미한 것을 부끄럽게 여겨 대족과 혼인하고 처음의 뜻을 다 버린다. 유생(儒生)들은 유약하여 강직하지 못하고, 또 문생·좌주·동년이라 칭하면서 당을 만들고 사사로운 정을 따르니 이 셋은 모두 쓰지 못하겠다. 세상을 떠나 홀로 선 사람[離世獨立之人]을 얻어 크게 써서 머뭇거리며 고치지 않는 폐단[因循之弊]을 개혁하고자 하였다.(후략)"라고 하였다(『고려사』 권132, 열전45 신돈).

이 사료에는 집안이 한미한 초야신진, 즉 사대부들이 독자적인 정치세력을 이루지 못하고 개인적으로 세신대족, 즉 권문세족으로 발돋움하려는 경향이 강했던 당시 상황이 나타나 있다. 공민왕은 기존 정치세력과 무관한 신돈을 등용하여 자신이 의도하는 개혁정치를 추진하였지만, 개혁을 함께 추진할 수 있는 정치세력이 필요했고, 그 때문에 신돈 개혁기에 성균관을 중영하여 신흥유신들을 결집시켰다. 성균관 중영에 대하여 『고려사』에는

> 공민왕 16년(1367)에 성균관을 중영하고 판개성부사 이색을 성균관 겸대사성으로 삼았으며, 생도의 인원을 늘리고 경술지사(經術之士)인 김구용·정몽주·박상충·박의중·이숭인을 택하여 모두 타관으로서 교관을 겸하게 하였다. 이에 앞서 성균관 생도가 불과 수십 명이었는데 이색이 학식을 다시 정하고 매일 명륜당에 앉아 경을 나누어 수업하고 강의를 마치면 서로 토론하기를 부지런히 하였다. 이 때 학자들이 모여들어 서로 보고 감탄하였으니, 정주의 성리학이 비로소 흥기하였다(『고려사』 권115, 열전28 이색).

라고 하여 성리학의 확산과 관련지어 서술하였지만, 정치적인 측면에서 볼 때는 신흥유신들이 성균관 중영을 통해 신돈의 개혁에 참여하였음을 보여준다.

하지만 권문세족의 반발로 말미암아 공민왕의 개혁은 끝내 성공하지 못했다. 고려 말에 개혁이 재개된 것은 1388년(우왕 14) 이성계의 위화도 회군 이후였다. 이성계는 조준·정도전 등 신흥유신들을 중용하였고, 특히 조준의 주장에 따라 전제개혁을 추진하였다. 조준의 전제개혁은 하나의 토지에 수조권이 중복됨으로써 농민들의 생활이 어려워지고, 더 나아가 현직 관리가 수조권을 제대로 지급받지 못하는 상황을 바로잡고자 한 것이었다. 이를 위해 조준은 대대로 관직에 오른 사람들이 수조권을 근거로 하여 불법적으로 점유한 사전(私田)을 없애고 이를 현직 관리나 군인들에게 재분배하고자 하였다.

그렇게 된다면 권문세족의 경제기반은 상당 부분 와해될 것이고, 반대로 그들로부터 침해를 받고 있던 중소지주들의 이익은 증진될 것이었다. 따라서 고려 말의 전제 개혁은 중소지주층의 이해득실을 대변한 것으로 평가되며,[22] 이는 곧 고려후기 이래 성장하고 있던 중소지주 출신의 관료들, 즉 사대부들의 이해관계를 반영한 것이었다.

전제개혁을 둘러싼 찬반 논쟁 과정에서 신흥유신 내부의 분열이 발생하였다. 같은 성리학자로서 충목왕, 공민왕대의 개혁정치를 거치는 동안 현실인식을 함께해 왔던 이들이 권문세족과 사대부 간의 계급적인 이해관계에 따라 분기하게 되었던 것이다. 이 논쟁은 결국 개혁론자들의 승리로 귀결되었고, 이는 고려후기 이래 성장하고 있던 사대부들의 정치적 승리를 의미하였다. 그로부터 사대부 내부에서 새 왕조 개창과 고려 왕조의 존속을 둘러싼 대립이 전개되었고, 이성계와 정도전을 중심으로 하는 개혁파가 승리함으로써 새 왕조 조선이 건국되었다(1392).

3. 일본

13세기 후반 몽골의 두 차례에 걸친 일본 침략은 막부 지배체제에 충격을 주었다. 당시 일본에서는 막부의 싯켄[執權]이던 호조씨의 지휘 아래 몽골의 침략을 막는 데 성공하였다. 외세의 침략이라는 비상사태에 직면하여 본래 막부의 지배 밖에 있던 공령·장원으로부터도 군사와 물자를 징발할 수 있는 권한을 막부에 부여함으로써 막부의 지배력은 더욱 강화되었고, 특히

22 李景植(1986),『朝鮮前期土地制度硏究』, 一潮閣.

싯켄 호조씨에게 권력이 집중되었다. 하지만 몽골 침략을 방어하는 데 동원되었던 고케닌들이 충분한 보상을 받지 못하였고, 군역 부담 때문에 경제적으로 궁핍해짐에 따라 고케닌 제도 자체가 동요하였다. 이 무렵에는 일족 간의 분할 상속에 의한 영지의 세분화가 진전되었기 때문에 고케닌의 궁핍화가 진행되고 있었고, 더욱이 몽골과의 전쟁에 들어간 전비를 스스로 부담하였기 때문에 그러한 현상이 더욱 심해졌다. 이처럼 막부의 권한은 강화된 반면 고케닌들은 몰락함으로써 양자 간에 갈등이 일어나게 되었다.

막부는 고케닌들을 구제하기 위하여 고케닌의 토지 매매와 저당을 금지하고, 고케닌이 저당잡힌 토지는 무상으로 돌려받도록 하였으며, 고케닌의 빚에 관한 소송은 접수하지 않도록 하는 법령을 발표하였지만, 고케닌의 몰락을 막지 못하였다. 이러한 상황에서 고케닌과 중소 무사들 가운데 주변의 민중을 끌어들여 막부의 지배를 거부하고 집단적으로 무력행동을 하는 사람들이 나타나 막부지배를 뿌리째 흔들었다. 이들은 기존의 권위를 무시하였으므로 '악당(惡黨)'이라고 불리었다. 호조씨는 정치·사회적 동요를 타개하기 위하여 전제정치를 강화하였지만, 유력 고케닌뿐 아니라 막부 내부에서도 그에 대한 반감이 고조되어 갔다.

고케닌과 '악당'들의 막부 타도 움직임이 수그러들지 않자 막부는 이들을 진압하기 위해 교토에 대군을 파견하였다(1333). 그런데 당시 책임자였던 아시카가 다카우지가 막부를 배신하고 천황 편에 붙어 교토의 막부 거점을 함락시켰다. 또한 막부의 동요를 지켜보던 유력 고케닌 닛다 요시사다가 거병하여 가마쿠라를 함락시킴으로써 약 150년 동안 지속되었던 가마쿠라 막부는 막을 내렸다. 이후 아시카가 다카우치는 새로운 천황을 즉위시킨 다음 스스로 정이대장군에 올라 막부를 열었다(1338). 이후 제3대 쇼군인 아시카가 요시미쓰가 막부를 교토의 무로마치에 두었으므로 이를 무로마치 막부라고 한다. 한편, 다카우치에 의해 쫓겨난 고다이고 천황이 다른 무사와 '악당'을 기반으로 조정을 열고(남조) 무로마치 막부의 지원을 받는 조정(북조)과 대립하였다. 이후 북조와 남조의 격렬한 싸움이 계속되었으나 결국 남조의 천황이 북조 천황에게 양위함으로써 60년 만에 내란이 종식되었다(1392).

무로마치 막부는 아시카가 일족을 중심으로 한 유력 고케닌의 연합으로 유지되었다. 이 시기 정치의 중심은 쇼군의 보좌역인 관령으로서, 아시카가 일족의 유력 고케닌 3씨가 교대로 차지하였고, 그 다음으로 중요한 직책인 사무라이도코로쇼시는 유력 고케닌 4씨 가운데서 임명되었다. 한편, 지방에서는 무사를 구니(지방의 행정구)별로 총괄하는 슈고[守護 : 군정 담당관]가 무로마치 막부 내에서 중요한 역할을 담당하게 되었다. 슈고는 막부의 권위를 배경으로 지배 구니 내의 무사를 가신으로 삼고, 농민에게 세금과 노역을 부과하였으며, 장원에서 연공의 절반을 징수하는 등의 권한을 강화하며 슈고다이묘[守護大名]로 성장해 갔다. 슈고다이묘에게는 경제적인 대가 이외에도 사법권 같은 권한을 더 부여하였는데, 그 결과 이들이 영지 내의 사법권 및 경제권 모두를 인정받고 막강한 권력을 누리게 되었다.

한편, 다이묘의 정치적 성장을 우려한 막부는 이들을 교토에 머물게 하면서 감시해야 하는 상황에 처했다. 이로써 교토에 머무는 슈고다이묘들은 자신들이 정한 슈고다이[守護代]를 대리인으로 삼아 본거지에 보내 간접지배를 하는 형태가 나타났다. 그런데 본거지에 내려간 슈고다이가 지역을 기반으로 세력을 넓혀 오히려 슈고다이묘보다도 막강해지는 경우가 생겨났는데, 이들이 15세기를 거치면서 슈고다이묘를 제압하고 본거지를 사유화하는 데 성공하며 센고쿠다이묘[戰國大名]로 성장해 나갔다.

무로마치 쇼군의 전제적인 권위는 6대 쇼군이 하리마[효고 현]지방의 슈고에게 암살되는 등 차츰 약화되었다. 1467년에는 8대 쇼군의 후계 다툼과 슈고다이묘인 호소카와 씨와 야마나 씨의 대립 등으로 교토에서 전란이 일어났다(오닌의 난). 이 전쟁에는 많은 슈고다이묘가 참전하였다. 호소카와 측은 24개 구니에서 16만 명을, 야마나 측은 20개 구니에서 11만 명의 대군을 징발하여 11년간 전쟁을 벌였으나 승부를 가리지 못했다. 그 결과 교토는 불바다로 변했고, 쇼군의 권위는 실추되었으며 고대 이래의 전통을 자랑하던 조정·귀족·사찰과 신사의 힘도 쇠퇴하였다.

오닌의 난을 계기로 신분이 낮은 자가 윗사람을 실력으로 쓰러뜨리는 하극상의 풍조가 확산되어 갔다. 15세기 말경에는 막부의 권위에 의존하지 않고 실력으로 영지를 지배하는 센고쿠다이묘가 전국 각지에서 출현하였다. 센고쿠다이묘는 하극상을 통해 지역의 지배자가 된 경우가 많았다. 이들은 자신의 영지를 넓히기 위해 전쟁을 되풀이하였다. 또 유력한 가신과 상공업자를 모아 조카마치를 만들고 이를 영지의 정치·경제의 중심지로 삼았다. 이들은 치수 공사를 통하여 경지를 늘리고 광산 개발도 추진하였으며 교통망을 정비하였다. 영지 내에서 통용되는 법률인 분국법을 정하는 이도 있었다. 오닌의 난 이후 약 100년에 걸친 이 전란시대를 전국시대라고 부른다.

高惠玲(2001), 『高麗後期 士大夫와 性理學 受容』, 一潮閣.

구태훈(2003), 「에도시대의 무사와 직분론」『한일군사문화연구』 1, 한일군사문화학회.

金光哲(1991), 『高麗後期世族層硏究』, 東亞大出版部.

金龍善(1991), 『高麗蔭敍制度硏究』, 一潮閣.

김호동(2007), 『몽골제국과 고려』, 서울대학교출판부.

______(2010), 『몽골제국과 세계사의 탄생』, 돌베개.

南基鶴(2004), 「日本 中世 社會의 武士에 대한 인식」『일본역사연구』 20, 일본사학회.

니시와키 미쯔루(1999), 『일본 무사도 연구』, 서울대학교 박사학위논문.

都賢喆(1999), 『高麗末 士大夫의 政治思想硏究』, 一潮閣.

李起男(1971), 「忠宣王의 改革과 詞林院의 設置」『歷史學報』 52.

미야자키 이치사다(宮崎市定)·박근칠·이근명 옮김(1993), 『중국의 시험지옥 : 과거』, 청년사.

민두기 편(1984), 『中國史時代區分論』, 창작과 비평사.

閔賢九(1968), 「辛旽의 執權과 그 政治的 性格」(上·下) 『歷史學報』 38·40.

______(1974), 「高麗後期의 權門世族」『한국사』 8, 국사편찬위원회.

朴相燮(1997), 「日本의 武士-軍事의 傳統과 近代國家의 形成」『세계정치』 21, 서울대학교 국제문제연구소.

朴龍雲(1980), 『高麗時代 臺諫制度 硏究』, 一志社.

______(1990), 『高麗時代 蔭敍制와 科擧制 硏究』, 一志社.

______(1998·1999), 「高麗는 貴族社會임을 다시 논함」『韓國學報』 93·94.

박한제·김형종·김병준·이근명·이준갑(2007), 『아틀라스 중국사』, 사계절.

邊太燮(1971), 『高麗政治制度史硏究』, 一潮閣.

설배환(2009), 「蒙元제국 倉庫制의 설립과 운영」, 서울대학교 동양사학과 석사학위논문.

송상헌(2002), 「世界史 敎科書 敍述에서 東아시아史 談論의 問題 : 중국 세계사 교과서의 경우」『역사교육』 84.

스튜어트 고든·구하원 옮김(2010), 『아시아가 세계였을 때』, 까치.

신성곤(1989), 「唐宋變革期論」『講座中國史』Ⅲ(士大夫 社會와 蒙古帝國), 지식산업사.

신성곤·윤혜영(2004), 『한국인을 위한 중국사』, 서해문집.

신채식(1993), 「宋 이후의 皇帝權」, 동양사학회 편 『東洋史上의 王權』, 한울아카데미.

______(2008), 『宋代對外關係史硏究』, 한국학술정보.

______(2010), 「宋代 "君主獨裁體制說"에 대한 異論」『東洋史學硏究』 111.

아사오 나오히로 지음·이계황·서각수·연민수·임성모 옮김(2003),『새로 쓴 일본사』, 창비.
안준광(1987),「北宋 禁軍의 形成과 그 運用」『大丘史學』32.
연민수 편저(1998),『일본역사』, 보고사.
오금성 외(2007),『명청시대 사회경제사』, 이산.
오금성(1989),「明末·淸初의 社會變化」『講座中國史』Ⅳ(帝國秩序의 完成), 지식산업사.
______(2007),『國法과 社會慣行 : 明淸時代 社會經濟史 硏究』, 지식산업사.
유승원(1997),「고려사회를 귀족사회로 보아야 할 것인가」『역사비평』36.
유용규(2007),「'武士道'의 사상적 배경과 전개과정에 대한 고찰」『일본문화연구』21, 동아시아일본학회.
유인선(2002),『새로 쓴 베트남의 역사』, 이산.
尹榮基(2007),「中世의 武士道에 關한 硏究」『일본어교육』41, 한국일본어교육학회.
李景植(1986),『朝鮮前期土地制度硏究』, 一潮閣.
이기영(1996),「고전장원제에서의 영주권과 농민 : 영주권의 구성과 성격을 중심으로」『歷史學報』151.
______(2003),「장원제하 부역노동의 기원」『프랑스사연구』9.
이범학(1989a),「宋代 朱子學의 成立과 發展」『講座中國史』Ⅲ(士大夫 社會와 蒙古帝國), 지식산업사.
______(1989b),「宋代의 社會와 經濟」『講座中國史』Ⅲ(士大夫 社會와 蒙古帝國), 지식산업사.
李純根(1987),「羅末麗初 豪族 용어에 대한 연구사적 검토」『聖心女大論文集』19.
李佑成(1964),「高麗朝의 '吏'에 對하여」『歷史學報』23.
이익주(1995),「공민왕대 개혁의 추이와 신흥유신의 성장」『역사와 현실』15.
______(1998),「고려말 신흥유신의 성장과 조선 건국」『역사와 현실』29.
______(2004),「고려 말의 정치사회적 혼돈과 신흥사대부의 성장」『한국사 시민강좌』35, 일조각.
이익주 외(2010),『동아시아 국제질서 속의 한중관계사-제언과 모색-』, 동북아역사재단.
이케가미 에이코 지음·남명수 옮김(2008),『사무라이의 나라』, 지식노마드.
李泰鎭(1983),「高麗末·朝鮮初의 社會變化」『震檀學報』55.
______(1986),『韓國社會史硏究』, 知識産業社.
일본사학회(2011),『아틀라스 일본사』, 사계절.
정병철(2001),「중국사 시대구분과 역사서술」, 윤세철교수 정년기념 역사학논총간행위원회『時代轉換과 歷史認識』, 솔.
정순모(2005),「唐末 陸龜蒙의 莊園과 鄕村生活」『東洋史學硏究』92.
조영록(1989),「陽明學의 成立과 展開」『講座中國史』Ⅳ(帝國秩序의 完成), 지식산업사.

蔡雄錫(2000),『高麗時代의 國家와 地方社會』, 서울대학교출판부.
최정연(1989),「明朝의 統治體制와 政治」『講座中國史』Ⅳ(帝國秩序의 完成), 지식산업사.
최진열(2010),『대륙에 서다 : 2천년 중국 역사 속으로 뛰어든 한국인들』, 미지북스.
타니가와 미치오(谷川道雄) 편저, 정태섭·박종현 외 옮김(1996)『日本의 中國史 論爭-1945년 이후』, 신서원.
하원수(1989),「宋代 士大夫論」『講座中國史』Ⅲ(士大夫 社會와 蒙古帝國), 지식산업사.
한국고문서학회 엮음(2006),『동아시아 근세사회의 비교 : 신분·촌락·토지소유관계』, 혜안
許興植(1981),『高麗科擧制度史研究』, 一潮閣.
호사카 유지(2007),『조선 선비와 일본 사무라이』, 표정있는 역사.

上田信(2005),『海と帝國 : 明清時代』, 東京 : 講談社.
David M. Robinson(2009), Empire's Twilight Northeast Asia Under the Mongols, Cambridge and London : Harvard University Asia Center for the Harvard-Yenching Institute.

성리학

강문식 | 서울대학교 규장각한국학연구원

Ⅰ. 머리말
Ⅱ. 성리학의 성립 과정
Ⅲ. 성리학의 관학화와 확산
Ⅳ. 동아시아 성리학의 지역적 특징
Ⅴ. 맺음말

I. 머리말

10세기 송(宋)의 출현과 함께 중국 사상계에는 중요한 변화가 나타났다. 송대(宋代) 이전의 중국 사상계는 주로 도교(道教)·불교(佛教)에 의해 주도되어 왔으며, 유학(儒學)의 경우는 문자(文字)의 이동(異同)에 치중한 훈고주소학(訓詁注疏學)을 통해 그 명맥을 유지해 왔다고 해도 과언이 아니었다. 그러나 송대 이후 유학은 도교·불교의 세력을 압도하여 다시 사상계의 지배적 위치를 확립하였으며, 이후 명·청대에 와서도 유교의 정통적 위치는 변함이 없었다.[1]

이른바 '송학(宋學)'으로 불리는, 송대 이후 새로이 등장한 유학에는 다양한 유파들이 존재했는데, 그 중에서 이후 중국의 사상계에 가장 큰 영향력을 끼친 것이 바로 성리학이다. 성리학은 도교와 불교의 이론을 흡수하여 기존의 유학에는 없었던, 정미한 인성론(人性論)과 철학적 사고를 발전시켰다. 유학은 성리학을 거침으로써 과거에 결여되었던 우주론과 존재론·인성론 등의 치밀한 철학적 기초를 마련할 수 있게 되었고, 그럼으로써 진정한 의미에서 도교와 불교에 대항할 수 있는 세계관과 실천이념을 수립할 수 있게 되었다.

한편, 성리학은 12세기 북송(北宋) 시대와 14세기 원대(元代)에 고려로 전파되면서 한국의 사상계에도 결정적인 영향을 끼쳤다. 특히, 원(元)을 통해 전래된 성리학을 수용한 고려말 사대부들이 성리학적 이념의 기반 위에서 새로운 국가 조선을 건국함으로써 조선의 학계에서는 성리학이 주류 사상으로서 절대적인 지위를 차지하게 되었다.

1　李範鶴(1989),「宋代 朱子學의 成立과 發展」『강좌 중국사(Ⅲ)』, 지식산업사, 193쪽.

송대 이후 성리학이 출현하고 조선에서 성리학이 국시(國是)로 자리매김하게 된 데에는 '사대부(士大夫)'의 등장과 밀접한 관련이 있다. 송나라의 건국과 함께 새로운 지배층으로 등장한 사대부들은 문신관료지배(文臣官僚支配)의 확립, 비약적으로 성장한 경제에 대한 효율적 운영 등을 통해 기존의 귀족 중심이었던 중세적 체제를 '근세적(近世的)' 체제로 변혁시키고자 했다. 또, 고려말에 새롭게 등장한 사대부들도 권문세족(權門勢族)이 정치권력을 독점하고 있던 고려를 개혁하여 문치주의(文治主義)와 중앙집권적 관료제를 실현하기 위해 조선을 건국하였다. 이 과정에서 중국과 한국의 사대부들은 기존 권력과 연결되어 있는 불교·도교를 대신하여 개혁의 이념적 기반이 될 새로운 사상이 필요했는데, 그것이 바로 성리학이었다. 이처럼 성리학은 중국·한국의 정치·사회적 변화에 따라 그에 조응하는 새로운 사상적 기반으로 기능했다는 점에서 그 역사적 의미를 찾을 수 있다.

한편, 일본은 조선을 통해 성리학이 전래되었으며, 비록 중국이나 조선만큼 절대적인 지위를 차지하거나 심오한 이론적 연구가 이루어지지는 못했지만, 지속적인 연구와 교육을 통해 그 영향력을 확대하여 에도시대[江戶時代]에는 막부(幕府)의 관학(官學)으로 자리매김하였다. 이처럼 10~16세기 동아시아의 각국에서는 '성리학'이라는 공통된 학문 체계가 수용되어 각국의 상황에 부합하도록 사회사상으로서 중요한 역할을 담당하였다.

II. 성리학의 성립 과정

1. 성리학 출현의 배경

1) 당나라 말기 유학의 새로운 흐름

송대(宋代)에 출현한 성리학은 기존의 유학, 즉 한(漢)·당(唐)의 훈고학(訓詁學)과는 다른 차원의 유학이었고, 그에 따라 '신유학(新儒學, Neo-Confucianism)'이라고도 부른다. 이 새로운 유학의 단초는 당대(唐代) 말엽부터 서서히 나타났다. 640년[당 정관(貞觀) 14]에 공영달(孔穎達, 574~648) 등에 의해 편찬된 『오경정의(五經正義)』는 국자학(國子學)을 비롯한 각급 학교의 교과서로 사용되고, 과거 시험의 교재로 자리매김하면서 당나라 유학의 권위를 높이는 데 크게 기여하였다. 하지만 한편으로는 『오경정의』의 주소(注疏)가 부동의 권위를 가지고 절대화되면서 학자들이 이를 묵수하는 현상이 나타났다. 그 결과 학문 연구의 유연성을 떨어지고 유학이 보수화·경직화되어 결국에는 당나라 말기와 오대(五代)를 거치는 동안 유학이 쇠퇴하게 되는 원인이 되었다. 그리고 유학이 쇠퇴하면서 남긴 빈자리는 점차 불교와 도교가 대신하게 되었다.

이와 같은 상황에서 당나라 말엽부터 『오경정의』로 대표되는 기존의 유학에 이의를 제기하면서 『오경정의』의 주소에서 탈피하여 새롭게 유교 경전을 해석하려는 흐름이 나타나기 시작했다. 이러한 흐름은 "참된 문장은 도(道)를 담고 있어야 한다."는 재도주의(載道主義) 문학관에 기초한 고문운동(古文運動)의 출현과 밀접한 관련을 가지고 있었는데, 그 대표자가 바로 당송

팔대가(唐宋八大家)의 한 사람인 한유(韓愈, 768~824)였다.

한유는 사회 규범으로서의 유교의 권위를 회복하고자 하였으며, 그러한 관점에서 당시 성행하던 불교를 강력하게 배척하였다. 특히 당나라 헌종(憲宗)이 석가의 뼈인 불골(佛骨)을 궁 안으로 맞아들이려 하자 「논불골표(論佛骨表)」라는 표문을 올려 불교를 '중국의 미풍양속을 깨뜨리고 백성에게 악영향을 끼치는 오랑캐의 가르침'이라고 비판하였다. 또 한유는 「원도(原道)」 「원인(原人)」 「원성(原性)」 등의 저술을 통해 도(道)·성(性)·정(情) 등의 개념, 인의(仁義)에 기초한 사회의 계급 질서, 도통(道統)의 문제 등 송대 신유학의 주요 명제들을 서술하였다. 그 결과 한유는 본인이 의도한 바는 아니지만, 다음 시대에 본격화 된 신유학 사상의 선구적 위치에 서게 되었다.

이밖에도 한유의 제자로서 『복성서(復性書)』를 지어 한유가 제기한 성론(性論)에 사상적 내실을 부여하고 불교·도교에 대립하는 유교적 성론을 정립하고자 했던 이고(李翺, 772~841), 『천설(天說)』을 저술하여 전통적인 천명론(天命論)에 반대하고 하늘에 대한 인간의 주체성을 강조함으로써 송대 신유학에서 나타난 천관(天觀) 변화의 단초를 열었던 유종원(柳宗元, 773~819) 등이 당나라 말기 새로운 유학의 흐름을 주도했던 대표자들이었다.

2) 북송 초기 '경력정학'

당나라 말에서 오대(五代)를 거쳐 북송 초에 이르는 시기는 '당송 변혁기(唐宋變革期)'라고 일컬어질 만큼 정치·사회·사상적 변동의 폭과 깊이가 매우 컸다. 이 시기에 나타난 가장 큰 변화 중 하나는 육조(六朝) 이래 지속된 문벌(門閥) 중심의 귀족 지배가 막을 내리고, 황제를 위계질서의 정점으로 하는 관료제적 중앙집권체제가 구축된 점이라고 할 수 있다. 그리고 기존의 귀족 계층을 대신하여 유교적 소양을 갖추고 과거(科擧)를 통해 관료로 진출한 사대부 계층이 새로운 사회의 주도층으로 자리매김하였다.

북송 초기 과거제도의 개혁은 사대부 계층의 지속적인 관료 진출을 제도적으로 뒷받침하는 역할을 하였다. 이 시기 과거제 개혁을 주도한 이는 범중엄(范仲淹, 989~1052)으로, 그는 당시 학자들의 시부(詩賦)에만 몰두하는 병폐를 없애기 위해 당나라 때에 주류를 차지했던 시부나 주소(注疏) 중심의 학문을 물리치고, 경의(經義)와 책론(策論), 즉 도덕과 경세의 방책을 중시하는 방향으로 과거제를 개혁하였다. 구체적으로는 경의·책론을 먼저 시험하고 시부를 나중에 시험함으로써 경학과 시무에는 밝은 인재들이 시부 때문에 일찍 탈락하는 것을 방지하는 제도를 정립하였다.[2] 즉, 범중엄은 과거제의 개혁을 통해 기존의 문벌에 의존했던 유제(遺制)를 타파하고 명실공히 과거에 의한 능력 본위의 관료 등용의 길을 확립하고자 했다고 할 수 있다.

경학과 경세제민의 시무를 중시하는 과거제의 개혁은 북송대 유학의 성격 변화를 가져왔다. 즉, 과거를 통해 관직에 진출한 사대부들은 학문의 정치, 사회적 실천을 강조하는 강렬한 경세의식(經世意識)을 갖게 되었다. 따라서 그들의 유학은 훈고·주소 중심의 기존 유학에서 탈피하여 의리적 관점에서 경서를 해석하고, 이를 통해 터득한 인성론과 우주론에 근거하여 구체적인 정책을 모색하는 경세의 이데올로기로 변화하였다. 이와 같은 유학의 성격 변화는 북송대에 성리학이 출현하는데 있어 매우 중요한 학문적·정치적 배경으로 작용하였다.

---

2 경의(經義)와 책론(策論)을 중시하는 범중엄의 과거제 개혁은 동시기의 고려에도 영향을 끼쳤다. 즉, 고려 중기의 과거제는 예종·인종대의 개혁을 통해 초장(初場)에서 경의, 중장(中場)에서 논(論)·책(策), 그리고 종장(終場)에서 시부를 시험하는 것으로 정비되었다. 이는 위에서 본 범중엄의 과거제 개혁의 취지를 수용한 것으로, 고려 중기의 과거제 개혁은 시부를 경시하고 경세제민(經世濟民)의 실용적 논·책을 중시하는 방향으로 이루어진 것임을 알 수 있다[문철영(1992), 「고려중기 사상계의 동향과 신유학」『국사관논총』 37, 71쪽].

한편, 북송 초기에 아직 본격적으로 성리학 이론을 정립한 것은 아니었지만, 송대 성리학의 선구자로서 새로운 유학의 기풍을 일으킨 학자들이 있었다. 앞서 언급한 범중엄을 비롯하여 호원(胡瑗, 993~1059), 손복(孫復, 992~1057), 석개(石介, 1005~1045) 등이 그들로, 이들은 한(漢)·당(唐)의 훈고주소학(訓詁註疏學)에 대한 비판과 이전 시대의 사상계를 지배해 온 도교와 불교에 대한 배척을 기치로 내걸었다. 이와 같은 북송초기 유학의 새로운 조류는 그것이 인종(仁宗) 경력(慶曆) 연간(1041~1048)에 시작되었다고 하여 '경력정학(慶曆正學)'이라고 부른다.

'경력정학'에서 사상·교육의 측면에서 중심적인 역할을 했던 이들은 소위 '송초 삼선생(宋初 三先生)'이라 불리우는 호원·손복·석개 등 세 사람이었다.

호원은 젊은 시절에 태산(泰山)에서 손복, 석개 등과 함께 10여 년간 수학하였다. 이후 오중(吳中) 지방에서 경학(經學)을 강의하며 제자를 양성하던 중에 북송 초기의 개혁가 범중엄에게 발탁되어 소주부학(蘇州府學)의 교수에 임명되었고, 이후 당시 가장 영향력 있는 경학 교수로 명성을 얻었다. 또, 역시 범중엄의 추천을 받아 송나라의 예악(禮樂)을 제정하였고, 태학(太學)의 수장으로 활동하면서 교육 분야에서 큰 업적을 남겼다.

호원은 수(隋)·당(唐)에서 유행했던 사(辭)·부(賦) 중시의 학풍과 문사(文詞)에 의한 관리 선발에 반대하면서, 경학 연구와 시무(時務)를 중시하는 입장을 피력하였다. 이에 따라 그는 학교 교육에서 분과(分科) 교육의 시행을 주장했다. 즉, 학교에 '경의재(經義齋)'와 '치사재(治事齋)'를 설치해서 경의재에서는 육경(六經)을 가르치고 치사재에서는 치용학(致用學)을 가르치자는 것이다. 전자가 이론을 강조한 것이라면 후자는 실천을 강조한 것이라고 할 수 있다.

손복도 주로 태산에 거주하면서 강학(講學)에 전념하여 수많은 제자들을 양성하였고, 그에 따라 학자들은 그를 태산선생(泰山先生)이라고 불렀다.

그는 사상적인 면에서 독창적인 견해를 밝히지는 않았지만, 삼강오륜(三綱五倫)으로 대표되는 유교의 도덕규범을 중시하였고, 인간의 도덕규범이 하늘의 자연법칙과 일치한다는 인륜(人倫)과 천도(天道)의 상통(相通)을 주장하였다. 이러한 인식은 이후에 등장하는 성리학의 중요 원칙과 개념들의 기초가 되었다고 할 수 있다. 또 그는 당시의 대표적인 『춘추(春秋)』 연구가로서, 『춘추존왕발미(春秋尊王發微)』 『춘추총론(春秋總論)』 등을 저술하여 『춘추』의 대의명분(大義名分)과 정치·사회적 위계질서를 강조하는 정치적 입장을 피력하였다.

석개는 진사시(進士試)에 합격하였으나 부모상을 당하자 조래산(徂徠山)에 은거하면서 제자들을 가르쳤으며, 이 때문에 조래선생(徂徠先生)이라는 별칭을 얻게 되었다. 손복이 태산에 거주할 때 그를 찾아가 가르침을 받기도 했던 석개는 이후 부필(富弼), 범중엄, 한기(韓琦) 등 당시 명재상들의 천거를 받아 국자감 직강(國子監直講), 태자중윤(太子中允) 등의 관직을 역임하며 북송대 태학(太學) 발전에 크게 기여하였다. 석개는 호원, 손복 등과 함께 불교와 도교의 폐단을 강력하게 비판·배척하였으며, 재도주의적 문장론을 주장하면서 한유 등의 고문운동을 높이 평가하였다. 또 동시대에 등장했던 왕안석(王安石, 1021~1086)의 신법(新法)에 대해서는 반대의 입장을 분명히 하였다.

석개는 성(性)·정(情)·도(道)와 같은 성리학적 개념에 대해서도 언급하였다. 즉, 희로애락(喜怒哀樂)은 사람마다 모두 가지고 있는 것으로, 이 정을 도로써 제재하여 정이 강상윤리(綱常倫理)에 저촉되지 않도록 하고 불선(不善)의 정을 도로써 조절하여 그 정이 선한 것으로 바뀌도록 해야 한다는 점을 강조하였다. 이러한 관점은 이후 성리학의 핵심 이론의 중요한 기반을 제공한 것이라고 할 수 있다.

이상에서 호원·손복·석개 등 세 사람을 중심으로 북송 초기에 나타났던 '경력정학'에 대해 간략히 살펴보았다. 북송의 성리학은 '경력정학'을 통해 그 싹이 처음 나타났고, 이후 주돈이(周惇頤)·장재(張載)·이정(二程)의 단계를 거치면서 발전되었으며, 남송의 주희(朱熹)에 이르러 완성되었다.

2. 북송대 성리학의 정립

1) 천관의 변화[3]

유교가 지향하는 이상적인 사회는 '천인합일(天人合一)'의 사회였다. 하지만 이때의 '천(天)'은 시대마다 그 개념을 달리하였는데, 크게 보면 동중서(董仲舒) 등이 주장한 한대(漢代)의 천관과 북송 이후 성리학의 발흥과 함께 등장한 천관으로 나누어 볼 수 있다.

한대(漢代)의 천관은 하늘을 주재자적 성격을 가진 존재로 보았다. 이와 같은 천관 정립에 결정적인 역할을 했던 동중서는 하늘이 덕(德)이라는 법도를 가지고 인간 사회를 주재한다는 고대의 천 인식을 수용하여 인격적·주재자적 천의 개념을 확립하였고, 이에 근거하여 천명을 받은 '군주=천자(天子)'의 권위를 절대화하였다. 그러면서도 동시에 동중서는 '천인감응설(天人感應說)'을 주장하여 군주의 자의적이고 독단적인 지배를 제한하고자 하였다. 천인감응설은 천지가 만물을 생육하는 것을 덕으로 삼기 때문에 군주가 이를 따르지 않을 경우 주재자로서의 천은 재이(災異)를 통해 군주에게 경고를 내린다는 것이다. 이러한 인식은 천지의 재이를 군주의 어떤 구체적

3 북송대 천관 변화에 관한 내용은 토가와 요시오[戶川芳郞] 외·조성을·이동철 공역(1990), 『유교사』 (이론과 실천), 262~269쪽의 내용을 바탕으로 서술하였음.

행적에 대한 견책(譴責)으로 간주하는 '천견사응설(天譴事應說)'로 발전하였다.

이상과 같은 한대의 천관은 북송대 성리학의 발흥과 함께 변화하였다. 즉, 군주의 실정에 견책을 내리는 천견적(天譴的)·주재자적 천에서 천리적(天理的)·자연적 천으로 인식의 전환이 나타난 것이다. 송대의 성리학자들은 천을 항상적인 법칙을 가지고 운동하는 자연 현상으로 인식하였고, 천의 항상적인 법칙을 '천리(天理)'로 표현하였다. 그리고 자연 법칙으로서의 천리가 한편으로 현실의 정치적 질서 및 인륜·도덕과 관계되어 있는 것으로 보았다. 이점을 잘 보여주는 것이 구양수(歐陽脩, 1007~1072) 등에게서 보이는 천견사응설의 부정이다.

천견사응설이 적용된 예를 보자면, 『구당서(舊唐書)』 「오행지(五行志)」에서 영휘(永徽) 원년에 일어난 지진은 황제가 총애하는 궁녀가 정사에 간섭했기 때문에 그에 대한 하늘의 견책으로 일어난 것이라고 기록한 것이 이에 해당한다. 『신당서(新唐書)』를 편찬한 북송의 학자 구양수는 이와 같은 사응설(事應說)을 비판하면서 "재이는 기록하지만 그 사응(事應)은 삭제한다."는 원칙을 제시하며 『구당서』의 천견사응에 관한 기록을 모두 삭제하였다. 즉, 그는 재이 현상에 대해 위정자는 다만 공구수성(恐懼修省)할 뿐이지, 그것을 개별적인 행적에 결부시키는 것은 그 행적만 고치면 재이에서 벗어날 수 있다는 생각을 갖게 해서 오히려 군자로 하여금 태만하게 만드는 것이 된다고 하였다.

여기에서 중요한 것은 재이 현상을 하늘의 구체적인 지도 행위로 보는가 아니면 위정자의 정치 자세에 관련된 것으로 보는가 하는 점이다. 북송 성리학자들의 천관은 바로 후자의 시각을 보여준다고 할 수 있다. 즉, 재이 현상을, 하늘의 지도에 대한 순종이 아니라 공구수성이라는 인간의 주체적 행위를 통해 극복할 수 있다고 본 것이다. 이는 곧 사람을 정치와 윤리 실천의 주체로 간주한 것이라고 할 수 있다. 따라서 천의(天意)의 실현이란 인간에게 있어서의 하늘의 이법(理法), 즉 인의예지신(仁義禮智信)과 오륜(五倫)으로 대표되는 도덕적·정치적 당위를 실천하는 것이 된다. 이처럼 북송대 나타난 성리학적 천관은 인간의 도덕적 주체성을 강조하는 것이었다는 점에서 이전의 천관과는 확연히 다른 특징을 지닌다고 할 수 있다.

2) 사서의 중시

북송의 성리학자들은 자신들이 한(漢)·당(唐)의 경학(經學)을 극복하고 '주공(周公) → 공자(孔子) → 맹자(孟子)'로 이어지는 유학의 정통(正統)을 직접 계승했다는 도통론적(道統論的) 자각 의식을 가지고 있었다. 그리고 자신들을 한·당대의 경학과 준별하는 경전적 근거로서 『논어(論語)』『맹자(孟子)』『대학(大學)』『중용(中庸)』 등의 사서(四書)를 중시하였다.

당대(唐代)까지의 유학에서는 『시경(詩經)』『서경(書經)』『주역(周易)』『예기(禮記)』『춘추(春秋)』의 오경(五經)이 중시되어 태학(太學)의 교재로 사용되었다. 반면 『논어』는 공자의 언행을 기록한 책이라는 점에서 경전으로 인정받기는 했지만 오경과 동등시되지는 못했고, 『맹자』는 제자서(諸子書)의 하나로 인식되었으며, 『대학』과 『중용』은 『예기』의 한 편에 불과하여 학자들로부터 별다른 관심을 받지 못하였다. 이러한 사서가 중시되기 시작한 것은 북송대 성리학이 정립되면서부터였다.

사서 가운데 특히 성리학 이전의 유학과 준별되는 사상적 기초를 제공한 것은 『대학』과 『중용』으로, 송대의 학자들은 『대학』과 『중용』을 『예기』로부터 독립시켜 독자적인 경전의 지위에 올려놓았다.

『대학』은 학문과 인륜(人倫)의 근본을 수록한 책으로 중시되었다. 정호(程顥)는 『대학』을 공자의 유서(遺書)로 규정하면서 이 책을 따라서 학문을 해야 함을 강조하였고, 정이(程頤)도 『대학』을 '입덕(入德)의 문'이라 하여 성리학의 입문서로서 중시하였다. 정이·정호의 『대학』 인식을 계승한 주희는

『대학』의 '삼강령(三綱領) 팔조목(八條目)'을 확립하고 경문(經文)을 보완·교정하여 '경일장(經一章) 전십장(傳十章)' 체재로 『대학』을 새롭게 재편하였다. 그 결과 『대학』은 '제가(齊家) → 치국(治國) → 평천하(平天下)'의 윤리·질서 확립, 그리고 이를 위해 선행되어야 하는 학문 수련과 인간 내면의 윤리적 수양을 제시한 경전으로 자리매김하게 되었다.

『중용』은 성리 철학의 이론적 기반을 제공했다는 점에서 중요한 의의를 갖는다. 즉, '천리(天理)' '천명(天命)' '성(性)' '도(道)' '심(心)' 등과 같은 성리학의 주요 개념들과 '존덕성(存德性)' '도문학(道問學)'으로 대표되는 성리학의 수양론·학문관 등에 대한 이론들이 바로 『중용』에 기반을 두고 정립되었다. 한편, 『맹자』의 경우에도 맹자(孟子)가 주장한 성선설(性善說)이 북송의 성리학자들에게 유교적 심성론의 기초로서 받아들여지면서 그 중요성이 높아졌다.

이상과 같은 과정을 통해 『논어』 『맹자』 『대학』 『중용』은 이전 시대에 비해 그 위상이 크게 높아졌고 '사서(四書)'로 한데 묶여서 중시되었다. 이와 같은 사서 중시의 학풍은 남송으로 이어져 주희가 '사서집주(四書集註)'를 비롯한 사서의 주석서를 저술한 것에서 절정이 이르렀다. 그에 따라 사서는 기존 오경의 권위를 뛰어넘어 유가에서 가장 중요한 경전으로 자리매김하게 되었다. 즉, 성리학은 이른바 '사서학(四書學)'의 수립을 통해 한·당의 경학과 구분되는 새로운 경학 체계을 확립했다고 할 수 있다.

3) 북송의 주요 성리학자들

(1) 주돈이

주돈이(周惇頤, 1017~1073)는 원래 이름이 주돈실(周惇實)이었으나 송나라 영종(英宗)의 이름을 피하기 위해 '돈이(惇頤)'로 바꾸었다. 20세 때인 1036년에 음직(蔭職)으로 관직에 나아간 이래로 55세에 사직할 때까지 30여 년간

관료로서 활동하였는데, 고위직에는 오르지 못하였다. 주로 지방 관리나 형옥(刑獄)에 관련된 직임을 담당하였으며, 소송이나 옥사(獄事)를 잘 처리한다는 평을 받았다. 한편, 남안군사리참군(南安軍司理參軍)으로 재직 중이던 1046년(30세)에 남안태수(南安太守) 정향(程珦)의 두 아들이 주돈이에게 와서 사사(師事)했는데, 이들이 바로 정호(程顥)·정이(程頤) 형제였다.

주돈이는 역학(易學)에 조예가 깊어서 『태극도(太極圖)』 『역통(易通)』 등의 저술을 남겼는데, 이 중에서 『태극도』는 주희의 해석을 통해 성리학적 우주 생성론의 기초가 되었다는 점에서 중요한 학술적 의의를 갖는 저술이다. 본래 주돈이의 『태극도』는 도가(道家)의 『태극선천지도(太極先天之圖)』를 차용한 것이며, 따라서 그의 우주 생성론은 도가의 흐름을 흡수한 것이었다.

도가적 우주론의 영향을 받은 주돈이의 『태극도』가 성리학적 이론 정립의 기초로 자리매김할 수 있었던 것은 남송의 주희가 『태극도』의 '무극(無極)' '태극(太極)'에 대한 해석을 통해 성리학 이론의 핵심이라고 할 수 있는 이기(理氣) 세계관을 정립했기 때문이다. 즉, 주희는 『태극도』의 첫머리에 등장하는 '무극이태극(無極而太極)'에서, 태극을 기(氣)의 원초적인 발현 상태로, 무극을 이(理)로 대체함으로써 태극에서 발현되는 기의 운동·생성 및 그 근원으로의 이의 개념을 정립하였다. 바로 이 점이 북송대 성리학의 정립 과정에서 주돈이의 『태극도』가 갖는 사상적 의의라고 할 수 있다.

(2) 장재(張載)

장재(1020~1077)는 관료 가문 출신으로, 조숙하여 어릴 때부터 이미 읽지 않은 서적이 없었으며, 그 중에서도 특히 병서(兵書)를 탐독했다고 한다. 21세(1040) 때 범중엄으로부터 유가의 학문에 힘쓸 것을 권고 받은 후 『중용(中庸)』을 읽기 시작하였다. 이후 육경(六經)을 차례로 읽었으며, 다른 학문·사상은 모두 배척하고 오직 유학 연구에만 몰두하였다. 그 결과 장재의 학풍은 지극히 순수하게 유가적이었으며, 이 점에서 도교의 영향을 많이 받았던 주돈이와 대비된다. 대표적인 저술로는 『정몽(正蒙)』『서명(西銘)』『경학이굴(經學理窟)』 등이 있다.

장재는 1057년 진사시에 급제하여 관직에 진출한 후에는 "근본을 돈독히 하고 풍속을 선하게 하는 것[敦本善俗]"을 정치의 급선무로 삼아 유교적 윤리에 입각한 교화를 적극적으로 시행하였다. 반면, 왕안석이 주도하던 신법에 대해서는 반대의 입장을 분명히 하였고, 이 때문에 지방으로 좌천되자 관직을 버리고 고향인 관중(關中) 지방으로 돌아와 육경 연구와 제자 양성에 힘을 쏟았다. 그 결과 장재의 학문은 '관학(關學)'으로 불리면서 정이·정호 형제의 낙학(洛學), 왕안석의 신학(新學)과 함께 북송 학계에서 주도적인 위치를 차지하였다.

장재는 철학적인 측면에서, 주희가 이(理)를 우주 생성의 근원으로 이해한 것과는 달리, 기(氣)를 근원으로 간주했으며, 이점에서 주희와 다른 독특한 특징을 지닌다. 그러나 한편으로 장재는 '심통성정(心統性情)', 즉 마음은 성(性)과 정(情)을 통괄한다고 주장했는데, 이 언설은 이후 주희에 의해 불교의 심성론이나 육상산(陸象山)의 심학(心學)과 구별되는 성리학의 인간관과 도덕관의 근거로 수용되었다. 또 장재가 성(性)을 '천지지성(天地之性)'과 '기질지성(氣質之性)'으로 이원화시킨 것이나 기질의 변화 가능성을 제시한 것 등도 주희에게 수용되어 성리학적 인성론의 골격을 이루는 개념으로 발전하였다.

한편, 장재는 경세론의 측면에서 정전제(井田制)의 실시를 주장하였다. 그는 『주례(周禮)』에 의거하여 정전제의 부활을 주장하면서, 토지와 재산이 많은 부민(富民)을 전관(田官)으로 임용하여 토지를 다스리게 하면 정전이 봉건(封建)으로 귀결되어 비로소 안정을 찾을 수 있다고 하였다. 이는 재지(在地)의 유력 지주층에게 권력의 말단을 담당하게 한다는 점에서 정전과 봉건[분치(分治)]의 통일을 꾀한 것이라고 할 수 있다.

(3) 정호(程顥)와 정이(程頤)

주돈이, 장재 등과 함께 북송대 성리학의 태두(泰斗)로 일컬어지는 이들이 바로 정호(1032~1085)·정이(1033~1107) 형제이다. 당시 왕안석의 신학에 대항하는 그룹은 장재의 관학(關學), 소순(蘇洵)·소식(蘇軾)·소철(蘇轍) 부자의 촉학(蜀學), 그리고 정호·정이 형제의 낙학(洛學) 등이 있었는데, 그 중에서도 낙양(洛陽)에 근거한 정호·정이 형제 그룹의 세력이 가장 강했다.

정호·정이 형제의 학문에서 나타나는 가장 큰 특징은 강렬한 도덕주의(道德主義)라고 할 수 있다. 정호는 "군주의 도리는 지성(至誠)과 인애(仁愛)를 근본으로 삼아야 한다."라고 하여 위정자의 덕성 확립을 정치의 제1 요체로 강조하였다. 또 정이도 신종(神宗)에게 올린 상소에서 "욕심을 구하는 마음[求欲之心]을 버리지 않으면 비록 부국강병을 달성한다 해도 그것은 실패한 것"이라고 주장하였다. 정호·정이 형제가 공리주의(功利主義)를 내세운 왕안석의 신학에 반대한 것은 바로 이와 같은 도덕관에서 비롯된 것이라고 할 수 있다. 정호·정이 형제의 도덕주의적 성향은 철학적인 면에서 '천리(天理)' '성즉리(性卽理)' '이일분수(理一分殊)' '존천리 멸인욕(存天理滅人欲)' 등의 리(理)에 대한 강조로 나타났다. 각각의 개념을 간략히 살펴보면 다음과 같다.

'천리'는 '천=리'를 의미하는 것으로, 이를 우주와 자연의 항상적인 질서로 인식하는 것이다. 여기에는 천을 유의지적인 존재에서 자연적·이법적(理法的) 존재로 인식하는 북송대 천관(天觀)의 변화가 반영되어 있다. '성즉리'는 『중용』의 "사람이 하늘로부터 부여받은 것이 성(性)이다."라는 언설에 기반하여, 천이 곧 리이므로 사람이 하늘로부터 부여받은 성 또한 리가 된다는 논리이다. 그리고 하늘에서의 리가 우주·자연의 항상적인 질서인 것처럼 사람에게 성(=리)은 사회에서 반드시 지켜야 하는 인륜의 도리가 되며, 구체적으로는 인의예지신(仁義禮智信)과 오륜(五倫)을 의미한다. '이일분수'는 모든 사물이 각각 하늘로부터 부여받은 리를 개별적으로 구비하고 있으며, 그와 동시에 그 개별적인 리는 보편의 '하나(一)'로 귀결된다는 뜻이다.

한편, 정이는 성을 '본연지성(本然之性)'과 '기질지성(氣質之性)'으로 이원화한 후, 본연지성은 하늘로부터 부여받은 본성으로 항상 선하지만, 기질지성은 인간의 욕심이 개입되어 선과 악이 혼재한다고 보았다. 이에 따라 정이는 도덕적인 수련을 통해 인간의 욕심을 제거하여 하늘로부터 받은 인간의 순선(純善)한 본성을 항상 유지할 것을 역설하였다. 이것이 바로 '존천리 멸인욕'이며, 여기에서 성리학의 엄격한 도덕주의가 나타나게 되었다.

경학의 측면에서 정호·정이 형제는 『주역』을 매우 중시했는데, 그에 따라 정이는 『이천역전(伊川易傳)』이라는 『주역』 주석서를 저술하였다. 이 책은 의리역(義理易)의 관점에서 『주역』을 해석한 대표적인 주석서로, 후대 학자들로부터 주희의 『주역본의(周易本義)』와 함께 성리학적 『주역』 해석의 표준으로 인정받았다. 또, 정호·정이 형제는 『대학』과 『중용』을 『예기』에서 독립시켜 『논어』 『맹자』와 같은 경서의 반열에 올려 존중하였다. 이러한 이정(二程)의 경서 인식은 남송대 주희에게 계승되어 사서(四書) 체제의 확립으로 이어졌다.

이상과 같이 이정의 학문은 성리학 이론의 측면과 경학의 측면 모두에서 주희에게 상당히 큰 영향을 주었다. 이런 이유로 인해 성리학은 이정(二程)과 주희의 학문, 즉 정주학(程朱學)이라는 별칭을 갖게 되었다.

3. 남송대 주희의 성리학

1) 주희의 학문

주희는 북송의 주돈이, 장재, 정호·정이의 성리학 이론을 계승하고 심화·발전시켜 나름의 성리철학으로 집대성하였다. 그의 철학은 우주관으로서의 이기론(理氣論), 인간관으로서의 인성론(人性論), 그리고 도덕관으로서의 천리인욕론(天理人欲論)으로 이루어졌다.

먼저 이기론에서 주희는 만물을 구성하는 요소를 기(氣)로 보아 기의 응집과 흩어짐에 따라 우주와 만물이 생성된다고 하면서도, 동시에 기의 존재 근거라고 할 수 있는 태극(太極)을 리 또는 무극(無極)이라고 하였다. 주희는 "아직 천지가 있기 전에 반드시 리가 있었다. 리가 있으므로 천지가 있으니, 리가 없으면 천지도 없다."라고 하였다. 또 "리가 있으므로 기가 유행하여 만물을 발육시킬 수 있다."라고 하여, 이기(理氣)의 관계를 '이선기후(理先氣後)'로 설명하였다. 하지만 여기에서의 선후는 시간적인 의미가 아니라 인과적이고 가치적인 순서이다.

주희의 인성론은 기본적으로 이정(二程)의 인성론을 계승했다고 볼 수 있다. 그는 "우주 사이에는 하나의 리만 존재하는데, 하늘은 이것을 얻어 하늘이 되고 땅은 이를 얻어 땅이 되며, 하늘과 땅 사이의 모든 존재 또한 각각 이것을 얻어 성(性)으로 삼는다."라고 하였다. 이에 따라 사람의 성(性) 또한 리가 되며, 불변하는 자연의 법칙과 같이 사람이 반드시 지켜야 할 도덕과 질서가 된다. 또, 주희는 사람의 성을 본연지성과 기질지성으로 구분했는데, 전자는 인의예지(仁義禮智)와 같은 형이상(形而上)의 도덕적 본성이며 후자는 형이하(形而下)의 육체 및 오관(五官)의 작용으로 나타나는 본능적 본성이다. 주희는 이 중에서 순수하게 선한 본연지성을 리로 보고 이를 근거로 성즉리(性卽理)를 주장하였다.

주희는 기질지성에는 인욕(人欲)으로 인한 악(惡)이 개입될 수 있으므로 지속적인 주경정좌(主敬靜坐)의 노력을 통해 인욕을 제거하고 기질지성을 순화함으로써 인의예지의 본연지성을 회복해고 유지해야 한다는 점을 강조하였다. 여기에서 제거해야 할 인욕이란 천리를 벗어난 욕구를 의미한다. 즉, 주희는 인간의 본능적 욕구 자체를 부정하지는 않았지만, 그것이 천리를 따를 때에 한해서만 긍정하였다. 음식으로 예를 들어 본다면, 사람이 음식을 먹는 것은 천리를 따르는 정당한 본능이지만, 음식의 '좋은 맛'을 구하고자 한다면 이것은 천리를 벗어나 인욕으로 떨어지게 되므로, '좋은 맛'을 추구하는 인욕을 제거해야 한다는 것이다. 이것이 바로 '존천리 멸인욕(存天理滅人欲)'의 성리학적 도덕관이다.

사람의 본능이 천리를 준수하기 위해서는 천리가 무엇인지를 알아야 하며, 이에 따라 천리를 탐구하는 궁리(窮理)의 공부가 필요하다. 주희는 개개 사물의 이치를 하나하나 탐구하여 깨달아 나가다 보면 어느 순간에 우주 전체를 일관하는 이치를 깨닫는 활연관통(豁然貫通)의 경지에 이르게 된다고 하였다. 이것이 바로 『대학』에서 말하는 '격물치지(格物致知)'로서, 성리학적 공부론의 핵심이라 할 수 있으며, '지(知)'를 중시하는 성리학의 주지주의적(主知主義的) 성격을 잘 보여준다.

한편, 주희는 경학 연구에도 탁월한 업적을 남겼다. 그는 우선 『대학』과 『중용』을 『논어』 『맹자』와 동렬에 놓고 존숭했던 이정(二程)의 학풍을 계승하여 사서(四書)를 자신의 철학 체계의 근간으로 삼았다. 이에 따라 『대학』 『중용』의 주석서인 『대학장구(大學章句)』 『대학혹문(大學或問)』 『중용장구(中庸章句)』 『중용혹문(中庸或問)』 등을 저술하였고, 또 『논어』와 『맹자』에 대한 주석서인 『논어집주(論語集註)』 『맹자집주(孟子集註)』를 지음으로써 사서 전체에 대한 자신의 주석을 완성하였다. 그는 삼경(三經)에 대한 연구에도 힘써 『시집전(詩集傳)』 『주역본의(周易本義)』를 완성하였으며, 『서경』 주석서는 편찬에 착수했다가 생전에 완성하지 못하자 제자인 채침(蔡沈)에게 완성을 부탁했는데, 그 결과물이 바로 『서집전(書集傳)』이다. 주희가 편찬한 이상의 경전 주석서들은 이후 원·명대에 관학과 과거시험의 교재로 사용되면서 성리학적 경학론의 표준 해석으로 절대적인 권위를 갖게 되었다.

2) 주희의 경세론

주희는 성리학의 이론을 집대성한 철학자이면서 동시에 자신의 성리학 이론에 입각하여 현실의 문제들을 개혁하고자 했던 경세가였다. 그는 "민생의 근본은 식(食 : 경제)에 있으며 족식(足食 : 경제적 안정)의 근본은 농사(農事)에 있다."라고 하여 농정(農政)을 중시하였다. 그에 따라 수리시설(水利施設) 확충, 황무지 개간, 우경(牛耕), 신품종 개발 등 농업기술의 개발과 보급에 많은 노력을 기울였으며, 농업 생산의 향상을 관리의 가장 중요한 책무로 생각하였다.

주희는 호강(豪强)한 유력자들이 백성들의 토지를 겸병(兼倂)하고 이 토지를 은전(隱田)으로 하여 탈세함에 따라 농민들의 생활이 피폐해지고 국가의 재정이 부실해지는 현상을 해결하기 위해 경계법의 실시를 주장하였다. 토지 측량을 통해 토지 소유의 실태를 파악함으로 조세 부과를 공정하게 하는 것이 경계법 시행의 목적이었다.

주희의 경세론에서 가장 중요한 것은 사창법(社倉法)이라고 할 수 있다. 사창법은 정부 창고의 비축미를 춘궁기에 곡가(穀價)가 오를 때 농민에게 대여하고 수확기에 이자를 붙여 갚도록 하는 일종의 농민보호책으로서, 기본적으로는 왕안석이 주장한 청묘법(靑苗法)과 연결되는 것이다. 단, 청묘법이 관료에 의한, 위로부터의 시행이었던 것에 비해 주희의 사창법은 의도적으로 그 운영을 향촌 유력자의 의연(義捐)·구휼(救恤)에 의거하도록 하였다. 즉,

주희는 한편으로는 호호층(豪戶層)의 횡포를 억제하면서도 다른 한편으로는 그들에게 의연·구휼이라고 하는, 향촌 지도자로서의 책임을 지움으로써 지방관을 보좌하고 농촌의 민생 안정에 기여하게 하고자 했다. 지방관과 호호(豪戶)의 공동적인 향촌 통치는 관주도의 통치를 추구했던 왕안석의 정치관과 근본적인 차이를 보이는 것으로, 이와 같은 향촌 통치는 명대(明代) 이후 일반적인 현상이 되었다.

하지만 사창법의 시행을, 주희가 호호층에게 향촌 지배를 완전히 맡기고자 한 것으로 보아서는 안된다. 그는 호호층의 현실적인 실력을 인정하면서 이들이 사창법 운영을 통해 향촌사회 안정에 기여하기를 바랐지만, 경계법에서 볼 수 있듯이 이념적으로는 호호층을 억제함으로써 빈부 격차의 해소와 민생의 안정을 도모하고자 하였다.

III. 성리학의 관학화와 확산

1. 원대 성리학의 관학화

원대(元代) 초반에는 남송의 성리학이 북쪽으로 전파되지 못하였기 때문에 원나라 유학은 금(金)나라의 유학을 계승한 장구(章句) 위주의 학풍이 주류를 이루었다. 그러던 중 원나라의 군대가 남송으로 진격할 당시 유학자인 양유중(楊惟中)·요추(姚樞) 등이 군대를 따라 호북(湖北) 지방에 이르렀다가, 그 곳에서 포로로 잡혀온 남송의 유학자 조복(趙復)을 발견하고 그를 북경의 태극서원(太極書院)으로 맞이해 와서 성리학의 전수를 요청하였다. 이로부터 북방의 유학자인 요추, 유인(劉因), 허형(許衡) 등이 남방의 성리학을 전수받게 되었다. 이 중에서도 특히 조복을 간접적으로 사사(師事)했던 허형이 성리학을 원의 관학으로 정립하는 데 크게 공헌하였다.

허형(1209~1281)은 처음에 '구두훈해(句讀訓解)' 중심의 유학을 공부했다가, 조복으로부터 성리학을 전수받은 요추를 만나 성리학에 눈을 뜨게 되었다. 그는 요추 문하에서 수학하면서 정이의 『이천역전』, 주희의 『사서집주』『소학(小學)』『대학혹문』『중용혹문』 등을 공부하였다. 허형은 특히 『소학』을 중시하여 『소학』에 나오는 일상생활에서의 공부에 대해 '신명을 마주하듯' 경외하였으며, 이것이 성리학의 입문(入門)이요 요율(要律)이라고 생각하였다. 이 때문에 허형은 실천을 중시하는 태도를 보였으며, 따라서 '도(道)'를 민생일용(民生日用)과 양민치생(養民治生)의 사상이라고 생각하였다.

허형은 성리학이 원나라의 관학으로 자리매김 하는데 크게 공헌하였으며, 명대(明代) 유학자 설선(薛宣)으로부터 '주자(朱子) 이후 제1인자'라는 평가를 받았고, 도통(道統)에도 들어갈 정도로 원대 성리학의 핵심적인 인물이었다.

한편, 남방 지역에서는 오징(吳澄, 1249~1333)이 원대를 대표적인 성리학자로 명성을 떨쳤다. 오징은 27세 이전에는 남송에서, 그 후에는 원에서 살았다. 그는 허형과 더불어 원나라의 명유(名儒)로서 이름을 떨쳐, '남방에는 오징, 북방에는 허형[南吳北許]'이라는 평가를 받았다. 특히 허형은 북방인으로서 남방의 성리학이 북방에 전파된 이후에야 주자학을 공부하였기 때문에 학문에 거친 점이 있었지만, 오징은 남방 사람으로서 송대 성리학을 직접적으로 계승하였기 때문에 허형에 비해 '정학진전(正學眞傳)'으로 깊은 조예를 얻었다는 평가를 받았다.

오징은 유학자 집안 출신으로 16세 때 과거장에서 요로(饒魯)의 제자인 정약용(程若庸)을 알게 되면서 요로의 재전(再傳) 제자가 되었고, 후에 정소개(程紹開)를 사사하기도 했다. 원대에 들어 동문인 정구부(程矩夫)의 추천으로 관직에 나가기도 했지만 관직에 머문 기간은 매우 짧았으며, 대부분의 생애 동안 고향에 은거하면서 성리학 연구와 제자 양성에 힘썼다. 그는 성리학과 경학뿐만 아니라 천문(天文)·산율(算律) 등도 두루 섭렵하였으며, 기본적으로 성리학자이지만 육구연(陸九淵)의 심학(心學)도 부분적으로 수용하였는데, 이 때문에 주(朱)·육(陸)을 융합한 학자로 평가받기도 하였다. 주요 저술로는 『오경찬언(五經纂言)』이 있다.

한편, 원대의 남방 학계에는 오징 이외에도 하기(何基)·왕백(王柏)·김이상(金履祥)·허겸(許謙) 등 이른바 북산사선생(北山四先生)이 주축을 이룬 금화학파(金華學派)가 형성되어 남송의 성리학을 계승·발전시켰다.

원나라에서 성리학이 크게 성행하여 관학(官學)으로서의 권위를 갖게 된 데에는 과거제(科擧制)의 역할이 매우 컸다고 할 수 있다. 원나라에서 과거가 시작된 것은 남송이 멸망한 뒤 30여 년만인 1315년이었다. 이보다 앞서 1313년부터 정구부(程矩夫)·원명선(元明善) 등의 주도하에 과거제도의 조례(條例)가 만들어졌는데, 이때의 핵심은 명경과(明經科)에서 정이·정호 형제와 주희, 그리고 여타 성리학자들이 지은 사서오경(四書五經)의 성리학 주석서들을 시험의 표준 교재로 삼았다는 점이다.

원나라 인종(仁宗) 연간에 제정된 과거의 시험 과목을 살펴보면, 사서(四書)는 주희의 『집주(集註)』와 『장구(章句)』를 병용하도록 하였고, 삼경(三經)의 경우에는 『시경』은 주희의 『시집전(詩集傳)』 『서경』은 채침(蔡沈)의 『서집전(書集傳)』 『주역』은 정이의 『이전역전(伊川易傳)』과 주희의 『주역본의(周易本義)』를 위주로 하면서 고주소(古註疏)를 겸용하게 하였다. 또 『춘추』는 『좌전(左傳)』 『곡량전(穀梁傳)』 『공양전(公羊傳)』 등 삼전(三傳)과 호안국의 『춘추전(春秋傳)』을 모두 허용하였으며, 『예기』는 고주소(古註疏)를 사용하도록 하였다.[4] 이에 따라 원나라에서 과거 시험을 통해 관리가 되기 위해서는 정이·정호 형제, 주희 등이 지은 사서오경의 성리학 주석서들을 반드시 공부해야만 했고, 주희의 '사서집주(四書集注)'는 모든 과거 응시자들의 필독서가 되었다. 그 결과 성리학은 원나라의 관학으로 자리매김하게 되었으며, 이는 이후 명나라를 거쳐 청나라 말까지 변함없이 지속되었다.

2. 고려와 중국의 학술교류와 성리학 수용

1) 고려 중기 관학진흥과 '존경학풍'

고려에서 종교와 사회생활을 지도한 것이 불교였다면, 유학은 개국 초기

4 馬宗霍(1936), 『중국경학사(中國經學史)』 대만상무인서관(臺灣商務印書館), 1987년 제7판, 128쪽.

부터 국가의 정치적 지도 이념으로 역할하였다. 태조대에는 최응(崔凝), 최언위(崔言撝) 등 신라 6두품 출신의 유학자들이 활동하면서 유교 정치체제 확립에 기여하였고, 광종대 과거제 시행은 유학 발달의 흐름을 더욱 촉진시켰다. 성종대에는 최승로 등의 건의에 따라 불교행사를 축소하는 대신 유학의 오례(五禮)를 시행하였고 국자감 증수, 경학박사 파견, 효자 표창 등 유학 진흥을 위한 여러 정책들을 추진하였다.

고려의 유학은 11세기 최충(崔沖, 984~1068)의 활동과 더불어 새로운 국면을 맞이하였다. 최충은 1005년(목종 8)에 과거에서 장원으로 급제하고 덕종~문종 연간에 관료로 활동하였으며, 치사(致仕) 이후 구재학당(九齋學堂)을 설립하여 고려 사학(私學)의 단초를 열었다. 최충 이후 고려에는 12개의 사학이 형성되었는데[5], 이들은 당시 과거 준비에 가장 효율적인 교육기관으로 역할하며 관학(官學)을 뛰어넘는 권위를 가지고 있었다. 최충의 구재학당에서는 9경(經)과 3사(史)를 중심으로 생도들을 교육하였는데, 구재의 명칭이나 교과목 등으로 미루어 볼 때 한·당의 훈고학에서 탈피하여 송대 유학

5 고려 중기 사학십이도(私學十二徒)의 명칭과 설립자의 인적 사항은 다음과 같다. [전거 :『고려사(高麗史)』]

명칭	소재지	설립자	설립자 관직	설립자 출신지
文憲公徒	개경	崔 忠	侍 中	海 州
弘文公徒	개경 남문밖	鄭倍傑	侍 中	草 溪
匡憲公徒	–	盧 旦	參 政	谷 山
南 山 徒	개경 남산	金尙賓	祭 酒	–
西 園 徒	개경 서원	金無滯	僕 射	–
文忠公徒	–	殷 鼎	侍 郎	幸 州
良愼公徒	–	金義珍	平章事	慶 州
貞敬公徒	–	黃 瑩	平章事	–
忠平公徒	–	柳 監	–	–
貞憲公徒	–	文 正	侍 中	長 淵
徐侍郎徒	–	徐 碩	侍 郎	利 川
龜 山 徒	–	(미상)	–	–

에 상당히 접근한 학풍을 가졌던 것으로 보인다.[6]

사학 중심의 고려 유학은 12세기 예종~인종대에 들어 큰 변화를 보이면서 한층 더 성장하게 되는데, 특히 이 시기에는 학문의 중심이 사학에서 관학으로 옮겨졌다는 점이 특징이다. 이는 숙종대부터 추진되던 개혁 정책과 맥을 같이한다. 숙종은 문벌귀족이나 외척세력들의 정치적 전횡을 막고 왕권을 강화하여 국왕 중심의 관료체제를 확립하려는 의도를 가지고 여러 가지 개혁정책을 추진하였다. 예종은 부왕의 정책을 계승하여 국왕 중심의 관료체제 확립을 완성시키고자 했는데, 이를 위해서는 유교적 정치이념과 합리주의로 무장하여 귀족과 외척을 견제하면서 귀족적 정실주의를 극복할 수 있는 새로운 관료형이 필요하였다. 예종은 관학 진흥을 통한 신진관료의 양성으로 이러한 필요를 해결하고자 하였다.

예종은 즉위 직후 "학교를 설치하여 현명한 인재를 양성하는 것은 삼대(三代) 이래로 다스림을 이루는 근본이 된다."라고 하여 관학 진흥의 의지를 피력하였다. 그 결과 1099년(예종 4)에 국학(國學)에 7재(齋)를 설치했는데, 이러한 학제 개혁은 문벌가문과 연결되어 있는 사학 중심의 교학체계를 관학 중심으로 전환시키려는 의도에서 비롯된 것이었다.[7] 또 예종은 1116년(예종 11)에 청연각(淸燕閣)과 보문각(寶文閣)을 설치하고 학사를 두어 왕의 경연을

6 구재학당의 명칭은 낙성(樂聖)·대중(大中)·성명(誠明)·경업(敬業)·조도(造道)·솔성(率性)·진덕(進德)·대화(大和)·대빙(待聘) 등으로, 이는 모두 『중용』에 등장하는 용어들이다. 한편, 구재학당의 교과목 중 9경(九經)은 『주역(周易)』 『상서(尙書)』 『모시(毛詩)』 『예기(禮記)』 『주례(周禮)』 『의례(儀禮)』 『좌전(左傳)』 『공양전(公羊傳)』 『곡량전(穀梁傳)』 등이고, 3사(三史)는 『사기(史記)』 『한서(漢書)』 『후한서(後漢書)』 등이다[문철영(2005), 『고려 유학사상의 새로운 모색』 (경세원)].

7 예종대에 설치된 칠재의 명칭과 교육 과목은 다음과 같다(전거 : 『고려사』).
여택재[麗澤齋 : 주역(周易)], 대빙재[待聘齋 : 상서(尙書)], 경덕재[敬德齋 : 모시(毛詩)], 구인재[求仁齋 : 주례(周禮)], 복응재[服應齋 : 예기(禮記)], 양정재[養正齋 : 춘추(春秋)], 강예재[講藝齋 : 무학(武學)].

담당하도록 하였고, 1119년에는 국학에 양현고(養賢庫)를 설치하였다. 한편 인종대에 들어서 1133년(인종 11)에 무학재(武學齋)를 폐지하고 경사육학(京師六學)을 정비했으며 식목도감(式目都監)에서 학식(學式)을 제정함으로써,[8] 관학은 그 규모를 완성하였다.

예종~인종대에는 학제 개혁과 더불어 과거제를 개혁하여 새로운 관인들이 계속적으로 창출·공급될 수 있는 제도적 장치를 마련되었다. 이때의 개혁은 과거의 시험과목에서 경세제민(經世濟民)의 실용성을 띤 논(論)·책(策)을 중시하는 방향으로 추진되었다. 논·책을 중시하는 방향으로의 과거제 개혁은 결국 사장(詞章) 학풍에서 존경(尊經) 학풍으로의 이행을 가속화시키는 결과를 초래하였다. 이와 같은 존경학풍 속에서는 설사 시부(詩賦)를 한다고 하더라도 글을 기교적으로 꾸미는 병려체(駢儷體)보다는 도를 중시하는 고문(古文)을 숭상하는 쪽으로 발전되어 문체의 개혁까지 낳게 되었다.

예종~인종대의 존경학풍과 관련하여 주목되는 것이 바로 경연에서의 경서 강론이다. 예종~인종대의 경연에서는 『서경』『예기』『주역』『시경』 등이 강론의 중심을 이루었는데, 그 중에서도 『서경』과 『예기』가 특히 중시되었다. 반면 국학의 정규 과목인 『춘추』에 대한 강론은 단 한 차례도 이루어지지 않은 것이 특이하다.

『서경』『예기』『주역』 등의 여러 편 가운데 경연에서 집중적으로 논의되었던 부분을 살펴보면 몇 가지 특징을 발견할 수 있다. 『서경』의 경우 황극(皇極)을 중심으로 유교정치의 요체를 설명한 「홍범(洪範)」, 현자(賢者) 등용의 필요성을 강조한 「열명(說命)」, 군주의 나태와 탐락을 경계하고 수신(修身)의

8 인종대에 식목도감(式目都監)에서 상정한 학식(學式)에 규정된 국학의 교과목과 교육 연한은 다음과 같다(전거 : 『고려사』).
① 『효경(孝經)』『논어』-1년, ② 『상서』『공양전』『곡량전』-2년 반, ③ 『예기』『좌전』-3년.

중요성을 강조한 「무일(無逸)」 등 군주가 정치에 임하는 자세에 관한 내용의 편들이 주로 강론되었다. 또 『예기』에서는 군주가 시행해야 할 정치 운영의 내용들을 월별로 정리한 「월령(月令)」이 자주 강론되었으며, 『주역』에서는 「건괘(乾卦)」가 가장 많이 강독되었다. 즉, 예종~인종대의 경연에서는 각 경전 중에서 군주의 중요성을 강조하는 내용들이 중점적으로 다루어졌음을 알 수 있다. 이는 당시 관학 진흥의 궁극적인 목적이 왕권을 강화하여 군주를 중심으로 하는 관료체제를 확립하는데 있었음을 보여준다.

한편 경연에서 『중용』과 『주역』이 중시되었다는 사실은 앞에서 언급한 최충의 구재학당과 함께 북송대 성리학의 도입 가능성을 시사하는 단서가 되기도 한다. 성리학의 체계에서 우주론(宇宙論)과 심성론(心性論)의 핵심을 이루고 있는 이 두 경전이 중시되었다는 사실은, 12세기 고려의 유학 수준이 이미 심성(心性)을 강조하는 성리학적 성향을 내포하는 단계에 이르렀음을 의미한다고 할 수 있다.[9]

2) 고려 후기 주자성리학의 수용

12세기에 경학을 중심으로 발달했던 고려의 유학은 1130년(인종8) 이후 고려–송 사이의 정치적 교류가 단절되면서 남송의 주자성리학과 접촉할 수 있는 기회를 상실하였다. 여기에 1170년(의종 24)부터 약 100여 년간 계속된 무인집권기를 거치면서 고려의 유학은 크게 위축되었다. 문인(文人)·유자(儒者)들이 대부분 숙청되는 화를 입었고, 죽음을 모면한 이들도 대부분 낙향

9 고려 중기 북송성리학 수용에 관한 연구로는 다음의 논저들이 있다.
문철영(1992), 「고려중기 사상계의 동향과 신유학」『국사관논총』 37.
_____(2000), 「고려중·후기 유학사상 연구」 (서울대학교 박사학위논문).
_____(2005), 『고려 유학사상의 새로운 모색』 (경세원).
최영성(1996), 「고려중기 북송성리학의 수용과 그 양상」『대동문화연구』 31.

하거나 승려로 전신하여 여생을 마치는 등 문풍이 전반적으로 침체하였다. 그러나 고려 중기의 학풍이 완전히 사라진 것은 아니어서, 재도론(載道論)으로 대표되는 송대의 고문운동이 무신집권기 일부 문사들에게 이어졌다. 또 고려 중기에 나타난, 『주역』과 『중용』에 의한 심성화(心性化) 경향은 선종(禪宗) 계통의 승려들을 통해 계속 이어졌는데, 이러한 경향은 고려후기 주자성리학 수용의 중요한 기반이 되었다.

고려의 유학은 충렬왕대 이후 원(元)으로부터 주자성리학을 수용하면서 새로운 전기를 맞이하였다. 고려의 성리학 수용은 고려와 원의 문인들간의 활발한 교유를 통해 이루어졌다. 원간섭기 중에 수많은 고려인들이 원에 진출했으며, 원에서도 고려를 통제하는 과정에서 많은 중국인들이 고려에 건너왔다. 이 과정에서 고려와 원 양국의 수많은 문인·학자들이 공식적 또는 비공식적으로 접촉·교유하였으며, 이를 통해 원으로부터 고려로 성리학이 전수되었다.[10]

고려의 주자성리학 수용은 안향(安珦, 1243~1306)이 충렬왕대에 원나라에서 주희의 서적을 접하고 돌아오면서 시작되었다. 귀국 후 안향은 국자감에서 생도들에게 주자성리학을 강의하였고, 또 섬학전(贍學錢)을 거두는 등 국학을 중흥시키는데 힘을 기울였다. 안향의 학문은 이후 그의 문인인 백이정(白頤貞)·권보(權溥)·우탁(禹卓) 등에게 이어졌다. 백이정은 충선왕을 따라 원나라 수도에 10여 년 동안 머물면서 정주학의 서적들을 많이 취득하여 귀국하였으며, 이제현(李齊賢)·박충좌(朴忠佐) 등 문인들에게 이를 가르쳤다. 우탁도 정이(程頤)가 주석한 『이천역전』이 수입되자 이를 스스로 터득하여 국학의 생도들에게 교수하였다. 한편 권보는 주희의 『사서집주(四書集註)』 간행

10 고려와 원나라의 문인들간의 교유 관계에 대한 내용은 장동익(1994), 『고려후기 외교사 연구』(일조각)의 제4장 「려·원 문인의 교유」를 참조.

을 건의함으로써 성리학의 보급에 기여하였으며, 또 박사 유연(柳衍) 등이 중국의 강남에서 새로 구입해 온 경학 서적들을 권한공(權漢功)·이진(李瑱) 등과 함께 고열(考閱)하였다.

백이정 등에 의해 연구된 성리학은 이후 '이제현(李齊賢) → 이곡(李穀) → 이색(李穡)' 등으로 이어졌다. 이제현·이곡·이색 등은 모두 국내에서 성리학을 공부하여 학문적 기반을 갖춘 후에 원나라에 가서 그곳의 학자들과 교유하면서 학문적 성장을 이루었다는 공통점을 가지고 있다. 이제현은 충선왕을 시종하여 만권당(萬卷堂)에서 당대의 석학들과 만나 교유하였으며, 또 충선왕과 함께 강남 지역을 여행하면서 그곳에서 활동하던 여러 성리학자들과도 접촉하였다. 이곡은 원나라의 제과(制科)에 급제하여 관직을 제수받았으며, 그 아들 이색은 부친의 후광을 힘입어 원나라의 국자감에서 3년간 수학하면서 원나라의 관학을 공부하였다.

공민왕대 들어 주자성리학은 고려 학계에 더욱 널리 보급되고 연구도 심화되었는데, 여기에는 성균관(成均館)이 중요한 역할을 하였다. 공민왕은 1367년(공민왕 16) 임박(林樸)의 건의에 따라 성균관을 중영(重營)하고 교육체계를 오경사서재(五經四書齋)로 개편하였다. 또 이색을 성균관 대사성으로, 박상충(朴尙衷)·김구용(金九容)·정몽주(鄭夢周)·박의중(朴宜中)·이숭인(李崇仁)·정도전(鄭道傳) 등을 학관으로 임명하여 생도들을 교육하였는데, 이에 교육이 중흥되고 성리학이 관학의 새로운 학풍으로 정착되었다.

고려말에 성리학이 수입될 당시 원나라의 관학은 지경(持敬) 위주의 실천윤리를 강조하는 허형(許衡)의 노재학풍(魯齋學風)이 주류를 이루고 있었다. 이 학풍은 당시 원나라에서 공부하고 돌아온 고려 학자들에 의해 수용되어 성균관을 중심으로 보급되었다. 이색은 인간의 성(性)을 회복하는 수양법으로 계신(戒愼)과 지경(持敬)을 강조하였으며, 이숭인은 『소학(小學)』 윤리의 실천을 매우 중시하는 태도를 보였다. 또 정도전도 모든 저술에서 윤리의 문제를 강조하였으며, 이는 그의 전 사상체계의 핵심이라고 할 수 있다. 이렇게 볼 때 고려말 성리학의 특징은 '일상윤리(日常倫理)의 강조'라고 규정할 수 있다.

한편, 고려말 성균관에는 원나라의 관학 이외에도 다양한 경향의 성리학풍이 소개되었던 것으로 보인다. 이와 관련하여 주목되는 것이 『고려사』「정몽주전(鄭夢周傳)」에 수록된 성균관 강론 기사인데, 그 내용을 인용해 보면 다음과 같다.

> (공민왕) 16년에 (정몽주가) 예의정랑(禮曹正郞)으로 성균박사(成均博士)를 겸하였다. 당시에 동방에 들어온 경서는 오직 주자집주(朱子集註) 뿐이었는데, 정몽주의 강설이 탁월하여 사람들의 생각을 뛰어넘으므로 듣는 사람들이 자못 의심하였다. 후에 호병문(胡炳文)의 사서통(四書通)이 들어와서 보니 (정몽주의 강설과) 합치하지 않음이 없으므로 여러 학자들이 더욱 탄복하였다(『고려사』 권117 열전(列傳) 30, 「정몽주전(鄭夢周傳)」).

당시 정몽주의 강설이 호병문(胡炳文)이 지은 『사서통(四書通)』의 내용과 일치하였다는 「정몽주전」의 기사는 고려말 성균관에서 이미 호병문의 학설이 수용되고 있음을 확인시켜 준다. 호병문(1253~1333)은 휘주(徽州) 무원(婺源) 출신의 학자로, 가학(家學)을 통해 주희의 학문을 전수받아 그 학설을 충실히 따르고 존숭하는 학풍을 가졌던 인물이다. 그는 일생을 향리에서 학문 연구와 교육에 몰두하였으며, 특히 사서(四書)와 『서경』 『주역』에 관한 저술을 많이 남겨 당시 중국 동남(東南) 지역의 대학자로 명성을 날렸다.[11] 즉, 호병문은 허형의 학설이 중심이 된 원대 관학과는 학문 경향을 달리 하는

11 호병문(胡炳文)의 학문에 관한 자세한 내용은 유권종(1993), 「胡炳文의 『四書通』에 관한 연구」 『元代性理學』, 포은사상연구회, 262~266쪽을 참조.

학자였다고 할 수 있다. 따라서 비록 단편적인 기록이기는 하지만, 고려말 성균관에서 호병문의 학설을 수용한 사실은 고려말에 송·원대 성리학의 여러 학설들이 다양하게 수용되고 있었음을 보여준다. 이는 성균관의 학문 경향을 단순히 원대 관학으로만 한정할 수 없음을 의미한다고 할 수 있다.

이상에서 고려 중·후기 학계의 동향과 성리학 연구의 흐름을 검토하였다. 고려 중기에는 관학을 중심으로 경전 연구를 강조하는 존경(尊經) 학풍이 일어났다. 고려 중기의 존경학풍은 비록 무인집권기라는 학문적 침체기를 만나기는 하였지만, 그 전통이 계속 이어져서 고려 후기에 성리학을 받아들일 수 있는 내재적 바탕이 되었다. 여기에 원나라로부터 새로이 수입된 성리학이 결합하고 또 성균관의 중영을 통해 많은 학자들이 양성되면서, 성리학은 기존의 불교를 대체할 수 있는 새로운 주류 사상으로, 나아가 새나라 조선의 지배 이념으로 자리매김하게 되었다.

IV. 동아시아 성리학의 지역적 특징

1. 명 : 성리학의 교학화와 양명학의 출현

명대(明代)의 유학에는 두 가지 상반된 모습이 공존하고 있었다. 첫째는 원대(元代)부터 시작된 성리학의 관학화(官學化)가 더욱 강화되면서 절대적인 권위를 가진 체제교학(體制教學)으로 자리매김했다는 점인데, 이를 상징적으로 보여주는 것이 『영락대전(永樂大全)』의 편찬이다. 둘째는 성리학의 체제교학화에 반발하면서 이에 대립하는 새로운 학문적 흐름이 등장했다는 점인데, 그 중 가장 대표적인 것이 바로 양명학(陽明學)이다.

1) 『영락대전』과 성리학의 교학화

『영락대전』은 명나라 성조(成祖) 영락제(永樂帝)의 명에 따라 1415년(명 영락 13) 9월에 편찬된 『사서대전(四書大全)』 『오경대전(五經大全)』 『성리대전(性理大全)』을 통칭하는 말로, '영락 3대전(永樂三大全)'이라고도 부른다.

성조 영락제는 1414년 11월에 한림원학사(翰林院學士) 호광(胡廣), 시강(侍講) 양영(楊榮)·김유우(金幼孜) 등에게 칙명(勅命)을 내려 『사서대전』 『오경대전』 『성리대전』을 편찬하게 하였다. 편찬 작업에는 위에서 언급한 3명 외에도 한림편수(翰林編修) 엽시중(葉時中) 등 39명이 더 참여하였다. 성조는 호광 등에게 대전의 편찬을 지시하면서 기본적인 편찬의 범례를 제시하였다. 오경과 사서에 대한 전주(傳註)와 여러 유학자들의 경학 논설 중에서 중요한 것을 편집·정리하여 전서(全書)를 편찬할 것, 주돈이(周惇頤)의 『태극도설

(太極圖說)』과 『통서(通書)』, 장재(張載)의 『정몽(正蒙)』과 『서명(西銘)』 등 여러 성리학자들의 저술들을 하나로 통합하여 편집할 것 등이 그것이다. 1415년 9월 『영락대전』의 편찬이 완료되자 성조는 어제서문(御製序文)을 붙이고 예조에 명하여 간행하도록 하였다.

『영락대전』의 체재와 내용을 간략히 살펴보도록 하겠다. 먼저 『사서대전』은 『대학장구대전(大學章句大全)』 『대학혹문(大學或問)』 『논어집주대전(論語集註大全)』 『맹자집주대전(孟子集註大全)』 『중용장구대전(中庸章句大全)』 『중용혹문(中庸或問)』 등 6종의 서적으로 구성되어 있다. 사서에 대한 주희의 집주(集註)·장구(章句)·혹문(或問)을 중심으로 하면서 주희의 주석에 대한 송·원대 성리학자들의 학설들을 모아서 편집·수록하였다.

『오경대전』은 『주역대전(周易大全)』 『서경대전(書經大全)』 『시경대전(詩經大典)』 『예기대전(禮記大全)』 『춘추대전(春秋大全)』 등 5종의 서적으로 구성되어 있다. 『주역』에서는 정이의 『이천역전(伊川易傳)』과 주희의 『주역본의(周易本義)』 『서경』에서는 채침(蔡沈)의 『서집전(書集傳)』 『시경』에서는 주희의 『시집전(詩集傳)』 『예기』에서는 진호(陳澔)의 『예기집설(禮記集說)』 등을 기본 토대로 하면서 정주학(程朱學)에 입각한 송·원대 여러 학자들의 주석들을 모아 편집하였다.

『성리대전』은 송대의 성리학자 120가(家)의 학설을 집대성한 것이다. 이 중에서 원서(原書)를 채록(採錄)한 것으로는 주돈이의 『태극도설』과 『통서』, 장재의 『정몽』과 『서명』, 소옹(邵雍)의 『황극경세서(皇極經世書)』, 주희의 『역학계몽(易學啓蒙)』과 『가례(家禮)』, 채원정(蔡元定)의 『율려신서(律呂新書)』, 채침의 『홍범황극내편(洪範皇極內篇)』 등 9종이며, 그밖에 이기(理氣)·귀신(鬼神)·성리(性理)·도통(道統)·성현(聖賢)·제유(諸儒)·학(學)·제자(諸子)·역대(歷代)·군도(君道)·치도(治道)·시(詩)·문(文) 등 성리학의 주요 개념 13가지에 대한 여러 학자들의 학설을 모아 항목별로 분류하여 정리·편집하였다.

이상의 내용을 갖춘 『영락대전』은 편찬 직후 간행되어 중앙과 지방의 각 학교에 반포되어 교재로 사용되었으며, 또 과거의 필수 과목으로 채택되었다.[12] 그에 따라 『영락대전』은 당나라 때의 『오경정의(五經正義)』에 비견될 만큼 명대 학계에서 절대적인 권위를 가지게 되었으며, 『영락대전』에 의거한 성리학은 명나라의 체제교학으로서 확고하게 자리매김하였다. 또 『영락대전』은 간행 직후 조선에 유입되어 조선 학자들의 경학 및 성리학 연구의 기본 교재로 활용되는 등 대외적인 영향력도 매우 컸다.

하지만, 『영락대전』 편찬에 따른 성리학의 교학화에는 상당한 부작용과 그에 대한 비판이 뒤따랐다. 먼저, 방대한 분량의 3대전이 불과 1년도 안되는 기간에 완성되면서 그 내용 자체가 상당히 부실하며 많은 부분이 기존 저술들을 그대로 표절한 것이라는 비판이 나타났다. 그리고 이보다 더 큰 문제는 『영락대전』이 교육과 과거에서 절대적 권위를 가지면서 이를 이용하여 학자들의 사상을 통제하는 것이 가능해졌다는 점이다. 그에 따라 학풍 역시 성리학이 가지고 있는 이론 탐구와 윤리 실천의 두 측면 중에서 후자의 측면만 강조되었고, 도(道)를 추구하기 위한 새로운 연구나 자유로운 비판정신은 사라지게 되었다. 즉, 국가가 공인한 범주 안에서만 연구와 실천이 가능하게 되면서 명대의 성리학은 경직되었고, 학문적·이론적 발전은 크게 뒤떨어지는 결과를 초래하였다.

---

12 명대 과거에서는 초기부터 성리학에 입각한 주석을 필수 시험과목으로 채택하였다. 명나라 홍무(洪武) 연간의 과거 시험 과목을 보면, 먼저 사서는 주희의 집주(集註)·장구(章句)를 병용하며, 『시경』 『주역』은 고주소(古註疏)의 겸용을 배제하고 오직 주희의 『시집전』 『주역본의』와 정이의 『이천역전』만 사용하도록 하였다. 반면 『서경』은 채침의 『서집전』을 기본으로 하면서 채침의 주석 중에서 오류라고 판단되는 부분에 대해서는 다른 주석들을 겸용하도록 하였다. 또, 『예기』는 진호의 『예기집설』을 기본 주석으로 사용하면서 고주소도 겸용할 수 있게 하였고, 『춘추』는 「좌전(左傳)」 「곡량전(穀梁傳)」 「공양전(公羊傳)」 등 삼전(三傳)과 호안국(胡安國)의 「춘추전(春秋傳)」을 모두 허용하였다(馬宗霍(1936), 『중국경학사(中國經學史)』 대만상무인서관(臺灣商務印書館), 1987년 제7판, 132쪽).

2) 양명학의 출현

위에서 언급한 바와 같이 성리학의 체제교학화에는 많은 부작용이 나타났다. 이에 따라 성리학에 대한 반발과 수정의 움직임이 나타나기 시작했는데, 그 중 가장 큰 줄기를 이룬 것이 바로 양명학이다. 양명학은 왕수인(王守仁, 1472~1528)에 의해 제창된 것으로, 왕수인은 남송대 주희와 논쟁을 벌였던 육구연(陸九淵)의 심학(心學)을 계승하여 양명학으로 발전시켰다.

양명학은 이기론, 심성론, 그리고 『대학』에 대한 이해에 있어 성리학과 뚜렷한 차이를 보였다. 먼저 이기론을 보면, 성리학은 리를 기의 근원으로 보는 이원론적인 입장인 데 반하여 양명학에서는 리를 단지 기의 조리(條理)로 간주하는 일원론적 입장을 취하여 리와 기를 둘로 나누는 것에 반대하였다. 다음으로 심성론에서는, 성리학이 '성즉리(性卽理)'를 주장한 반면, 양명학에서는 내 마음 속에 모든 이치가 갖추어져 있다는 '심즉리(心卽理)'를 주장하였다. 이는 다시 내 마음의 이치를 지각하는 본원적인 도덕지(道德知), 즉 양지(良知)를 완전하게 해야 한다는 '치양지(致良知)'설로 발전하였다.

양명학의 『대학』 이해는 위에서 본 '심즉리'와 '치양지'의 연장에서 나타난 것이다. 양명학에서는 '격물치지(格物致知)'에 대한 성리학적 해석, 즉 개별 사물에 대한 이치를 하나하나 탐구해 나가다 보면 어느 순간에 우주와 인간 사회 전체를 일관하는 이치를 깨닫게 된다는 이론을 부정하고, '성의(誠意)'와 '정심(正心)'을 통한 내 마음에 있는 양지를 완전하게 하는 것이 '격물치지'의 본의라고 주장하였다. 이에 따라 양명학에서는 『대학』의 '지어지선(止於至善)'을 '양지'의 완성으로 해석했다. 또 양명학은 마음속의 양지를 완전하게 하면 누구나 성인이 될 수 있다고 하여, 사대부층 뿐만 아니라 일반 서민들도 도학 실천의 주체로 간주하였다. 그에 따라 양명학에서는 『대학』의 '친민(親民)'을 '신민(新民)', 즉 백성을 교화해야 한다는 뜻으로 보는 성리학적 해석에 반대하며, 원래대로 '친민'으로 보아야 한다고 하였다.

한편, 성리학과 양명학의 공부론에 대한 인식 차이는 실천에 대한 인식 차이로 나타났다. 즉, 성리학에서는 지적 탐구활동을 통해 이치를 안 다음 실천할 수 있다는 선지후행(先知後行)을 주장한 반면, 양명학에서는 내 마음에 모든 이치가 갖추어져 있으므로 그 이치를 완전하게 하는 것이 곧 실천이라고 하는 지행합일(知行合一)을 주장하였다.

이상에서 양명학의 주요 논점들을 살펴보았다. 양명학은 성리학의 체제 교학화에 따라 사상적으로 경직되고 학문적 발전이 정체되어 있던 명나라의 학계에 상당한 충격을 주었다. 또 양명학은 이지(李贄, 1527~1602), 황종희(黃宗羲, 1610~1695) 등 명말청초(明末淸初)의 개혁 사상가들에게 계승되어 상당한 영향을 끼쳤다는 점에서도 사상적 의의가 크다고 할 수 있다.

2. 조선 : 문물·제도의 정비와 성리학 연구 심화

1) 건국 초기의 성리학 : 정도전과 권근

건국 초기 조선의 학계를 대표하는 학자로는 정도전(鄭道傳, 1342~1398)과 권근(權近, 1352~1409)을 들 수 있다. 정도전은 「심문천답(心問天答)」 「심기리(心氣理)」 「불씨잡변(佛氏雜辨)」 등의 저술을 통해 자신의 성리학 이론을 정립하고 그 기반 위에서 강력한 불교 비판을 전개하였다. 또 『경제문감(經濟文鑑)』 『조선경국전(朝鮮經國典)』 등과 같은 경세학 저술도 지어서 새나라 조선의 틀을 설계해 나갔다. 권근은 『입학도설(入學圖說)』이라는 성리학 입문서를 지어 성리학의 주요 개념들을 도설(圖說)로 정리했으며, 또 『오경천견록

(五經淺見錄)』을 저술하여 성리학적 관점에서 오경(五經)의 의미를 해석하였다. 『오경천견록』은 현재까지 전해지는, 우리나라의 가장 오래된 경전 주석서이다. 한편, 권근은 태종대 이후 조선의 문교(文敎) 정책을 총괄하면서 권학사목(勸學事目) 건의, 삼관(三館)의 학식(學式) 제정 및 시행 등을 추진하여 관학 진흥에 힘썼다. 권근의 문교 정책은 이후 변계량(卞季良) 등에 의해 계승되어 15세기 관학 정립에 큰 영향을 끼쳤다.

이처럼 두 사람은 고려말에 수용된 성리학의 기반 위에서 여러 저술들을 남기고, 또 관료로서 다양한 정책을 추진함으로써 15세기 성리학 발전에 큰 공헌을 하였다. 본 절에서는 정도전과 권근 두 사람의 성리학 이해를 천인관계론(天人關係論)과 윤리관의 두 측면을 중심으로 간략히 살펴보고자 한다.

(1) 성리학적 '천인관계론'의 수용

고려말 성리학이 수용된 이후 여말선초의 학자들은 하늘을 주재자(主宰者)로 보는 한대(漢代)의 천관(天觀)에서 탈피하여 하늘을 천리적(天理的)·이법적(理法的)인 존재로 인식하기 시작하였고, 그 결과 천인관계에서 인간의 주체적 역할이 보다 강조되었다. 정도전과 권근도 예외는 아니어서, 두 사람은 모두 성리학적 천관에 기초한 천인관계론(天人關係論)을 피력하였다.

정도전은 만물의 근원인 리가 천지만물에 선행하는 태극 속에 이미 갖추어져 있으며, 동시에 천지만물의 자연 질서 속에 두루 갖추어져 있다고 하였다. 그리고 천체와 일월성신(日月星辰)의 운행을 선기옥형(璇璣玉衡)으로 측량할 수 있고 24절기를 정확하게 분할할 수 있는 것은 자연 질서 속에 리가 갖추어져 있기 때문이라고 하였다. 이는 정도전이 하늘을 이법적인 존재로 인식하였음을 보여준다. 다음으로, 정도전은 음양오행(陰陽五行)의 바른 기를 얻어 태어난 것이 사람이라고 하였으며, 또 "성(性)은 사람이 하늘로부터 타고 나는 리로서 사람의 마음에 갖추어져 있다."라고 규정하였다. 즉, 인간이 하늘의 리와 기를 받아 태어난 존재임을 강조한 것으로, 이는 그가 하늘과 사람을 같은 리와 기를 지닌 동일체로 인식했음을 보여준다.

권근 역시 하늘과 사람이 리와 기를 공유한다는 측면에서 양자를 동일체로 인식하였다. 그는 『예기천견록(禮記淺見錄)』의 「예운(禮運)」에서 사람이 하늘의 리와 기를 부여받은 존재라는 점을 분명히 하였다. 또 「악기(樂記)」에서도 성(性)은 인심(人心)이 받은 바의 천리(天理)이며 사람 마음의 이치가 곧 하늘의 성(性)이니 이것은 하늘과 사람을 합하여 하나로 한 것이라고 하여, 하늘의 리와 사람의 성(性)이 동일하기 때문에 하늘과 사람이 합일(合一)할 수 있다고 하였다.

정도전과 권근은 하늘과 사람의 동일체 인식에 기초하여 하늘과 사람의 상관관계에 대한 견해를 밝혔다. 정도전은 사람의 마음이 바르면 천지의 마음도 바르게 되고 사람의 기가 순하면 천지의 기도 순해지며, 따라서 천지의 재해와 상서(祥瑞)는 모두 인사(人事)의 득실(得失)에 기인한다고 하였다. 이는 일견 한대의 천인감응론과 비슷한 논리로 보일 수 있다. 하지만 정도전은 하늘이 주재자로서 인사에 직접 지시하는 것으로 보지 않고 음양오행의 기가 어그러져 나타나는 재이를 정치 자세의 문제로 환원함으로써, 인간의 의지적인 도덕 실천과 군주의 수덕, 즉 인간의 주재성을 강조하는 입장을 피력하였다. 이 점에서 정도전의 천관은 성리학적인 것이라고 할 수 있다.

권근 역시 정도전과 마찬가지로 천인관계에서 인간의 주체성을 강조하였다. 그는 천인합일(天人合一)의 실현 여부는 사람이 그 마음의 사욕을 제거하여 인심의 바름을 얻을 때 가능하다는 점을 강조하였다. 또 그는 재이(災異) 현상도 하늘의 경고가 아니라 기의 작용으로 나타나는 정상적인 자연현상일 뿐이며, 이 또한 인사를 바르게 함으로써 극복할 수 있다고 주장하였다.

(2) 실천윤리의 강조

고려말 성균관을 중심으로 정착된 성리학은 지경(持敬) 위주의 실천윤리를 강조하는 원나라 허형(許衡)의 노재학풍(魯齋學風)이 중심을 이루었다. 이에 따라 성균관에서 성장했던 정도전과 권근도 성리학적 윤리의 실천을 중시하는 입장을 보였다. 다만 구체적인 실천에서는 차이를 보이는데, 즉 정도전이 불교 배척의 측면에 강조점을 두었던 반면 권근은 가정 윤리의 확립을 가장 중요하게 생각하였다.

정도전은 '인간이 타고난 천리(天理), 즉 천성(天性)을 실현하는 것'을 윤리로 규정하였다. 특히 그는 인(仁)이 모든 도덕규범 가운데 으뜸이며, 인의예지(仁義禮智)의 사덕(四德)과 오륜(五倫)도 기본적으로 인을 바탕으로 해서 나타나는 작용으로 보았다. 따라서 정도전이 강조한 윤리는 일상생활 속에서 인을 실천하는 것이었다고 할 수 있다. 이어 그는 윤리를 실천함에 있어서 마치 물이 흐를 때에 가까운 웅덩이부터 차례로 채워나가듯이 부모를 1차 대상으로 하고, 그 다음에 점차 다른 사람으로 확대해 나가야 한다고 주장하였다.

정도전은 윤리의 실천을 중시하였고, 바로 이 점에 근거하여 불교를 반인륜적인 사상으로 비판하였다. 그는 불교가 짐승이나 곤충, 굶주리고 헐벗은 남에게는 보시(普施)라 하여 은혜를 베풀면서도 부자·부부·군신 등의 인륜은 '가합(假合)'으로 규정하여 끊어버리고자 한다고 지적하였다. 즉, 불교는 천륜(天倫)을 무시함으로써 국가·사회·가족의 질서를 붕괴시키는 반인륜적 사상이라는 것이 정도전 불교 비판의 핵심이었다.

권근은 가정 윤리를 바르게 하는 것이 인도(人道) 확립의 출발점이라는 것을 강조하였다. 권근은 가정 윤리 중에서 '효(孝)'를 가장 중시하였으며, '효'의 정신이 발현되는 예제로서 제사(祭祀)의 중요성을 강조하였다. 또, 그는 자신의 선조인 권보(權溥)·권준(權準)·이제현(李齊賢) 등이 지은 『효행록(孝行

錄)』[13]에 주석을 붙여서 간행·보급하는 등 효 윤리의 실천을 사회적으로 확산시키는 데에도 많은 힘을 기울였다.

2) 15세기 관학의 문물·제도 정비 : 집현전

15세기는 새로이 건국된 조선이 국가로서의 문화적·제도적 틀을 확립해 나가는 시기였다. 이에 따라 이 시기 조선의 관학(官學)은 정도전, 권근 등의 이전 선배들이 성리학을 이론적인 측면에서 연구했던 것과는 달리, 선배들이 정립한 이론을 어떻게 현실의 문물·제도 정비에 반영할 것인가에 더 큰 관심을 가졌다. 그 결과 이 시기 관학의 학문은 이른바 고제(古制) 연구, 즉 조선의 문물·제도 정비의 모델이 될 수 있는 중국의 역대 왕조들 및 고려의 문물·제도를 연구하고 그 결과를 바탕으로 조선에 적합한 제도를 만들어 나가는 것이 중심을 이루었다. 이와 같은 학문 경향을 가장 잘 보여주는 것이 세종대에 설치된 집현전(集賢殿)이다.

집현전은 관학의 발전과 인재 양성을 위해 1420년(세종 2)에 설치된 학술 연구 기관이다. 집현전의 활동은 경연(經筵), 고제 연구, 서적 편찬 등 세 가지로 나누어 볼 수 있다. 세종은 집현전을 자신의 정책을 학문적으로 뒷받침하는 두뇌집단으로 삼고자 했다. 이에 세종은 집현전 관원들이 경연을 전담하게 한 다음, 경연에서의 토론 과정을 통해 유교적 이념에 기반한 덕치(德治) 실현과 학문의 정치적 실용을 중시하는 자신의 통치철학과 학문경향을

13 『효행록(孝行錄)』은 고려말의 대표적 학자이자 권근의 증조부인 권보(權溥)가 아들 권준(權準), 사위 이제현(李齊賢) 등과 함께 편찬한 책으로, 효행으로 널리 알려진 62인의 행적이 글과 그림, 찬(讚)으로 정리되어 있다. 권보가 85세 되던 해에 권준이 아버지를 위해 24인의 효행(孝行) 설화를 그림으로 그린 다음 이제현의 찬(讚)을 받아 책으로 만들어서 권보에게 올렸고, 여기에 권보가 다시 38인의 효행 설화를 추가하고 역시 이제현의 찬을 받아서 최종 완성하였다.

집현전 관원들에게 관철시켜 나갔다.

집현전의 고제 연구는 1428년(세종 10)년부터 본격화되었다. 주로 중국 역대 왕조들의 제도를 연구하였는데, 그 중에서 특히 중시되었던 것은 당(唐)과 송(宋)의 제도였다. 당시에는 집현전 외에 예조와 의례상정소(儀禮詳定所) 등에서도 고제 연구를 실시하였다. 예조와 의례상정소의 연구가 제도의 큰 틀을 확립하는 것에 집중되었다면, 집현전의 고제 연구는 의례·제도의 세부적인 문제들이나 국정 운영 과정에서 수시로 당면하는 정치·제도적 문제 해결에 참고하기 위한 연구가 중심이 되었다. 이와 같은 집현전의 고제 연구 결과는 각종 보고서와 서적의 편찬으로 이어져 수많은 서적들이 발간되었다. 특히 편찬 서적의 분야가 유학·예제·정치·역사·과학·의학·농업 등 다양한 분야에 걸쳐 있어서 학문의 정치적 실용을 중시하는 학풍의 전형을 잘 보여준다.

집현전 관원들은 경연과 고제 연구, 서적 편찬 등의 사업을 수행하면서 공동 연구와 토론을 통해 학자들간에 합일되는 결론을 도출하였다. 또 관원들에게 일정 기간 휴가를 주어 행정 업무에서 벗어나 독서에만 전념하도록 했던 사가독서(賜暇讀書)도 여러 학자들이 공동으로 실시하였다. 이와 같은 학술 활동의 공동 시행은 집현전 관원들이 공통의 학문 경향을 갖는 중요한 배경이 되었다.

집현전 관원들은 경세학의 관점에서 성리학을 이해하였으며, 문물·제도의 정비라는 시대적 과제의 실현을 위해 역사학·기술학 등 성리학 이외의 학문과 사상에 대해서도 포용적인 태도를 보였다. 그리고 학문이 정치에 발현되는 것은 문장을 통해서만 가능하다는 점에서 문장의 역할을 중시하는 입장을 보였다. 또, 정치적으로는 중앙집권체제의 강화와 관료 정치의 확립을 추구했으며, 이를 위해 관료는 학문적 능력과 행정 능력을 겸비해야 한다고 생각하였다.

1420년에 설치되어 1456년(세조 2) 혁파될 때까지 37년간 존속했던 집현전은 비록 그 존속 기간은 길지 않았지만, 신숙주(申叔舟)·서거정(徐居正)·양성지(梁誠之)·정인지(鄭麟趾) 등 수많은 관료형 학자들을 배출하였다. 이들은 이후 성종대까지 정계와 학계의 중심인물로 활동하면서 『경국대전(經國大典)』과 『국조오례의(國朝五禮儀)』 『동국통감(東國通鑑)』 『동국여지승람(東國輿地勝覽)』 『동문선(東文選)』 등으로 대표되는 15세기 문물·제도 정비의 완성을 주도하였다. 바로 이 점에서 집현전이 조선의 학계와 정계에 끼친 영향이나 역사적 의의는 매우 크다고 할 수 있다.

3) 16세기 성리학에 대한 이해 심화

(1) 성리학규범 실천과 도학정치 추구

15세기 관학의 학자들은 조선 초기 문물·제도 정비에 많은 기여를 하였지만, 한편으로는 세조~성종대에 여러 차례 공신에 책봉되면서 부와 권력을 독점하였고, 그 결과 15세기 후반에 이르면 보수화되면서 여러 가지 정치·사회적 폐단을 야기하였다. 이에 15세기 말~16세기 초에 중앙 정계에 새로이 진출한 신진 관료들은 기성 관료들의 도덕적 문제점을 비판하면서 성리학적 윤리 규범의 철저한 실천을 강조하는 입장을 피력하였다.[14]

이른바 '사림(士林)'이라고 하는 신진 관료·학자들이 '훈구(勳舊)'라고 불리는 15세기 관학자들에 비해 성리학에 대한 이론적 이해가 깊었다고 보기는 어렵다. 하지만 기성 관학자들이 문물·제도 정비라는 시대적 과제를 실현하

14 15~16세기 정치사에 대한 기존 연구에서는 15세기 후반 이후 기성 관료들의 정치·사회적 폐단을 비판하며 새롭게 등장한 신진 관료·학자들을 '사림(士林)'이라는 용어로 범주화하였다. 그리고 이에 상대하여 15세기에 활동했던 기성의 학자·관료들에 대해서는, 이들이 여러 차례 공신에 책봉되면서 부와 권력을 독점하고 있었다는 점에서 '훈구(勳舊)'라는 용어로 지칭하였다.

기 위해 성리학을 기반으로 하면서 여타의 학문·사상에 대해서도 비교적 포용적인 태도를 보였던 반면, 15세기 후반 이후 등장한 신진 관료·학자들은 성리학의 원칙과 규범만을 철저하게 고수하는 입장을 피력하였다.

15세기 말 성종~연산군대에는 김종직(金宗直, 1431~1492)과 그의 문인인 정여창(鄭汝昌, 1450~1504), 김굉필(金宏弼, 1454~1504) 등이 신진 세력의 중심으로 활동하였다. 이들은 관료의 도덕성을 중시하였으며, 이를 위해 수신(修身)의 교과서라 할 수 있는 『소학(小學)』을 철저히 학습하고 『소학』에 담긴 성리학의 윤리와 규범을 일상생활 속에서 실천해야 한다는 점을 강조하였다. 특히 김굉필은 스스로 '소학동자(小學童子)'라고 일컬을 만큼 『소학』의 규범을 궁리하고 실천하는 일에 전력을 기울였다. 김굉필은 『소학』의 규범을 배우고 실천하는 것을 통해 인격의 기초가 확립될 수 있다고 생각했으며, 이러한 신념을 교육의 기본 원칙으로 강조하였다.

연산군대 두 차례의 사화(士禍)를 거치면서 잠시 위축되었던 '사림'의 활동은 중종대 조광조(趙光祖, 1482~1519)를 중심으로 하는 새로운 신진 관료들의 등장과 함께 다시금 활발해졌다. 김굉필의 문인인 조광조는 성리학의 이념과 정신을 철저하게 실천했던 인물로, 특히 개인적 차원의 윤리 실천에 그치는 것이 아니라 이를 정치의 차원으로 확대하여 이른바 '도학정치(道學政治)'를 추구했다는 점에서 중요한 의의를 갖는다.

조광조는 도학정치를 실현하기 위해서는 먼저 국왕이 성리학의 규범을 체질화하여 성인(聖人)의 경지에 이르러야 한다고 생각하였고, 이에 따라 경연(經筵)을 통한 국왕의 성리학 학습과 수신(修身)을 강조하였다. 또, 그는 불교·도교 등 성리학 이외의 사상을 이단으로 규정하여 철저히 배격했으며, 성리학 규범의 사회적 확산을 위해 향약(鄕約) 실시와 『삼강행실도(三綱行實圖)』 『이륜행실도(二倫行實圖)』 『소학』 등의 보급을 추진하였다. 그리고 자신이 추구하는 도학정치를 지지해 줄 인물들을 등용하기 위해 '현량과(賢良

科)'라는 관리 선발 제도를 실시했으며, 기존 공신들 중에서 실제 공적이 없는 이들을 가려내어 공신책봉을 취소하는 '위훈삭제(僞勳削除)'를 추진하였다.

이상과 같은 조광조의 개혁은 '훈구'의 강한 반발에 부딪혔고 결국 기묘사화(己卯士禍)로 조광조 일파가 처형되면서 실패로 돌아갔다. 하지만 선조대 이후 '훈구'가 도태되고 이른바 '사림정치(士林政治)'가 본격화되면서 조광조가 추진했던 도학정치의 정신과 정책들은 '사림'에 의해 계승되었다.

(2) 성리학 연구 심화와 학파 형성

15세기 말~16세기 초 '사림'의 등장과 더불어 성리학적 규범의 실천이 강조되었던 조선의 성리학은 16세기 중반에 들어서면서 학풍의 변화를 맞이하게 되었다. 즉, 윤리적 실천의 측면을 강조하는 단계를 넘어서서 성리철학의 이론을 본격적으로 탐구하는 단계로 발전해 나간 것이다.

16세기 중반 명종·선조대의 조선 학계에는 전국적으로 수많은 성리학자들이 배출되었다. 대표적인 이들을 예로 들어 보면, 영남에서는 경주의 이언적(李彦迪), 안동의 이황(李滉), 합천의 조식(曺植) 등이 활동하였고, 호남에는 정읍의 이항(李恒), 장성의 김인후(金麟厚), 광주의 기대승(奇大升) 등이 있었으며, 서울·경기 지역에서는 서경덕(徐敬德), 이이(李珥), 성혼(成渾) 등이 학계를 주도하였다. 이들은 각각 이기심성론(理氣心性論)을 비롯한 성리학의 주요 이론들을 깊이 있게 연구하여 나름의 학설을 정립했으며, 때로는 학자들 간에 치열한 이론 논쟁을 전개하기도 하였다. 이황과 기대승, 이이와 성혼 사이에 벌어졌던 사단칠정(四端七情)에 관한 논쟁이 대표적인 경우이다. 이상의 여러 성리학자들 중 학문·사상적인 면에서 가장 큰 업적을 남겼고 또 후대에 많은 영향을 끼쳤던 인물은 이황과 이이였다.

이황(1501~1570)은 주희(朱熹)의 학설을 충실히 수용하고 연구함으로써 조선 학계에서 주자성리학이 주류 사상으로서의 독점적 지위를 차지하는 데 핵심적인 역할을 하였다. 그는 이원론적(二元論的) 입장에서 이(理)와 기(氣)가 서로 작용한다는 '호발설(互發說)'을 주장하여, 근원적 존재로서의 이(理)의 중요성을 강조하였다. 이는 이황의 입장에서 볼 때 불의(不義)가 의(義)를 핍박하는 16세기 전반의 외척정치(外戚政治)와 사화기(士禍期) 속에서 악(惡)에 매몰될 수 없는 선(善)의 절대적 가치와 근원성을 확보하고자 하는 의지를 피력한 것이라고 할 수 있다.

이황은 주희의 문집인 『주자대전(朱子大全)』을 깊이 연구하여 그 결과로 『주자서절요(朱子書節要)』를 편찬하였다. 또, 송대(宋代) 이후 중국의 유학사를 도통론(道統論)의 입장에서 정리한 『송계원명이학통록(宋季元明理學通錄)』, 사서삼경(四書三經)을 한글로 번역한 『사서삼경석의(四書三經釋義)』, 성리학의 입장에서 성학(聖學, 국왕학)의 핵심을 도설(圖說)로 정리한 『성학십도(聖學十圖)』 등 많은 저술을 남겼다. 한편, 이황은 주자성리학의 정통성을 강조하면서 불교나 노장(老莊) 사상은 물론 같은 유학이라 할지라도 주자학적 기반에서 벗어난 양명학(陽明學) 등을 이단으로 강력하게 배척하였다. 이황의 학문은 이후 유성룡(柳成龍), 김성일(金誠一), 정구(鄭逑), 장현광(張顯光) 등 영남 학자들에 의해 계승되었다.

이이(1536~1584)는 일생의 대부분은 관료로 활동하면서 당시 정치·사회의 여러 모순들을 개혁하기 위한 경장론(更張論)을 제시했는데, 그의 성리학 연구는 경장론의 이론적 기반이 되었다. 그는 작용의 원인이 되는 이(理)의 주재성을 인정하면서도 현실에서 실제로 작용하는 것은 기(氣)라고 인식하여, "기(氣)가 작용하고 이(理)는 작용하는 기(氣)를 타고 있을 뿐"이라는 일원론적(一元論的) 입장의 '기발이승일도설(氣發理乘一途說)'을 주장하였다. 이는 기(氣)의 측면, 즉 정치·사회·경제의 모순들에 대한 개혁을 통해 새로운 변혁이 가능하다는 점을 내포한 것이라고 할 수 있다.

이이는 초등교육을 위한 교과서인 『격몽요결(擊蒙要訣)』, 사서(四書)를 한글로 번역한 『사서언해(四書諺解)』 『소학(小學)』을 주석한 『소학집주(小學集註)』, 군주성학(君主聖學)의 지침을 제시한 『성학집요(聖學輯要)』, 성리학의 보편적 정치원리와 조선의 정치현실에 대한 나름의 진단 및 해결책 등을 제시한 『동호문답(東湖問答)』 등 수많은 저술들을 통해 자신의 학문과 경세론을 피력하였다. 이와 같은 이이의 학문은 이후 김장생(金長生), 김집(金集) 등 기호(畿湖) 지역 학자들에 의해 계승되었다.

이황과 이이 외에 16세기 학자들 중에서 주목해 볼 만한 인물로는 서경덕과 조식을 들 수 있다. 관직에 나가지 않고 개성 지역에서 학문 연구와 교육에만 전념했던 서경덕(1489~1546)은 조선의 학자로서는 보기 드물게 기(氣)를 중시하는 소옹(邵雍)·장재(張載) 계통의 학풍을 수용하여 우주 만물의 근원을 기(氣)로 인식하는 '주기론(主氣論)'을 주장하였다. 또, 그는 개성이라고 하는 지역적 특성의 영향으로 상공업을 중시하였고 다른 사상에 개방적인 태도를 피력하였다.

합천·산청·진주 등 경상우도 지역에서 활동했던 조식(1501~1572)은 서경덕과 마찬가지로 평생 동안 관직에 나가지 않고 산림(山林)의 처사(處士)로 자처하며 연구와 교육으로 일생을 보냈다. 그는 일상에서 경(敬)으로써 내면의 심성을 수련하고 의(義)로써 외면의 행동을 바르게 해야 한다는 점을 강조하였다. 학문 연구에 있어서도 고원(高遠)한 성리철학의 탐구에 몰두하는 것을 비판하고, 사서(四書)를 위주로 하면서 배운 것을 충실하게 실천하는 것이 중요하다는 입장을 피력하였다.

이상과 같이 16세기 중반 조선의 성리학자들은 성리철학에 대한 깊이 있는 연구를 통해 나름의 이론적 기반을 정립하였고, 이를 바탕으로 각자의 활동 지역에서 교육 활동에 전념하여 수많은 제자들을 양성하였다. 그 결과 16세기 후반에 이르면, 지역별로 유력 학자들의 문인·제자들이 결집해서 하나의 학파(學派)를 형성하는 모습이 나타났다. 먼저 영남에서는 안동을 중심으로 하는 경상좌도(慶尙左道)에서 이황의 학풍을 따르는 '퇴계학파(退溪學派)'가 형성되었고, 진주·산청 등의 경상우도(慶尙右道)에서는 조식의 문인들을 중심으로 '남명학파(南冥學派)'가 형성되었다. 또, 서울 지역에서는 이이와 성혼의 학풍을 따르는 '기호학파(畿湖學派)'가 등장하였으며, 개성 일대에서는 서경덕의 학풍을 계승한 '화담학파(花潭學派)'가 나타났다.

학파의 형성에 따라 각 학파의 종장(宗匠)이 되는 이황·이이·조식·서경덕의 학문은 그 제자들에게 계승되었고, 성리학 이론에 대한 연구도 더욱 심화·발전되었다. 뿐만 아니라 각 학파들은 자신들의 학문과 사상을 현실 정치에서 구현하기 위해 노력했으며, 학파 간의 학문적 입장 차이에 따라 서로 다른 경세(經世)의 방안들을 제시하였다. 즉, 학문적 차이가 정치적 입장의 차이로 이어졌다고 할 수 있다. 16세기 후반에 등장한 '붕당정치(朋黨政治)'는 바로 학파의 정치적 입장 차이가 정파(政派)의 분립으로 이어지면서 나타난 결과물이었다.

이상과 같이 16세기에는 수많은 성리학자들이 배출되었고, 이들을 중심으로 사승(師承) 관계가 형성되면서 학문적·사상적 입장을 같이하는 학자들이 하나의 학파로 결집하였다. 그 결과 성리학에 대한 연구와 이해는 이전 시기에 비해 크게 진전되었다. 이 시기에 이루어진 성리학 연구는 여러 형태로 나타났는데, 그 중에서 특히 중요한 의미를 갖는 것은 유가 경서에 대한 언해(諺解)와 주희의 문집인 『주자대전(朱子大典)』에 대한 연구였다. 전자는 유가 경전에 대한 한글 번역을 통해 성리학적 입장에서의 표준 해석을 확립했다는 점에서, 후자는 주희 학문의 정수(精髓)를 담은 『주자대전』에 대한 지속적인 연구와 교육을 통해 주자성리학이 조선 학계의 주류 사상으로서 절대적 지위를 차지하는 데 큰 역할을 했다는 점에서 중요한 사상사적 의의를 갖는다고 할 수 있다.

(3) '경서언해'의 추진

'경서언해(經書諺解)'는 경전의 원문을 한글로 번역하는 것을 말한다. 조선의 성리학자들은 유가 경전의 올바른 해석 지침을 세우기 위해 일찍부터 경서 언해에 많은 힘을 기울였다. 정확한 언해를 위해서는 먼저 정확한 구결(口訣) 작업이 선행되어야 한다. 구결은 한문 원문의 구두점 위치에 한글 또는 한자의 차자(借字)로 토(吐)를 붙이는 것으로 '현토(懸吐)'라고도 한다. 구결은 한문과 우리말 사이의 언어 간격을 좁히기 위한 독특한 한문 독해법으로, 구결이 경문의 뜻을 규정하여 올바른 경서 해독의 지침이 된다. 경서에 구결을 붙이고 언해를 하기 위해서는 일정한 기준에 따른 경서 해석이 필요하고, 이를 위해서는 경학 및 성리학에 대한 충분한 연구가 선행되어야 했다. 따라서 구결과 언해는 당시의 경학 및 성리학 이해 수준을 가늠할 수 있는 기준이 된다고 할 수 있다.

경서에 대한 구결과 언해는 이미 15세기부터 시작되었는데, 15세기에는 구결이 중심이었다면 16세기에는 기존 구결의 성과를 바탕으로 언해를 추진하는 것이 주류를 이루었다. 먼저 15세기에는 권근이 『오경천견록(五經淺見錄)』 등의 경학 연구 성과를 바탕으로 사서오경의 구결을 정하였다. 또, 세조대에는 왕명에 따라 집현전 출신 학자들이 중심이 되어 사서오경에 대한 새로운 구결 작업을 추진하였다. 하지만 15세기 경서 구결의 결과물들은 현재 남아있지 않다.

현전하는 경서의 구결과 언해는 모두 16세기 이후의 것들이다. 이 중 대표적인 것으로는 이황(李滉)의 『사서삼경석의(四書三經釋義)』, 유희춘(柳希春)의 『대학』과 『논어』에 대한 언해, 이이(李珥)의 사서(四書) 언해, 그리고 선조대 교정청(校正廳)에서 편찬·간행한 경서 언해 등이 있다.

이황의 『사서삼경석의』는 주자학적 입장에서 경서에 대한 올바른 해석을 제시하려는 목적으로 편찬된 것이다. 대략 1550년경 구결과 언해가 완성되었으며 간행은 1609년(광해군 1)에 이루어졌다. 사서삼경 중에서 중요하면서도 잘못 해석되고 있거나 잘못 해석될 가능성이 높은 부분을 선별하여 언해하였고, 오역(誤譯)의 사례와 올바른 해석 및 그 근거를 함께 보여주었다.

유희춘은 1574년(선조 7) 선조의 명을 받아 경서 언해에 착수하여 『대학』과 『논어』의 언해는 완성하였지만, 나머지 경서 언해의 완성 여부는 알려져 있지 않다. 유희춘은 당시 학계의 공론을 수렴하지 않고 자신의 견해만으로 언해를 시도했는데, 그 결과 『대학석소(大學釋疏)』의 경우 선조나 다른 학자들의 호응을 얻지 못하였다.

이이는 1575년 선조의 명을 받아 사서의 소주(小註)를 개정하는 작업을 시행하였는데, 이를 계기로 사서에 대한 언해에 착수했던 것으로 보이지만 구체적인 언해 과정은 현재 알려져 있지 않다. 이이의 언해 결과물은 그 제자들에 의해 필사본으로 전수되다가 숙종대 학자 박세채가 해주에서 입수한 『중용언해(中庸諺解)』 수택본(手澤本)을 기준으로 수정·보완하여 1749년(영조 25)에 간행되었다.

한편 선조는 1585년(선조 18) 경서언해교정청(經書諺解校正廳)을 설치하고 여러 학자들을 모아 『소학』과 사서삼경의 언해 작업을 실시하도록 하였다. 그 결과 1587년 『소학언해(小學諺解)』, 1588년 7월 사서삼경에 대한 언해가 완성되었고, 또 1589년에는 홍문관에서 『효경언해(孝經諺解)』를 편찬하였다. 이 중에서 삼경의 언해는 임진왜란 중에 소실되어 전란 이후 다시 편찬·간행하였다. 교정청의 경서 언해는 동인(東人, 영남학파(嶺南學派))이 언해 작업을 주도하면서 이황의 『사서삼경석의』를 많이 수용한 특징을 가지고 있다. 또, 고려말 이래로 지속되어 왔던 경서 구결과 언해의 노력이 일단락되어 결실을 맺었다는 점에서 중요한 학술사적 의미를 갖는다고 할 수 있다.

(4) 『주자대전』 연구와 주자서 간행

16세기 조선 학계의 연구 동향에서 주목할 것은 『주자대전(朱子大全)』을 텍스트로 하는 주자학 연구가 심화되었다는 점이다. 주희의 문집인 『주자대전』은 총 121권에 달하는 거질의 책으로 고려말부터 부분적으로 그 내용이 우리나라에 알려졌으나, 전질이 공식적으로 처음 수입된 것은 1518년(중종 13)이다. 당시 사은사로 북경에 갔던 김안국(金安國)이 『주자대전』 『주자어류(朱子語類)』 『이락연원록(伊洛淵源錄)』 등을 구입해 옴으로써 『주자대전』의 전모가 알려지게 되었다. 이후에도 조선은 중국에서 새로운 판본의 『주자대전』이 간행될 때마다 지속적으로 수입하였으며, 수입된 판본을 바탕으로 국내에서 여러 차례에 걸쳐 『주자대전』을 다시 간행하였다.[15]

『주자대전』은 학자들로부터 주희의 학문과 실천이 가장 잘 드러나는 서적으로 인정받으면서 주자학 연구의 필독서가 되었으며, 경연과 서연에서도 중요한 교재로 사용되었다. 특히 조선의 학자들은 단순한 학습에만 그치지 않고 『주자대전』 을 보다 정확하게 이해하기 위한 연구를 실시하였다. 조선 학자들의 『주자대전』 연구는 선본(選本) 편찬과 교감 및 주석 편찬 등으로 나타났는데, 이러한 연구의 효시가 바로 이황이 편찬한 『주자서절요(朱子書節要)』이다.

이황은 1543년(중종 32)에 『주자대전』 간행을 위한 교정 작업에 참여하면서 『주자대전』을 처음 접하게 되었다. 이 때 『주자대전』의 내용에 큰 감명을 받은 이황은 벼슬을 사직하고 『주자대전』 연구에 전념하였다. 특히 이황은 주희 학문의 정수가 『주자대전』에 수록된 그의 서간문에 담겨 있다고 판

15 현재까지 파악된, 조선에서 간행된 『주자대전』 판본은 중종대의 활자본(1543), 선조대의 활자본(1575), 인조대의 목판본(1635), 영조대의 목판본(1771) 등이 있다. 조선에서의 『주자대전』 간행에 관한 자세한 내용은 김문식(2007), 「조선본 『朱子大全』의 간행과 활용」 『조선시대 문화사(상)』, 일지사 참조.

단하였다. 이에 그는 『주자대전』의 서간문 1,700여 편 중에서 주희의 학문과 출처(出處)를 잘 보여주는 편지 1,008편을 선별하여 편집·정리하고 그에 대한 주석을 붙였는데, 이것이 바로 『주자서절요』이다.

이황은 『주자서절요』 각 권의 서두에 주희의 편지를 받은 인물들을 개략적으로 소개한 '제자목록(諸子目錄)'을 수록했고, 편지의 제목 아래에 그 편지가 작성된 배경을 기록했으며, 또 서간의 끝에는 본문의 어려운 구절에 대한 주석도 수록하였다. 이황의 『주자서절요』는 1558년(명종 13)에 편찬되어 1561년에 활자로 처음 간행된 이후 여러 차례에 걸쳐 인쇄·보급되면서 주자학 연구의 필독서로 자리잡았다.

『주자서절요』로부터 비롯된 『주자대전』의 선본(選本) 및 주석(註釋) 편찬의 흐름은 이후의 학자들에게 지속적으로 계승되었다. 먼저 영남학파에서는 『주자서절요』의 주석서라고 할 수 있는 『주자서절요강록(朱子書節要講錄)』과 『주자서절요기의(朱子書節要記疑)』, 정경세(鄭經世, 1563~1632)가 『주자대전』에서 서찰 이외의 글 중 긴요한 것을 선별·정리한 『주문작해(朱文酌海)』, 이재(李栽, 1657~1730)와 이상정(李象靖, 1710~1781)이 『주자서절요강록』을 보완한 『주서강록간보(朱書講錄刊補)』, 이상정이 『주자어류(朱子語類)』에서 중요 내용을 선별·정리한 『주자어절요(朱子語節要)』, 유치명(柳致明, 1777~1861)이 『주자서절요』를 재편집한 『주절휘요(朱節彙要)』 등이 편찬되었다.

기호학파에서는 조익(趙翼, 1579~1655)이 『주자서절요』를 재편집한 『주서요류(朱書要類)』와 박세채(朴世采, 1631~1695)가 『주자대전』에 누락된 유문(遺文)들을 모아 편집한 『주자대전습유(朱子大全拾遺)』, 송시열(宋時烈, 1606~1689)이 손자 송인석(宋麟錫, 1650~1692)과 함께 『주자서절요』와 『주문작해』를 통합하여 정리한 『절작통편(節酌通編)』, 그리고 송시열이 『주자대전』 전체를 주석한 『주자대전차의(朱子大全箚疑)』 및 이에 대한 일련의 보완 저술들이 편찬되었다.[16] 이상과 같이 이황으로부터 시작된 『주자대전』 연구는 영남학파와 기호학파 양쪽으로 모두 계승되어 조선시대 주자학 연구의 큰 흐름을 형성했다는 점에서 큰 의의를 갖는다.

3. 일본 : 에도시대 초기 주자학의 수용[17]

일본의 유학은 284년에 백제의 아직기(阿直岐), 이듬해에 역시 백제의 학자 왕인(王仁)이 일본으로 건너가 『논어』와 『천자문』 등을 전파한 이후 시작되었다. 백제로부터 전래된 유학 서적은 조정·호족·승려 등에 의해 학습되었고, 고도쿠[孝德] 천황(597~654)이 집권한 다이카노 카이신[大化改新] 때는 고대 율령 국가의 귀족과 관료들의 필수 교양이 되었다.

헤이안 시대[平安時代, 794~1185] 말기부터 가마쿠라 시대[鎌倉時代, 1185~1333] 초기에 걸쳐서 중국 송나라와의 교역이 확대되고 송의 신문화가 수입되었는데, 이때 유학에서는 선종 승려들을 통해 주자학이 전래되었다. 가마쿠라 시대 말기부터 무로마치 시대[室町時代, 1336~1573]까지 유학 서적은 주로 교토[京都]의 조정, 쿠게[公家], 하카세게[博士家], 고잔[五山]의 선승(禪僧)들 사이에서 널리 읽혀졌다.

16 송시열이 『주자대전차의』를 편찬한 이후, 서인(西人) 학계에서는 이를 보완한 저술들이 꾸준히 등장했는데, 대표적인 것으로는 김창협(金昌協)·어유봉(魚有鳳)의 『주자대전차의문목(朱子大全箚疑問目)』, 김매순(金邁淳)의 『주자대전차의문목표보(朱子大全箚疑問目標補)』, 이의철(李宜哲)의 『주자대전차의후어(朱子大全箚疑後語)』, 이항로(李恒老)·이준(李埈) 부자의 『주자대전차의집보(朱子大全箚疑輯補)』 등이 있다.

17 에도시대 초기의 주자학 수용에 관한 내용은 성해준(2003), 「일본 주자학의 전래와 수용」 『남명학연구』 15의 내용을 중심으로 정리하였음.

가마쿠라 시대 중기부터 1500년대까지 유불 일치의 테두리 속에서 처음에는 불교적인 측면에서 유교가 이해되었고 또 유교는 불교에 예속된 형태로 머물러 있었다. 당시 선승들의 중국 일본 간 왕래를 통해 전래된 주자학은 '유불일치(儒佛一致)' '신유불합(神儒佛合)' 등의 과정을 거쳐 난보쿠쵸[南北朝]·무로마치 말기부터 아즈치 모모야마[安土桃山] 시대가 되면 불교색에서 벗어나 독립된 주자학으로 연구되었다. 한편 조정·관가·신도가에서도 주희의 저술과 사상에 관심을 가지고 연구하는 자가 점점 늘어났다. 특히 신도가에서의 주자학 수용은 몽고의 일본 침략기부터 조금씩 나타나다가, 무로마치 시대의 간빠쿠[關白] 이치죠 카네라[一條兼良]에 이르면 정주(程朱) 학설의 바탕 위에서 신도 중심의 신도·유교·불교의 융합론이 전개되었다.

무로마치 시대 후기에 전란이 빈번하게 발생하자 하카세계의 학자들이 전란을 피해 교토에서 지방으로 이동하여 다이묘[大名]·무장(武將) 등의 지방 유력자들에게 의존하였다. 이에 따라 주자학은 지방에도 보급되기 시작하였으며 그 지위도 점차 향상되었다. 하지만 일본에는 한국이나 중국의 과거와 같은 제도가 없었기 때문에 유학사상이 대중적으로 전파되는 것에는 한계가 있었다. 단지 조정 관리나 신분이 높은 고잔의 승려, 신도가, 쿠게 등 극히 한정된 일부 지식인들의 교양으로 읽혀졌을 뿐이다. 이처럼 가마쿠라·무로마치 시대의 유학은 불교보다 세력이 약했지만, 장기간 지속된 전파를 통해 유학이 융성할 수 있는 조건은 갖추어 나가고 있었다.

에도 시대[江戶時代, 1603~1876]에 들어와서는 주희의 사서학(四書學)이나 이기심성(理氣心性)의 철학에 대한 왕성한 학습이 이루어지기 시작하였다. 그리고 그 과정에서 고잔 승려 출신의 후지와라 세이카[藤原惺窩, 1561~1619]와 그 제자인 하야시 라잔[林羅山, 1583~1657]에 의해 일본 주자학은 새로운 전기를 맞게 되었다. 즉, 에도 시대 초기의 유학은 후지와라 세이카와 하야시 라잔에 의해 근세 주자학의 기초가 마련되면서 막부의 관학으로 자리잡게 되었다.

아래에서는 에도 초기를 대표하는 유학자 후지와라 세이카와 하야시 라잔의 주자학 수용과 학문 활동을 간략히 살펴보도록 하겠다.

(1) 후지와라 세이카

후자와라 세이카[藤原惺窩]는 18세 때 교토 고잔의 소코쿠지[相國寺]의 승려가 된 후 주자학을 공부하기 시작하였다. 30세 때(1590년) 조선에서 파견된 통신사 황윤길(黃允吉), 김성일(金誠一), 허잠(許箴) 등과 교류하면서 주자학에 대한 관심이 더욱 깊어졌다. 그리고 세키가하라[關が原] 전투가 끝난 후 본격적으로 주자학으로 전향하게 되었다.

후지와라가 사상적으로 불교나 하카세가와 대립하면서 주자학으로 전향하게 된 데에는 송(宋)·원(元) 및 조선에서 출판되어 일본에 유입된 서적들이 직접적인 영향을 끼쳤다. 이 서적들 중 상당 부분은 임진왜란(壬辰倭亂, 1592~1598) 당시 조선에서 가져간 것들이었다. 또, 임진왜란 때 포로로 잡혀 일본에 억류되었던 퇴계학파의 학자 강항(姜沆, 1567~1618)의 영향도 빼놓을 수 없다.

후지와라는 처음으로 유학자로 독립한 사람이었지만, 주자학을 신봉하면서도 양명학(陽明學) 역시 수용할 만큼 포용적인 학풍을 가지고 있었다. 그러나 자신의 사상적 뿌리였다고 할 수 있는 불교에 대해서는 인륜을 도외시하는 사상이라 하여 크게 배척하였다. 후지와라는 주자학 초창기의 학자로서 시정(市井)에 은거하면서 철저한 공부를 함으로써 고잔 선승의 교양이었던 유학을 독자적으로 체계화시켜 경학파(京學派)를 탄생시켰다. 또 그의 문하에서 하야시 라잔을 비롯하여 기요하라 히데타카[淸原秀賢], 마츠나가 세키고[松永尺五], 나와 카쇼[那波活所], 호리 쿄안[堀杏庵] 등 여러 학자들을 배출함으로써 주자성리학의 발전에 큰 기여를 하였다.

(2) 하야시 라잔

후지와라의 수제자라고 할 수 있는 하야시 라잔[林羅山]은 쿄토 출신 하급 무사의 아들로, 13세 때 선문(禪門)에 들어가 승려가 되었다가 3년 후에 하산하여 유학 공부에 전념하였다. 하야시는 후지와라와 마찬가지로 고잔 전래의 문학과 사학을 배웠고 기요하라 노부타가[清原宣賢, 1474~1550]의 유학과 신도학을 흡수했으며, 후지와라 등의 유학자들을 만나면서 점차 주자학으로 전환하게 되었다.

후지와라가 양명학에 수용적인 태도를 보인 것이 비해 하야시는 양명학을 엄격히 배척하면서 오로지 주자학만을 신봉하는 입장을 피력하였다. 이 때문에 한때 후지와라와 의견 대립을 보이기도 했지만, 결국은 22세 때인 1603년 후지와라의 문인(門人)이 되었다. 이후 1605년 후지와라의 추천을 받아 막부의 문교정책을 총괄하는 책임자가 되었으며, 1607년에는 시노부오카[忍岡]의 린테가숙[林家家塾]에 강습소를 설립하고 본격적으로 주자학 연구에 몰두하였다. 이러한 과정을 통해 주자학은 1634년 막부의 교학으로 확정되었다.

하야시는 막부에서 활동하면서도 지속적인 학문 활동을 통해 중국과 조선·일본의 사학(史學)·문학·본초학(本草學)·병학(兵學)·신도학(神道學) 등 다양한 학문을 수용하는 등 박학다식한 면모를 보였다. 그에 따라 그의 학문의 목적도 폭넓은 교양을 갖춘 선비를 양성하는 것이었다.

이상과 같이 에도 시대의 주자학은 '경학파(京學派)' 또는 '경사학파(京師學派)'라고 하는 후지와라·하야시 계열이 주류를 이루면서 근세 사상으로 발전해 나갔다.

V. 맺음말

이상에서 10~16세기 중국·한국·일본에서 나타난 성리학의 성립·수용·발전의 과정을 간략히 정리해 보았다. 동아시아 3국에서는 지배층의 교체와 정치·사회적 환경의 변화에 능동적으로 대처하기 위해 새로운 사회사상을 필요로 하였으며, 성리학은 그와 같은 역사적 필요성에 부응함으로써 동아시아의 주류 사상으로서 위치를 확고히 하였다.

중국에서는 한유·이고·유종원 등이 처음으로 기존의 훈고주소학과는 다른 새로운 유학의 단초를 열었고, 북송 초반 호원·손복·석개 등 3선생이 중심이 된 '경력정학'을 거치면서 성리학이 정립될 기반이 확립되었다. 이어 북송대에 주돈이·장재·이정(二程)을 거치면서 성리학의 주요 이론들이 정립되었고, 남송대에 이르러 주희가 북송의 성리학을 종합·집대성함으로써 주자성리학의 완전한 체계가 확립되었다. 이후 성리학은 원대(元代)에 이르러 성리학에 입각한 경전 주석서들이 과거시험의 표준 교재로 채택되면서 관학(官學)으로서 자리매김하였고, 명대 초반 『사서대전』『오경대전』『성리대전』의 간행을 통해 국가 공인의 교과서가 확립되면서 체재교학으로서 그 지위를 확고히 하였다.

한국에서의 성리학은 고려중기 북송과의 학술 교류를 통해 북송유학이 수입되면서 첫 발을 내딛었지만 무인집권기(武人執權期)를 거치면서 그 흐름이 끊어졌다가, 14세기 원나라를 통해 본격적으로 성리학을 수용하였다. 그리고 성리학을 이념적 기반으로 수용한 사대부들이 조선을 건국함으로써 성리학은 조선 사회의 주류사상이 되었다. 15세기 조선의 성리학은 건국 초기 정도전·권근 등을 통해 이론적 발전을 보았고, 이어 세종~성종대에는 집현전(集賢殿)을 비롯한 관학(官學)이 중심이 되어 새 나라의 문물·제도 정비에 많은 공헌을 하였다. 한편, 15세기 후반 이후 기성 관학자들이 점차 보수화되자 새로 중앙 정계에 진출한 신진 학자들은 기성 관학자들의 도덕적 문제점을 지적하면서 성리학적 규범의 철저한 실천을 강조하였다. 16세기 중반 이후 많은 성리학자들이 등장하면서 성리철학에 대한 연구가 심화되었고, 주요 학자들을 중심으로 사승(師承) 관계를 통한 학파의 형성이 나타났다.

일본에서는 12세기 경 송나라와의 교역이 확대되면서 선종 승려들을 통해 성리학이 전래되었다. 1500년대까지는 불교에 예속된 형태로 머물러 있다가 무로마치 말기부터 점차 불교색에서 벗어나 독립된 성리학으로 연구되었다. 이어 에도 시대에는 고잔 승려 출신인 후지와라 세이카와 하야시 라잔에 의해 근세 주자학의 기초가 마련되면서 막부의 관학으로 자리잡게 되었다.

베트남의 성리학

전근대 시대의 베트남은 때로는 중국의 직접적인 정치적 지배를 받거나 때로는 조공(朝貢) 관계라는 외교 방식을 통해 중국과 끊임없이 접촉하면서 중국으로부터 많은 문물을 받아들였다. 여기에는 성리학의 수용도 예외가 아니었다.

일반적으로 베트남에 유학이 본격적으로 전해진 것은 중국의 후한 말 삼국시대 초기에 짜오 찌[交州]의 자사(刺史)를 역임했던 사섭(士燮) 때부터라고 전해진다. 그는 젊은 시절 낙양에 가서 유학을 공부하였는데, 이것이 계기가 되어 짜오 찌에 중국의 문화가 전파되었다. 그러나 사섭 자신은 유교 문화를 베트남에 이식하는데 그다지 적극적이지 않았으며, 유학뿐만 아니라 불교도 포용하였다.

중국 지배 하의 베트남에서 유학이 어느 정도 활성화되는 것은 당나라 때에 이르러서였다. 이 때 신라의 최치원처럼 베트남 사람 중에서도 당 조정의 과거시험에 합격하여 고위 관직에 오르는 이들도 나타났다. 그러나 당나라 전시기를 통해 과거로 벼슬길에 오른 베트남 사람은 10명도 못되었다.

사실 중국 지배기의 베트남에서는 유학보다 불교가 더 크게 발달했다. 유학이 그 나름대로의 역할을 하기 시작하는 것은 오히려 베트남이 중국으로부터 독립한 이후였다. 즉 독립국가로서의 체제를 갖추면서 통치에 필요한 관료군의 양성이 요구되었던 것이 이 시기 유학 활성화에 가장 직접적인 원인이었다고 할 수 있다.[18]

---

18 물론 베트남이 중국으로부터 독립한 후에도 15세기까지는 불교의 영향이 압도적이었다. 단적인 예로, 리[李] 왕조(1009~1225) 때의 한 저명한 불승은 과거에 합격하여 한 때 관직에도 있었으나 곧 출가하여 황제의 부름에도 응하지 않았다.

베트남에서 과거시험이 처음 실시된 것은 리 왕조[李朝, 1009~1225] 전기에 해당하는 1075년이었는데, 이 시험에서 10여 명이 합격하여 관리로 임명되었다. 이듬해에는 국립대학에 해당하는 국자감이 설치되어 유학을 가르쳤다. 이처럼 과거시험이 시행되고 유학 교육이 활성화된 것은 갑작스럽게 나타난 일이 아니라, 그에 앞서 1070년에 베트남에 최초로 문묘(文廟)가 세워지고 학교도 부설되어 황태자와 고급 관리들의 자제에게 유학을 공부하게 한 것과 밀접한 관련이 있다. 그러나 과거시험은 리 왕조 200년을 통해서도 일곱 번밖에 실시되지 않았으며, 과거 합격자들도 대개는 말단 관리에 임명되어 행정 문서를 정리하는 정도의 역할을 담당하는 것에 그쳤다.

쩐 왕조[陳朝, 1225~1400]는 리 왕조보다 관료 체제를 강화했지만, 정치적 지배 이념으로서의 불교의 지위는 여전히 변함이 없었고 정치의 실권은 쩐 왕실의 귀족들이 장악하고 있었다. 쩐 왕조의 정책에 변화를 가져온 것은 1250년대부터 1280년대에 걸친 3차례의 몽골 침입이었다. 몽골의 침입을 사전에 예방하거나 또는 침입 이후 외교적 문제를 해결하는 일을 담당했던 이들은 문신 관료였다. 이를 계기로 문신 관료들은 조정 내에서 자신들의 정치적 위상을 높여 나갔으며, 그에 따라 유학의 위상이나 영향력도 이전에 비해 높아졌다. 그러나 이들 문신 관료는 국난을 해결할 방책으로 유학의 고전들을 참조했기 때문에 순수한 유학자라기보다 '고전주의자'의 성격이 짙었고 따라서 신유학(新儒學)은 관심 밖이었다.

쩐 왕조에서 유학의 영향력을 더욱 강화시켜준 것은 1380년대 외척으로서 권력을 장악했던 호 꾸이 리[胡季犛]였다. 그가 강조한 것은 선진(先秦) 유학이었다. 주공(周公)의 이미지를 차용하여 자신의 위상을 높이려 했던 호 꾸이 리는 쩐 왕실로부터 선양을 받기 위해 선진 유학을 강조했고 그에 따라 신유학은 철저히 배격했다. 이는 그가 한유(韓愈)를 '도유(盜儒)'라 부르고, 정호(程顥)·정이(程頤)·주희(朱熹) 등은 박학(博學)하기는 하나 표절에만 힘썼다고 비난한 사실은 신유학을 배척한 그의 성향을 잘 보여준다. 그럼에도 불구하고 그의 선진 유학 강조는 베트남 사회가 불교로부터 유교 사상으로 전환하는 데 있어서 중요한 역할을 했다고 할 수 있다.

1407년 명나라가 베트남을 침공하여 이를 직접 지배하에 두고 취한 동화 정책은 베트남 유학사에서 상당히 중요한 의미를 갖는다. 명은 베트남을 '교화'시키기 위해 중앙과 지방에 많은 학교를 세웠으며, 또 사서(四書)와 오경(五經), 『성리대전(性理大全)』 및 유교적 윤리의 핵심인 효순(孝順)에 관련된 여러 서적들을 각급 학교에 나누어 주었다. 명의 지배한 기간이 20년 동안 지속되었지만, 베트남 사람들의 끊임없는 독립투쟁으로 인해 명의 동화 정책은 가시적인 효과를 보지 못했다. 그렇지만 이 시기가 베트남 유학사에서 하나의 전환점으로서 중요한 의미를 갖는다는 것은 부정할 수 없다.

1428년 명을 물리치고 탕 롱[昇龍, 현재의 하노이]에서 제위에 오른 레 러이[黎利]와 그의 협력자였던 유학자 응우옌 짜이[阮廌]는 황제의 절대적 권위를 인정한 명의 제도를 받아들이면서 신유학에 반대하지 않았다. 그러나 레 러이의 사후 어린 황제들이 즉위한 틈을 타서 정권을 장악한 개국공신 무인들은 표면적으로는 유학 이념을 계승했지만, 실제로는 유학의 진흥에 별 관심을 보이지 않았다.

그러다가 제4대 타인 똥[聖宗, 1460~1497]에 이르러 신유학은 베트남 유학의 주류 사상으로 자리매김하게 되었다. 그는 신유학을 발전시키기 위한 방법의 하나로 결혼할 때 유교적 의례에 따랐는가 여부를 관리의 임명 및 승진에서 중요한 평가 항목으로 고려하도록 하였다. 또 아무리 학문이 출중한 학자라 하더라도 부모에게 불효하고 형제·자매와 화목하지 못하며 불의(不義)를 행하고 윤리를 어지럽히는 등 유교의 윤리·도덕에 어긋나는 행위를 하는 자에게는 과거시험에 응시할 자격을 부여하지 않도록 하였다. 그 이전까지는 이와 같은 제도가 시행되지 않았던 점을 고려해 볼 때, 타인 똥이 유교

윤리의 실천을 얼마나 중시했는가를 알 수 있다. 그가 중시했던 유교 윤리가 신유학에 기반한 것임은 향시(鄉試)의 첫 시험 과목이 사서(四書)였다는 것을 통해 입증된다. 그 결과 타인 똥은 베트남 사회, 특히 베트남 가족을 신유학의 이념에 따라 변화시키는데 어느 정도 성공하였다.

1527년 레 왕조[黎朝]의 왕위를 찬탈한 막 당 중[莫登庸]은 민심 수습의 차원에서 신유학에 호의를 보여, 레 왕조 타인 똥의 정책을 이어받아 신유학을 보급하는데 노력하였다. 그러나 곧 이어 레 왕조의 부흥 운동이 일어나면서 부흥 세력과의 대결이 지속됨에 따라 신유학의 보급은 뒷전으로 밀릴 수밖에 없었다.

1592년 막씨[莫氏]를 축출하고 중흥된 레 왕조는 공식적으로 타인 똥의 정책을 채택하여 베트남 사람들에게 신유학의 가족 윤리를 실천하도록 강조했다. 그리하여 유교의 가족 윤리에 충실한 인물들, 예컨대 열녀(烈女)와 효자 등에 상금을 내리고 부역(賦役)을 면제해 주기도 했다. 그러나 조정 내에서는 왕조 중흥에 공을 세운 찐씨[鄭氏]가 실권을 장악하고 레 황제를 무력하게 만듦으로써 국가 이념인 신유학을 위반하였다. 즉 표면적으로는 신유학의 가르침인 왕도정치(王道政治)를 찬양하였지만 실제로는 신유학에서 혐오하는 패도정치(覇道政治)를 시행했다고 할 수 있다.

한편 찐씨와 더불어 레 왕조의 중흥에 공을 세운 응우옌씨[阮氏]는 찐씨와 대립하는 가운데 베트남 중부로 이주하여 새로운 정권을 세웠다. 이들도 공식적으로는 레 왕실을 존중했지만 독자적으로 행동했기 때문에 신유학의 이념을 위반했다는 점에서는 찐씨와 다를 바가 없었다. 더욱이 이 지역은 새로이 정복한 지역으로 인구가 적어 응우옌씨는 능력 있는 인물들을 구하기 위해 출신 배경이나 도덕성 문제에 대해 관대한 편이었다. 그리하여 북쪽에서는 과거시험에 응시할 자격이 없는 광대의 후손까지도 고위직에 임명하였다. 이렇게 본다면, 남부의 응우옌씨는 북부의 찐씨보다도 신유학의 영향을 적게 받았다고 할 수 있다.

馬宗霍(1936), 『中國經學史』, 臺灣商務印書館, 1987년 제7판.
토가와 요시오[戶川芳郞] 외 · 조성을 · 이동철 공역(1990), 『유교사』, 이론과 실천.
장동익(1994), 『고려후기 외교사 연구』, 일조각.
琴章泰(1994), 『韓國儒學史의 理解』, 민족문화사.
______(1997), 『朝鮮前期의 儒學思想』, 서울대학교 출판부.
______(2002), 『韓國儒敎思想史』, 한국학술정보.
候外廬 外 · 박완식 역(1995), 『宋明理學史』 1 · 2, 이론과 실천.
皮錫瑞 · 이홍진 역(1995), 『中國經學史』, 형설출판사.
김항수(1987), 「16세기 經書諺解의 思想史的 考察」 『규장각』 10.
李範鶴(1989), 「宋代 朱子學의 成立과 發展」 『강좌 중국사(Ⅲ)』, 지식산업사.
유권종(1993), 「胡炳文의 『四書通』에 관한 연구」 『元代性理學』, 포은사상연구회.
문철영(1992), 「고려중기 사상계의 동향과 신유학」 『국사관논총』 37.
______(2000), 「고려중 · 후기 유학사상 연구」, 서울대학교 박사학위논문.
______(2005), 『고려 유학사상의 새로운 모색』, 경세원.
최영성(1996), 「고려중기 북송성리학의 수용과 그 양상」 『대동문화연구』 31.
성해준(2003), 「일본 주자학의 전래와 수용」 『남명학연구』 15.
김문식(2007), 「조선본 『朱子大全』의 간행과 활용」 『조선시대 문화사(상)』, 일지사.
강문식(2009), 「송시열의 『주자대전』 연구와 편찬」 『한국문화』 47.

제4장

국제질서 변화와 독자적 전통의 형성

– 16세기부터 19세기까지

16세기말 동아시아 국제전쟁

하우봉 | 전북대학교

Ⅰ. 머리말
Ⅱ. 전쟁 명칭에 대한 재검토
Ⅲ. 전쟁 이전 정세
Ⅳ. 임진전쟁 경과
Ⅴ. 임진전쟁과 동아시아 국제사회 변동
Ⅵ. 임진전쟁이 남긴 것 : 영향과 기억
Ⅶ. 맺음말 : 과제와 전망

I. 머리말

근대 이전까지 한국·중국·일본 동북아시아의 세 나라는 지리적으로 근접해 있을 뿐만 아니라 한자와 유교문화를 공유하는 이른바 '동문(同文)의 세계'였다. 그런 만큼 각 나라 간의 외교관계와 국내의 동향도 서로 밀접하게 연동하면서 전개되었다.

예컨대 14세기 후반 중국대륙에서의 원(元)과 명(明)의 교체, 17세기 초반 명과 청(淸)의 교체 등의 변화가 이루어졌을 때 그 여파는 조선과 일본에 바로 파급되었다. 원·명 교체는 고려에서 조선으로 왕조가 교체하는데 큰 영향을 끼쳤고, 명·청 교체 또한 조선의 대외관계 및 내정에 심대한 파동을 초래하였다. 한편 16세기말 일본이 일으킨 임진전쟁은 동아시아의 국제정세를 크게 뒤흔들고, 국제질서의 재편을 초래하였다.

임진전쟁은 16세기말 동아시아에서 일어난 국제전쟁이었다. 참전국의 숫자나 전쟁의 규모, 전후(戰後)의 영향을 고려해 볼 때 동아시아의 역사에서는 유례를 찾기 힘들 정도이다. 참전국을 보면 조선·일본·중국의 3국은 물론이고 간접적인 형태이지만 유구(琉球), 섬라국인(暹羅國人)과 함께 스페인·포르투갈인과 같은 유럽인도 참가하였다.[1] 심층적으로 보면 전쟁의 발발원인과 영향 면에서 동남아시아뿐 아니라 유럽까지 포함된다고 할 수 있다.

이 전쟁에 참여한 인원 면에서도 16세기말 당시 세계 최대의 전쟁이었다. 7년간의 전쟁에 참여한 연인원이 70만 명 이상으로 추산된다.[2] 일본은 두 차

1 이현종(1974), 「임진왜란시 유구·동남아인의 내원」『일본학보』 2.

2 정구복(2005), 「임진왜란의 역사적 성격과 의미」『임진왜란과 한일관계』, 경인문화사, 4쪽.

례의 침입에서 30만 명, 명군도 10만 명 이상, 조선의 군대와 의병 수십만이 참여하였다. 가장 많은 인원이 참전했던 시기에는 세 나라에서 30만 명이 넘는 대병력이 단일전장에서 부딪치기도 한 대전쟁이었다.[3] 그래서 타이완의 역사학자 이광도(李光濤)는 이 전쟁을 두고 '동아시아 역사에서 가장 중요한 사건'으로 규정하기도 하였다.[4]

그런 만큼 이 전쟁의 결과로 동아시아의 국제질서가 전면적으로 재편되었다. 이 전쟁에 참전하였던 동아시아 삼국의 국내정세는 일변하였다. 일본에서는 침략전쟁을 주도하였던 토요토미정권[豊臣政權]이 붕괴하고 1603년 도쿠가와막부[德川幕府]가 개설됨으로써 정권의 교체가 이루어졌다. 중국에서는 이 전쟁에 막대한 전비(戰費)를 소모했던 명이 쇠퇴하였고, 17세기 전반에는 새로이 흥기한 여진족(女眞族)의 청에 의해 몰락하였다. 조선은 비록 왕조가 교체되지는 않았지만 전기적인 질서가 붕괴되다시피 하였다.

본고에서는 임진전쟁에 관해 실증적 접근보다는 쟁점을 중심으로 재검토함으로써 해석적인 접근을 시도해 볼 것이다. 특히 이 사건이 중세 동아시아의 국제전쟁이라는 성격에 초점을 맞춰 재조명해보고자 한다.

3 한명기(2005), 「임진왜란과 동아시아 질서」 『임진왜란과 한일관계』, 경인문화사, 104쪽.

4 李光濤(1970), 『朝鮮壬辰倭禍史料』 5권, 臺灣 中央硏究院歷史語言硏究所.

II. 전쟁 명칭에 대한 재검토

먼저 이 전쟁에 대한 명칭 문제에 관해 검토해 볼 필요가 있겠다. 각 국에서 사용하고 있는 명칭의 사용례와 그 의미를 살펴보도록 하자.

1. 한국

한국에서는 현재 '임진왜란(壬辰倭亂)'이 일반적으로 통용되고 있다. 그런데 임진왜란이란 용어는 언제부터 사용되었을까?

『조선왕조실록』에는 '임진왜란'으로 용어화되어 기록된 사례가 없다. 『선조실록』에 '임진년의 왜적[壬辰之倭賊][5], 『인조실록』에 '임진년의 변[壬辰之變][6], 『효종실록』에 '임진년의 난[壬辰之亂]'[7] 등의 사용례가 있을 뿐이다. 이것은 당시에 정부차원에서 확실한 개념이 정립되지 않았음을 시사한다.

'임진왜란'이란 용어가 최초로 등장하는 것은 1614년에 완성된 이수광(李睟光)의 『지봉유설(芝峯類說)』이다.[8] 윤근수(尹根壽)의 『월정선생문집(月汀先

5 『선조실록』 107권 31년 12월 7일 무오.

6 『인조실록』 31권 13년 2월 5일 병술.

7 『효종실록』 10권 4년 2월 23일 경신.

8 『芝峯類說』 15권 人物部 「烈女」 이수광은 임진왜란과 함께 '壬辰倭變'이란 용어를 더 빈번하게 사용하였다. 한편 이수광과 동시대인으로서 임진전쟁에 주요한 역할을 하였던 申欽의 『象村集』에는 '壬辰倭寇'라고 기술되어 있고, 李廷龜의 『月沙集』에는 '壬亂'으로 표현되어 있다.

生文集)』과 유형원(柳馨遠)의 『반계수록(磻溪隨錄)』에서도 문장 가운데 이 용어를 사용하고 있다. 이어 1776년 이긍익(李肯翊)이 『연려실기술(燃藜室記述)』에서 항목의 제목으로 사용한 이후 일반화되었다.[9] 대한제국기의 중등역사 교과서나 일제강점기의 역사서에는 '임진난(壬辰亂)'으로 표기되었다. 예컨대 이 전쟁에 관한 본격적인 연구를 한 최남선은 '임진난'이라고 명명하였다.[10] 가까이로는 해방 후인 1946년, 김성칠(金聖七)이 『조선역사(朝鮮歷史)』에서 '임진왜란(壬辰倭亂)' '정유재란(丁酉再亂)'이란 용어를 항목의 제목으로 사용하였다. 이후 한국사학계에서 임진왜란은 학술용어로 정착되었던 것으로 보인다.[11] 현재 한국학계에서 '임진왜란', 혹은 '임진·정유왜란'이라고 사용하는데, 전자만으로 통용하기도 한다. 이 경우에는 1592년 발발해서 1597년의 재침까지를 포괄하는 7년간의 전쟁을 가리키는 의미로 사용하는 것이다.

그런데 이 사건이 조선과 일본 및 명의 중앙정부가 직접 참여한 국제전쟁이라는 점에서 '왜란'이란 호칭은 국제적인 학술용어로는 문제가 있다고 여겨진다.[12]

사전적인 의미로 난(亂 ; revolt)이란 "정통정부의 권위에 대한 비정통집단의 도전행위"이며, 전쟁(戰爭 ; war)은 "국가 간의 군사적 충돌"이라고 정의할 수 있다. 그런데 1592년부터 1598년까지 조선·일본·명 사이에 벌어진 이 사건은 각 국의 정부군 사이에 벌어진 전투행위였다. 정통정부의 군대 사이에 일어난 대규모 군사적 충돌인 만큼 '난'이 아니라 '전쟁'이었다. 조일전쟁 혹은 조·명 연합군과 일본 간의 국제전쟁이었던 것이다. 중세 동아시아 3국

9 李肯翊, 『燃藜室記述』 권15, 宣祖故事本末 「壬辰倭亂大駕西狩」.

10 崔南善(1931), 『壬辰亂』, 동명사.

11 金聖七(1946), 『朝鮮歷史』, 조선금융조합연합회.

12 1970년대 초에 '일본과의 7년전쟁'이란 용어가 국정교과서에 실리기도 했는데, 당시 많은 비판을 받으며, 일반화되지는 못하였다.

간의 국제전쟁이자 큰 역사적 의미를 지닌 사건에 대해 우리는 아직까지도 '임진년에 왜인들이 일으킨 난'이라는 뜻으로 '임진왜란'이라고 부르고 있다. 물론 전쟁 중에 문물과 민간인의 약탈이 광범위하게 전개되었다는 점에서 이 사건을 '국가적 규모의 왜구'라고 성격 규정하는 학설도 있기는 하다.[13] 그러나 그것이 이 전쟁의 전부는 아니다.

임진왜란이란 명칭이 정착되게 된 배경에는 17세기에 풍미한 조선중화주의의식에 입각한 일본이적관(日本夷狄觀)과 청이적관(淸夷狄觀)에 기인한 바가 크다. 여기에 전쟁의 피해에 의한 적개심이 더해져 사건 자체를 '왜란'으로 격하시켜 버린 것이다.[14] 국가 간의 전쟁이 아니라 '오랑캐의 무도한 무장집단에 의한 군사적 난동' 정도로 애써 그 실상을 외면하고자 하였다. 여기에는 일본의 전쟁도발에 대한 책임을 규정하고자 하는 의도도 있었다고 볼 수 있다. 즉 일본의 침략은 유교적 명분론에 입각한 사대교린의 국제질서를 깨트리는 행위이며, 조선의 은혜를 배반하는 명분 없는 도발행위라는 도덕적 판단도 포함되어 있다. 이와 같이 '왜란'이라는 용어는 일본의 야만성에 대한 적개심과 도덕적 관점이 개재되어 있으며, 전쟁의 책임소재를 밝혀준다는 점에서 일정한 의의가 있다.

오늘날까지 한국에서 임진왜란이란 명칭을 그대로 사용하는 이유는 일본에 대한 전통적 비하의식과 함께 일제의 강점에 대한 적개심, 해방 후에도 과거사에 대한 반성과 청산을 하지 않는 일본의 자세에 대한 비판적 의식 등이 작용하였기 때문이라고 보인다.

---

13 하우봉(2006), 「조선시대인의 세계관과 일본인식」 『조선시대 한국인의 일본인식』, 혜안, 28~29쪽.

14 1627년과 1636년의 두 차례에 걸친 청으로부터의 침략에 의한 전쟁을 丁卯胡亂과 丙子胡亂이라고 부르는 것도 같은 이유에서이다. 개항 후 프랑스와 미국 함대의 침략사건도 丙寅洋擾, 辛未洋擾로 명명해 서양오랑캐가 일으킨 소요사건 정도로 격하해 부르고 있다. 이 점 역시 당시의 화이관적 세계인식 하에 서양을 금수로 간주한 결과이다.

그러나 두 차례에 걸쳐 30만 명에 달하는 일본군이 침략을 했고, 명의 원군이 10만 여 명, 그리고 조선군과 의병부대 30여만 명을 합치면 미증유의 규모인 국제전쟁이다. 7년 간에 걸친 대규모 국제전쟁을 도적떼들의 난동 정도로 규정하는 것은 문제가 있다. 또 '일본'이란 정식 국호가 있음에도 굳이 '倭'라는 비칭을 사용하는 것도 적절하지 않다. 국제전쟁으로서의 성격과 의의를 지니고 있는 이 사건에 대한 역사 용어에 민족감정이 개입되는 것은 타당하지 않다.

이러한 관점은 국제정세와 사건의 실체에 대한 정확한 이해를 방해한다는 점에서 우리에게 결코 도움이 되지 않는 것이다. 전쟁이 아니라 '왜란'이었기 때문에 '평정되었다'라는 사고방식이 주를 이루었으며, 승패개념 또한 애매해졌다. 외국군의 침략을 성공적으로 물리친 승전 인식이 확고하게 자리잡지 못하였다. 또 이러한 시각과 논리는 수군의 승리와 의병전투의 전략적 의미, 군선과 화약의 우세 등에 대한 객관적 분석과 인식을 방해하였다. 이른바 국난극복사관 내지 순국사관(殉國史觀)의 함정이기도 하다.[15] 이 전쟁을 국난극복사가 아니라 전쟁사적 시각에서 봐야 하는 까닭이다.

2. 북한

북한에서는 이 사건에 대한 공식적인 명칭으로 '임진조국전쟁'을 사용하고 있다. 1977년북한 사회과학원 역사연구소에서 편찬한 『조선통사』에는

15 허선도(1984), 「임진왜란에 대한 새로운 인식 : 승패의 실상을 중심으로」 『한국학』 31, 중앙대 한국학연구소.

제9장의 제목으로 「16세기 대토지소유의 발전. 1592~1598년 임진조국전쟁」으로 하였고, 제3절의 소제목 또한 「1592~1598년 임진조국전쟁」으로 기술하였다. 전반적인 서술 경향을 보면, 이순신 장군이 이끄는 수군의 승리와 의병투쟁의 전과를 상세히 소개하는 반면, 명군의 내원(來援)에 대해서는 아주 소략하게 서술하고, 그 효과에 대해서도 소극적으로 평가하였다. 그리고 "7년간에 걸친 임진조국전쟁은 조국의 독립과 영예를 위해 싸운 우리 인민의 승리로 끝났다."고 하면서 승리한 전쟁으로 간주하였다. 전쟁의 성격에 관해서는 "임진조국전쟁은 일본침략자들의 침략으로부터 조국의 안전을 지켜낸 정의의 조국방위전쟁이었다."라고 규정하였다.

또 1980년 간행된 『조선전사』 9권에서도 제7장의 제목을 「1592~1598년 일본침략자를 반대한 조선인민의 임진조국전쟁」으로 설정하였다. 서술내용은 앞의 『조선통사』보다 자세한데, 명칭과 성격규정은 동일하다. "참으로 임진조국전쟁은 중세기 우리 인민의 반침략투쟁사를 크게 빛내인 승리한 전쟁의 하나였다."라고 하여 승전관을 명확히 하였다. 또 서술의 특징으로는 객관적 국제정세와 전황에 대한 내용보다는 수군과 의병투쟁의 승전보를 설명하는데 대부분의 지면을 할애하고 있다는 점을 들 수 있다.

현재 북한의 공식적인 역사인식을 대표하는 두 저서에서 왜 명칭을 '임진조국전쟁'이라고 하였는지에 대한 직접적인 설명은 없다. 그러나 위의 내용으로 유추해 보면, 외적의 침략에 대항해 조국의 자주권을 지켜낸 점을 강조해 '임진전쟁' 안에 '조국'이라는 용어를 넣었다고 여겨진다. 이 사건을 '왜란'이 아니라 '전쟁'으로 인식하였다는 점에서는 진일보했다고 여겨진다. 그런데 '조국'이란 단어는 한 당사국의 애국심을 호소하는 용어로서 인식의 객관성을 떨어뜨린다는 문제가 있다.

3. 중국

중국의 사료에서는 이 사건에 대해 '만력지역(萬曆之役)' '임진왜화(壬辰倭禍)' '동원일역(東援一役)' '동사(東事)' '만력동정지역(萬曆東征之役)' '조선지역(朝鮮之役)' 등 다양한 명칭을 사용해 왔다.[16] 연구사적으로 보면 종래에는 이 전쟁을 '16세기 중조항왜적고사(中朝抗倭的故事)' '정왜원조(征倭援朝)' 등으로 부르면서 16세기 중반 이래 지속된 일련의 '왜구(倭寇)'로 간주하였다. 그런데 근래에는 '원조항일전쟁(援朝抗日戰爭)' '어왜전쟁(禦倭戰爭)' 등으로 부르는 연구도 나오고 있다. 이것은 이 사건을 '전쟁'으로 인정하는 것으로 변화된 인식을 반영하고 있다. 그런데 현재 중국에서는 '항왜원조(抗倭援朝)'를 공식명칭으로 사용하고 있으며, 1950년의 한국전쟁 참여를 '항미원조(抗美援朝)'로 부르는 것과 연결시켜 해석하고 있다. 이것 역시 국제적인 학술용어로서는 부적절하다고 판단된다.

4. 일본

전쟁을 일으킨 일본에서는 이 사건을 어떻게 부르고 있을까?

사료와 연구사적으로 사용된 명칭을 시대적인 순서에 따라 살펴보면 '가라이리[唐入り]' '조선진(朝鮮陣)' '고려진(高麗陣)' '조선정벌(朝鮮征伐)' '정한(征

16 중국의 이 전쟁에 대한 명칭에 관해서는 최소자(1990), 「明末 중국적 세계질서의 변화-壬辰·丁酉倭禍를 중심으로」『명말청초 사회의 조명』, 한울아카데미 참조. 한편 1970년대에 타이완의 역사학자인 李光濤는 '再造東國'이라는 용어를 사용하기도 하였다.(『朝鮮壬辰倭禍硏究』(1972), 臺北 中央硏究院歷史語言硏究所).

韓)' '조선역(朝鮮役)' '조선출병(朝鮮出兵)' '문록경장의 역[文祿慶長の役]' '조선침략(朝鮮侵略)' 등 다양한 변화가 있었다. 이것은 이 사건에 대한 인식과 평가가 시대적으로 변해왔음을 잘 보여준다. '가라이리' '조선진' '고려진' 등은 히데요시[秀吉]가 살아있던 당시의 문서에 기록되어 있으며 사용되었다.[17] 에도[江戶]시대에는 이 전쟁에 대해 표면적으로는 부정적으로 평가하였으나, 명칭은 '조선정벌' '정한' 등이 사용되었다. 일부 유학자를 중심으로 명분없는 전쟁이라는 평가가 있었지만 일반적으로는 일본의 무위(武威)를 해외에 과시한 쾌거라는 인식이 많았다. 또 승리한 전쟁으로서 패전이라는 의식은 거의 없었다. 이러한 인식은 막부말기와 메이지유신[明治維新] 이후에 보다 강화되어 '조선정벌'이란 용어가 일반화되었다.[18] 특히 메이지유신 이후 조선침략론['征韓論']이 제기되면서부터는 '조선정벌'에서 더 나아가 '정의의 전쟁' '성전(聖戰)'으로 평가하기까지 하였다.

1910년 한일병합 이후에는 '내선일체(內鮮一體)'라는 기치 아래 '조선정벌' 대신 '문록경장의 역'이란 표현이 사용되기 시작하였다.[19] 이 명칭이 학술용어로 정착된 것은 1914년 이케우치 히로시[池內宏]가 『문록경장의 역[文祿慶長の役]』이라는 제목의 책을 간행하면서부터이다.[20] 1945년 이후에 이 사건을 침략전쟁으로 인식하는 시각이 제기되었다. 그러나 현재까지도 일본에서는

---

17 '高麗陣' '朝鮮陣'과 같이 국내전쟁에서 사용하는 명칭을 사용하고 있다는 것은 秀吉이 이 전쟁을 국내통일전쟁의 연장선상으로 인식하였다는 증거로서 외국과의 전쟁이라는 인식이 거의 없었다는 증거라고 지적하는 견해도 있다.(倉地克直, 『近世日本人は朝鮮をどうみていたか』, 2001, 角川書店).

18 김문자(1998), 「일본인과 임진왜란」 『상명사학』6, 120~121쪽.

19 石原道博은 『文祿慶長の役』(1967)에서 '朝鮮征伐'에서 '文祿慶長の役'으로 명칭이 바뀐 이유에 관해서 "러일전쟁을 거쳐 1910년 한일합방이 실현되자 지금까지 적으로 간주되었던 조선인이 일본의 동포가 되었기 때문에 朝鮮征伐이란 표현을 버리고 文祿慶長의 役으로 바꾸었다."고 하였다.

20 池內宏(1914), 『文祿慶長の役』正編, 南滿洲鐵道株式會社.

'문록경장의 역'이 가장 일반적으로 사용되고 있다. 이 용어가 '정벌'과 '침략' 사이에 있는 가치중립적인 용어인 것처럼 이해되고 있지만 그렇지 않다. 일본에서 '역(役)'이란 인민을 징발해 치르는 전쟁[戰役]이란 의미로 이해되지만 국내의 전쟁에 주로 사용되는 용어라는 점에서 문제가 있다.[21] 즉 내전(內戰)이나 정부군이 반란군을 토벌할 때 주로 사용하는 용어이다.

1980년대 들어서 기타지마 만지[北島万次]가 '조선침략(朝鮮侵略)'이라는 개념을 적극 주장하면서 점차 확산되어 가는 중이다.[22]

5. 서양

서양에서는 'Hideyosi's Invasion of Korea : 1592~1598'이 가장 일반적으로 통용되고 있다. 번역하면 '토요토미 히데요시의 조선침략 : 1592~1598'이 되겠는데, 대부분의 저서나 논문에서 사용되고 있다.

이와 같이 이 전쟁에 대한 명칭은 당사국의 입장에 따라 각각 다르게 불리어 왔다. 또 연구가 진행됨에 따라 사건에 대한 성격 규정과 의미 부여가

21 '朝鮮出兵'이란 용어 또한 마찬가지이다.

22 일본에서 이 전쟁에 관해 '文祿慶長の 役'이 아니라 '秀吉の 朝鮮侵略'이라고 최초로 규정한 연구자는 鈴木良一이었다. 그는 1954년에 간행한 『豊臣秀吉』에서 지금까지 일본에서의 연구에서는 '침략과 저항의 역사'에 관한 연구는 없었다고 하면서 '조선 정벌사관'을 비판하였다. 1980년대 이후 北島万次는 『朝鮮日日記·高麗日記 : 秀吉の朝鮮侵略とその歴史的告發』(1982), 『豊臣政權の對外認識と朝鮮侵略』(1989), 『豊臣秀吉の朝鮮侵略』(1995) 등 일련의 저술에서 이 사건에 대해 일본의 침략전쟁이라는 점을 명확히 하면서 '文祿·慶長の 役'이라는 표현 대신 각각 秀吉の 제1차 침략, 제2차 침략이라고 정확하게 표기해야 한다고 주장하였다.

달라지면서 많은 변화가 있어왔다. 따라서 이제 세계적으로 통용될 수 있는 객관적인 명칭이 정해져야 할 필요성이 절실하다.

이와 관련해 2004년 제1기 한일역사연구공동위원회 제2분과에서 이 전쟁의 명칭에 대해 '임진전쟁'으로 하자는 한국측의 제의가 있었으나 합의에 이르지 못했다고 한다.[23] 또 2006년 6월 4일간에 걸쳐 진행된 『임진왜란 : 조일전쟁에서 동아시아 삼국전쟁으로』라는 국제학술회의의 종합토론에서 한국·일본·중국·서양권에서 참여한 40여 명의 학자들이 이 전쟁을 동아시아의 국제전쟁으로 단정한다면, 그 명칭을 어떻게 할 것인가 라는 것을 두고 논의하였다. 최종적으로는 투표까지 실시해 보았는데, 필자를 포함한 대다수의 참가자들이 '임진전쟁(The Imjin War)'으로 하자는 결론에 이르렀다. 각 나라의 입장에 따라 다르게 불려졌던 이 사건에 대한 명칭을 세계적으로 통용될 수 있는 객관적인 역사용어로서 임진전쟁이 무난하다는 인식에 동의한 것이다. 따라서 본고에서도 동아시아사적 관점에 입각해 '임진전쟁'으로 표기하고자 한다. 임진왜란이 한국사학계에서 오랫동안 사용해 온 역사성을 인정해야 한다는 견해도 물론 있을 수 있다. 그러나 세계사적 시야가 필요한 현시점에서, 또 이 사건이 중세 동아시아의 국제전쟁이었다는 사실에서 볼 때 보다 객관적이고 세계적으로 통용될 수 있는 명칭이 필요한 시점이라고 생각된다.

23 정구복(2005), 「임진왜란의 역사적 성격과 의미」『임진왜란과 한일관계』, 경인문화사, 2쪽.

III. 전쟁 이전 정세

1. 16세기 후반의 동아시아 정세

16세기 전반기 동아시아의 경제상황을 보면 한·중·일 세 나라 모두 농업 생산력이 발전하였고, 상공업과 국제무역도 활발하였다. 명의 비단, 조선의 면포, 일본의 광산물이 주요 교역품으로 이동하였다. 그런데 일본상인의 교역 확대 요구가 중국에서 수용되지 않자 소란을 일으키는 사건이 일어나기도 하였다. 1523년에 일어난 영파(寧波)의 난이 그것이다. 이와 같이 교역의 현장인 동아시아 해역에서는 새로운 변동의 기운이 꿈틀거리고 있었다.

명은 왜구의 침입에 대한 대책의 일환으로 해금정책(海禁政策)을 취하였다. 해금령(海禁令)이란 책봉·조공관계에 있는 나라와의 사행무역과 공무역만 허락하고, 연해의 주민이 사사로이 외세와 접촉하는 것을 금하고, 해외무역이나 해양진출도 금지하는 조치였다. 또 하나 핵심적인 내용은 연해주민을 내지(內地)로 강제 이주시키는 것이었다. 명 정부는 연해와 도서의 주민을 내륙으로 옮기는 사민정책(徙民政策)을 지속적으로 실시하였다. 조선 정부가 왜구로부터 연해주민을 보호하기 위해 실시한 공도(空島) 조치와 비슷한 것이었다. 그런데 이 조치의 실시로 연해지역을 왜구의 근거지로 제공함으로써 왜환(倭患)을 더욱 조장하게 되었다. 그 결과 '연해 천리가 모두 도적의 소굴이 되는' 상황을 초래하였다.[24] 또 해금은 원양(遠洋) 항해를 불가능하

24 김한규(2007), 「임진왜란의 국제적 환경」『임진왜란, 동아시아 삼국전쟁』, 휴머니스트, 299쪽.

게 함으로써 명의 해군력을 급속히 약화시켰다. 나아가 일본과의 교역을 크게 위축시킴으로써 16세기 중반에 이르러서는 사무역은 물론 감합무역(勘合貿易)까지 불가능하게 되었다. 명이 제해권을 포기한 동아시아해역에는 이른바 후기왜구가 횡행하면서 중국의 동남연해지역까지 진출하였다.

국가의 공권력이 미치지 못하는 힘의 공백은 서양의 해상세력이 진출하기에 편리한 여건을 조성하였다. 16세기 중반에는 포르투갈과 스페인 세력이 동아시아해역에 진출하였다. 1521년 스페인함대가 태평양을 횡단해 필리핀에 도착하였고, 포르투갈은 1557년 마카오를 획득하였다. 이들은 남미에서 가져온 은으로 명, 일본과 비단·모직물·자기 등을 교역하였다. 이 국제무역은 명과 일본에 많은 이익을 주었다.

이러한 변화와 함께 명대 초기 엄격하게 정비되고 운용되었던 책봉·조공체제도 동요되기에 이른다. 이 체제는 그것이 가져다주는 외교·정치·경제·문화적 효과가 유지되는 범위 안에서만 유효하게 기능한다. 이 체제에 참여하는 주변국가는 정치적 복속에 대한 대가로써 집단안보체제를 통한 안전보장, 군주의 대내적 위상과 정치적 안정, 고급한 중국문화의 수입, 물자의 구매와 같은 경제적 이익 등을 기대한다. 그런데 명대 중기 이후에는 이러한 욕구와 기대를 충족시킬 만한 역량을 갖추지 못하였다.[25] 따라서 명을 중심으로 하는 국제질서는 동요되고 서서히 붕괴될 조짐을 잉태하고 있었다.

25 명에서도 주변 나라들이 책봉·조공체제에 순응하는 이유를 "華風을 사모하고 歲賜의 이익을 탐했을 뿐"(『文獻通考』 325권) 이라고 파악하고 있었다.

2. 명의 정세

명은 건국 초기부터 북의 몽골과 동남해안의 왜구, 이른바 '북로남왜(北虜南倭)'에 의해 시달렸는데 16세기 중반에 그 위협이 정점에 달하였다. 징기스칸의 직계후손이라고 자칭하는 알탄의 지휘 아래 몽골은 명을 위협하였는데, 1550년 알탄군은 북경까지 진공해 8일간 자금성(紫禁城)을 포위하기도 하였다. 이른바 경술의 변[庚戌之變]이다. 임진전쟁이 일어나기 20년 전인 1571년 명은 몽고와 이른바 '융경화의(隆慶和議)'를 체결함으로써 몽고의 알탄을 순의왕(順義王)에 봉하고 조공무역을 허락하였다. 몽고와의 화의를 통해 북변(北辺)의 평화를 보장받고자 하였다. 한편 이러한 정세 속에서 만주의 여진은 명의 통제를 벗어나 세력을 키워나가고 있었다. 16세기 후반 장거정(張居正)의 개혁정치(1572~1582)로 일시 중흥의 기운이 일어났지만, 연이은 정치 혼란, 농민반란, 외적 침입 등 내우외환(內憂外患)에 시달렸다. 또 이 시기에는 명에서도 조선의 당쟁과 같이 동림당(東林黨)과 반동림당(反東林黨) 사이에 정쟁(政爭)이 치열하게 전개되면서 지배층이 분열되었다. 이에 더해 연이어 일어난 대외전쟁으로 군비지출과 재정적자도 심각한 상태였다.

3. 일본의 정세

15세기 중반 오닌의 난[應仁の亂, 1467~1477] 이후로 일본은 100여 년에 걸친 전국시대(戰國時代)에 들어가게 되었다. 이 시기에는 무로마치막부[室町幕府]의 전통적인 슈고다이묘[守護大名]가 약화되고 대신 센고쿠다이묘[戰國大名]가 등장하였다. 이들은 치열한 전쟁 속에 살아남기 위해 엄격한 체제 정비는 물론 대외교역에 주력하였다. 그래서 그들은 당시 동아시아해역에 진출했던 포르투갈, 스페인을 상대로 무역을 하였다. 이들이 매개했던 '남방무역(南方貿易)'은 일본의 다이묘들에게 막대한 이익을 제공했다. 이에 유력한 센고쿠 다이묘들은 사카이[堺]와 같은 무역항을 개설하고, 대외무역을 장려하였다.

15세기 중반 서양세력과의 무역과 문물의 전래는 일본에 큰 영향을 끼쳤다. 1543년 포르투갈 상인이 일본에 철포(鐵砲 ; 일명 鳥銃)를 전하였다. 이 새로운 무기는 빠른 속도로 일본 국내에 보급되었고 자체 생산도 이루어졌다. 특히 오다 노부나가[織田信長]가 이것을 적극적으로 수용하였는데, 그는 조총수 3만 명을 양성하여 통일전쟁에 활용하였다. 1568년 교토[京都]에 입성한 노부나가는 1573년 무로마치막부의 15대 장군 요시아키[義昭]를 추방하고 본격적으로 통일에 진력하였다. 이처럼 조총의 전래는 전국시대를 통일하는데 결정적으로 기여하였다. 오다 노부나가가 1582년 부하에게 피살된 후 뒤이은 토요토미 히데요시[豊臣秀吉]가 1590년 마침내 전국을 통일하였다.

16세기 후반 동아시아의 국제관계는 명이 쇠퇴하고 서양세력이 진출하면서 중국적 세계질서에 변화의 기운이 싹트고 있었다. 이런 상황에서 히데요시는 일본을 중심으로 한 새로운 국제질서를 창출하려는 망상을 품었다. 국내를 통일한 히데요시는 체제를 공고히 하고 대외전쟁을 위한 준비를 실행하였다. 1582년부터 16년간에 걸쳐 토지와 농민을 일원적으로 파악하기 위해 토지조사[檢地]를 전국적으로 실시하였다. 또 1587년에는 농민의 저항과 반란을 예방하기 위해 칼·창·활·총 등 무기를 압수한 도수령(刀狩令)을 발표하였다. 1591년에는 호구조사를 단행하였는데, 군대와 인부의 징발 등 전쟁동원계획에 필요한 것이었다.

1587년 큐슈[九州] 정벌 중에 대마도주에게 명 정벌계획을 이야기하면서 '정명가도(征明假道)'라는 입장을 조선에 전하라고 명하였다. 조선의 입장을 잘 아는 대마도주는 일본에 새 정권이 들어섰음을 알리고, 히데요시의 명령을 '가도입명(假道入明)'으로 변조하면서 통신사의 파견을 요청하였다. 조정에서는 거절하였으나 계속 요청을 해오자. 격론 끝에 1590년 9월 통신사를 파견하였다.

4. 조선의 정세

건국 이후 50여 년간에 걸친 교린외교의 결과 대일관계가 안정되었으나 16세기 들어와 변질되면서 위기를 맞이하였다. 1510년 발생한 삼포왜란(三浦倭亂)을 시작으로 해, 1543년의 사량진왜변, 1555년의 을묘왜변 등으로 인해 파탄상태에 이르렀다. 이러한 사건의 배경에는 다양한 원인이 있으나 조선의 대응은 고식적인 차원에 머물렀다. 또 일본 내의 정세 변화에 대해서도 무관심하였으며, 중앙정부 간의 실질적 교섭은 중단되었다. 대마도주에 의한 위사(僞使)만 성행하였을 뿐이다.

국내 사정을 보면 4대 사화(士禍)를 거치고 정권 핵심부에 진입한 사림파(士林派)가 다시 내부의 정쟁을 시작하면서 정치적 갈등이 심화되었다. 1575년 동인과 서인으로 분열된 을해붕당(乙亥朋黨)이 이루어졌고, 1589년 정여립(鄭汝立)의 난을 계기로 시작된 기축옥사(己丑獄事)는 1년 이상 지속되면서 당쟁이 악화되고 지배층이 분열되는 계기가 되었다. 이러한 상황 속에서 국가중대사를 앞두고 당파에 달라 전혀 다른 판단이 내려졌던 것이다.[26]

26 1590년 파견되었던 통신사 일행은 秀吉과의 담판을 마치고 1591년 정월 귀국하였다. 그런데 귀국 보고에서 정사 黃允吉은 일본의 침략을 예상하였고, 부사 金誠一은 그럴 가능성이 희박하다고 주장해 국론이 분열되었고, 이에 침략에 대한 대비책을 마련하지 못하였다.

또 이 시기에 이르러 사회경제적 모순이 증대되면서 전반적인 체제 불안정과 위기상황에 직면해 있었다. 여기에 200년간의 승평과 안보를 외교에 맡겨온 타성에 의해 국제정세의 변동에 무관심하며, 국방력이 약화된 상태였다. 국가의 위기를 느끼고 십만양병설을 제기한 바 있는 이이(李珥)는 당시의 상황을 중쇠기(中衰期)라고 진단하면서 '원기가 소진된 노인과 같은 상태'라고 평하였다.[27]

조정에서는 통신사일행이 귀국한 후부터 만일에 대비한 방어태세를 정비하였다. 경상도와 전라도 요충지의 성곽을 수축하고, 무기를 점검하였다. 수군의 경우 판옥선(板屋船)이라는 대형전함을 건조하였고, 대형 총통과 같은 화기도 개발하였다. 그러나 만성적인 재정 적자로 인해 대비책이 효율적으로 진행되지 못하였다. 조선의 장수들은 대부분 문관들이었고, 중앙에는 상비군이 거의 없는 상태였다.[28] 또 당시 방어체계는 조선초기의 진관체제(鎭管體制)에서 1555년 을묘왜변 이후 제승방략(制勝方略) 체제로 바뀌었다. 그런데 요충지 중심으로 방어하는 이 체제는 대군이 침공할 때는 효용성이 떨어지는 전략이었다. 고려 말기의 왜구를 제외하고는 일본으로부터 심각한 위협을 받아본 역사적 전례가 없기 때문에 일본의 전면적 침략은 상상하지 못했다.

27 李珥, 『經筵日記』 권3.

28 당시의 상황에 대해 실록에서는 "나라가 태평한 지 오래되어 士論은 성하지만 풍속은 각박하고 악하였다."(『선조수정실록』 권23, 선조 22년 정월) 라고 평하였다. 또 유성룡은 『징비록』에서 "軍政의 근본이라든가 장수를 뽑아 쓰는 요령, 군사를 조련하는 방법 등 어느 한 가지도 되어 있지 않은 까닭에 전쟁은 패할 수밖에 없었다."라고 하여 초전의 실패 원인을 지적하였다.

IV. 임진전쟁 경과

1. 발발 원인

먼저 이 전쟁의 발발 원인을 둘러싼 제 학설을 검토해 보자.

첫째, 명을 정복하겠다는 토요토미 히데요시의 개인적인 공명심과 영웅심의 발로라는 설이다.[29] 그런데 히데요시는 국제정세와 외교체제에 무지하였다. 조선과의 교린외교의 내용에 대해 몰랐고, 심지어 조선을 대마도에 조공하는 나라로 알았다고 하였다. 중국의 산해관(山海關)이나 만리장성(萬里長城)이 어디에 있는 줄도 몰랐다고 하니 그의 명정복설은 현실성이 떨어진다. 필리핀에 보냈다는 서계에 나오는바 "태양[日輪]의 아들이기 때문에 세상을 지배해야 한다"는 주장도 너무 비현실적인 이야기이다.

둘째, 국제질서 변화설이다. 이 설은 1970년대에 들어와서 이 사건을 동아시아 대외관계의 변동 속에서 파악하려는 시각에서 제기되었다.[30] 16세기 중반 포르투갈을 선두로 하는 서양문물의 전래와 자극을 받아 전국시대를 통일한 히데요시는 중국 중심의 국제질서인 책봉체제와 조공무역체제를 변동시킬 목적으로 전쟁을 일으켰다는 학설이다. 히데요시의 공명설과 마찬가지

29 池内宏(1914),『文祿慶長の役 正編 第一』. 그는 秀吉의 전쟁발발 동기에 대해 佳名을 삼국(唐·南蠻·天竺)에 드날리고 후세에 남기려는 공명심에 있다고 주장하였다. 그리고 秀吉의 당면한 목적은 명 정복이며, '조선정벌'이 아니라고 하였다.

30 朝尾直弘(1970),『鎖國制の成立』(東京大學出版會) 및 佐佐木潤之介(1984),『幕藩制國家論』(東京大學出版會) 등에서 제기되었다. 명을 중심으로 하는 동아시아질서 속에서 '변경'에 속하였던 일본이었지만, 戰國時代의 통일을 달성한 秀吉은 일본의 대외적인 주권을 확립하기 위해 조선침략을 감행하였다는 것이다.

로 그의 주관적인 의도를 중시한 학설이다. 메이지유신 이후 아시아의 새로운 국제질서를 형성하기 위해 청일전쟁과 러일전쟁을 일으키고, 1941년에는 대동아공영권(大東亞共榮圈)을 실현하기 위해 '대동아전쟁'을 일으켰다는 주장과 유사하다. 이 설 또한 어느 정도 사실성이 있는지는 의문이다.

셋째, 명과의 감합무역(勘合貿易) 부활설이다.[31] 히데요시는 왜구를 진압하는 대가로 1547년 이후 중단된 감합무역을 부활시키기 위해 조선을 통해 명과 교섭하고자 하였다. 조선이 이를 거부해 실패로 돌아가자 조선을 공격하였다는 주장이다. 보다 구체적으로는 명과의 강화회담에서 히데요시가 제시한 7개조에 감합무역의 부활이 있음을 근거로 하고 있다. 히데요시의 대외팽창 시도는 당시 일본에서 성장하고 있었던 상업자본에 의해 고취되고 있었다. 그들은 대외무역의 성장과 해외진출을 적극 지향하면서 히데요시를 지원하였다는 점에서 개연성을 인정할 수 있다. 그러나 감합무역 부활 요구는 강화교섭이 진행되는 과정에서 한 조건으로 제시되었다는 점에서, 그것을 전쟁 발발 원인으로 보기는 어렵다.

넷째, 영토확장설이다.[32] 영주계급의 이익을 보장해야 하는 히데요시정권의 구조적 측면에서 유추한 주장이다. 전국시대 이래 영토의 확장을 바라는 여러 다이묘들의 요구가 있었는데, 일본을 통일한 히데요시는 더 많은 영토를 차지하기 위해 조선과 명나라까지 침략하고자 하였다는 것이다.[33]

31 辻善之助(1917)의 『海外交通史話』와 田中義成(1925)의 『豊臣時代史』 등에서 이 설을 제기하였다. 전후에는 鈴木良一(1954)이 『豊臣秀吉』에서 유럽상업자본에 대항해 동아시아세계에서 감합무역과 왜구의 교역을 뛰어넘는 무역을 바랐던 일본내 상업자본의 요구가 있었다고 하였다. 그러나 감합무역부활 요구는 명 정복의 가능성이 불가능하다는 사실이 확실해 진 후 강화 조건의 하나로 제기되었다는 점에서 원인으로 보기에는 무리가 따른다.

32 中村榮孝(1969), 『日鮮關係史の研究』, 吉川弘文館.

33 北島万次(1995)도 『豊臣秀吉の朝鮮侵略』, 吉川弘文館에서 제1차 침략(임진왜란)은 명 정복을 위한 침략이고, 제2차 침략(정유재란)은 조선영토를 탈취하기 위한 것이

다섯째, 영주세력 약화설이다. 통일전쟁 과정에서 성장한 센고쿠다이묘[戰國大名]들의 갈등과 불만을 해외에서 해소시킬 필요에서 대외전쟁을 기획했다는 것이다. 동시에 대외전쟁에서 그들의 군사력과 경제력을 소모시킴으로써 정권의 안정을 도모하려고 했다는 것이다.[34]

이상 여러 가지의 학설은 모두 일면의 타당성을 지니고 있으며, 어느 하나로만 설명할 수 없다. 종합적으로 정리해 보면, 정치적으로는 대외전쟁을 통해서 영주세력의 갈등을 무마하는 한편으로 집권적인 권력을 편성하려는 목적이 있었고, 경제적으로는 교역상의 불리함을 타파하려는 의도도 있었다고 여겨진다. 기본적으로는 일본을 통일한 히데요시의 야망이 해외로 확장되어 대륙침략으로 나타난 것이라고 할 수 있다. 그러나 그의 개인적 공명심 위에 국제정치에 대한 무지 등이 가미되어 일으킨 무모하고도 명분 없는 전쟁이었다.

2. 제1차 침략

1) 초기 육전의 상황

히데요시는 조선과의 외교교섭이 결렬되자 바로 침략군을 결성해 전쟁 준비에 돌입하였다. 1591년 정월 전국의 다이묘들에게 군량·병선·군사의 수

라고 규정하였다.

34 에도시대 후기인 19세기 賴山陽이 『日本外史』에서 "秀吉이 戰國時代를 통일하기는 했지만, 여러 大名들 사이에는 공명을 바라는 마음과 전투할 힘이 남아있었는데, 그것을 밖으로 돌려서 大名의 권력을 꺾은 것이 조선출병이다."라고 보았다. 德富蘇峰도 『近世日本國民史』「豊臣氏時代 朝鮮役」(1935)에서 같은 주장을 하였다.

를 할당하여 동원령을 내렸고, 큐슈[九州]의 북쪽 조그만 항구인 나고야[名護屋]에 행영(行營) 본부를 축성하여 침략의 전진기지로 만들었다. 조선 침략의 일자를 1592년 3월 1일로 정한 히데요시는 이 해 정월 수륙침공군의 편성을 마치고 3월에 재편하였다.

1차 침입 때의 일본군의 구성과 규모를 보면, 육군은 9개 부대로 편성하였는데, 총병력이 158,700명이었다. 수군은 별도로 편성하였는데, 5,000명이었고, 나고야에 잔류한 지원병력이 118,300명으로 도합 20여만 명에 달하는 대군사였다.[35] 그런데 실제의 병력은 각 다이묘들이 할당된 군사를 다 충당하지 못해 명목상 숫자보다는 적었다고 한다.

이 가운데 선봉부대를 보면, 제1번대가 고니시 유키나가군[小西行長軍]으로 18,700명이었고, 제2번대는 가토 키요마사군[加藤淸正軍]으로 22,800명, 제3번대는 구로다 나가마사군[黑田長政軍]으로 11,000명이었다. 4월 13일 1번대 고니시 유키나가 부대가 부산에 상륙함으로써 이 전쟁은 시작되었다. 이어 2번대와 3번대가 상륙하였고, 이들은 중로·좌로·우로로 나누어 서울로 북상하였다. 이 침공로는 조선 전기 일본사절단의 상경로(上京路)를 그대로 이용한 것으로 1번대의 선봉군으로 나섰던 대마도주 소 요시토모[宗義智]가 향도로 안내하였다. 부산성과 동래성전투에서 패배한 조선은 조령(鳥嶺)과 죽령(竹嶺)을 거점으로 막아보고자 방어선을 구축하였다. 그러나 4월 24일 경상도순변사(慶尙道巡邊使) 이일(李鎰)이 상주에서 패하고, 4월 26일에는 삼도순변사(三道巡邊使) 신립(申砬)이 충주전투에서 패배하였다. 4월 27일 패배 소식을 들은 선조는 평양으로의 파천(播遷), 광해군으로 분조(分朝)를 설치하는 것, 왕자들을 함경도와 강원도에 보내 군사를 모집할 것 등을 결정하였고, 4월 30일 서울을 떠났다. 이에 일본군은 5월 3일, 1번대의 고니시군

35 최영희(1995), 「왜란 전의 정세」『한국사』29, 국사편찬위원회, 21쪽.

[小西行長軍]을 필두로 서울에 입성하였다. 이후 1번대 고니시군은 평안도, 2번대 가토군은 함경도, 3번대 구로다군은 황해도로 진격하기로 결정하고, 나머지 부대는 도성과 하삼도(下三道)를 지키도록 합의하였다.

5월 18일 조선의 관군은 임진강전투에서 다시 패배하면서 명에 원병을 요청하였다. 고니시군은 6월 13일 평양성을 점령하였고, 선조는 다시 의주로 피난하였다. 일본군이 부산에 상륙한 지 20일 만에 서울을 입성하였고, 2개월만에 평양까지 함락시킬 정도로 연전연승하면서 쾌속질주하였다. 그러나 일본군의 승리는 여기까지였다.

1차 침입 초기 육전에서 조선의 관군이 일방적으로 패배한 원인으로는 다음과 같은 점을 지적할 수 있다. 우선 히데요시가 동원한 일본 군대는 100년 동안의 전국시대를 통해 풍부한 실전경험을 보유하였다. 또 용맹과 규율로 유명하며, 조총으로 무장된 우세한 화력을 지니고 있었으며, 병력의 숫자에서도 조선과 비교가 되지 않을 정도로 대규모였다. 당시의 일본군은 16세기 후반 당시 전 세계에서 가장 강한 군사력을 지니고 있었다는 평가도 있다.[36] 이에 비해 조선의 군대는 200년 동안 지속된 평화 속에서 군정과 기강이 해이해졌고, 대역납포(代役納布), 방군수포(放軍收布) 등의 현상으로 실제 군적(軍籍)이 비어 있었다. 중앙에도 변변한 상비군이 없었으며, 지방에서도 실제 군사력이 텅 비어있는 상황이었다. 군사적·기술적 혁신이 이루어지지 않았으며, 대규모침략에 대한 대비가 전혀 되어있지 못한 상황이었다.

2) 의병 봉기

의병(義兵)이란 국난에 즈음하여 자발적으로 일어나 적과 싸운 민병(民兵)을

36 케네스 스워프(Kenneth M. Swope)(2007), 「脣亡齒寒 : 명나라가 참전할 수밖에 없었던 이유」『임진왜란, 동아시아 국제전쟁』, 휴머니스트.

가리킨다.[37] 초기 전투에서 관군이 패배하자 향토의 유지들을 중심으로 근왕창의(勤王倡義)를 기치로 자발적으로 거병하였다. 의병의 정신적 기저로서는 유교적 근왕정신, 향토방위, 민족적 저항의식의 세 요소를 들 수 있다.[38] 최초의 의병은 침략을 받은 경상도지역에서 일어났다. 1592년 4월 22일 의령에서 곽재우(郭再祐)의 거병을 시작으로 거창에서는 김면(金沔), 합천에서는 정인홍(鄭仁弘)이 일어났고, 이어 5월 16일에는 호남의 나주에서는 김천일(金千鎰), 광주에서는 고경명(高敬命)이 거병하였으며, 호서지역에서는 5월 21일 조헌(趙憲)이 주도해 일어났다. 초기 의병이 일본군과의 전투에서 승리하며 전공을 올리자 6월초에 이르러서는 조정에서도 의병을 공적인 군대로 인정하였다. 또 왕자 등을 동원해 봉기를 촉구하였다.

의병은 모집방식에 따라 자모의병(自募義兵)과 소모의병(召募義兵)으로 나눌 수 있는데, 엄밀한 의미에서는 전자가 의병이며, 무기와 군량도 스스로 해결하였다. 그러나 임진전쟁에서는 소모의병도 많았으며 후기로 갈수록 그 비율이 증가하였다. 창의(倡義)의 동기에 따라서는 향토 위주의 지역방어를 하는 향보의병(鄉保義兵 : 鄉兵)과 한성 수복과 같은 국가방위를 목표로 하는 근왕의병(勤王義兵 : 忠義軍)으로 나눌 수 있다. 전란의 초기에는 향병이 중심이었으나 1592년 6월 이후 소모의병이 많아지면서 근왕의병으로 성격이 변화해 갔다.

의병장은 대부분 전직 관료나 유생이었으며, 군사는 농민이 주력이었다. 그밖에 특수부대로서 의승군(義僧軍)이 있었다. 묘향산의 휴정(休靜)이 기치를 들자 관동지역의 유정(惟政), 호남의 처영(處英) 등 승려들이 전국의 사찰에서 궐기하였다. 의승군은 군량을 운반하는 일을 맡았고 때로는 전투에도

37 김강식(2005), 「임란시 의병전쟁」『임진왜란과 한일관계』, 경인문화사, 281쪽.

38 최영희(1975), 『임진왜란 중의 사회동태』, 한국연구원.

참가하였다.

의병의 전술은 지리와 지세를 이용한 유격전이 일반적이었다. 그것은 의병군의 희생을 줄이고 적에게 큰 타격을 주었으며, 후방을 교란해 전의를 상실케 하는 등 전술적인 의의가 매우 컸다. 초전에서 관군이 일방적으로 패배할 때 의병에 의한 유격전은 일본군의 진군을 지연시키는 효과를 거두었다. 그러나 일부는 대규모의 부대로 정규전을 펼치기도 했는데, 광주의 고경명(高敬命)과 양대박(梁大撲) 부대는 6천명의 부대를 형성하였다. 함경도의 정문부(鄭文孚)부대는 1592년 9월에서 12월까지 가토군을 물리치고 함경도를 수복하는데 결정적 공로를 세웠다.

1592년 10월 이후로는 전국적으로 100여 부대에 달하는 의병이 봉기하였다. 의병의 총 규모를 보면 조직된 의병으로 확인되는 인원이 28,000명에 달한다.[39] 이것만으로도 관군의 4분의 1을 넘는 수치이다.[40]

그런데 1593년 정월 명의 원군과 조선군이 연합해 평양성을 탈환하였고, 이를 계기로 관군이 재정비된 이후로는 주도권이 관군으로 넘어갔으며 의병투쟁의 전술적 의의가 줄어들었다. 그 후 전선이 교착상태에 빠지면서 의병의 역할이 줄어들었고, 대신 폐단도 빈발하였다. 이에 조정에서는 의병을 관군으로 흡수하는 정책을 취하였으며, 관군의 통제를 받도록 하였다. 1596년 광주의 의병장 김덕령(金德齡)이 이몽학(李夢鶴)의 난에 연루되었다는 혐의로 희생된 후 의병은 쇠퇴하였다.

---

39 송정현(1995), 「왜란의 발발과 경과–의병의 봉기」 『한국사』29, 국사편찬위원회, 42~43쪽.

40 1593년 명에 통보한 조선군의 규모를 보면, 관군과 의병을 합쳐 도합 168,400명이다. 이 가운데 의병이 27,900명으로 나와 있다.(李炯錫(1974), 『壬辰戰亂史』 상권, 임진전란사간행위원회, 176~177쪽) 그런데 이 통계에서 의병은 12개의 대표적인 의병부대만 열거되어 있기 때문에 실제의 의병 숫자는 이것보다 더 많을 것으로 추정할 수 있다.

3) 수군 승리와 전세 반전

임진전쟁이 발생하기 이전 조선 수군의 상태는 열악하였다.[41] 그런 가운데 1591년 2월 이순신(李舜臣)이 전라좌수사로 부임하였다. 그는 바다와 선박에 익숙한 현지주민으로 수군을 편성하였고, 다양한 신분층의 수군병력을 널리 확보하였다. 또 대형전함인 판옥선(板屋船) 20여 척과 포작선(鮑作船) 46척을 건조하였다. 1592년 3월에는 거북선 2척을 완성하였으며, 전라좌수영 앞바다에 철쇄(鐵鎖) 장치를 설치하였다. 이순신이 이끄는 전라좌수영은 전선, 화포 등 군비를 준비한 상태에서 전쟁을 맞이하였다.

초기 해전에서 경상좌수영의 수사(水使) 박홍(朴泓)이 도망가고 우수사 원균(元均)의 군대가 패전하면서 전라좌수영에 구원을 요청하였다. 이순신이 이끄는 전라좌수영의 부대는 1592년 5월 4일 경상도해역으로 출동하였다. 이 함대는 판옥선 24척, 협선 15척, 포작선 46척이었는데, 한산도에서 경상우수군의 판옥선 4척과 협선 2척이 합류하였다. 제1차 출전은 5월 4일부터 10일 사이에 벌어졌다. 5월 7일 최초의 전투인 옥포해전에서 적선 26척을 격파한데 이어 합포, 적진포 해전에서 16척을 격침하였다. 이 해전은 일본과의 전투에서 거둔 최초의 승리로 큰 의미를 지닌다. 해전에서의 승리는 조선군에게 자신감을 회복하게 하는 계기가 되었고, 의병의 봉기에도 영향을 주었다.

2차 출전은 5월 29일에서 6월 10일까지 벌어졌는데, 사천포, 당포, 당항포, 율포 해전에서 도합 적선 70여 척을 격침하였다. 이때부터 3도연합수군이 형성되었다. 3차 출전은 7월 6일에서 12일까지 이루어졌다. 이때는 특히 와키자카 야스하루[脇坂安治]·구키 요시타카[九鬼嘉隆]·가토 요시아키[加藤嘉明]의

41 1555년 을묘왜변 이후 군사제도가 진관체제에서 제승방략 체제로 바뀜에 따라 연해의 각 읍마다 수군기지를 설치해 수사(水使)의 관할 하에 두었다. 이것은 종전의 해방체제(海防體制)를 크게 바꿔놓은 것이었다.

3군 연합으로 히데요시의 특명을 받은 일본 수군의 최정예부대와 한산도에서 결전을 벌여, 60여 척의 적선을 격침시켰다. 한산도대첩에 이어진 안골포 해전에서도 대승을 거두었다. 이 전투에서 조선 수군은 적의 정예수군을 궤멸시킴으로써 '히데요시의 조섬침략에 대한 사형선고'를 내렸다.[42] 이 해전의 전략적 의의는 실로 커서 임진전쟁의 전세를 반전시키는 결정적 계기가 되었다. 조선 수군은 남해의 제해권을 완전히 장악함으로써 수륙병진(水陸竝進) 작전을 구상했던 일본군의 계획을 무산시켰다. 서해로부터의 보급로가 차단된 일본의 육군은 더 이상 전진할 수 없었던 것이다.[43] 이때부터 일본 수군은 히데요시의 명령에 따라 해전을 포기하고 거제도에 성을 쌓고 웅거하면서 육지로부터 공격하는 작전으로 바꾸었다.

4차 출전은 8월 24일부터 9월 2일 사이에 이루어졌다. 9월 1일의 부산포해전은 조선 수군과 일본 수군이 각각 332척과 470척의 병선을 동원한 대격돌이었다. 지금까지의 방어전략에서 공격전으로 나선 최초의 해전이기도 한 이 싸움에서 조선 수군은 적선 130척을 격침시켰다. 사실상 1차 침략전쟁의 해전을 마무리한 전투였다.

5개월간 10여 차례의 해전에서 조선 수군은 330여 척의 적선을 격침시키는 일방적 승리를 거두었다. 해전에서의 승리는 1차 침략에서 전세를 수세에서 공세로 역전시키는 계기를 마련하였다. 일본군은 제해권을 뺏기면서 서해안을 통해 보급하려고 한 작전이 무산되었다. 또 부산에서 평양까지 이

42 조원래(1995), 「왜란의 발발과 경과-수군의 승첩」『한국사』 29, 국사편찬위원회, 63쪽.

43 유성룡은 『징비록』에서 한산도해전의 의의에 대해 다음과 같이 말하였다. "대개 왜적은 본래 수군과 육군이 합세하여 서쪽으로 쳐들어오려고 하였는데, 이 한 번의 해전에 의해 그들의 한 팔이 끊어져 버린 것처럼 되고 말았다. 따라서 小西行長이 비록 평양을 빼앗았다고는 하나 그 형세가 외롭게 되어 감히 더 전진하지 못하였다. 이로 인해 나라에서는 전라도와 충청도를 보전하였고, 나아가서 황해도와 평안도의 연해지역 일대까지 보전할 수 있었다. 또 군량을 조달하고 호령을 전달할 수 있었기 때문에 국가 중흥이 이룩될 수 있었다."

어지는 긴 육상보급로는 후방지역의 의병에 의해 교란되면서 예상보다 훨씬 빠르게 전세 반전의 계기가 마련되었다.

조선 수군의 승리요인을 살펴보면, 첫째, 수군의 편제를 들 수 있다. 조선 수군은 바다와 선박에 익숙한 연해지역의 주민들로 구성되었다. 그 이유는 16세기 들어 삼포왜란과 을묘왜변 등 여러 차례의 왜변을 겪는 과정에서 연해지역 총동원체제와 같은 강화된 수군제도를 형성하고 있었기 때문이다. 이에 비해 일본군은 해전을 치러본 경험이 거의 없고 제도적으로 수군을 양성하지 않음으로써 육군과 전투기능상 별로 차이가 없었다. 히데요시를 비롯한 일본군의 지도부는 수군의 역할과 기능을 잘 몰랐으며, 군량미를 수송하는 보급선으로의 역할 정도를 기대하였다. 또 조선의 수군력에 대해 전혀 모르고 무시하였다.[44]

둘째, 선박의 우수성이다. 조선의 주력함인 판옥선은 크고 견고하였으며 일본선은 작고 허약하였다. 일본선은 선저(船底)가 V형으로 속도는 빠르나 전투시 방향을 바꾸기 힘들었는데 비해 조선의 판옥선은 U형으로 방향선회와 기동성이 뛰어났다. 또 일본 수군은 선박에 뛰어올라 육박전투를 벌이는데, 조선의 판옥선은 선체가 높아서 접근할 수 없었다. 판옥선은 대형선이었기 때문에 화포를 많이 적재할 수 있었다. 그래서 원거리전투에서는 화포로 공격하고, 근거리전투에서는 거북선과 같이 충돌로 격파하는 전술을 구사하였다.

셋째, 함재화력이다. 일본이 조총을 사용한 데 비해 조선군은 대형함선에 각종 대포와 총통(銃筒), 완구(碗口) 등 철포를 적재함으로써 화력에서 압도하였다.

넷째, 이순신의 전략이다. 그는 서남해상의 지리와 조수 등을 활용하였으며, 상황에 따라 치밀하게 작전을 운용하였다. 명량해전에서 조수를 이용

44 德富蘇峰(1935), 『近世日本國民史 豊臣氏時代』 丁篇, 民友社, 671쪽.
그는 秀吉이 예상하지 못한 요소이면서 패전으로 끝나게 된 주된 요인으로 첫째, 조선의 의병 봉기 둘째, 수군의 우세 셋째, 명군의 내원, 이 세 가지를 들었다.

한 것과 한산도해전에서 화포의 적중률을 높이기 위해 학익진(鶴翼陣)을 채택한 것이 대표적인 사례이다. 때문에 열세의 전력으로도 승리할 수 있었다. 또 바닷길에 익숙한 연해민이 자발적으로 합류한 이른바 해상의병이 많이 포함된 점도 그의 지도력 덕분이라고 할 수 있다.

4) 명군 내원과 관군 재정비

조선은 일본군에게 도성을 점령당하고 평양으로 피난하던 가운데 5월 임진강전투에서 패배하자 명에 원군(援軍) 파견을 요청하였다. 명의 조정에서는 조선에 원군을 파병할 것인가에 관해 격론을 벌였다. 그 사이에 평양성까지 함락당해 선조가 의주까지 피하면서 한반도 전체가 일본의 수중에 떨어질 위기에 처하자 원군을 보내기로 결정하였다.

명이 조선에 원군을 파견한 원인에 대한 학설을 검토해 보면, 첫째, 조공국보호론이다. 이는 책봉(冊封)·조공체제(朝貢體制)에 따른 전통적 우호관계와 그에 따른 종주국으로서의 책임 때문이라는 주장이다. 그러나 이것은 명분론일 뿐 이것만으로 막대한 전비가 드는 원병을 파견하는 실질적 이유가 될 수는 없다.

둘째는 순망치한론(脣亡齒寒論)이다. 경략(經略) 송응창(宋應昌)이 "조선을 방비하는 것이 바로 우리 자신을 지키는 것"[45]이라고 밝힌 바와 같이 이것이 가장 근본적인 동기라고 할 수 있다. 당시 명 조정의 논의 가운데 설득력 있는 파병의 논리는 명 자체의 안보와 국경 방위를 위해서는 조선에서 전쟁을 벌이는 것이 유리하다는 것이었다.[46] 지금 원병을 파견하면 조선군과 연합할

45 楊暘(1988), 『明代遼東都司』, 中國 鄭州 中川古籍出版社 (케네스 스워프, 「脣亡齒寒」에서 재인용).

46 시기를 놓쳐 명의 본토를 전쟁터로 삼기보다는 조선을 전장으로 하는 것이 낫고, 평

수 있지만, 만일 조선이 망한 후에는 조선이 일본군과 연합하기 때문에 지금 원군을 보내는 것이 유리하다는 의견도 제기되었다. 어차피 일본이 조선을 함락시키면 이어 명을 침공할 것이라고 예측하였기 때문이다.[47] 셋째, 히데요시의 야망을 저지함으로써 동아시아 국제질서의 주도권을 유지하려는 만력제(萬曆帝)의 개인적인 욕망이라는 설이다.

명의 조정에서는 원군을 파병하기로 결정은 하였지만 당시의 상황은 간단하지 않았다. 이 무렵 중국의 서부지역에서는 영하(寧夏)의 난이 일어났다. 이 난은 몽골계 신하인 발배(悖拜)가 주도하였고, 오르도스 몽골 추장들이 합류해 1592년에 꽤 오랜 기간동안 섬서(陝西) 일대를 휩쓸었다. 이를 진압하기 위해 요동총병(遼東摠兵) 이여송(李如松)과 10만 명의 요동군사가 파견되었다. 조선과 인접한 요동의 주력부대가 이탈한 상태였기 때문에 원군을 구성하기에 어려움이 있었다.

이에 우선 요동부총병 조승훈(祖承訓)에게 4천의 군사를 맡겨 파견하였다. 조승훈은 7월초 압록강을 건너온 후 7월 17일 제1차 평양성 전투에서 패배하였다. 8월 1일 2차 탈환작전에서는 조선 관군도 합력하였으나 실패하였다. 이후 명은 시간을 벌기위해 심유경(沈惟敬)을 파견해 고니시 유키나가와 강화회담을 시작하였다. 한편 평양성전투에서 패배했지만 명이 교전당사국으로 등장했다는 점에서 일본도 긴장하였다. 이것은 새로운 의미로 전국에 변화의 계기가 되었으며 일본군으로서도 더 이상의 북진을 포기하게 된 한 요인이 되었다. 이에 두 사람은 강화회담에서 50일간 휴전하기로 합의하였다.

원지대인 요동보다 산악지역인 조선에서 전쟁을 하는 것이 유리하다는 의견이 우세하였다. 더구나 명군이 조선에서 싸우면 군량을 비롯한 군수물자를 조선에 요구할 수 있다는 판단도 있었다.

47 한명기도 『임진왜란과 한중관계』(1999, 역사비평사)에서 명의 파병동기가 외형적으로는 조선을 구원하는 것으로 포장되어 있지만 실은 중국의 안전을 보장하기 위한 것이라고 지적하였다.

1592년 12월에 이르러서야 요동총병 이여송은 닝샤의 난을 진압한 후 요동제독에 임명되어 4만 3천명의 군사를 이끌고 내원하였다. 이듬해인 1593년 1월 6일에서 9일까지 제2차 평양성 전투가 벌어졌다. 당시의 군세를 보면, 명군 43,000명 조선군 8,000명, 일본군 15,000명이었다. 명과 조선의 연합군은 이 전투에서 승리하면서 평양성을 탈환하였다. 이후 조명연합군은 개성까지 탈환하였고, 평안도·황해도·경기도·강원도의 4도를 수복하였다. 한편 함경도의 가토 키요마사도 의병장 정문부부대에 패배하여 일본군은 모두 서울로 퇴각하였다.[48] 그런데 제2차 평양성 전투에서 승리한 이여송은 적을 경시하다 벽제관전투에서 일본군의 복병에 걸려 패배하였다. 그 후 이여송 군대는 개성에 주둔하다가 평양으로 퇴각하였고, 이후 전의를 상실하고 강화교섭에 주력할 뿐이었다.

명군의 내원은 제1차 침공의 전세를 반전시키는데 중요한 기여를 하였다. 그러나 평양성을 탈환한 이후로는 별다른 실질적인 전공을 세우지 못했다. 명은 전쟁 기간 중 도합 10만 여명의 군사를 파견하였다. 그것의 심리적 효과만으로도 결코 적지 않다. 대신 폐단도 적지 않았다. 그들은 조선의 의견이나 입장을 철저히 무시하면서 일본과 강화교섭을 일방적으로 진행하였다. 또 명 관리들의 월권행위, 직할통치론 대두, 내정간섭 등을 통해 조선의 주권을 심각하게 침해하였다. 민폐도 상당히 심하게 끼쳤다.

초기 육전에서 일방적으로 패퇴했던 관군은 평양성전투를 계기로 전열을 재정비하였다. 8월 제1차 평양성 전투에서 비록 패하였지만 명군과 연합해 일본군과 싸웠으며, 의병과 수군의 승리에 힘입어 일본군의 진격이 그

48 서울에 퇴각한 일본군은 전력의 30~40%를 소모해 전투능력을 거의 상실한 상태였다. 프로이스의 『일본사』에 의하면 조선 침공에 동원된 일본군은 약 15만 명이었는데, 평안도·함경도 등지에서 서울로 퇴각한 일본군은 3분의 1인 5만 명이 전사, 혹독한 추위, 기아, 질병 등으로 죽었다고 한다. 厭戰意識과 패전의식으로 서울에 퇴각한 일본군은 이미 전쟁수행능력을 상실한 군대였다.

치자 관군도 재기하게 되었다. 1592년 10월 진주성 전투에서 김시민(金時敏)이 이끄는 관군과 곽재우의 의병부대가 연합해 승리하였다. 당시 조선의 군사는 8,600명이고 일본군은 3만 명이었지만 성을 굳건히 지켜내었다. 1593년 2월에는 권율(權慄)이 이끈 행주산성 전투에서 승리하였다. 이때 조선군은 의승군을 포함해 1만 명이었고, 일본군은 3만 명이었다. 이 전투에서 조선군은 화차와 비격진천뢰, 총통 등 화포가 위력을 발휘해 압도할 수 있었다. 이 승리로 인해 일본군이 도성에서 철수하는 계기가 되었다.

3. 강화교섭

초기 전투에서 일본의 육군은 연전연승하면서 2개월 만에 평양까지 진주하였지만, 그 사이에 수군이 조선 수군에게 연이어 패배하였다. 또 남쪽 지역에서 의병이 일어나 게릴라전투로 일본군의 보급로를 차단하였다. 이에 일본군은 더 이상 진군할 수 없게 되자 강화 교섭에 나섰다. 일본군은 처음에는 조선, 다음에는 명을 대상으로 강화회담을 추진하였다.

1) 조선과 일본의 교섭

일본의 선봉장인 고니시는 개전 초기부터 화전(和戰) 양면작전으로 강화를 시도하였다. 그래서 1592년 6월 9일 평양 대동강 선상에서 이덕형(李德馨)과 야나가와 시게노부[柳川調信]·겐소[玄蘇] 사이에 회담이 있었다. 그러나 일본군의 무조건 철수를 주장하는 조선과 여전히 가도입명(假道入明)를 내세운 일본의 요구조건이 달라 결렬되었다.

2) 명과 일본의 교섭

1592년 7월 17일 제1차 평양성전투에서 패배한 명은 매우 당황하였으며, 원군을 준비하는 시간을 벌기 위해 심유경을 파견해 일본과 강화회담을 추진하였다. 그는 9월 초 평양에서 고니시 유키나가와 회담해 50일간 휴전키로 합의하였다.

한편 10월에는 가토 키요마사가 조선 조정에 대해 함경도와 평안도 할지안(割地案)을 제시하였다.[49] 이 안에 대해 조정에서는 수용할 수 없다고 거절하였다. 이와는 다른 대동강이동 할지설이 심유경을 통해서 명에 전달되었지만 명 조정에서는 이를 거절하고 이여송을 대장으로 하는 원군을 파견하기로 결정하였다.

두 번째의 회담은 조명연합군이 평양성을 수복한 후 1593년 2월 용산에서 이루어졌다. 평양성전투에서 패하고 서울로 퇴각한 일본군은 전의를 상실하였다. 또 군량의 보급난으로 서울로부터 철수하기로 내부적으로는 결정한 상태였다. 이를 위해서는 명군과의 협상이 필요하기 때문에 명과 조선에 강화요청서를 보냈다. 명과의 용산회담 후 합의에 따라 사로잡은 두 왕자를 송환하고 4월 19일에서 5월 중순까지의 시기에 일본군은 서울에서 철수해 울산에서 거제도에 이르는 남해안으로 후퇴하였으며, 16개의 왜성(倭城)을 쌓고 강화의 결과를 기다리며 주둔하였다. 명은 막대한 전비 부담과 희생을 최소화하려 하였고, 일본도 수군의 연패, 조선의 관군과 의병의 연합작전에 의해 밀리면서 전선에서 후퇴하지 않을 수 없었다.

명 또한 벽제관전투에서 패배한 후에는 강화를 추구하였다. 조선 조정은 명·일간의 강화회담에 시종일관 반대하였고, 일본군이 서울에서 퇴각할 때

49 『선조실록』 권31, 선조 25년 10월 을사.

추격하라고 강하게 요청했지만 명군은 이를 거부하였다.

강화 교섭의 내용을 보면, 감합무역 부활을 미끼로 일본군을 회유해 완전 철수시키려는 명과 조선의 남부지역을 할양받아 교두보를 확보하려는 일본의 속셈이 맞부딪치면서 난항을 거듭하였다.

1593년 5월 나고야에서 히데요시는 명의 강화사(講和使)를 만나 7개조의 요구조건을 제시하였다.[50] 그런데 명으로서는 감합무역을 재개하자는 항목을 제외하고는 도저히 수용할 수 없는 요구이기에 경략 송응창과 심유경은 명 조정에 거짓으로 보고하였다. 히데요시가 명의 책봉을 원한다고 보고하면서 명 조정이 요구한 항복문서[降表]까지 위조하였다. 고니시도 히데요시에게 강화회담의 경과와 내용을 거짓으로 보고하였다.

일본측 요구의 핵심은 한반도의 남부 4도를 할양해 달라는 것이었다. 강화안의 내용을 인지한 조선조정에서는 심유경에 대한 강한 불신과 함께 강화회담 자체를 극렬하게 반대하였다.

강화회담이 진행되는 도중에 명은 조선 조정의 강한 반대에도 불구하고 16,000명의 군사만 남기고 단계적으로 철군하였으며, 송응창과 이여송도 요동으로 귀환하였다. 명과 조선은 강화문제를 두고 갈등이 심화되었고, 조선의 정치세력 간에도 이 문제를 두고 대립이 발생하였다. 이에 선조는 1593년 10월 유성룡(柳成龍)에게 도체찰사(都體察使)를 맡겼다. 이로써 전쟁 수행의 주도권이 강경파인 서인으로부터 남인으로 넘어간 셈이다. 유성룡은 송응창의 요구를 대부분 수용하였으며, 강화회담에 대해서도 적극적인 반대는 하지 않았다. 1594년 5월 조선의 조정에서도 강화론을 수용하기로 하였다.

50 7개조의 내용은 아래와 같다. ① 대명황제의 현녀를 일본천황의 后妃로 맞을 것, ② 감합무역을 부활시킬 것, ③ 명과 일본의 통교부활을 위해 양국대신들이 誓詞를 교환할 것, ④ 남부 4도를 일본에 할양할 것, ⑤ 조선의 왕자와 대신을 볼모로 보낼 것, ⑥ 조선왕자 2인을 심유경 편에 돌려보낼 것, ⑦ 조선의 대신이 위반하지 않을 것을 서약할 것 등이다.

이유는 명군의 대부분이 철군함으로써 조선의 전쟁수행능력이 약화되었기 때문이다. 일본군도 이 무렵에는 대부분 본국으로 철수하고 일부병력만 남해안에 주둔하고 있었다.

1595년 1월 명의 책봉사(冊封使)가 조선으로 입국하였다. 그런데 부산에 도착한 정사 이종성(李宗城)은 강화내용의 진위를 알게 되면서 차일피일 도일(渡日)을 미루다가 1596년 4월 3일 일본군영에서 도주하였다. 명에서는 5월 4일 정사를 양방형(楊方亨), 부사 심유경으로 재임명하였고, 강화사 일행은 6월 16일 도일하였다. 한편 일본의 요구에 따라 8월 상순 근수사(跟隨使 : 정사 黃愼, 부사 朴弘長) 일행이 명의 강화사에 뒤이어 도일하였다.[51] 9월초 히데요시는 강화사를 접견하면서 강화안에 자신이 요구했던 7개의 조건이 대부분 빠진 것을 확인하였다. 거짓과 기만을 동원해 위태롭게 진행되는 강화회담은 진실이 알려진 순간 결렬되었다. 히데요시는 강화안을 거부하고 재침을 결정하였다. 이로써 4년 동안 우여곡절을 겪으면서 진행된 강화교섭은 완전히 파탄으로 마무리되었다. 이에 따라 강화회담의 당사자였던 심유경은 조정을 기만한 죄로 사형에 처해졌고, 병부상서(兵部尙書) 석성(石星)은 삭탈관직 당하였다.[52] 한편 고니시는 히데요시로부터 다시 싸워 죄과를 갚으라는 조치가 내려졌다.

51 조선사신의 도일을 요구하는 일본의 요구에 조선 조정에서는 처음에 반대했으나 명의 요구도 있었고, 또 이해 7월 호서지역에서 이몽학의 난이 일어나 혼란스런 정국 탓도 있고 해서 격론 끝에 근수사를 늦게나마 파견하였다. 그러나 근수사 일행은 秀吉을 접견하지도 못하였다.

52 심유경은 1597년 6월 倭營으로 도피하던 도중 경상남도 의령에서 체포되어 斬殺棄市되었으며, 兵部尙書 石星은 일을 그르친 죄로 1597년 9월에 관직을 삭탈 당한 후 투옥되었다가 이듬해 옥사하였다.(『明神宗實錄』 권312, 만력 25년 7월 병진 ; 『明神宗實錄』 권314, 만력 25년 9월 임진)

4. 제2차 침략

1) 조선의 대비

강화회담이 진행되는 도중에 조선 정부는 재침에 대한 대비를 충실하게 하였다. 중앙에는 1594년 훈련도감을 설치해 조총과 화약 등 무기를 제조하였고, 척계광(戚繼光)의 『기효신서(紀效新書)』를 참조해 절강병법(浙江兵法)을 도입하였다. 지방에는 양인과 천인(賤人)을 가리지 않고 소규모부대로 편제하는 방식인 속오군(束伍軍)을 설치하였으며, 요해지에는 산성을 구축하였다. 의병들도 1596년 12월 분의복수군(奮義復讎軍)을 조직하여 재침에 대비하였다. 이들은 2차 침략 때에 각지에서 일어난 자생적인 의병과 함께 활약하였다.[53]

2) 경과

1597년 1월 15일 히데요시는 재침을 선언하였고, 3월부터 일본군 141,500명이 다시 조선으로 상륙하였다. 일본의 재침이 시작되자 조선 조정은 명에 원군을 요청하였고, 1597년 6월에는 육군과 수군을 합쳐 도합 10만 명의 군사가 다시 출병하였다.[54]

7월에는 조선의 수군이 연합함대를 구축하였다. 삼도수군통제사 원균은 6월 18일 부산포까지 나가 일본 수군에 대해 선제공격에 나섰으나 패배하였다. 이어 7월 14일에는 칠천량해전에서 참패를 당하였다. 이에 200척에 달했던 조선 수군의 전선이 12척만 남기고 침몰하였으며, 남해의 제해권을 일본

53 그러나 일본군도 2차 침략 때에는 대규모 작전 위주로 하였기 때문에 의병은 1차 침략 초기와 같은 활약은 하지 못하였다.

54 『明史』 권21 神宗本紀 萬曆 25년 2월 병자 및 『선조수정실록』 권31 선조 30년 2월 병자.

에게 넘겨주었다. 해전에서 승리한 일본군은 호남지역으로 수륙병진작전이 가능하게 되었다. 1차 침략과 달리 호남지역 점령에 주력한 일본군은 8월 15일 남원성 전투에서 조명연합군에 승리하였고, 전주성까지 무혈입성하였다.

칠천량해전의 패배로 조선수군이 사실상 와해되자 조정에서는 해전을 포기하고자 하였다. 그러나 7월 22일 복귀한 이순신은 전라우수영에서 전열을 재정비한 후 8월 28일 해남에서 일본선 8척을 격파하였다. 이어 9월 15일에는 명량해전에서 12척으로 130척의 일본수군을 물리치는 기적적인 대승리를 거두었다. 이로써 조선 수군은 서남해의 제해권을 되찾는데 성공하였다.

한편 9월 5일에는 충청도 직산에서 조명연합군이 일본군과 정면으로 접전을 벌여 대승을 거두었다. 이 전투의 패배로 일본군의 서울진공작전은 좌절되고 이후로는 후퇴로 일관하였다. 직산전투와 명량해전에서의 승리로 조명연합군은 수륙 양면에서 모두 승리하였다. 이것으로써 2차 침략은 사실상 완전히 좌절된 셈이다. 이후 일본군은 퇴각했으며 조명연합군은 추격전을 벌였다.

1597년 12월 23일에서 1598년 1월 4일까지의 울산성전투에서 조명연합군은 가토군을 공격하였다. 이어 1598년 7월 조명연합군은 4로로 나누어 총공세를 펴나갔다. 당시의 명군은 육군 66,000명, 수군 5,000명이었으며, 6월에는 절강(浙江)으로부터 500척의 전선이 당도하였다. 그런데 이미 일본군은 대부분 철수한 상태였다. 9월 20일 연합군은 총공격에 나섰으나, 명군은 일본군을 추격해 섬멸하자는 조선의 요구에 대해 적극적으로 대응하지 않았다.

1598년 8월 18일 히데요시가 병사하였다. 일본에서는 그의 죽음을 숨기다가 9월말 도쿠가와 이에야스[德川家康]가 오대로(五大老)의 합의에 따라 사실을 알리고 철군령을 내렸다. 철수명령이 전해지자 경상도 연안에 주둔하던 일본군은 무사히 물러났다. 마지막으로 순천에 주둔해 있던 고니시군이 철수하려고 할 때 이순신은 섬멸을 주장하였다. 그는 추격을 반대하는 명의 수군제독 진린(陳麟)을 설득하여 최종결전에 나섰다. 이순신이 이끄는 조선 수군은 11월 18일 노량해전에서 200척의 일본전선을 격침하는 대승을 거두었다. 그러나 이 전투에서 이순신은 전사함으로써 이 전쟁을 마무리하는 마지막 전투의 장렬함을 더하였다.

12월 26일 일본군이 부산에서 완전히 철수함으로써 7년간의 전쟁이 막을 내렸다. 1600년 9월에는 명군도 완전히 조선에서 철수하였다.

전쟁의 시작이 공식적인 선전포고 없이 일본군의 기습에 의해 일어난 것과 마찬가지로 전쟁의 마무리 또한 공식적인 정전협정이나 강화조약의 체결도 없이 끝나고 말았다. 7년간에 걸친 파멸적인 전쟁이라는 사실에 비추어 볼 때 실로 어이없는 결말이라고 하지 않을 수 없다. 이와 같은 불명확한 전쟁종결 때문에 조선과 일본 양국은 전후 국교재개과정에서 전쟁책임과 전후처리 문제를 둘러싸고 복잡한 외교적 교섭을 거쳐야 했다.

V. 임진전쟁과 동아시아 국제사회 변동

1. 전후 조선의 대외관계

임진전쟁의 승패와 관계없이 가장 큰 피해자는 조선이었다. 전란 중 경작인구의 감소와 농토의 황폐화로 150만결의 토지가 50만결로 줄어들었다. 경복궁을 비롯한 궁궐과 각종 문화재가 소실되고 약탈당하였으며, 또 전란 중에 노비대장과 토지대장이 소실되었다. 이로 인해 노비가 급감함으로써 조선사회를 유지하던 지주의 하나인 신분제가 동요하였다. 비록 조선왕조 자체는 망하지 않고 유지되었지만 조선전기의 사회체제가 무너져 내렸다. 전란 후 조정에서는 국가 재건을 위해 수취체제 등 제도적 개편을 시행하였으나 양반지배체제 자체에 대한 근본적인 개혁은 없었다.

7년간의 전란의 참화에서 회복되기도 전에 조선은 중원에서의 명·청 교체라는 소용돌이에 다시 휩쓸려 들어갔다.

금(金)이 멸망한 이후 여진족은 만주지역에서 독립된 국가를 형성하지 못한 채 오랫동안 여러 부족이 산거(散居)하는 상태로 있었다. 명대에는 이러한 여진부족에 대해 200여 개의 위소(衛所)를 설치해 통치했으며, 조선 또한 기미정책을 통해 견제하였다. 그런데 1580년대부터 누르하치가 이끄는 건주여진(建州女眞)의 세력이 급속히 성장하였다. 1583년 명군의 휘하에서 해서여진(海西女眞) 공략에 참여했다가 부(父)와 조(祖)가 명군에 살해된 누르하치는 이후 독자적인 세력으로 변신하였다. 그는 여진 각 부족과의 중계무역을 통해 부(富)를 축적한 후 1588년 건주여진을 통일하고, 1591년에는 해서여진의 연합군을 격퇴하였다. 조선전기 이래 여진족을 통제해왔던 명과 조선은 그의 세력

확장을 견제하려 했지만 임진전쟁으로 인해 여유가 없었다. 누르하치는 오히려 1592년과 1597년 일본의 1, 2차 침략 때 조선에 원군 파견을 제안할 정도로 성장하였다. 그는 1615년 팔기제(八旗制)를 완성한 다음, 1616년에는 통일국가의 국호를 후금(後金)으로 고쳤으며, 마침내 1618년 명에 선전포고를 하였다.

이러한 상황 속에서 조선은 난처한 지경에 빠지게 되었다. 후금과 명의 전쟁 과정에서 조선은 명으로부터 원군 파병을 요구받았다. 광해군은 숙고 끝에 강홍립(姜弘立)에게 1만5천명의 군사를 주어 파견하였다. 그러나 1619년 '심하전투(深河戰鬪)'에서 조명연합군이 패배하자 강홍립은 남은 병력을 이끌고 후금에 투항하였다. 이후 국제정세를 현실적으로 파악한 광해군은 명의 원조 요구를 거부하면서 후금과 평화를 유지하였다. 그러나 1623년 인조반정(仁祖反正)이 일어나면서 대외정책에도 변화가 일어났다. 인조정권은 친명(親明)의 기치 아래 명의 후금 공략에 적극 협조하였다. 가도(椵島)에 주둔해 있던 명의 모문룡(毛文龍)에 대해서도 원조를 강화하였다. 결국 1627년 후금은 모문룡을 제거하고 경제적 지원을 확약받기 위해 조선을 침략하였으니, 이것이 정묘호란(丁卯胡亂)이다. 2개월에 걸친 전투에서 조선은 패배하였으며, 후금과 형제의 맹약을 맺고 명과 국교를 단절한다는 조약을 체결하였다.

1636년 청의 태종은 칭제건원(稱帝建元)하면서 국호를 대청(大淸)으로 바꾸었다. 이에 조선에 대해 '형제의 맹약[兄弟之盟]'을 '군신의 의[君臣之義]'로 바꾸자고 하면서 무리한 세폐(歲幣)와 정병(精兵) 3만 명을 요구해 왔다. 조선에서 이를 용납하지 않자, 1636년 12월 청 태종이 직접 12만의 대군을 이끌고 쳐들어왔다. 이른바 병자호란(丙子胡亂)이다. 2개월간의 전투에서 패배한 인조는 항복하였고, 삼전도에서 굴욕을 당하였다. 이로써 조선은 청의 책봉을 받는 군신관계로 바뀌었고, 명에 대한 공격에 동참한다는 등 11개조의 조약을 체결하였다.

이와 같이 청은 새로운 군사강국으로 부상하면서 조선에 대한 두 차례의 침략에서 승리하였다. 이어 1644년에 입관(入關)한 후 명을 제압하고 중원을 차지함으로써 동북아시아의 새로운 맹주로 부상하였다.

임진전쟁과 후금에 의한 두 차례의 침략, 일본에서의 정권 교체, 중원에서의 명·청 교체 등으로 동북아시아의 국제관계의 양상은 실로 복잡하게 전개되었다. 임진전쟁 후 동북아시아에서의 변화 가운데 주목되는 것은 후금과 일본의 군사적 위상의 강화이다. 국제질서의 운영자로서의 명의 위상은 형편없이 훼손되었으며, 조선의 처지 또한 더욱 어려운 상황에 몰렸다.[55] 조선에서는 일본의 힘을 빌려 청을 견제하자는 논의[以倭制淸論]가 나올 정도로 얼키고 설킨 혼돈의 정세였다. 정묘호란과 병자호란 때 일본의 도쿠가와막부에서 실제 원병 파견을 제안하기까지 하였다. 그만큼 임진전쟁 후의 동북아시아 국제질서의 전환기에서 조선은 북로남왜(北虜南倭)의 질곡에서 벗어나지 못하였다. 명과의 전통적 관계 위에 새롭게 군사강국으로 부상한 청과 일본의 사이에서 고전할 수밖에 없었다.

17세기 전반기 혼돈의 와중이었던 동북아시아의 국제정세는 17세기 후반 중국에서 삼번(三藩)의 난(1673~1681)이 진압되고, 1683년 타이완을 거점으로 한 정경(鄭經)의 저항도 진압되면서 안정을 되찾았고, 조선과 청의 관계도 긴장관계에서 정상적인 관계로 변하였다.

2. 일본의 정권 교체와 조·일 국교 재개

1600년 세키가하라전투[關原合戰]에서 히데요시의 추종세력을 물리친 도쿠가와 이에야스는 1603년 막부를 개창하였다. 이로써 대내외적 주권을 장악한

55 한명기(2009), 「동아시아 국제관계에서 본 임진왜란-전쟁 이후 조선을 둘러싼 명·청·일 관계를 중심으로-」『임진왜란과 동아시아세계의 변동』, 경인문화사.

그는 조선, 명과의 국교회복을 원하였다. 그는 대마도주 소 요시토모[宗義智]에게 조선과 강화교섭을 하도록 명령하였으며, 대마도주는 1599년부터 23차례나 강화사절을 조선에 보내왔다. 조선 조정은 1601년 전계신(全繼信)과 손문욱(孫文彧)을 대마도에 보내 정탐하였고, 1604년 8월 사명대사 유정을 '탐적사(探賊使)'로 파견하였다. 그는 1605년 3월 후시미성[伏見城]에서 이에야스를 직접 만나 그의 강화의사를 확인하였다. 그 후 조정에서는 일본에 먼저 국서(國書)를 보낼 것과 왕릉을 범한 도적을 포박해 보내라는 2개의 조건을 제시하였고, 1606년 11월 일본에서 도쿠가와 이에야스의 국서와 범릉적(犯陵賊)을 보내왔다.

이에 조정에서는 국교 재개를 결정하고 1607년 회답겸쇄환사(回答兼刷還使)를 파견하였다. 2년 후인 1609년에는 교린체제의 실질적인 내용을 담보하는 기유약조(己酉約條)를 체결하였다. 회답겸쇄환사는 도쿠가와막부의 국서에 대한 회답서를 보내고 피로인의 쇄환을 촉구하는 사절단이라는 뜻이다.[56] 이로써 전쟁이 끝난 지 10년도 채 못 된 시점에서 양국은 국교를 재개하였다.

7년간의 파멸적인 전란을 치르고 일본을 불구대천의 원수로 치부하였던 조선이 일본과 국교를 재개한 이유는 무엇인가? 여기에는 전쟁 후 조일 양국의 지배권력의 확립과 깊은 관련이 있다. 동시에 17세기에 초반 새롭게 전개되었던 국제정세도 중요한 요인이 되었다.

우선 조선의 입장을 보면, 국민감정과 명분상 일본과의 강화란 있을 수 없는 것이었다. 그러나 현실적인 입장에서 볼 때 조선정부로서는 전쟁 후의

56 국교재개기에 3차에 걸쳐 파견되었던 회담겸쇄환사는 1617년(광해군 9)과 1624년(인조 2) 두 차례 더 파견되었다. 1607년 조선국왕의 국서에는 "조선은 일본과 2백년 동안 교린을 지속해왔음에도 임진년에 무고한 군사를 움직여 지극한 참화를 일으켰다. 특히 선조의 능을 파헤친 것은 우리로서는 뼈에 사무칠 정도로 통한스런 일이다. 의리로 말하자면 하늘을 같이 이고 살 수 없는 원수이다.(중략) 그러나 귀국이 舊禮를 회복하고 前代의 잘못을 고치려고 하면서 먼저 국서를 보내 通好하고자 하였다. 만약 그렇다고 한다면 어찌 양국 生靈의 복이 아니겠느냐. 이에 사신을 보내 그 뜻에 화답하고자 한다."라고 하면서 일본의 전쟁책임을 명시하였다.

복구와 재건에 전력을 기울이지 않을 수 없었다. 이를 위해서는 대외관계가 안정될 필요가 있었다.

한편 국제정세를 보면 명은 전란의 후유증으로 쇠퇴해 가는 반면, 만주에서는 여진족이 후금을 건설하여 명과 조선을 위협하는 새로운 정세가 전개되고 있었다. 이에 조선으로서는 북쪽 변경의 방위문제가 시급한 현안으로 대두되었던 만큼 남쪽 변경의 안전, 즉 일본과의 평화적 관계가 필요하였다. 이와 관련하여 일본의 신정권의 성격이 어떠한가, 또 조선을 재침할 가능성이 있는가, 하는 문제가 조선조정으로서 초미의 관심사였다. 전란 중에 잡혀간 피로인(被虜人)들을 쇄환하는 문제도 왕도정치(王道政治)를 표방하는 조선정부로서는 명분상 소홀히 할 수 없는 문제였다. 요컨대 남쪽 변방의 안전을 위한 대일 우호의 유지, 일본국정의 탐색, 피로인 쇄환이 국교를 재개한 실질적인 동기였다.

다음으로 일본의 사정을 살펴보자. 도쿠가와 이에야스는 1603년 막부를 개창하였지만 아직 서부지역의 다이묘들을 완전히 장악하지 못한 상태였다. 따라서 내치(內治)에 주력할 수밖에 없는 막부로서는 대외관계의 정상화가 필수적이었다. 이에 이에야스는 조선과의 국교정상화를 위해 적극적으로 나섰다. 그는 1604년 사명대사가 일본에 왔을 때 직접 만나 통교의지를 밝혔다.[57] 이로써 국교재개 논의는 급진전될 수 있었다. 도쿠가와막부는 통신사(通信使)의 내빙을 통해 국내의 다이묘들에 대해서 정치적 우위를 확인하는 계기로 삼았으며, 나아가 이를 통해 명과의 통로를 확보하려고 하였다.

하여튼 조선과 일본 양국은 각기 국내정치적인 필요성과 새로운 국제정세의 변화에 따라 임진전쟁이 끝난 지 10년도 채 못 되어 국교를 다시 정상화하였다. 조선 조정으로서는 국교재개를 위해 제시한 두 조건을 일본이 수락하였고, 도쿠가와막부가 토요토미정권을 무너뜨림으로써 원수를 대신 갚

---

57 『故事撮要』 상권, 萬曆 32년 7월조 및 『事大文軌』 권45, 萬曆 33년 6월 4일조.

아주었다는 명분을 바탕으로 국교를 재개하였다. 도쿠가와막부는 임진전쟁 직후 우선 조선과의 국교를 정상화함으로써 대외적 안정을 확보하였다. 이를 기반으로 17세기 초반 후금의 성장에 따라 전개된 동북아시아의 혼란 속에서 대내적 체제의 안정에 주력할 수 있었다. 그 결과 1630년대 말에는 대내외적 체제를 확립하였다.

3. 명의 쇠락과 왕조 교체

명은 이 전쟁에 원군을 파견하면서 막대한 전쟁비용을 지출하였는데, 이것이 쇠락의 주요원인이 되었다.

명의 신종대(神宗代)에는 이른바 '만력삼대정(萬曆三大征)'으로 일컬어지는 세 차례의 큰 대외전쟁이 있었다. 첫째 1592년에 일어난 영하(寧夏)의 난이다. 몽골계인 발배(悖拜)가 주도하였고, 오르도스 몽골 추장들이 합류한 이 난은 1년 가까이 섬서(陝西) 일대를 휩쓸었다. 이를 진압하기 위해 명 조정은 요동총병(遼東總兵) 이여송(李如松)의 군사 10만 명을 징발해 진압할 수 있었다. 둘째, 일본의 토요토미 히데요시에 의해 촉발된 임진전쟁(1592~1598)이다. 셋째, 파주(播州)의 양응룡(楊應龍)의 난(1593~1600)이다. 서남방에서 묘족(苗族)이 일으킨 반란으로 이의 진압을 위해 24만 명을 소집했는데 이 가운데는 항왜(降倭)도 포함되었다고 한다.[58]

58 이에 관해서는 李化龍(1937), 『平播全書』, 上海 商務印書館 및 久芳崇(2002), 「16世紀末 日本式鐵砲の明朝への傳播 : 萬曆朝鮮の役にから播州楊應龍の亂へ」(『東洋學報』 84~1) ; 케네스 스워프(Kenneth M. Swope : 2007), 「脣亡齒寒-명나라가 참전할 수밖에 없었던 이유」(『임진왜란, 동아시아 삼국전쟁』, 휴머니스트) 참조.

세 차례의 전쟁 가운데서도 임진전쟁으로 인한 부담이 가장 컸다.

그러면 임진전쟁에 참전을 통해 어느 정도의 비용이 들었을까? 『양조평양록(兩朝平壤錄)』(권4 「日本 下」)이나 『무비지(武備志)』(권239, 四夷 17, 「朝鮮考」) 등의 사료에 의하면 1597년 경략 형개(邢玠)가 출관(出關)하여 1600년 귀국하기까지 사용한 향은(餉銀)이 800여만 냥이라고 하였다. 대체로 임진·정유년 두 차례의 비용을 통산해 1천만 량 이상으로 추정된다.[59] 당시 비슷한 시기에 명이 발배의 난 진압에 180여만 냥, 양응룡의 난 진압에 200만 냥이 소용되었음에 비하면 엄청난 액수라고 할 수 있다.[60]

대외전쟁에 소요되는 전비를 조달하기 위해 명 조정은 강남(江南) 등지에 증세(增稅) 조치와 징집, 징발이 이어지면서 백성의 불만이 높아졌고, 농민반란이 일어났다. 1580년대 장거정(張居正)이 주도한 토지조사사업 등으로 일시적이나마 충실해졌던 재정이 적자로 반전되었다. 이에 더해 만력제(萬曆帝)의 실정과 당쟁의 심화, 요동에서 누르하치의 위협 증대 등으로 명은 내우외환의 위기 속에 쇠락의 길로 접어들었다. 결국 1644년에는 청에 의해 멸망하였고 중원의 맹주가 바뀌어졌다.

임진전쟁으로 균열이 시작된 명 중심의 국제질서는 후금-청의 성장으로 급속히 붕괴되었다. 중국대륙에서 명과 청이 교체되면서 중화중심의 세계관이 상대화하였고, 밀접한 정합성을 지녔던 화이관념과 책봉조공체제가 분열되었다. 특히 문명관과 세계관의 다원화가 진행되면서 조선에서는 조선중화주의의식, 일본에서는 일본형 화이의식이 형성되었다. 베트남에서도 칭제건원(稱帝建元)하는 등 독자적인 화이관념을 설정하였다. 이와 같이 17세기 전반기 동아시아에서 전개된바 중국을 축으로 하는 국제질

59 市村瓚次郎(1943), 『東洋史統』 卷3, 富山房, 647~665쪽.

60 『明史』 卷234, 列傳, 「王德完傳」.

서의 붕괴와 문명관의 상대화 현상을 '화이변태(華夷變態)'라고 표현하기도 한다.

4. 중국과 일본의 관계

명은 중화적 국제질서에 도전했던 일본에 대해서 조선에 원병을 파견해 전쟁을 치렀지만 확실한 군사적 우위를 보여주지는 못하였다. 결국 전쟁을 통해 명은 확실한 전과를 거두지도 못한 채 막대한 전비만 허비했다는 자체 비판에 시달렸고, 대국으로서의 위신도 상당히 실추되었다. 이에 대한 반작용으로 명은 전란 후 일본에 대한 무시정책을 취하였다. 전쟁이 끝난 후 일본의 도쿠가와막부는 1600년 국교정상화를 위해 조선에 사신을 보내 명과의 감합무역(勘合貿易) 부활을 의뢰하였다. 그러나 조선 조정이 이를 거부하자, 유구(琉球)를 통해 뜻을 전달하기도 하였으며 복건성(福建省)의 총독에게 직접 교섭을 시도하기도 하였다. 여러 가지 루트를 통해 감합무역 재개와 국교정상화를 타진했지만 명은 끝내 반응을 보이지 않았다.[61]

명과 일본의 접촉은 만주지역에서 후금이 강성해지면서 새로운 전기를 맞게 된다. 일본은 전쟁 중인 1592년 가토군[加藤清正軍]이 압록강을 건너 여진족 부락을 공격하면서 여진족의 상황을 일부 파악하게 되었다. 일본은 전후 명과의 공로(貢路)를 확보하려고 했을 때 그 주요루트로 요동로를 상정하고 있었는데, 그것이 여진족에 의해 단절되자 위기의식과 함께 만주지역의 상황에 예민한 관심을 지니고 있었다. 임진전쟁을 계기로 후금과 일본은 서

61 紙屋敦之(1997), 『大君外交と東アジア』, 吉川弘文館, 216~217쪽.

로의 존재를 인식하게 되었다. 이 과정에 명과 조선이 개재되어 상당히 미묘한 양상이 전개되었다. 조선은 일본의 존재를 이용해 후금을 견제하려고 하였으며, 그러한 시도는 17세기 초반에도 있었다.[62] 일본 또한 후금에 대한 견제의식에서 1627년의 정묘호란과 1636년 병자호란 당시 조선으로 원병을 파견하겠다는 제안을 내기도 하였다.[63]

후금의 강력한 도전 앞에 수세에 몰리고 있었던 명은 전쟁 직후 일본의 국교정상화 요청을 무시했던 것과는 달리 후금을 견제하기 위해 일본의 존재에 주목하게 된다. 명은 1633년 후금의 위협에 시달리던 조선에게 일본에 청원할 것을 종용하였다. 1638년부터는 청을 견제하기 위해 명이 일본에 군사원조를 요청했다는 풍문이 조선에 알려지기도 하였다. 마침내 청에 의해 북경이 함락되고 남쪽으로 피난한 1645년과 1646년에는 남명(南明)의 융무정권(隆武政權)과 정지룡(鄭芝龍)이 일본의 도쿠가와막부에 원병을 요청하기에 이르렀다.[64] 대륙에서 명과 청이 교체된 상황에서 명과 일본의 처지가 역전된 상황을 상징하는 사실이다. 임진전쟁이 일어난 지 50년 사이에 거대한 역전이 벌어진 것이다.

62 『宣祖實錄』 권71, 선조 29년 1월 정유.

63 紙屋敦之(1987), 「幕藩制國家의 成立과 東アジア」 『歷史學硏究』573, 83~87쪽.

64 한명기(2009), 위의 논문.

VI. 임진전쟁이 남긴 것 : 영향과 기억

유유히 흐르는 역사 속에서 전쟁이란 소용돌이와 같은 것이다. 그런 만큼 그것은 가장 역동적인 사건으로 기존의 질서를 파괴하기도 하지만 참혹한 전장 위에 꽃을 피우기도 하였다. 그런 점에서 전쟁은 새로운 질서를 태동해 내는 바탕이 되었고, 때로는 역사발전의 동력이 되어왔다. 임진전쟁을 통해 동아시아에서는 인간의 이동과 문물의 교류가 있었다. 특히 조선과 일본 사이에는 그 양상이 현저하였다. 문물의 교류는 당초의 전쟁 목적은 아니었지만 전후 양국의 역사 전개와 문화생활에 상당한 영향을 미치게 되었다.

1. 사람의 이동

전쟁 중에 이동한 사람의 대표적인 사례는 피로인(被虜人)과 항왜(降倭)를 들 수 있다. 10만 명으로 추산되는 조선의 피로인과 1만여 명의 항왜 또한 전쟁의 희생자라고 할 수 있다.[65]

1) 피로인

피로인이란 전란 중 일본군에 강제로 잡혀갔던 민간인 포로를 가리킨다. 피로인의 전체 규모가 얼마인지는 정확하게 파악하기 힘들다. 대체로 5만에

65 김문자(2005), 「임란시 항왜문제」『임진왜란과 한일관계』, 363~364쪽.

서 10만 명으로 추산해 왔다. 현재 일본에서는 2만 명에서 5만 명으로 추정하고 있는데 비해, 한국에서의 연구는 대부분 10만 명으로 추산하고 있다.[66]

일본군이 피로인을 납치하는 목적은 ① 농촌노동력의 보충, ② 가사노예,[67] ③ 도공(陶工), 재봉녀(裁縫女), 공인(工人) 등 기술자 노예의 획득, ④ 노예 매매를 통한 이익 등이다. 조선피로인의 일본 내에서의 활동상을 보면, 유학자나 도공과 같이 일정한 대우를 받으며 재능을 발휘한 사람도 있지만, 절대다수의 피로인들은 농업노예로 사역되었다.

피로인의 납치는 전쟁 초기부터 있었지만, 특히 제2차 침략 때 대규모로 조직적으로 이루어졌다. 특히 이때는 노예로 납치해 매매하기 위한 노예상인들이 군인들과 결탁해 포르투갈노예선이 조선 해안에까지 출동하기도 하였다. 포르투갈 상인들은 노예를 철포, 백사(白絲) 등과 교환하였다. 노예로 매매하는 것이 폭리를 남긴다는 사실이 알려지자 정규군은 물론 출병한 다이묘들도 노예매매에 간여하였다.[68] 수많은 조선 피로인이 노예시장으로 나와 국제노예시장의 가격이 폭락할 정도였다고 하니 그 참상을 짐작할 수 있다. 일본에 나와 있던 천주교 선교사들이 노예시장에서 이들을 구매해 해방시킨 숫자만도 수천 명에 달한다. 서양선교사들이 그 잔혹한 현장을 목격하고 문제를 제기함으로써 국제적인 문제로 확대되기도 하였다. 이런 사실을 바탕으로 이 전쟁을 '사람사냥전쟁'이자 '노예전쟁'으로 성격 규정하기도 한다.[69]

전후 피로인을 쇄환하는 일이 조선 조정으로서도 큰 과제가 되었다. 그래

66 민덕기(2005), 「임진왜란 중의 납치된 조선인 문제」『임진왜란과 한일관계』, 경인문화사, 395쪽 ; 이채연(1993), 『임진왜란 포로실기 연구』, 부산대학교 박사학위논문 ; 이원순(1985), 「임진왜란시의 조선부로노예 문제-왜란성격 일모」『변태섭박사화갑기념 사학논총』, 삼영사.

67 때문에 피로인 가운데 여자가 더 많다는 기록이 여러 군데서 나온다.

68 이장희(1995), 「왜란 중의 사회상」『한국사』22, 국사편찬위원회, 175쪽.

69 이원순(1985), 위의 논문, 628쪽.

서 전후 3차에 걸쳐 일본에 파견한 사절단의 명칭도 회답겸쇄환사로 하였다. 이러한 사정을 잘 알고 있는 대마도주는 여러 차례에 걸쳐 피로인을 송환하였고, 사명대사 유정과 세 차례의 회답겸쇄환사가 쇄환해 오는 등 17세기 전반기까지 총 59차례에 걸쳐 7,300명이 돌아왔다.[70] 그러나 이것은 전체 숫자의 1할도 되지 못하는 비율이다. 도쿠가와막부의 권유에도 불구하고, 피로인을 소유한 주인들이 돌려주려 하지 않았기 때문이다.

2) 항왜

항왜(降倭)란 임진전쟁 때 전쟁 중에 조선에 투항한 일본 군인을 가리킨다[71]. 항왜의 규모는 『조선왕조실록』에 의하면 1만 명에 달하는 것으로 추정된다. 전사자와 포로로 사로잡힌 자[俘虜倭]를 제외하고도 1만 명이 투항했다면 그 의미는 결코 적지 않다.

이들이 항복해 귀순한 배경에는 멀리는 조선 초기 이래의 향화정책(向化政策)의 효과와 전쟁 중의 적극적 회유정책을 생각할 수 있다.[72] 전란 초기에 귀순한 사야카(沙也可 : 金忠善)는 "조선의 예의 문물과 의관 풍속을 흠모하여 예의의 나라에서 성인의 백성이 되기 위해서 항복하였다."고 하였다. 『조선왕조실록』에도 "왜노(倭奴)가 덕의(德義)를 사모해 항복해 온다."라는 기사가 종종 나오는데, 이러한 사례가 전자의 경우이다. 한편 1594년 이후에는 조정에서 항왜에 대해 적극적 유치정책으로 전환하였다. 조총 제조, 검술에 능숙한 자, 염초자취법(焰硝煮取法)을 해득한 자 등 기술자에게 군직(軍職)을 하사하

70 米谷均(2000), 「17세기 일조관계에서의 조선피로인의 송환」 『사명당 유정』, 지식산업사, 331~334쪽.

71 『조선왕조실록』에는 '投降倭' '順倭' '降倭' '逃倭' 등으로 표기되어 있다.

72 이장희(1995), 위의 논문, 162~163쪽.

고 결혼도 시켜주는 등 항왜에 대한 우대정책을 실시하자 일본군의 집단적 투항으로 이어졌다. 이밖에 기아와 추위, 전세가 불리해진 후 염전(厭戰) 분위기와 패배의식, 귀국 후의 생활에 대한 걱정 등으로 인해 항왜가 늘어났다.[73]

그러면 항왜는 어떤 역할을 하였을까?

첫째, 조총과 창검 제조기술자, 검술에 능한 자, 염초자취법 해득자 등은 우대받으면서 자신의 기술을 발휘하였다. 이들에 대해서는 훈련도감에 소속시켜 관직과 급료도 주었다.[74] 둘째, 특별한 기술이 없는 자들은 격군(格軍)으로 편입되거나, 변방의 수비, 내란 진압군 등으로 동원되었다. 셋째, 일본군과의 전투 및 정보탐색에 동원되었다. 1596년에는 항왜를 중심으로 투순군(投順軍)을 편성하여 정유재란 때 군공을 세웠다. 넷째, 전후에는 대부분 북쪽 변경에 군사로 배치되어 여진족 방비에 동원되었다.

2. 문물의 교류

1) 일본의 조선 문물 약탈

토요토미 히데요시는 전쟁 초기부터 전투부대와는 별도로 6개의 특수부대를 편성하여 조선의 문물을 조직적으로 약탈하였다. 그 부대의 명칭과 약탈대상은 다음과 같다.[75] ① 도서부(圖書部 : 典籍類) ② 공예부(工藝部 : 공예품 및 木工·陶工) ③ 포로부(捕虜部 : 민간인) ④ 금속부(金屬部 : 兵器·금속

73 김문자(2005), 위의 논문, 330~334쪽.

74 『선조실록』 권88, 27년 2월 무인.

75 崔永禧(1978), 「일본의 침구」 『한국사』 12, 국사편찬위원회, 324~325쪽.

공예품·금속활자) ⑤ 보물부(寶物部 : 金銀寶貨와 珍奇品) ⑥ 축부(畜部 : 가축)

이러한 약탈을 정부가 조직적으로 진행시켰다는 점에서 임진전쟁은 '문화약탈전쟁'이라고 평가되기도 한다. 또 물건뿐만 아니라 사람과 가축까지도 약탈의 대상으로 삼았다는 점에서 왜구적 성격을 띠고 있다고 볼 수 있다. 일본은 이렇게 인적·물적 자원을 약탈해감으로써 조선의 선진문화를 대량으로 흡수하였고, 전쟁 이후 에도시대의 문화 발전에 전기를 마련하였다. 임진전쟁을 통해 일본으로 전래된 조선의 문물 가운데 조선성리학, 금속활자와 전적(典籍), 도자기가 가장 중요한 요소이다.[76]

첫째, 조선성리학의 전수이다. 2차 침략 때 포로로 잡혀간 강항(姜沆)은 후지와라 세이카[藤原惺窩]를 만나 성리학을 전수하였고, 세이카는 제자인 하야시 라잔[林羅山]에게 전해주었다. 이후 도쿠가와막부의 다이가쿠노가미[太學頭]가 된 하야시 라잔에 의해 성리학은 막부의 교학으로 채택되어 지배적 이념으로 기능하였다. 강항이 세이카를 통해 막부의 성리학주자학 수용에 영향을 끼쳤다고 한다면, 번(藩)의 차원에서 유학사상을 전한 조선 피로인들도 있었다. 이진영(李眞榮)과 전직(全直) 부자(父子), 홍호연(洪浩然), 이순(李順 : 高本紫溟)이 그들이다. 이들은 각기 기이번(紀伊藩)과 사가번[佐賀藩] 및 구마모토번[熊本藩]에서 조선성리학을 전파하는데 큰 업적을 남겼다.

둘째, 금속활자와 전적의 유출이다. 2차 침략 때 일본군총사령관이었던 우키다 히데이에[宇喜多秀家]는 경복궁의 교서관(校書館) 주자소(鑄字所)를 습격하여 조선의 금속활자 20만 자와 인쇄기구, 및 조선본과 중국본의 서적을 가져가 히데요시에게 진상하였다.[77] 일본군은 금속활자 외에도 조선의

76 전란 후의 인적 교류와 물적 교류에 관해서는 하우봉(2005), 「임란 직후 조선문화가 일본에 끼친 영향」『임진왜란과 한일관계』, 경인문화사.

77 秀吉은 1595년 이 典籍을 曲直瀨正琳에게 하사하였고, 그는 후일 養安院文庫를 설치하였다. (李俊杰(1986), 『朝鮮時代 日本과 書籍交流 研究』, 弘益齋, 181쪽)

목활자를 약탈해 갔는데, 이것을 바탕으로 1593년에는 『고문효경(古文孝經)』을, 1596년에는 『몽구(蒙求)』를 간행하였다.

히데요시는 교토고잔[京都五山]의 승려들을 종군승(從軍僧)으로 파견해 조선의 서적과 한의술을 배워오게 하였다. 이에 따라 서적의 약탈은 개전 초기인 성주성 전투부터 시작해 전란 중 대규모로 이루어졌다. 전란 후 도쿠가와막부를 비롯하여 출전한 다이묘들은 약탈한 조선의 전적들을 중심으로 문고(文庫)를 만들어 체계적으로 보관하였다. 이러한 문고들은 오늘날 일본 도서관의 모체가 되었다.[78]

이와 같은 대량의 활자와 서적의 유입에 의해 에도시대는 문화적 부흥이 일어났다. 에도시대 초기의 문화부흥은 물론 도쿠가와막부의 문치주의 정책에 의해 이루어진 것이다. 그러나 그것이 성공적으로 추진되고 또 대중화에 성공한 바탕에는 조선의 금속활자와 서적이 크게 도움이 되었다. 이에 반해 대량약탈로 인해 조선은 전쟁 후 한동안 서적을 출판하는데 어려움을 겪었을 정도였다고 한다.

셋째, 임진전쟁을 통한 일본으로의 기술 전수에는 도자기 기술을 빼놓을 수 없다. 당시 일본에는 다도(茶道)가 오다 노부나가[織田信長]·토요토미 히데요시[豊臣秀吉]를 비롯한 다이묘들에게 보급되어 유행을 일으키고 있었다. 이에 따라 고급 도자기의 수요가 늘어났다. 그런데 당시 조선의 도자기는 일본에 비해 훨씬 발전되고 세련되었기 때문에 일본에서 보배로 여겨졌다. 시마즈 요시히로[島津義弘]·모리 데루모토[毛利輝元] 등 다도에 조예가 깊었던 장수들은 전란 중 앞다투어 도자기를 약탈하였을 뿐만 아니라 도공(陶工)을 납치하였고, 심지어는 흙과 유약까지 가져갔다.

일본에 납치되어 온 도공들은 일정한 지역에 집단을 이루며 지방영주의

78 小野則秋(1973), 『日本圖書館史』, 玄文社, 103쪽.

보호 하에 도자기를 제작하였다. 각 번에서는 그들이 재정에 큰 기여를 하였기 때문에 지원을 하였던 것이다. 예컨대 이삼평(李參平)이 세운 아리타요[有田窯]에서는 1644년 한 해에 45,000점의 도자기를 네덜란드에 수출하였다. 임진전쟁 이전까지 일본의 도자기술은 유치하였으나 조선 도공에 의해 비약적으로 발전하였고, 에도시대 일본은 세계최고의 도자기 수출국가가 되었다. 이들의 후예들이 도예 명문의 유파를 형성하면서, 오늘날까지도 일본 도자기업계의 주요세력으로 이어져 내려오고 있다.

근대 일본의 역사학자 도쿠도미 소호[德富蘇峯]는 임진전쟁에 관해 "이 전쟁으로 인해 일본과 조선 양국이 이익을 얻은 것은 결코 없지만, 일본으로서는 문화상으로 활판인쇄의 수입, 공예상으로 도자기가 있고, 외교상으로는 명과의 접촉이라는 수익을 얻었다"라고 하면서, 결론적으로 "조선역(朝鮮役)은 사치스런 해외유학이었다"라고 평하였다.[79] 그의 지적과 같이 일본은 이 전쟁을 통해 값비싼 대가를 치렀지만 대신 조선의 문물을 많이 흡수할 수 있었다. 조선피로인들을 통해 전해진 조선성리학과 도자기 기술, 그리고 금속활자 및 서적의 대량 유입 등은 근세 일본사회의 형성과 문화부흥의 바탕이 되었다. 그런 점에서 사가(史家)들은 이 전쟁에 대해 '문화전쟁' 혹은 '도자기전쟁'이라고 부르기도 한다.

2) 일본에서 조선으로 전래한 문물

임진전쟁을 계기로 일본으로부터 조선에 전래된 문물로서는 조총, 고추, 담배를 들 수 있다.

---

79 德富蘇峰(1935), 「朝鮮役」 下卷, 『近世日本國民史』 9卷, 民友社.

(1) 조총

임진전쟁 초기 조선군이 육전에서 패배한 주요 원인 중의 하나가 일본군이 소지하였던 조총 때문이었다.[80] 조총은 15세기말 포르투갈에서 만들어졌는데 1543년 9월 포르투갈 상인에 의해 일본에 전해졌다. 오다 노부나가가 조총을 이용한 전술을 개발하여 1575년 나가시노[長篠]전투에서 대승을 거두면서 조총은 일본전역에 널리 보급되었다.

조총은 조선군의 활에 비해 치사율은 물론 명중률이 5배나 되었으며 공포심을 불러일으켜 큰 효과를 보았다. 이에 따라 전란 중 이순신·김시민·김성일 등이 조총의 제작에 앞장섰다. 그들은 전리품으로 조총을 확보하였고, 항왜 가운데 조총제조 기술을 가진 자를 등용하였다. 그 결과 1593년 3월에 이르러 조총제조 기술을 익히게 되었으며, 각 지역에 보급하였다. 초기전투의 패배 이후에는 조선군이 일본군에게 밀리지 않은 것은 이러한 조총의 제작이 있었기에 가능하였다.[81] 임진전쟁 이후에도 조선에서는 조총의 제조기술을 더욱 발전시켰다. 그래서 1657년(효종 8)에는 청에서 다량의 조총을 사가겠다고 요청할 정도로 조선의 조총제조기술의 우수성이 인정받았다.

(2) 고추와 담배

이 전쟁을 통해 들어온 특기할 만한 것으로는 고추와 담배가 있다. 이것들은 조선인의 식생활과 기호생활에 지대한 영향을 끼친 것으로 조선후기 경제사 및 생활사에 상당히 중요한 의미를 지니고 있다.

고추는 중부아메리카가 원산지인데 일본의 『초목육뷰경종법(草木六部耕種法)』에 의하면, 1542년 포르투갈인에 의해 일본에 전래되었다 한다. 이것이

80 일본에서는 원래 鐵砲라고 하였는데, 조선에서 '날아다니는 새도 능히 맞출 수 있다.'고 해서 조총이라 불렀다 한다.

81 박재광(1999), 「전쟁도구」 『새롭게 다시 보는 임진왜란』, 국립진주박물관, 102~105쪽.

언제 조선으로 전해졌는지는 정확하게 알 수 없지만 대체로 임진전쟁을 통해 들어온 것으로 추측된다. 이수광의 『지봉유설(芝峰類說)』에 고추가 일본에서 전래되어 '왜겨자'라고 한다는 기사가 있다.[82] 그 밖의 기록에도 고추를 '남만초(南蠻草)' 혹은 '왜초(倭草)'로 불렀음으로 보아 일본으로부터 온 것이 유력하다고 여겨진다. 고추는 조선후기 사회부터 한국인의 식탁에 빼놓을 수 없는 식품이 되었다. 그 이전까지 사용되었던 후추를 밀어내었으며 특히 김치의 양념으로 사용됨에 이르러서는 한국인의 식성을 바꾸었다라고 할 수 있을 정도이다.

담배가 조선으로 전래된 시기에 관해서는 임진전쟁 때 일본으로부터인 것으로 추정된다. 1614년에 저술된 『지봉유설』에 "담배를 남령초(南靈草)라고 하며 근래에 왜국으로부터 전해졌다."[83]고 기술되어 있다. 그런데 일본을 통해 들어온 담배를 '남초(南草)' '왜초(倭草)'라고 하여 북경이나 서양인을 통해 도입된 '서초(西草)'와 구별하였는데, 시기적으로는 전자가 앞섰다. 담배는 조선후기 사회에서 내수용뿐만 아니라 상업적 재배를 통해 중국에 대한 주요수출품이 되었다.

전란을 통해 조선은 전 분야에 걸쳐 참담한 피해를 입었지만 일본으로부터 얻은 것도 전혀 없지는 않았다. 조총 제조기술, 그리고 고추와 담배의 전래 등은 조선후기 사회에서 일정한 의의를 지니는 사실이기도 하였다.

82 卉木部「木」『芝峰類說』 권20.

83 食物部「藥」『지봉유설』 권19.

3. 전쟁에 대한 기억과 상호인식

7년간의 걸친 중세 동아시아 최대의 국제전쟁은 무엇을 남겼는가?

그에 앞서 전쟁의 승패부터 논의해볼 필요가 있겠다. 전쟁의 승패는 전쟁을 일으킨 나라가 당초의 목적을 달성하였는가 여부에 의해 평가된다. 이 점에서 보면 일본은 전쟁의 목적을 하나도 달성하지 못한 만큼 실패한 전쟁이었다. 명에 대한 침략은 물론 조선의 영토를 하나도 차지하지 못하였고, 동아시아의 국제질서를 재편하려는 목적, 명과의 무역을 재개하려는 목표, 국내 영주들의 불만을 대외적으로 해소해 국내정치의 안정을 도모하려던 시도, 그 어느 것도 이루지 못하였다. 이 전쟁을 통해 많은 조선의 문물을 약탈하였지만 이것이 침략의 주된 목표는 아니었다.

일본군은 전쟁 초기 육전에서 승승장구하였으나 해전에서는 참패하였다. 1차와 2차 침략 모두 초기 2개월간의 승리를 제외하고는 대부분의 기간 동안 패배와 교착상태로 보냈을 뿐이다. 전란 중 5만 내지 6만 명의 군사가 전사하였고, 염전과 패전의식으로 조선에 투항한 군사의 숫자도 1만여 명으로 추산된다.[84] 침략전쟁을 주도한 토요토미 히데요시는 완전히 멸문의 화[滅門之禍]를 당하였고, 그를 따라 출병하였던 다이묘들도 패배하며 몰락의 길을 걸었다. 따라서 일본으로서는 결코 승리한 전쟁이 아니며, 무위(武威)를 해외에 과시하지도 못하였다. 그것은 참전한 다이묘들의 자기변명적인 위

84 예컨대 프로이스의 『일본사』에 의하면 1592년 조선 침공에 동원된 일본군은 약 15만 명이었는데, 이듬해 봄인 1593년 3월 평안도, 함경도 등지에서 서울로 퇴각한 일본군은 그 가운데 3분의 1인 5만 명이 전사, 기아, 질병 등으로 죽었다고 하였다. 1593년 3월 부산포로 퇴각한 일본군의 장수 前野長康의 기록에도 당초 2천명의 부하가 9백 명밖에 남지 않았고, "부하들이 피골이 상접한 상태로 먹을 것 때문에 서로 싸우는 모습이 생지옥과 같았다."라고 묘사하였다.(前野長康, 『武功夜話』; 최영희(1992), 「임진왜란에 대한 이해의 문제점」 『한국사론』22, 국사편찬위원회, 11쪽에서 재인용).

안에 지나지 않는다.

조선은 침략군을 성공적으로 물리쳤으며, 사대교린질서를 복구시켰다는 점에서 분명히 승리한 전쟁이었다고 볼 수 있다. 그런데 조선시대는 물론 해방 이후인 1980년대까지도 패배한 전쟁이었다는 관념이 일반적이었다. 이것은 사실과는 동떨어진 것으로 잘못된 인식이다.

명 또한 조선에 원군을 파견해 일본을 물리치는데 성공하였기 때문에 승리한 전쟁이라고 할 수 있다. 임진전쟁에 관한 명의 역사기록은 대부분 승리한 전투에 관한 것이었으며, 승전관을 반영하고 있다.

전쟁 자체의 결과만을 보면, 조선과 명은 승리한 전쟁이라고 할 수 있다. 그러나 그 실상을 보면 조선은 전국토가 전장(戰場)으로 사용되면서 다방면에 걸쳐 심대한 타격을 받아 최대의 피해국이 되었다. 명 또한 참전으로 인한 막대한 전비 지출로 인해 재정의 압박을 불러왔고, 그것이 농민반란의 원인이 되었다. 대외적으로는 여진족에 대한 통제가 이완되었다. 결국 이 기간 중에 여진족은 통일국가를 이루었고, 후금에 이어 청으로 성장하였다. 마침내는 명을 멸망시키고 중원의 새로운 패자가 되었다. 조선과 명은 모두 '상처뿐인 영광'이었을 따름이다. 7년간에 걸친 동아시아 최대의 국제전쟁에서 결과적으로 승자는 없었다고 해도 과언이 아니다. 전쟁에 참여한 조선·명·일본은 모두 자랑할 만한 성과가 없고, 대신 전쟁의 처절한 상처만 남았다. 이것이 어쩌면 이 전쟁의 역사적 교훈이라고도 볼 수 있다.[85]

(1) 조선

이 전쟁에 관한 조선의 기억과 인식에 가장 큰 영향을 준 것은 유성룡(柳

85 정두희(2007), 「16세기 최대전쟁, 임진왜란」『임진왜란, 동아시아삼국전쟁』, 휴머니스트.

成龍)의 『징비록(懲毖錄)』[86]과 신경(申炅)의 『재조번방지(再造藩邦志)』[87]라고 할 수 있다. 『징비록』은 도체찰사(都體察使)로서 전쟁을 이끌어나간 유성룡이 전란이 끝난 후 반성을 통해 후일의 교훈으로 삼기 위해 저술한 것이다. 따라서 전란에서 주로 실패한 부분을 강조하기 위해 전쟁 초기 조선의 대응양상에 대해 비판적인 입장에서 상세히 기술하였다. 이 책의 영향력이 컸던 만큼 이후 이 전쟁에서 조선군이 일방적으로 패전했다는 인식이 자리잡았다. 이른바 '패전사관'이 후대에 전승되는 계기가 되었다.

한편 『징비록』은 1695년에 일본에서도 간행되었으며, 이후로도 몇 차례에 걸쳐 중간되었다.[88] 에도시대 이 책은 조선의 초기 패전과 일본의 승리라는 인식을 일본에 퍼지는데 기여하였다. 또 막부말기 해방론자(海防論者)나, 조선침략론자들은 이 책을 일본승전관의 주요논거로 이용하였다.[89]

신경은 『재조번방지』에서 철저한 화이론적 입장에서 일본을 이적시하였

86 유성룡이 전쟁이 끝난 후 벼슬에서 물러나 있을 때 저술한 것으로, 1592년(선조 25)에서 1598년까지 7년간 경험한 사실을 기록하였다. 간행된 것은 1647년(인조 25)으로 손자 조수익에 의해서였다. '懲毖'란 『詩經』 小毖篇의 "내가 그것을 징계해서 후환을 경계한다(予其懲而毖後患)."라는 구절에서 딴 것이다.

87 신경(1613~1653)은 서인계로서 임진전쟁 시 병조판서와 예조판서를 지낸 申欽의 손자이고, 병자호란 때 斥和五臣의 한 사람인 申翊聖의 아들이다. 그는 병자호란으로 조정이 청에 굴복하자 벼슬을 단념하고 평생 처사로 지낸 재야지식인이었다. 『재조번방지』는 1649년 저술하였는데 총 6권으로 구성되어 있으며, 임진전쟁을 중심으로 하되 1577년부터 1607년까지 40년간의 대외관계를 정리하였다. 질적으로나 양적인 면에서 임진전쟁 연구의 제1급 사료라고 할 수 있다.

88 조선 조정에서는 통신사행원을 통해 이 사실을 알게 되었고, 1712(숙종 38)년에는 『징비록』을 비롯한 조선서적의 일본 유출을 엄금하도록 명령하였다.

89 노영구는 「임진왜란 초기 양상에 대한 기존인식의 재검토」 『한국문화』 31, 2003, 195쪽에서 "자기반성적인 성격의 『징비록』에서 주로 체계화되었던 조선과 일본의 임진왜란 인식은 이후 일제 식민시기를 거치면서 일본의 근대학문 체계에 의해 정교화 되었다. 이 과정에서 조선군의 무기력한 초기 대응과 의병에 대한 과도한 평가는 조선의 본래 의도인 자기반성과 정치 사회적인 정당성 확보와는 달리 일제에 의해 조선망국론의 주요한 증거로 새로이 왜곡 해석되기도 하였다"라고 하면서 징비록적 인식의 문제점을 지적하였다.

고 강한 적개심을 표시하였다. 이에 비해 원병을 파견해준 명에 대한 고마움이 강조되었다. 명의 원군 파병을 '재조번방'이라고 인식한 그의 숭명반청적 세계관은 이후 조선의 지성계에 적지 않은 영향을 주었다.[90]

다음으로 전쟁 이후 조선의 명과 일본에 대한 인식에 관해 살펴보자. 조선은 전쟁 중의 명으로부터 원군을 지원받은 일로 인해 명에 대한 '부채의식'을 가지게 되었고, '재조지은(再造之恩)'이라는 관념이 등장하였다. 이것이 인조반정 후에는 존명배금(尊明排金)의 논리적 근거로 작용하였고, 두 차례의 호란을 치르고 난 후에는 대명의리론(對明義理論), 반청북벌론(反淸北伐論)으로 발전하였다. 이 관념은 조선 내부의 정권교체의 명분으로까지 동원되었을 뿐만 아니라 이후 조선과 명, 조선과 후금 관계에 큰 영향을 끼치는 변수로 작용하였다. 재조지은 관념과 부채의식에 근거한 대명의리론은 명·청 교체기라는 소용돌이 속에서 조선의 대외관계를 제약하는 굴레로 작용하였다.

한편 일본에 대한 인식을 보면, 7년간에 걸친 전국민의 직접적인 체험에 의해 대일적개심이 극단적으로 심화되었다. 지식인 사회에서는 '만세원(萬歲怨)' '구세복수설(九世復讐說)'이 공론화 하였고, 민중들의 그것은 더욱 직접적으로 표출되었다.[91] 대표적인 사례로 『임진록(壬辰錄)』을 들 수 있다.[92] 그와 함께 일본의 재침가능성을 우려하며 강한 경계의식을 가졌다. 이러한 인식을 청산하고 일본에 대해 객관적인 시각을 가지고 재인식해야 한다는 논의가 제기된 것은 전쟁이 끝난 지 150여 년이 지난 18세기 중반에 이르러 실학자 이익(李瀷)이 처음이었다.

90 하우봉(1989), 『조선후기 실학자의 일본관 연구』, 일지사, 32~36쪽.

91 하우봉(1989), 「17세기 지식인의 일본관」 『조선후기 실학자의 일본관 연구』, 일지사.

92 특히 「四溟說話」에는 復讐와 雪憤의식이 적나라하게 표출되어 있다.(김장동(1983), 「壬辰錄의 說話攷」 『한국학논집』 4, 한양대 한국학연구소).

그러나 한국인에게 이 전쟁은 결코 잊혀질 수 없는 것으로 일본관의 원형을 이루고 있다. 근대에 들어와 이 전쟁은 항일운동의 역사적 뿌리로 인식되었고, 제국주의 일본의 침략은 임진전쟁과 동일시되었다. 일제강점기 당시에는 일본인에 대한 적개심이 한국인의 민족주의적 각성을 촉구한 중요한 요소가 되었으며, 그 바탕에는 임진전쟁이 있었다.[93]

(2) 일본

임진전쟁에 대한 일본의 인식을 살펴보면 예상외로 단순하기 짝이 없다는 사실에 놀라게 된다. 우선 제대로 된 정사(正史)의 기록이 없다.[94] 도쿠가와막부에서는 이 전쟁에 대해 공식적인 역사를 편찬하지 않았다. 현재에도 임진전쟁에 관한 일본의 사료에는 연대기적 자료가 없으며 고문서자료 등을 연대기로 편찬하는 『대일본사료(大日本史料)』에도 아직 정리되지 않았다. 현재 남아있는 대부분의 자료는 참전한 다이묘들의 번(藩)에 의해 후대에 만들어진 기록들이다. 이들 기록물들은 거의 모두 선조들의 무훈담이나 공적을 찬양하는 입장에서 기술하였다. 이 전쟁의 의미나 히데요시에 대한 비판적인 성찰은 하나도 보이지 않는다.[95] 그 결과 대다수의 일본인은 이 전쟁에 대해 일본의 '무위'를 해외에 떨친 쾌거라고만 막연하게 인식하였다. 그것이 서민들에게 영합하여 문학작품으로 형상화되었다. 에도시대 일본의 자타인식(自他認識)으로 형성되는 '일본형 화이관'의 중요한 근거로서 '무위'를 내세우는데, 그것은 히데요시의 조선침략에서 확립된 것이다.

---

93 정두희(2007), 「이순신에 대한 역사와 역사화」 『임진왜란, 동아시아 삼국전쟁』, 휴머니스트.

94 이에 관해서는 최관·김시덕(2010), 『임진왜란 관련 일본문헌 해제』, 도서출판문 참조.

95 宮嶋博史(2009), 「근세 일본의 조선인식-임진왜란의 기억을 중심으로」 『동아시아의 지식교류와 역사기억』, 동북아역사재단, 236쪽.

이 전쟁에 대한 평가와 인식을 살펴보면, 에도시대 전기 일부 유학자를 중심으로 비판이 있었다. 예컨대 후지와라 세이카[藤原惺窩], 하야시 라잔[林羅山], 키노시타 쥰앙[木下順庵] 등의 주자학자들은 히데요시의 해외정복의 무모함을 비판하였다.[96] 가이바라 에키켄[貝原益軒]은 1695년 일본에서 간행된 『징비록』의 서문에서 "히데요시가 조선을 친 것은 5가지의 용병(義兵, 應兵, 貪兵, 驕兵, 忿兵) 가운데 탐병이며, 교병과 분병을 겸한 것으로서 군자가 이용하는 의병이나 응병은 아니다. 이는 하늘의 법도[天道]가 싫어하는 일이며 패배할 수밖에 없다."라고 비판하였다. 상당히 객관적이며 일본의 패배를 냉정하게 수용하고 있다는 점이 주목된다. 대마도에서 조선외교를 담당하면서 성신외교론(誠信外交論)을 주창하였던 아메노모리 호슈[雨森芳洲]는 『인호시말물어(隣好始末物語)』에서 히데요시[秀吉]의 행위는 명분없는 무모한 전쟁[無名의 師]이라고 비판하면서 전쟁의 참혹함과 비참함을 고발하였다.

그러나 이러한 인식은 극히 소수에 지나지 않았다. 또 막부의 공식적인 견해도 아니었다. 도쿠가와막부에서 간행한 것으로 임진전쟁에 연관된 자료로는 막부의 명을 받아 1812년 홋타 마사아쓰[堀田正敦]·하야시 줏사이[林述齋]가 편찬한 『관정중수제가보(寬政重修諸家譜)』를 들 수 있다. 이것은 1,530권에 달하는 방대한 다이묘들의 계보기록인데, 임진전쟁 시 그들의 행적에 관한 기록이 비교적 상세하게 수록되어 있다.[97] 그런데 여기에 수록된 임진전쟁에 관한 기사는 대부분의 경우 다이묘들의 승리와 공적을 일방적으로 강

96 上垣外憲一(1992),「日本にとっての文祿·慶長の役」『季刊 青丘』 11.

97 이에 앞선 자료로는 1643년 林羅山·林鵝峯 父子가 편찬한 186권의 『寬永諸家系圖伝』, 1702년 新井白石이 편찬한 13권의 『藩翰譜』가 있다. 모두 막부의 명을 받아 大名 및 幕臣들의 가문의 계보를 정리한 것이다. 그러나 모두 완성도와 분량면에서 『寬政重修諸家譜』와 비교가 되지 않는다. 이들 자료에 관해서는 최관·김시덕(2010), 위의 책, 357~358 참조.

조하고 있다는 점이 특징이다.[98] 기본적으로 임진전쟁에 관한 막부의 공식적인 입장은 '노코멘트'라고 볼 수 있다. 도쿠가와 이에야스 자신이 이 전쟁에 일정하게 연관되어 있었기 때문에 직접적인 비판을 하기 어려운 측면도 있었을 것이다.

18세기 초반 막부의 관리이자 대표적인 지식인인 아라이 하쿠세키[新井白石]의 경우에도 『독사여론(讀史餘論)』에서 히데요시정권에 대해 비판적으로 평하였지만, 그것은 국내정치에 관해서일 뿐 임진전쟁에 관해서는 비판하지 않았다. 유성룡의 『징비록』에는 임진전쟁의 교훈을 얻기 위해 조선군의 패배와 내부의 혼란상 등에 관해 상세히 기록하고 있는데 비해, 일본에서는 대부분 승리한 사실만이 무훈담처럼 기록되었을 뿐이다. 따라서 이 전쟁이 어떤 목적으로 일어났고, 어떻게 전개되었으며 그 결과는 어떠하였는가 하는 근본적인 문제에 관해서는 아무런 언급이 없다.

일부 지식인들의 비판도 에도시대 후기에 이르면 크게 바뀐다. 18세기 후반 국학자(國學者)와 해방론자(海防論者)들은 히데요시의 조선침략을 '위업(偉業)'으로 칭송하였다. 국학자 모토오리 노리나가[本居宣長]는 "히데요시는 황국일본의 광명을 조선과 중국에까지 빛내었다"고 평가하였다. 해방론자 하야시 시헤이[林子平]는 "히데요시의 조선정벌은 신공황후(神功皇后)의 삼한정벌 이래의 무덕(武德)"이라고 평가하였다. 대체로 막부말기에는 해외에 무위를 떨친 쾌거로 받아들이는 것이 다수였다. 임진전쟁에 참전한 죠슈번[長州藩]과 사쓰마번[薩摩藩]의 세력들이 주도한 메이지유신[明治維新] 이후에는 토요토미 히데요시와 임진전쟁에 대한 평가는 더욱 고양되었다. 이 시기 조선침략론[征韓論]의 전개와 함께 히데요시의 조선침략은 '중국적 세계질서의 일본판'을 지향한 대륙웅비의 선구적 업적으로 칭송되었다.

98 宮嶋博史, 위의 논문, 238~244쪽.

요컨대 일본에서는 이 전쟁에 대한 진지한 반성과 검토가 이루어지지 않았다고 볼 수 있다. 승리한 무훈담만 역사기록으로 축적되면서 마치 승리한 전쟁처럼 인식되었고, 시간이 지나면서 해외에 일본의 무위를 떨친 위업으로 칭송되기에 이르렀다. 이것은 에도시대에 이 전쟁에 관한 철저한 비판이 결여되었기 때문에 초래된 결과이다. 가해자의 기억상실 내지 무관심과 피해자의 절실한 기억 간의 격차는 크다는 일반론적인 현상이 여기에도 적용된다고 할 수 있겠다. 이 전쟁에 관한 역사기록의 결여와 비판의식의 결핍은 300년 후 같은 세력에 의해 또다시 침략전쟁으로 되풀이되었다.

일제강점기에는 이 전쟁에 관해 비교적 다양한 연구와 시각이 제기되었다. 그러나 다양한 관점 속에서도 공통적인 부분이 있는데, 그것은 히데요시가 전국시대(戰國時代)를 통일한 후 그 연장선상에서 조선까지 정복대상으로 삼았다는 것이다. 조선이 외국이라는 의식이 없었으므로 패전해서 철수한 후에도 패배했다는 의식보다는 오히려 해외에서 무위를 과시했다는 의식만 주었다는 것이다. 이러한 사고가 아직도 남아서 후세인들에게 우월감의 근거로 삼고, 침략이 국익에 도움을 주었다는 논리로 민족의식을 고취하는 근거로 삼았다. 영웅사관과 일본팽창주의를 옹호하는 이러한 임진전쟁관은 1945년까지 통설이었으며, 지금까지도 여전히 기승을 부리고 있다.

(3) 명

임진전쟁에 관한 중국인의 인식을 나타내는 사료상의 용어를 보면, '정동(征東)' '정왜(征倭)' '재조번방(再造藩邦)' 등이 많다.[99] 일본에 대해서는 전통적 화이관에 입각한 이적관과 함께 일본이 조선을 침략하고 나아가 명까지 침공하려고 한 임진전쟁을 '왜구'의 연장선상으로 파악하고 있음을 알 수 있다.

---

99 최소자(1997), 위의 논문, 219쪽.

한편 조선에 대해서는 원군을 파견함으로써 번국인 조선을 구해주었다는 시혜의식을 가졌음을 보여준다. 그러나 원군파견의 논의과정을 보면, 실은 중국의 보호를 위한 조치였음을 확인할 수 있다. 명의 원군 파병의 동기에 관해서는 조공국보호론, 순망치한론(脣亡齒寒論) 등이 있지만 전자가 명분임에 비해 후자가 실질적인 이유라는 것이 정설이다.[100]

전쟁에서의 군사활동에 대해서는, 1593년 1월의 평양성전투, 1597년 9월의 직산전투, 1598년 11월의 노량해전을 3대 승첩으로 꼽고 있다. 대신 1593년 1월의 벽제관전투, 1597년 8월의 남원성전투, 1597년 12월의 울산전투 등을 패전으로 인정하였다.[101] 그러나 중국에서의 사료와 연구를 보면 대부분 승전을 중심으로 서술하고 있다. 특히 이여송(李如松)·유정(劉綎)·양호(楊鎬)·석성(石星)·송응창(宋應昌)·만세덕(萬世德)·형개(刑玠)·진린(陳璘) 등 참전한 장군과 제독의 활동을 중심으로 자료와 연구가 집중되고 있다.[102] 그러나 제2차 평양성전투를 제외하면 명군의 독자적인 승리는 크게 내세울 만한 것이 없다고 할 수 있다.

전후 명은 조선에 대해 '재조동번(再造東藩)'을 내세우며 강한 시혜의식을 과시하였다. 이러한 의식은 조선 내부에서의 '재조지은' 의식과 함께 강화되었고, 후금과 전쟁을 할 때 원군 파견을 요구하는 근거로 삼았다.

한편 전후 일본에 관한 명의 인식은 어떠했을까?

명은 임진전쟁에서의 불완전한 승리로 인해 일본의 군사적 위력을 인정하면서도 일본에 대한 불쾌감을 지니고 있었다. 그것이 전란 후 일본에 대

100 한명기는 『임진왜란과 한중관계』(1999, 역사비평사)에서 파병동기가 외형적으로는 조선을 구원하는 것으로 포장되어 있지만 실은 중국의 안전을 보장하기 위한 것이라고 지적하였다.

101 李光濤(1972), 『朝鮮壬辰倭禍研究』, 臺灣 中央研究院 歷史語言研究所.

102 최소자(1997), 위의 논문, 259쪽.

한 무시정책으로 표현되었으며, 구체적으로는 도쿠가와 이에야스의 무역재개 요청을 거절하였다. 그 결과 일본은 전후 명을 중심으로 하는 책봉-조공체제에서 이탈하였다. 중원에서 명과 청이 교체된 이후에도 일본은 청을 중심으로 하는 책봉체제에 편입되지 않고 독자적인 외교체제를 구축하였다.

VII. 맺음말 : 과제와 전망

임진전쟁에 대한 연구과제와 시각의 문제에 관해 생각해봄으로써 글을 맺고자 한다.

첫째, 이 전쟁이 중세 동아시아의 국제전쟁인 만큼 동아시아적 관점에서 이 사건에 대해 접근해야 한다는 점이다. 지금까지의 임진전쟁에 대한 연구경향을 보면 대체적으로 세 나라 모두 자국의 국가사 범위 안에서 진행되어 왔다. 그래서 이 전쟁이 지닌 국제성과 객관성이 몰각되는 현상이 있어왔다. 이제 일국사적 시야와 민족주의적 시각에서 탈피해야 한다. 또 그것에 바탕을 둔 국가 간의 승패관념도 벗어던져야 한다. 기존의 승전과, 패전관 모두 큰 의미가 없다. 임진전쟁은 전근대 동아시아 삼국의 국제전쟁이므로 동아시아사, 나아가 세계사적 시각에서 접근해야 할 것이다. 그런 차원에서 볼 때 지금까지의 연구경향과 결과에 대한 해체와 재구성이 필요하며, 대신 동아시아사라는 넓은 관점과 깊은 역사적 통찰이 절실한 시점이다. 구체적인 작업으로는 각국의 사료에 대한 엄정한 사료비판이 필요하다. 또 사료의 비교, 상호검증과 분석을 통해 종합해 나가야 할 것이다.

둘째, 사회사·생활사·민중사적 측면에서 이 전쟁이 지니는 다양한 측면을 재조명해야 할 것이다. 이 전쟁은 다양한 사회 변화를 초래한 사건이었다. 7년간의 전란은 조선의 민중들에게 물자의 고갈, 농지의 황폐화, 인력의 감소, 흉년과 질병, 기아 등으로 고통의 극한을 체험하게 하였다. 전쟁으로 인한 영향은 사회구성원 전체에 미쳤고, 결국 사회체제와 구성을 재편성하게 만들었다.[103] 일본에서의 연구경향을 보면, 일본군에 의해 자행된 인적·물적 피해에 관해서는 크게 주목하지 않았고, 연구성과도 별로 없다. 전쟁에 동원된 일본의 병사들 또한 자신의 의지와 상관없이 끌려나와 고통을 겪었다. 전쟁으로 인한 생활상, 신분적 변화, 경제적·사회적 변화 등도 주요한 고찰의 대상이다. 또한 문물의 교류와 발전이라는 측면에서도 획기적인 전기가 되었다. 이런 차원에서 보다 다양한 시각에서 재조명해야 할 필요가 있다.

셋째, 이 전쟁을 민중의 입장에서 접근해야 하며, 궁극적으로는 동아시아의 평화를 지향하면서 인도주의적 관점에서 연구할 필요가 있다. 전쟁의 참상, 민중의 고통에 대해서 보다 심도있게 재조명하는 것이야말로 이 전쟁으로부터 얻을 수 있는 소중한 교훈이 될 것이다. 그것이 바로 동아시아의 평화를 추구하는 미래지향적인 역사인식이기도 하다.

전쟁은 전쟁을 결정하는 정치가의 입장, 집행하는 군인의 입장, 피해를 당하는 피해 민간인의 입장이 다 다르다. 그러나 고전적인 전쟁론이 말하듯 '전쟁은 정치의 연장'이라고 말하는 것은 전쟁의 처참한 현장에서 동떨어져 있는 사람의 '호사'에 지나지 않는다. 명분이 어떻든 무고하게 당한 피해자에게는 현실 그대로의 아픔과 고통이 있을 따름이다. 그런데도 전쟁은 언제나

103 문숙자(2005), 「임진왜란으로 인한 생활상의 변화」 『임진왜란과 한일관계』, 경인문화사.

결정자나 집행자의 입장에서만 부각되고 만다. 역사도 그들을 중심으로 기록되고 해석된다. 이에 반해 피해자들은 거대한 역사의 수레바퀴에 깔린 채 이름도 명예도 없이 잊혀지고 만다. 전쟁은 방화, 살인, 강간, 납치, 포로, 기아, 부역 등 민중들의 생활을 극도로 억압하며 비참하게 만들 뿐이다. 피해자인 조선민중의 고통은 물론 침략군이었지만 본인의 의도와는 전혀 상관없이 강제로 낯선 이국의 전장에 끌려와 희생당했던 일본군의 참상도 살펴볼 필요가 있을 것이다.

김성칠(1946), 『조선역사』, 조선금융조합연합회.
북한 사회과학원 역사연구소 편(1977), 『조선통사』, 과학백과출판사.
____________________(1980), 『조선전사』, 백과사전출판사.
이준걸(1986), 『조선시대 일본과 서적교류 연구』, 홍익재.
하우봉(1989), 『조선후기 실학자의 일본관 연구』, 일지사.
______(2006), 『조선시대 한국인의 일본인식』, 혜안.
한명기(1999), 『임진왜란과 한중관계』, 역사비평사.
한일관계사연구논집편찬위원회 편(2005), 『임진왜란과 한일관계』, 경인문화사.
정두희 엮음(2007), 『임진왜란, 동아시아 삼국전쟁』, 휴머니스트.
동북아역사재단 편(2010), 『임진왜란과 동아시아세계의 변동』, 경인문화사.
최관·김시덕(2010), 『임진왜란 관련 일본문헌 해제』, 도서출판문.
池内宏(1914), 『文祿慶長の役』, 南滿洲鐵道株式會社.
德富猪一郎(1935), 「豊臣氏時代 朝鮮役」 『近代日本國民史』 8, 民友社.
市村瓚次郎(1943), 『東洋史統』3, 富山房.
中村榮孝(1969), 『日鮮關係史の研究』中卷, 吉川弘文館.
北島万次(1989), 『豊臣政權の對外認識と朝鮮侵略』, 校倉書房.
________(1995), 『豊臣秀吉の朝鮮侵略』, 吉川弘文館.
紙屋敦之(1997), 『大君外交と東アジア』, 吉川弘文館.
倉地克直(2001), 『近世日本人は朝鮮をどうみていたか』, 角川書店.
李化龍(1937), 『平播全書』, 上海 商務印書館
李光濤(1972), 『朝鮮壬辰倭禍研究』, 臺灣 中央研究院 歷史語言研究所.
鄭樑生(1985), 『明日關係史の研究』, 雄山閣.
金時德(2010), 『異国征伐戦記の世界』, 笠間書院.
井上泰至·金時德(2011), 『秀吉の対外战争』, 笠間書院 .
이현종(1974), 「임진왜란시 유구 동남아인의 내원」 『일본학보』 2.
권중현(1976), 「임진왜란을 중심으로 한 삼국의 외교관계」 『院鳳』 3집, 경희대대학원.
허선도(1984), 「임진왜란에 대한 새로운 인식 : 승패의 실상을 중심으로」 『한국학』 31, 중앙대 한국학연구소.
민덕기(1990), 「조선후기 朝日講和와 朝明關係」 『국사관논총』 12.
최소자(1990), 「명말 중국적 세계질서의 변화-壬辰·丁酉倭禍를 중심으로-」 『명말·청초 사회의 조명』, 한울아카데미.
최영희(1992), 「임진왜란에 대한 이해의 문제점」 『한국사론』 22, 국사편찬위원회.
김문자(1998), 「일본인과 임진왜란」 『상명사학』 6.
오종록(2000), 「여러 얼굴의 전쟁, 임진왜란」 『내일을 여는 역사』 1.
노영구(2003), 「임진왜란 초기 양상에 대한 기존인식의 재검토」 『한국문화』 31.
정구복(2005), 「임진왜란의 역사적 성격과 의미」 『임진왜란과 한일관계』, 경인문화사.
하우봉(2005), 「임란직후 조선문화가 일본에 끼친 영향」 『임진왜란과 한일관계』, 경인문화사.
문숙자(2005), 「임진왜란으로 인한 생활상의 변화」 『임진왜란과 한일관계』, 경인문화사.
케네스 스워프(Kenneth M. Swope : 2007), 「脣亡齒寒-명나라가 참전할 수밖에 없었던 이유」 『임진왜란, 동아시아 삼국전쟁』, 휴머니스트.
宮嶋博史(2009), 「근세 일본의 조선인식-임진왜란의 기억을 중심으로」 『동아시아의 지식교류와 역사기억』, 동북아역사재단.
한명기(2009), 「동아시아 국제관계에서 본 임진왜란-전쟁 이후 조선을 둘러싼 명·청·일 관계를 중심으로-」 『임진왜란과 동아시아세계의 변동』, 경인문화사.
紙屋敦之(1987), 「幕藩制國家の成立と東アジア」 『歷史學硏究』 573.
上垣外憲一(1992), 「日本にとっての文祿·慶長の役」 『季刊 青丘』 11.
久芳崇(2002), 「16世紀末日本式鐵砲の明朝への傳播 : 萬曆朝鮮の役にから播州楊應龍の亂へ」 『東洋學報』 84-1.

16~18세기 동아시아 교역망과 은 유통

김동철 | 부산대학교

Ⅰ. 16세기 은광 개발붐

Ⅱ. 16세기 동아시아의 은 유통

Ⅲ. 17세기 동아시아 사무역 중심의 은 교역망

Ⅳ. 1680년대 이후 교역망과 은 유통 변화

Ⅴ. 18세기 이후 동아시아 무역 동향

15~16세기 동아시아는 중국[明]의 책봉체제에 편입되어 있었다. 책봉체제를 전제로 명과 피책봉국 사이에는 조공관계가, 피책봉국 상호간에는 교린관계가 형성되었다. 명 주변국가의 조공사절은 명이 지정한 특정한 장소에서 교역하는 것이 의무였다. 조공체제는 민간교역을 금지하고, 국가의 통제하에서 무역을 하게 하는 경제적인 측면도 있었다. 외국과의 교류를 국가가 독점하는 해금(海禁)정책을 실시했지만, 민간교역을 막을 수는 없었다.[1]

16세기에 조선, 중국[명], 일본 삼국의 교역망을 형성하는데 가장 중요한 역할을 한 물품은 중국산 생사와 비단, 일본산 은이다. 은은 동아시아 교역망에서 지금의 달러(dollar)와 같은 지불수단이었다. 일본은 은 생산국, 중국은 은 소비국으로 나누어지면서 일본-중국 간의 교역망이 형성되었다. 은은 일본-중국을 통해서만 유통된 것은 아니다. 조선은 일본-중국의 중간에서서, 생사와 은의 중개무역을 담당하였다. 중국으로 유입된 은은 일본의 은만 아니었다. 아메리카의 은이 동남아시아를 거쳐 중국으로 들어갔다. 중국은 세계사적인 은 유통의 최종 수요자였다. 16세기 이후 은은 동아시아 지역 내부의 교역망은 물론, 동아시아-유럽-아메리카 교역망 형성에도 주도적인 역할을 하였다. 16세기 이후 동아시아의 교역망은 은 유통을 핵심으로 형성되어 갔다.

1 上田信(2005), 『海と帝國 明淸時代』(中國の歷史 9), 東京 : 講談社, 101~103쪽.

I. 16세기 은광 개발붐

중국 국내에서 은이 채굴되지 않은 것은 아니다. 15세기 전반, 영락(永樂)·선덕(宣德) 때 저장[浙江]·푸젠[福建]·윈난[雲南] 등 지역을 중심으로, 많을 때는 연간 100만냥(兩, 약 37t) 정도의 은이 산출되었다. 그러나 그뒤 은의 산출은 서서히 줄어들었지만, 은의 수요는 증대하고 있었다. 몽골족[타타르, 韃靼]과 전쟁을 하기 위해, 명 재정은 은에 의존하는 경향이 점점 강하였다.[2]

16세기에 한중일 동북아시아 삼국의 교역에서 사무역[민간무역]의 비중이 크게 증가하였다. 중국상인들이 무역 대금의 결제를 은으로 요구하였기 때문에, 조선·일본 등 교역 상대국은 은광 개발에 적극 나서는 변화를 보였다.[3]

1. 연은분리술[회취법]의 탄생

은은 금이나 연(鉛)·아연(亞鉛) 등 광석과 함게 광상(鑛床)을 이루고 있다. 은은 단독으로 광상을 이루고 있지 않으므로,[4] 은광석에서 은을 분리해 내는 기술이 필요하다. 연은분리술(鉛銀分離術)은 조선초기에 은광을 채굴할

2 岸本美緒(2001),『東アジアの「近世」』(世界史 リブレット 13), 東京 : 山川出版社, 9쪽.

3 이태진(1991),「國際貿易의 성행」『한국사시민강좌』, 9, 서울 : 일조각, 68쪽.

4 정성일(2004),「조선의 동전과 일본의 은화–화폐의 유통을 통해 본 15~18세기 한일관계」, 한일관계사학회·한일문화교류기금,『『조선왕조실록』 속의 한국과 일본』, 서울 : 경인문화사, 235쪽.

때 이미 적용되었지만, 세종 말기에 은광 개발이 중지되고, 또 국가가 은기(銀器) 제조에 힘쓰지 않아, 그 기술이 은공(銀工)에게 제대로 전습되지 못하였다. 이 기술은 15세기 초, 양인 김감불(金甘佛)과 장예원 노(掌隷院奴) 김검동(金儉同)에 의해 빛을 보게 되었다.[5] 『조선왕조실록』에서는 이에 대해 다음과 같이 묘사하고 있다.

"양인 김감불과 장예원 종 김검동이, 납[鉛鐵]으로 은을 불리어 바치며 말하기를, "납 한 근으로 은 두 돈을 불릴 수 있는데, 납은 우리 나라에서 나는 것이니, 은을 넉넉히 쓸 수 있게 되었습니다. 불리는 법은 무쇠 화로나 남비 안에 매운재[猛灰]를 둘러놓고, 납을 조각조각 끊어서 그 속에 채운 다음, 깨어진 질그릇으로 사방을 덮고, 숯을 위아래로 피워 녹입니다."라고 하니, 왕이 시험해 보라 하였다."[6]

1503년 경에 김감불과 김검동이 연광석에서 은을 분리·제련하는 새로운 기술을 개발한 것이다. 재를 이용한 이 신기술을 '회취법(灰吹法)'이라고 부른다. 회취법은 ① 은광석과 아연 등을 녹여서 합금을 만든 후, ② 이 합금에 재를 넣어 노(爐)에서 녹인 다음, ③ 재에 배어있는 아연을 제거하여 은을 추출하는 기술이다.[7] 즉 아연은 산화하여 재에 흡수되고, 은만 남는 방법이다. 이 기술은 은광개발에 큰 도움이 되어, 단천·강계·풍천 등지에서 광산이 개발되었다. 함경도 단천은 보잘 것 없는 아연 산지였으나, 이로 인해 조선 제일의 은광으로 개발되었다.[8]

그런데 이 새로운 기술인 회취법은 개발되자 바로 일본으로 전래되었다. "유서종(柳緖宗)이 산산(蒜山)에 지은 정자에 서울 상인 홍업동(洪業同) 등이

5 유승주(1993), 『조선시대광업사연구』, 서울 : 고려대출판부, 129쪽.

6 『연산군일기』, 연산군 9년(1503) 5월 18일.

7 水本邦彦(2008), 『徳川のデザイン』(日本の歴史 10), 東京 : 小學館, 284쪽.

8 유승주(1993), 461~471쪽.

물품과 재화를 쌓아두었다가 경차관(敬差官)에게 발각 되어 잡혔다. 유서종이 범한 죄는 여기에 그치지 않고, 왜노(倭奴)와 사사로이 통해서 연철을 많이 사다가 자기 집에서 불려 은으로 만드는가 하면, 왜노에게 그 방법을 전습하였으니, 그 죄가 막중합니다. 철저히 조사하여 법대로 죄를 정하소서."[9]라고 하였다. 즉 유서종이 은을 만드는 방법을 왜노에게 전습했다는 것이다.

"은을 만드는 기술을 우리 나라에서 배웠다."[10]거나, "왜인들은 꾀가 교묘하여 은을 불리는 것을 보고 바로 그 기술을 배워갔다."[11]라고 한 것처럼, 당시 국법으로 유출을 엄금하고 있던 신기술이 유서종을 통해서 1530년대에 일본으로 전래된 것이다.[12]

"왜인과 서로 통하여 연철을 많이 사다가 불려서 은을 만들고 왜인에게 그 방법을 전습한 일은 대간이 아뢴 대로 국문하라. 불려서 은을 만드는 일은 사람마다 하는 일이 아니요, 반드시 장인이 있은 후에라야 할 수 있는 것이다. 만일 시골 집에서 쇠를 불려 은을 만들고 심지어 왜노에게 그 방법을 전습시켰다면, 이웃집에서 모르지 않았을 것이니, 유서종의 집에서 가까운 사람을 잡아다가 조사하여 실증을 얻도록 힘쓰라."[13]라고 한 것처럼, 조선 조정에서는 이 사건에 대해 철저하게 조사하도록 하였다.

불법으로 쇠를 불려서 은을 만드는 일은 당시 사형에 해당하는 형벌이다. 그러나 결정적인 증거나 증인이 확보되지 않아, 유서종은 사형을 면할 수 있었다. 1539년의 유서종 사건은 조선의 회취법에 의한 연은분리술이 잠상(潛

9 『중종실록』, 중종 34년(1539) 8월 10일.

10 『중종실록』, 중종 34년 8월 10일.

11 『중종실록』, 중종 34년 8월 13일.

12 박평식(2009), 『조선전기 교환경제와 상인 연구』, 서울 : 지식산업사, 181쪽.

13 『중종실록』, 중종 37년(1542) 5월 16일.

商, 밀무역 상인) 등을 통해 일본으로 전래된 중대한 사건이었다.[14]

은 정련기술사에서 중요한 전환점이 된 연은분리술, 즉 회취법은 16세기 초에 조선에서 싹이 텄지만, 그 꽃을 피운 것은 일본이었다. 일본은 회취법의 최대 수혜자가 되었다.

2. 이와미 은광산 개발과 일본은의 탄생

일본 광업사에서 은광이 획기적으로 개발된 것은 1526년 하카다[博多] 상인 카미야 쥬테이[神屋壽禎]가 이즈모[出雲] 사기우라[鷺浦]의 동광산주 미시마 세이자에몬[三島淸左衛門]와 공동으로 이와미[石見] 은광산을 개발하면서 부터다.[15] 이와미 은광산에서 얻은 은광석은 하카다를 거쳐 조선에 운반되어 제련, 정련하였지만, 수송비와 효율성 때문에 현지에서 작업하는 것이 유리하였다. 현지에 불러들인 하카다의 종단(宗丹)·계수(桂壽) 2명의 기술자에 의해 1533년 회취법이 전래되었다.[16] 카미야가 이 두 기술자와 함께, 회취법을 이용하여 은 제련에 성공하였다. 이로 인해 이와미 은광산은 일본 전국(戰國)시대에 오우치[大內]·오가사와라[小笠原]·아마고[尼子]·모리[毛利] 등 다이묘[大名]들의 쟁탈대상이 되었다.[17] 회취법은 효고[兵庫]현의 이쿠노[生野], 사

14 정성일(2004), 236~237쪽.

15 小葉田淳(1968), 『日本鑛山史の硏究』, 東京 : 岩波書店, 108~111쪽.

16 村上隆(2007), 『金·銀·銅の日本史』(岩波新書 1085), 東京 : 岩波書店, 116쪽 ; 上田信(2005), 198쪽에서는 宗丹·桂壽를 조선인, 東野治之(1997), 『貨幣の日本史』, 東京 : 朝日新聞社, 133쪽에서는 明人이라고 하였다. 단 『조선왕조실록』에서는 양자와 동일인으로 추정되는 인물을 확인할 수 없다.

17 佐佐木正勇(1984), 「16~19世紀における非金屬製錬技術の導入と傳來-灰吹法と南蠻

도[佐渡]의 츠루코[鶴子] 은광산 등 각 지역의 광산에 확산되어 각각 비약적인 증산을 가져왔다.[18]

2000년 11월, 이와미 은광산의 은을 정련한 후 찌꺼기를 버리는 곳에서 은색과 녹색의 낱알 모양을 한 금속이 발견되었다. 무게는 5.95g정도였다. X선을 사용하여 분석한 결과, 80%에 가까운 은을 함유하며, 표면에서는 연(鉛), 구리, 철 등이 검출되고, 이면에서는 은 정련에 사용된 재 성분의 칼슘이 부착되어 있었다.[19]

이와미 은광산의 발견과 회취법의 도입을 경계로 하여, 일본에서 은 산출량은 크게 증대하였다. 종전까지 은을 수입하고 있던 일본은 이제 은 수출국으로 바뀌었다. 조선에서 회취법이 전래되었지만, 이 기술의 도입으로 광산개발에 성공한 것은 일본이었다. 이로 인해 일본은 은 수출국으로 상승하고, 조선은 은 수입국으로 전락하였다. 1540년대가 되면 일본은이 조선에 수입 유포되어, 서울의 시전(市廛)에 가득 차고,[20] 일본에서 은을 만든 것이 채 10년이 못되었는데 조선에 많이 유포되어 이미 천한 물건이 되었다[21]라고 할 정도였다.

이와미 은광산 개발은 '은의 왕국' 일본 탄생의 획기적인 계기가 되었다. 이것은 일본은 이세계사와 만나는 결정적인 계기가 되었다.[22] 16세기 동아시아 교역망은 '회취은의 시대'를 예고하고 있었다.

吹法−」『日本文化の原点の綜合的探究』, 4, 일본대 종합과학연구소, 40~41쪽.

18 村上隆(2007), 117쪽 ; 水本邦彦(2008), 284~285쪽.

19 上田信(2005), 198쪽.

20 『중종실록』, 중종 35년(1540) 7월 25일.

21 『중종실록』, 중종 37년(1542) 윤5월 21일. 「倭國造銀 未及十年 流布我國 已爲賤物」.

22 水本邦彦(2008), 282쪽.

3. 수은 아말감법 개발과 아메리카 은 유입

금 은의 증산을 위해 기술도입에 열심이었던 도쿠가와 이에야스[德川家康]는 스페인 식민지인 멕시코 누에바 에스파냐(Nueva España)를 통해 아말감법(Amalgamation process)을 수입하려고 하였다. 사도 은광산에서 일시적으로 시행된 '수은 나가시'는 이때 전해진 아말감법이다. 그러나 일본에서는 수은 산출이 적어 값이 비싸고, 회취법이 뿌리내리고 있어서 아말감법이 보급되지 않았다.[23]

포르투갈, 스페인, 네덜란드, 영국 등이 주도한 유럽 중상주의의 발달은 아말감법, 아르키메디안 스크류(Archimedean screw) 배수기 등 선진적 기술에 의해 생산된 남부 독일은의 힘 때문이었다. 일본에서 은 생산고가 높아갈 무렵, 남부 독일은은 광맥이 다하여 쇠퇴하고 있었다. 이때 일본은의 강적으로 등장한 것이 중남미은이다.[24] 스페인은 1535년 페루 리마(Lima)에 부왕청(副王廳)을 설치했다. 초대 부왕인 멘도사(Mendoza, 1535~1550년)와 더불어, 톨레도(Toledo, 1569~1581년)는 16세기 페루 부왕 중에서 가장 뛰어난 인물이었다. 그는 광산자원의 실태에 큰 관심을 가지고 있었다. 1545년 포토시(Potosi) 은광이 발견되었다.[25] 포토시 은광을 본격적으로 개발한 그는 개량된 채광법을 도입하고, 광산주 처우와 광산관리를 위한 법안을 작성하였다. 그러나 포토시 은광산은 1572년에 폐광 위기를 맞았다. 이 위기를 극복해 준 것이 새로운 수은 아말감공법의 도입이다.[26]

23 야마구치 게이지 지음·김현영 옮김(2001), 『일본 근세의 쇄국과 개국』, 서울 : 혜안, 31쪽.

24 야마구치 게이지 지음·김현영 옮김(2001), 30~32쪽.

25 포토시는 현재는 볼리비아에 속하는 도시이다.

26 최영수(1995), 『라틴아메리카 식민사』, 서울 : 대한교과서(주), 154~157쪽 ; 강석영(1996), 『라틴아메리카史』(하), 대한교과서(주), 16쪽, 252쪽.

광석을 분쇄하여 염수(鹽水)와 수은을 가하여 섞은 후, 진흙을 씻어내면 은과 수은의 합금이 침전한다. 이 수은 아말감을 가열하여 수은을 증발시키면 은이 분리된다. 이것이 수은아말감법이다. 이 신기술은 품질이 낮은 광석에서도 은을 추출할 수 있었다. 이 기술의 도입으로 포토시 은광산의 산출량은 급증하였다.[27] 포토시 은광산에서 한때 연간 25만kg의 은이 생산되었다. 당시 세계 은생산의 절반 또는 그 이상이었다. 16세기말부터 17세기초에 걸쳐 연평균 약 42만kg의 은이 생산되었다고 할 정도이다.[28]

포토시 은광산 개발 등으로 16세기 중반 이후 크게 증산된 아메리카은은 1557년 마카오(Macao, 澳門) 거주가 허락된 포르투갈 상인에 의해 이미 동남아시아를 경유하여 중국으로 유입되었다.[29] 1571년에 스페인이 종전부터 점령하고 있던 루손섬에 마닐라(Manila)를 건설한 이후, 태평양의 범선 무역을 통해 아메리카은이 대량으로 중국에 유입되었다.[30] 마닐라에서 온 선박이 태평양 연안에 있는 멕시코의 아카풀코(Acapulco)에 도착한 것은 포토시 은광산이 재생하던 1573년이다. 이 선박은 중국의 비단과 도자기를 가득 싣고 왔다. 비단 가격은 스페인 본국에서 온 것의 1/10정도였다. 이 스페인 무역선은 아메리카은을 싣고 다시 마닐라로 향하였다.[31]

포토시 은광산은 1570년대 이후 급속히 생산을 확대해 세계의 은 유통량을 끌어올렸다. 스페인이 아메리카에서 채굴한 은은 그곳에서 사용되는 일부를 제외하고는, 대부분 대서양을 횡단해 본국 스페인으로 운반되거나,

27 上田信(2005), 255쪽.

28 야마구치 게이지 지음·김현영 옮김(2001), 32쪽.

29 기시모토 미오 외·김현영 외 옮김(2003), 『조선과 중국 근세 오백년을 가다』, 서울 : 역사비평사, 151쪽.

30 岸本美緖(2001), 13~14쪽.

31 上田信(2005), 255~256쪽.

태평양을 횡단해서 마닐라에 운반되었다. 마닐라에 운반된 아메리카은은 중국상인에 의해 대부분 중국으로 유입되었다.[32]

1570년대 이후 아메리카 은광과 중국을 연결하는 무역루트는 크게 3가지였다. ① 마닐라를 거점으로 하는 스페인의 갤리온(Galleon, 범선)무역, ② 마카오로 들어오는 포르투갈인의 무역, ③ 네덜란드 동인도회사(V.O.C.)를 통해 이루어지는 네덜란드와의 무역이다. 이 가운데 가장 규모가 큰 것은 마닐라를 통해서 이루어진 스페인과의 무역이다.[33]

16, 17세기는 멕시코나 중앙안데스를 비롯하여 세계적으로 은의 발견이 이어져서, '실버 러시(Silver Rush)'라고 불리는 '은 붐[Silver Boom]'이 일어났다.[34] 16세기는 세계사적으로 은 유통량이 비약적으로 확대된 시기이다. 그 배경에는 아메리카 은광산 개발이 있었다. 그러나 16세기에 동아시아에서 '은의 시대'의 본격적인 개막을 알린 것은, 아메리카은이 아니라 일본은이었다.[35]

전 세계적인 은의 흐름의 최종 수요자는 중국이었다. 중국으로 은이 몰린 가장 중요한 이유는 중국이 은의 가치를 높이 쳐주었기 때문이다. 16세기에 유럽보다 중국에서 은 가치가 2배 정도 높았다. 중국은 다른 어느 물품보다 은을 선호하고, 은 가치도 높이 평가하므로, 중국 상품을 구하려면 은을 가지고 가는 것이 가장 유리한 장사였던 것이다.[36]

---

32 岸本美緖(2001), 13~14쪽.

33 조영헌(2009), 「은 유통과 교역망」『동아시아사 교과서 집필 안내서』, 서울 : 동북아역사재단, 180쪽.

34 水本邦彦(2008), 282쪽.

35 岸本美緖(2001), 7쪽.

36 주경철(2008), 『대항해시대』, 서울 : 서울대학교출판문화원, 257~259쪽.

II. 16세기 동아시아의 은 유통

16세기 새로운 은 정련기술의 발달로 은 생산량이 증대하여, 일본은과 아메리카은이 중국으로 유입되었다. 일단 중국으로 들어간 은은 밖으로 거의 나오지 않았다. 세계사적으로 보면, 중국은 '은의 무덤' '은 흡입 펌프'라고 비유될 정도였다. 중국에 유입된 은이 중국 경제에 도움이 되었는지 여부에 대해서는 상반된 견해가 있다.[37]

명은 해금정책을 실시하여 조공무역 이외의 사무역[민간무역]을 금지하였다. 그러나 동중국해, 남중국해를 중심으로 하는 명, 조선, 일본, 류큐[琉球], 타이완, 베트남, 필리핀 등지의 사람들은 국가의 틀을 넘어서, 다양한 형태의 광범위한 무역을 하고 있었다. 여기에 유럽인이 세계무역의 일환으로서 참가하였다. 아메리카은을 마닐라에 운반하고, 중국의 비단을 사서 멕시코로 운반하던 스페인은 일본에 대해서 큰 관심을 보이지 않았다. 이에 비해서 포르투갈은 일본이 중국의 생사와 비단을 갈망하고 있는 점에 주목하였다. 이에 중국의 생사를 일본으로 가져가서 일본의 은과 교환하는 중계무역을 시작하였다. 이것은 유럽에 향료를 운반하는 것보다도 더 큰 이익을 가져다 주었다.[38]

37 주경철(2008), 243쪽 ; 262~266쪽 ; 上田信(2005), 409쪽.

38 五味文彦 외(1998), 『詳說 日本史硏究』, 東京 : 山川出版社, 217쪽.

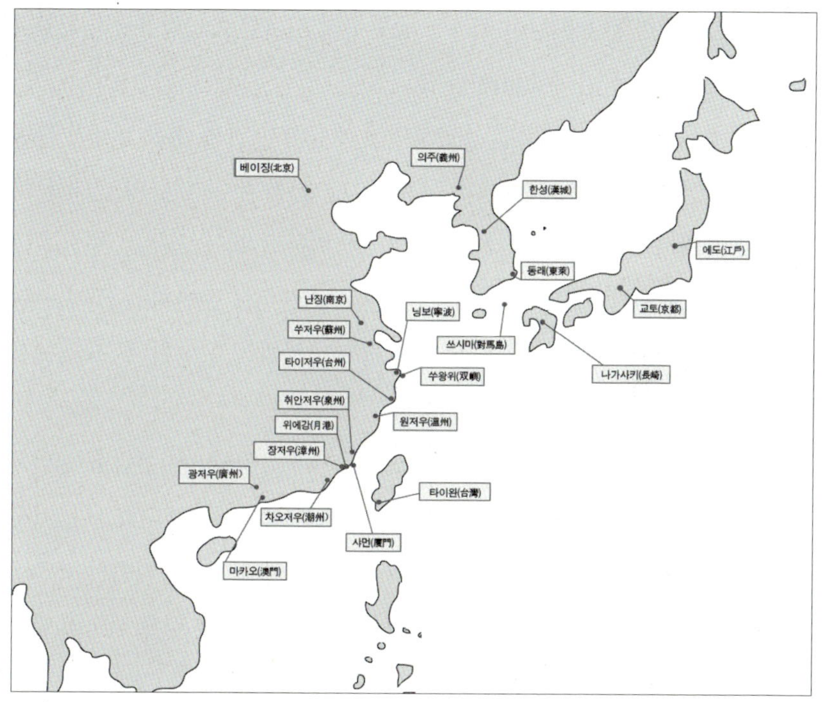

그림 1 동아시아 삼국의 주요 교역지

1. 일본-포르투갈-중국의 은 교역망

1) 명의 조세 은납화

명에서는 15세기 중반 이후 점차 세량(稅糧)과 요역에서 은납화가 전개되었다. 요역 가운데 은납화가 먼저 전개된 것은 원격지에 가서 제방 등 국가적인 건설계획에 종사하는 잡역이었다. 이러한 요역은 은으로 환산하여 징수하고, 건설현장에서 노동자를 고용하는 것이 원격지로부터 강제적으로 모인 농민을 사역시키는 것보다 효과적이었다. 16세기 전반에 잡역은 거의 대부분 은납화하였다. 세량은 15세기 중반부터 서서히 은납화가 진행되었다. 환산된 은액은 금화은(金花銀)이라 불리었다.[39]

한편 북쪽 변경을 침입하던 몽골세력에 대항하기 위해, 명은 15세기 후반부터 만리장성을 정비하고, 9개의 군관구(軍管區)를 두어 대량의 군대를 북방변경에 배치하였다. 명 초기에는 곡물 등 현물로 세를 거두는 현물주의 재정제도를 채택하였으나, 부피가 큰 곡물을 전쟁터로 운반하는 것이 곤란하므로, 차츰 운반하기 쉬운 은을 세로 거두어 북방에 운반한 후, 그곳에서 군수물자를 사들이는 방법으로 이행하였다.[40]

16세기 중반이 되면, 대량의 일본은이 중국으로 유입되면서 은납화는 더욱 가속되었다. 세량과 요역은 각각 단계적으로 은납화가 진행되었으나, 이를 일괄 납부하는 일조편법(一條鞭法)이 1565년 저장성에서 시행되면서, 1570년대가 되면 전국적으로 시행되었다. 이로써 명은 본격적인 은경제 시대를 열게 되었다.[41] 이처럼 명에서 은에 대한 수요가 점점 강해지고 있던 때에, 일본은의 산출이 급증하였다. 이 때문에 일본에서 명으로 은의 흐름이 분출한 것이다.[42]

2) 명-일본 조공무역 종언과 민간상인 활동

은의 흐름은 명 초기부터 실시된 해금정책에 의해 저지되고 있었다. 1550년대 '북로남왜(北虜南倭)'의 위기를 근절한 명은 방침을 전환하여, 1567년경에는 해금(海禁)을 완화하여 민간 해상무역을 허락하였다. 그러나 일본으로 가는 것은 여전히 금지하였다. 명이 해금을 푸는 정책으로 전환한 시기는

39 上田信(2005), 230쪽.
40 岸本美緒(2001), 9~13쪽.
41 조영헌(2009), 180쪽.
42 岸本美緒(2001), 9~13쪽 ; 上田信(2005), 230~231쪽.

동아시아 은유통에서 하나의 획기가 되었다.[43]

명과 일본 간에 이루어진 조공무역을 감합(勘合)무역이라 부른다. 감합무역은 닝보[寧波]에서 무역 허가증을 받았다. 감합무역에서 명의 수출품은 생사, 비단, 면사(綿絲), 사탕[砂糖], 도자기, 서적, 그림, 동전 등, 일본의 수출품은 금, 동, 유황, 칼, 부채, 칠기 등이었다. 감합무역을 담당하는 견명선(遣明船) 파견은 사카이[堺]상인의 후원을 받는 호소가와[細川]씨와, 하카다상인의 후원을 받는 오우치[大內]씨가 장악하고 있었다. 양자 사이에 무역쟁탈전이 1523년에 일어난 '닝보의 난'이다. 명은 닝보의 난 때문에 조공무역을 단절시키려는 의도를 가지고 있지는 않았다. 그러나 일본에 대한 경계심을 강화하고, 일본에서 오는 선박을 엄중하게 경계하였다. 조공에 수반한 교역도 심하게 제한하였다. 1547년 마지막 견명선을 끝으로, 명과 일본의 조공무역은 단절되었다.[44] 양국 간의 교역은 조공무역체제를 넘어, 민간이 무장한 해양상인(海洋商人)이 담당하게 되었다.[45]

1540년대에 중국의 푸젠, 광둥[廣東], 저장 등 상선이 규슈 방면으로 내항하여 교역을 하려고 하였다. 이들 민간상선의 교역목적은 이제까지 일본 감합선이 수출하던 동, 유황, 칼 등의 구입에 있는 것이 아니고, 일본은을 가져오는 데 있었다.[46] 감합무역의 종언은 중국-일본간 무역의 성격은 물론 무역품의 질적 변화를 가져왔다.

일본은이 등장하기 이전에 중국상인은 동남아시아에서 활발하게 밀무역을 하였다. 중국무역상인은 동남아시아산 소목(蘇木), 후추[胡椒] 등을 수

43 岸本美緒(2001), 9~13쪽.

44 五味文彦 외(1998), 179~180쪽 ; 樂承輝(1995), 『寧波古代史綱』, 寧波 : 寧波出版社, 306~309쪽 ; 陳尚勝, 『閉關與開放』, 濟南 : 山東人民出版社, 248~259쪽.

45 上田信(2005), 199쪽.

46 湯淺趙男(1998), 『文明の「血液」』, 東京 : 新評論, 346쪽.

입하고, 중국산 도자기 등을 수출하였다. 중국 물산은 동남아시아를 거쳐, 서아시아, 유럽으로 운반되었다. 동남아시아와 밀무역을 하는 거점은 장저우[漳州] 동남쪽에 위치한 위에강[月港, 하이청[海澄]]이다.[47] 위에강은 비단을 생산하고, 외국 물산을 소비하는 경제중심지 강남과 직결되지 않는 약점을 가지고 있었다. 이 약점을 보완할 수 있는 때문에, 16세기에 위에강을 능가하여 급성장한 항구가 조우산[舟山]군도에 위치한 쑤왕위[双嶼]이다.[48]

16세기에 포르투갈 상인이 쑤왕위를 거점으로 정하였다. 강남을 상권으로 하는 후이저우[徽州] 상인들도 이 항구를 왕래하였다. 1540년경부터 일본은 이 본격적으로 중국으로 들어갔다. 강남과 일본을 연결하는 해로에 위치한 쑤왕위는 명, 포르투갈, 일본 등 상인이 모이는 국제교역항의 양상을 보였다.[49] 쑤왕위를 관리한 해양상인은 처음에는 '이광두(李光頭)'라고 불리는 푸젠상인 이칠(李七)이다. 강남과의 교역이 활발해지면서, 신안[新安]상인의 세력이 신장하였다. 이칠 다음은 후이저우 출신의 허동(許棟, 許二)이었다. 허동 등은 신안상인과 상거래 관습을 공유하고 있었기 때문에, 포르투갈, 일본 상인이 필요한 중국물산을 쉽게 입수할 수 있었다.[50]

허동의 휘하에 있다가 해양상인의 대표자로 두각을 나타낸 상인이 왕직(王直)이다. 그는 은 산출국으로 급부상한 일본과의 교역 루트를 개척하는 역할을 맡았다. 그는 1545년에 일본으로 도항하였다. 이 해에 스케자에몬[助才門]이라는 하카다 상인 등 3명이 그의 안내를 받으며 쑤왕위를 방문하였다. 이를 계기로 명-일본의 교역은 급속하게 발전하였다. 그러나 1548년 관군이

47 林仁川(1987), 『明末清初私人海上貿易』, 上海 : 華東師範大學出版社, 142~153쪽 ; 晁中辰(2005), 『明代海禁與海外貿易』, 北京 : 人民出版社, 210~214쪽.

48 上田信(2005), 202쪽.

49 林仁川(1987), 131~137쪽.

50 上田信(2005), 202~204쪽.

쑤왕위를 토벌하였다. 이를 계기로 해양상인들은 명조와 적대적인 관계가 되었다. 해양상인들은 왕직의 휘하에 집결하였다. 조우산과 대륙 사이에 있는 리에강[烈港]에 새 거점을 만들었다. 1553년에는 리에강을 다시 공격하였다. 이 사건을 계기로 '가정대왜구(嘉靖大倭寇)'라는 사태로 발전하였다. 왕직은 명조 관헌의 힘이 미치지 않는 일본 규슈의 히라도[平戶]와 고도[五島]에 거점을 정하였다. 히라도에 거점을 정한 후 포르투갈 상인이 많이 모여들었다. 그는 중국-일본-동남아시아를 연결하는 교역을 거의 독점하였다.[51]

3) 포르투갈 상인의 등장

16세기에 명조는 '북로남왜'라는 이중의 현안문제에 직면하고 있었다. 특히 남쪽의 왜구는 명의 해금정책이 만들어낸 대규모 밀무역 활동이다. 해양상인을 중심으로 하는 민간무역이 활발하던 시기에, 이들의 유력한 경쟁 상대로 동아시아에 등장한 것이 포르투갈 상인이다.[52] 일본-중국과의 무역에서 포르투갈의 대두는 중요한 변수로 작용하였다. 포르투갈인들은 광둥, 닝보, 장저우 등을 전전한 후, 1557년에 명으로부터 마카오 거주를 허가 받아서 중국연안에 거점을 확보하였다. 1570년경에는 일본에서도 크리스찬 다이묘[大名]인 오무라 스미타다[大村純忠]의 영지 안에 나가사키항을 열어서, 나가사키-마카오를 연결하는 교역을 포르투갈이 장악하게 되었다.[53]

포르투갈 상선은 인도 고아(Goa)에서 은화, 기름, 포도주를 가져와, 마카오에서 중국의 생사, 비단, 한방약재, 자기, 사탕으로 교환한 후, 일본에 가서 은으로 교환하였다. 귀항때 다시 그 은으로 마카오의 금이나 생필품 등을

51 上田信(2005), 203~206쪽 ; 249~250쪽.

52 東野治之(1997), 139~141쪽.

53 岸本美緖(2001), 13쪽.

구입하여 고아로 돌아왔다. 1580년 전후로 포르투갈은 1년에 대략 5천~6천 관의 은을 일본에서 가져갔다. 일본과 명 간의 조공무역인 감합무역이 1547년 단절된 이후, 일본에 온 포르투갈 상인은 그 공백기를 메우면서, 일본의 은과 중국의 생사라는 동아시아 최대의 달러박스(dollar box)노선을 확보하면서 큰 이익을 거두었다. 일본의 은산출이 최고조이던 1600년 전후까지, 동아시아에서의 포르투갈 상인의 무역 황금기는 계속되었다.[54]

2. 일본-조선-중국의 은 교역망

조선과 명 간의 무역은 사행무역을 중심으로 이루어졌다. 사행무역에서 은으로 사오는 중국 물품은 진사(眞絲), 채단(綵緞) 등 생사와 비단이다. 수입품의 측면에서 본다면, 조선도 일본과 마찬가지 양상이다. 명은 사라능단(紗羅綾緞) 등 각종 비단을 다량 생산하고 있었다. 사치품의 수입은 1520년대에 들어오면서 급증하는 추세였다.[55] 당시 함경도의 은이 한없이 생산되는데도 서울에서 은값이 10배나 오른 것은 모두 중국으로 가버리기 때문이니, 국가의 큰 근심거리라고 할 정도였다.[56] 이처럼 함경도 단천 등 국내 광산에서 생산되는 은의 대부분은 명으로 유출되었다.

16세기에는 명과의 사무역이 발달하였다. 사무역의 발달은 조선 국내의 사치풍조의 성행과 그에 따른 사치품 수요가 증대한 데 기인하였다. 사치를

54 任鴻章(1988),『近世日本と日中貿易』, 東京 : 六興出版. 26~27쪽 ; 岸本美緒(2001), 13쪽.

55 이태진(2007),「16세기 국제교역의 발달과 서울상업의 성쇠」, 이태진 외,『서울상업사』, 서울 : 태학사, 133쪽.

56『중종실록』, 중종 21년(1526) 3월 22일.

주도한 것은 복식과 혼수에서의 중국산 고급 비단인 사라능단이었다. 이러한 상황은 다음 사료에서 잘 볼 수 있다. "근래 사치가 날로 심해지고 이익이 생기는 근원이 날로 열려서 혼사에 이르기까지 다른 나라의 물건이 아니면 혼례를 치를 수 없을 정도이다. 경사대부(卿士大夫)가 다투어 사치를 일삼고 노복하천(奴僕下賤)까지도 당물(唐物)을 쓴다. 게다가 왜은이 유포되어 시전을 가득 채우고 있다. 북경에 가는 사람들이 공공연히 은을 싣고 가는데, 한 사람이 3천 냥 이상을 가져간다. 심지어 공무역할 포물(布物)을 상인에게 맡기고 은을 바꾸어 간다. 상인는 그 포물을 보관하고 앉아서 돌아오는 행차를 기다렸다가 그 포물을 되돌려주고 이윤을 취한다."[57]

이러한 중국산 사라능단 수입의 대금은 은으로 결제하였다. 당시 조선 은의 품질이 뛰어났다. 특히 '단천은'은 품질이 좋은 은의 대명사로 불릴 정도였다.[58] 16세기 이후 연은분리술의 개발로 국내 은 생산량은 증가하였다. 그러나 사무역의 발달은 계속적인 은 부족을 초래하였다. 조선 국내 은의 고갈과 은가등귀로 상인들은 새로운 은의 출처를 찾아야만 했다. 이는 잠채(潛採)로 나타났다.[59]

1547년을 끝으로 중국과 일본 간의 조공무역이 단절되면서, 일본-조선-명 교역망이 더욱 활발하여, 일본은의 조선 유입이 더욱 증가하였다. 일본에서 조선에 오는 사절은 1523년경부터 외교보다는 무역을 주목적으로 하는 사절이 급격하게 증가하는 양상을 보인다.[60] 『중종실록』에서 1523~1542년 일본 사절이 가져온 물품과 그 값으로 가져간 면포량을 정리하면 다음 표와 같다.

---

57 『중종실록』, 중종 35년(1540) 7월 25일.

58 『중종실록』, 중종 11년(1516) 5월 29일 「中原人 每稱銀之品好者 曰端川銀」

59 한상권(1983), 「16세기 對中國 사무역의 전개-은무역을 중심으로-」『김철준박사화갑기념사학논총』, 서울 : 지식산업사.

60 무라이 쇼스케 지음·이영 옮김(1998), 『중세 왜인의 세계』, 서울 : 소화, 180쪽.

표 1 16세기 전반 일본 사절의 공무역 물량과 가격

시기	사신	전체물량	값(면포)	중종실록	비고
1523	일본국왕사		2,000동	18-7-28(갑오)	1동=50필
1525	일본사	후추 8900근		20-5-6(갑자)	
1525	일본사	후추9,980근, 주홍1,880근, 침향2,188근, 용뇌28근, 수우각1,000개, 대랑피(大狼皮)10장	1,185동	20-8-19(병오)	주홍, 침향, 용뇌는 전체물량 중 1/3만 구입. 자단향 구입거부.
1525	일본국사	오매목(烏梅木)	1,063동	20-9-25(신사)	
1525		石硫黃		20-10-8(계사)	
1525	일본국사 경림동당(景林東堂)		1,700동	20-11-12(정묘)	
1528	소이전사(小二殿使)	우피		23-7-17(병술)	
1528		후추, 수우각, 유황	430동	23-8-3(임인)	
1528	일본국왕사 일악동당(一鶚東堂)		700동	23-12-7(갑술) 24-2-22(무자)	
1538	소이전사(小二殿使)	은 315근	480여동	33-10-29(기사)	전체물량 중 1/3 구입, 값도 1/3 지급
1542	일본국왕사 안심동당(安心東堂)	은 80,000근		37-4-20(경오) 37-7-17(을축)	전체물량 중 15,000근 구입하여함

※ 출전 : 이태진(2007), 126쪽 〈표 9〉; 무라이 쇼스케(1998), 174~176쪽 〈표 4〉 참고.

〈표 1〉에서 보듯이, 1525년 일본국왕 아시카가 요시하루[足利義晴]가 보낸 사절 경림동당이 조선에 왔다. 이 사절은 후추 9,980근, 주홍 1,880근, 침향 2,188근, 용뇌 28근 등 많은 물품을 가져왔다. 조선에서는 이 가운데 1/3만 공무역하도록 하였다. 자단향 150근은 국내에서 구할 수 있으므로 무역하지 않았다. 물소뿔 1천개, 대랑피 10장은 모두 무역하였다. 이 물건값은 목면 1,185동, 즉 59,250필에 해당한다.

〈표 1〉에서 공무역 물품을 보면, 1528년까지는 후추, 유황, 물소뿔, 가죽류, 주홍, 침향, 용뇌 등으로 다양하지만, 1538년부터는 은으로 바뀐 점이 주목된다.[61] 1538년에 온 일본사절에 대해, "이번에 온 왜인도 은만 가져왔을 뿐, 다

61 이태진(2007), 125~129쪽.

른 물품은 가져오지 않았다."[62]라고 할 정도로, 은은 가장 중요한 무역품이었다.

1539년에는 내수사 서제(書題)인 박수영(朴守榮)이 중국산 채단과 백사를 몰래 가지고 제포(薺浦)에 가서, 조정 일을 핑계삼아 일본은을 무역한 후 중국에 보낸 일이 있었다. 박수영을 시정인(市井人)이라고 지칭한 것으로 보아,[63] 그는 상업에 종사했다고 생각한다. 이처럼 일본은에 대한 밀무역이 증가하여, 이를 법으로 금지하였다. 위반자는 사형이었다. 그러나 생명을 담보하면서 일본은의 밀무역에 주력하였다. 이러한 일본은의 밀무역을 주도했던 상인은 서울상인인 경상(京商), 그 중에서도 부상대고(富商大賈)들이었다.[64]

이처럼 1530년대 이후 조선은 공무역, 밀무역을 통해 다량의 일본은을 수입하였다. 그래서 1540년경에는 일본은이 유포되어 서울의 시전에 가득 찰 정도가 되었다.[65] 수입된 일본은은 조선 국내에도 유통되었지만, 상당수는 중국산 생사와 고급 비단을 수입하기 위해 명으로 수출되었다.

명의 책봉체제를 전제로 형성된 사대와 교린을 중심으로 한 동아시아의 통교관계는 1510년 조선에서의 삼포왜란, 1511년 포르투갈의 말래카 점령, 1523년 중국에서의 닝보의 난 등을 기점으로 점차 쇠퇴해 갔다. 중화제국인 명의 쇠퇴에 따라, '책봉-조공[감합]-해금'을 일체화한 공적인 통교시스템이 붕괴하기 시작하였다. 그렇지만 교류 자체가 쇠퇴한 것은 아니다. 국가간의 관계를 축으로 하는 교류에 대신하여, 비합법적이고 다민족적이며 때로는 폭력이 수반된, 그리고 더욱 대규모의 교류가 등장하게 된다. 다양한 해상세력이 이 새로운 양상의 교류를 담당하는 주체로서 등장하였다.[66]

62 『중종실록』, 중종 33년(1538) 8월 19일.

63 『중종실록』, 중종 34년(1539) 10월 23일, 24일.

64 무라이 쇼스케 지음·이영 옮김(1998), 197~200쪽.

65 이태진(2007), 125~129쪽.

66 무라이 쇼스케 지음·이영 옮김(1998), 220~222쪽.

16세기 동북아시아 3국은 중국의 생사, 비단, 도자기, 조선의 곡물, 면포, 은, 일본의 구리, 은 등의 상품을 중심으로 상호 교역체계를 발전시켰다. 이 체계에 류큐상인이 해상을 통해 3국을 잇는 역할을 하였다. 그러다가 16세기 중반에 포르투갈 상인이 등장하여, 그들이 일본과 중국을 잇는 역할을 대신하면서 류큐상인의 역할은 퇴조하였다.[67] 이러한 16세기 동아시아 교역망을 형성하는 중심축에 일본은과 아메리카은이 위치하고 있었다. 특히 16세기는 '일본은의 시대', 즉 '회취은의 시대'였다.

III. 17세기 동아시아 사무역 중심의 은 교역망

1. 일본–중국의 사무역 중심 교역망

1547년 일본에서 명으로 간 마지막 조공무역선을 끝으로 명과 일본 사이의 조공무역은 단절되었다. 일본이 명의 책봉체제에서 이탈하면서, 명과 일본 사이에는 국가 차원의 공식적인 교역 방식이나 루트는 존재하지 않았다. 그렇다고 양국 사이의 교역이 침체된 것은 아니다.[68] 그러나 17세기에 들어와 양국 사이의 교역을 매개하는 은의 성격은 바뀌었다.

---

67 이태진(1991), 68쪽.

68 조영헌(2009), 186~187쪽.

1) '정은'의 탄생

1598년에 도요토미 히데요시가 죽고, 1600년에 도쿠가와 이에야스가 세키가하라[關ケ原]전투에서 대승을 거두었다. 이 정치세력의 변화는 일본 화폐제도에 큰 영향을 미쳤다. 1601년에 전국 유통을 목적으로 금화와 은화를 주조하였다. 이 금화, 은화는 일본의 연호를 따서 게이초[慶長]금, 게이초은이라고 불렀다. 이로써 일본에서는 전국적인 화폐 통일이 시작되었다. 게이초은에는 정은(丁銀)과 마메이타[豆板]은이 있었다. 정은은 해삼처럼 생긴 타원형이고, 마메이타은은 작은 구슬 모양이어서 고타마은이라고 불렀다. 게이초은은 은 80%, 구리 20%로 만든 양질의 은화이다. 이들은 무게로 거래하는 칭량(稱量)화폐였다. 정은은 주로 고액, 마메이타은은 소액거래에 많이 사용되었다.[69]

1607년에는 은 수출 자체에 초점을 맞춘 회취은 금수 조치가 이루어졌다. 순은에 가까운 회취은 대신에 순도 80%의 정은을 수출하여 은의 유출량을 다소라도 줄인다는 의도로 시행되었다.[70] 아라이 하쿠세키[新井白石]는 1601년부터 1708년까지 100여년 동안 은화 90만관이 해외로 유출되었는데, 이것은 은화 주조량의 3/4분에 해당한다고 하였다.[71] 이 수치에는 회취

그림 2 정은과 마메이타은

69 瀧澤武雄 외편(2001), 『日本史小百科 貨幣』, 東京 : 東京堂出版, 265~266쪽 ; 鄭成一(2011), 「朝鮮과 日本의 銀 流通 交涉(1697~1711)」(한일관계사학회 132회 월례발표회 원고, 미공간), 2쪽.

70 윤병남(2007), 『구리와 사무라이』, 서울 : 소나무, 156쪽.

71 東野治之(1997), 168쪽.

은도 어느 정도 포함되어 있지만 주류는 정은이었다. 17세기에 들어와 정은은 동아시아 무역거래에서 달러(dollar)같은 위치를 차지하였다. 동아시아 교역망에서 16세기가 '회취은의 시대'였다면, 17세기 이후는 '정은의 시대'였다.

2) 일본-동남아시아-중국 교역망

도요토미 히데요시는 호상(豪商)의 해외무역을 장려하기 위해 해외로 나가는 선박에 허가증은 슈인조[朱印狀]를 발급하였다. 특정상인에게 해외와 교역하는 특권을 주었다. 이 슈인조를 받은 선박을 슈인센[朱印船]이라고 불렀다. 슈인센이 제도로서 확립된 것은 도쿠가와 이에야스 때부터이다. 1604~1635년의 32년간 슈인센은 적어도 356척이었다.[72] 1년에 평균 11척이었다. 명은 슈인센의 입항을 인정하지 않았기 때문에, 슈인센의 주요 도항지는 중국 남부 연해에서 적도 북쪽까지 중요 항구의 대부분이었다.[73]

표 2 슈인센[朱印船]의 주요 도항지 및 선박수

	하노이 [東京]	자오즈 [交趾]	캄보디아 [柬埔寨]	샴[暹邏]	루손 [呂宋]	타이완 [高砂]	계
1604-16	11	32	24	36	34	1	138
1617-35	26	39	20	20	20	35	160
합계	37	71	44	56	54	36	298

※ 출전 : 岩生成一(1985),『新版 朱印船貿易史の硏究』, 東京 : 吉川弘文館, 127쪽 〈표 2〉에서 발췌 정리.

〈표 2〉에서 보듯이 그 중에서 베트남의 하노이와 자오즈, 캄보디아, 샴, 루손, 타이완 등이 중심지였다. 전체 356척 가운데 이 6개 지역에 298척이 도항

72 岩生成一(1985), 127쪽 〈표 2〉의 합계 수치이다.

73 任鴻章(1988), 45~46쪽 ; 上田信(2005), 294쪽.

하여, 전체의 83.7%를 차지한다. 슈인센의 수입품은 생사, 녹피, 교피(鮫皮, 말린상어 가죽), 비단, 면직물, 연(鉛), 소목, 침향(沈香, 香木), 사탕[砂糖] 등이다. 1위는 생사였다. 슈인센은 동남아시아로 도항하는 중국선으로부터 대량의 생사를 구입하였다. 그 양은 연 평균 14~15만근으로, 일본이 매년 수입하는 생사총액의 5~6할 정도였다. 수출품의 1위는 은이다. 그 다음은 동, 동전, 동제품이다. 유황, 철, 장뇌, 쌀, 맥분, 칼, 부채 등이다.[74] 동남아시아를 거점으로 이루어진 양국 사이의 무역은 일본과 아메리카의 은을 중국으로, 중국의 비단, 생사, 약재를 일본으로 수송하는 방식이었다.[75] 이처럼 일본 무역선이 중국에 직항한 것은 아니지만, 도쿠가와 정권은 슈인조를 매개로 일본과 중국과의 사이의 간접적인 교역을 관리하였다.[76]

3) 나가사키를 통한 일본-네덜란드, 일본-중국 무역

일본은 통화체제 정비에 따라 국내경제를 원활하게 유지하기 위해서는 은을 확보하는 것이 필요하였다. 은화 주조의 원료를 확보하기 위해, 1609년에는 회취은을 수출 금지품으로 지정하였다. 일본은 그리스트교의 금지와 보조를 같이 하면서, 일본인의 해외도항이나 무역을 제한하는 통제정책을 강화하였다. 1616년에는 스페인선의 내항을 금지하였다. 영국은 네덜란드와의 경쟁에서 패하여, 1623년 히라도상관을 폐쇄하였다. 1635년에는 일본인의 해외도항을 전면 금지하였다. 그리고 1639년에는 포르투갈선의 내항을 금지하였다. 포르투갈을 대신하여 부상한 것이 네덜란드이다. 그러나 1641년에는 히라도에 있던 네덜란드상관을 나가사키의 데지마[出島]로 옮기면서, 나가

74 任鴻章(1988), 45~48쪽.

75 조영헌(2009), 186~187쪽.

76 上田信(2005), 294쪽.

사키부교[長崎奉行]의 엄격한 감시 아래에 두었다. 중국과의 정식 국교 회복을 단념한 바쿠후[幕府]는 중국선과의 사무역을 나가사키에 한정하고, 그 밖의 장소에서 무역하는 것은 밀무역으로 간주하였다. 나가사키에 내항하는 무역선은 네덜란드선과 중국선뿐이었다. 바쿠후는 이익을 독점하기 위하여 무역을 통제하는 관리시스템을 마련하였던 것이다.[77]

17세기 전반에 나가사키에 간 중국상선의 현황을 보면 다음과 같다.

표 3 17세기 전반 나가사키에 간 중국상선

시기	선박수	시기	선박수	시기	선박수
1611년	70척	1632	4	1643	34
1612	30	1634	36	1644	54
1613	20	1635	40	1645	76
1614	60~70	1637	64	1646	31
1623	36	1639	93	1648	20
1624	38	1640	74	1649	59
1625	60	1641	97	1650	70
1631	60	1642	49		

※ 출전 : 1611~1640년은 王曉明(2009), 『世界貿易史』, 上海 : 中國人民大學出版社, 628쪽 ; 1641~1650년은 林仁川(1987), 258~259쪽에서 인용.

〈표 3〉에서 보는 것처럼 매년 상당수의 중국상선이 나가사키를 내왕하였다. 특히 1639~1641년에는 매년 70~90척이 일본으로 건너갔다. 일본과 중국의 무역은 민간 자유무역인 사무역이었지만, 본질적으로는 양국 정부의 간섭을 받았을 뿐만 아니라, 정부의 힘을 배경으로 한 무역관계로까지 발전하였다.[78]

중국선은 1633년에는 은 25만근, 1634년에는 은 16만근을 일본에서 수입

77 五味文彦 외(2001), 245~246쪽 ; 上田信(2005), 298~299쪽 ; 小葉田淳(1996), 「近世, 銀·金の海外流出と銅貿易の動向」『日本の鑛山文化』, 東京 : 국립과학박물관, 132쪽.

78 任鴻章(1988), 2쪽.

하였다. 나가사키를 통한 수입품의 중심은 중국산 생사였다.[79] 일본은 수입 생사 가격의 하락을 통해 은이 해외로 유출되는 것을 막기 위해 1604년에 이토왓푸[糸割符]제도를 실시하였다. 이토왓푸는 수입 생사를 전매하는 특권을 보장해주는 증명서이다. 특정한 상인이 모여서 이토왓푸 나카마[仲間]를 만들고, 매년 봄 수입생사 가격을 결정하여 일괄 구입한 후, 나카마에게 분배하였다. 처음에는 교토, 사카이, 나가사키상인들이 나카마를 구성하였지만, 뒤에 에도[江戶], 오사카상인이 추가되었다. 이 제도는 1631년에는 중국인에게, 1641년에는 네덜란드인에게 적용되었다.[80]

네덜란드는 인도네시아의 쟈카르타에 있던 동인도회사의 출장소로서 나가사키의 데지마에 상관을 두었다. 네덜란드선은 생사나 모직물·견직물·면직물 등의 직물류, 약품, 시계, 서적 등을 가져왔다. 일본이 수출한 것은 초기에는 은과 구리, 중기 이후에는 이마리[伊万里] 도자기나 사쓰마[薩摩]의 장뇌(樟腦)가 중심이었다. 바쿠후의 무역통제정책은 네덜란드 동인도회사에 독점적인 무역이익을 가져다 주었다. 중국선은 생사, 비단, 서적 외에, 유럽의 면직물, 모직물, 동남아시아의 사탕, 소목, 향목 등을 가져왔다.[81]

네덜란드선에 의해 유출된 일본은은 타이완을 경유하여 인도의 콜로만딜연안, 벵갈, 구쟈라토지방 등으로 운반되었다. 1637~1641년의 4년간에는 연평균 5만 7천kg, 수출은 총액은 29만kg에 달하였다. 중국선에 의한 은 유출이 증가하여, 최전성기인 1661년에는 6만 8천kg이나 될 정도였다.[82]

17세기 나가사키 무역을 장악한 중국인은 정즈룽[鄭芝龍]과 정청공[鄭成功] 부자였다. 이들은 정징[鄭經], 정크어상[鄭克塽]까지 4대에 걸쳐 활동한 무장

79 山脇悌二郎(1964), 『長崎の唐人貿易』, 東京 : 吉川弘文館, 6~12쪽.

80 山脇悌二郎(1964), 6~12쪽 ; 五味文彦 외(2001), 244쪽.

81 五味文彦 외(2001), 246~247쪽.

82 水本邦彦(2008), 287쪽.

해상집단이었다. 정청공은 오상(五商), 십소(十所)라는 수출을 전담하는 대외무역 기구를 만들었다. 오상은 산오상(山五商), 해오상(海五商)으로 나누었다. 산오상은 금목수화토의 오행으로, 항저우 부근에 근거지를 두고 수출품을 구입하였다. 해오상은 인의예지신의 오행으로, 샤먼[廈門] 부근에 근거지를 두고 수출품의 운수사무를 담당하였다.[83] 나가사키에 입항한 중국선 가운데 정씨집단의 비율을 보면 다음과 같다.

표 4 나가사키에 입항한 중국선에서 정씨집단 상선의 비율

	1641	1666	1670	1675	1676	1678
중국선 총수	97	35	36	29	24	26
정씨집단 상선	13	11	18	9	10	7
비율(%)	13	31	50	31	42	27

〈표 4〉에서 보듯이, 1660~70년대에는 나가사키에 입항한 전체 중국선 가운데 30~50%의 선박이 정씨집단의 상선이었다. 이들은 생사 외에 사탕, 녹피, 약종 등 주로 중국과 타이완 산물, 동남아시아 지역의 산물 등을 취급하였다.[84]

4) 중국의 '천해령'과 일본의 시호

청은 정청공 세력을 약화시키기 위해 1656년에 해금령(海禁令)을 발포하여, 연해지역의 상선이 정청공측에 식량이나 물화를 파는 것을 금지시켰다. 1661년에는 푸젠을 중심으로 광둥-산둥[山東]에 걸쳐 해안선에서 약 30리(15㎞) 이내의 주민을 내륙으로 이주시키는 천계령(遷界令), 천해령(遷海令)을 강

83 大庭脩(1980),『江戸時代の日中秘話』, 東京 : 東方書店, 30쪽 ; 任鴻章(1988), 100~101쪽.
84 任鴻章(1988), 95~112쪽.

행하였다. 연해지역을 무인화시키는 이 천계령, 천해령은 정청공 세력을 본토에서 분리시켜 해상에 고립시켰다. 정청공은 샤먼에서 철거하여 타이완으로 거점을 옮겼다. 천계령으로 중국에서 직접 생사를 조달할 수 없는 정청공은 마닐라를 경유하여 입수하였다. 청은 타이완 평정의 전망이 보이자, 1681년에 천계령을 해제하였다. 그러나 상선이 바다로 나가는 것은 여전히 금하였다. 1683년 정크어상의 항복으로 타이완의 정씨정권이 붕괴된 다음해인 1684년에 전계령(展界令), 전해령(展海令)을 발포하였다. 이로써 중국 민간인의 해외무역이 합법적으로 허락되었다.[85]

일본은 은의 대량 유출을 막기 위해 1604년부터 실시해 온 이토왓푸제를 1655년 폐지하였다. 네덜란드선이 싣고 온 중국 생사 수입이 감소하였기 때문에, 이를 폐지하면 백사 수입량이 증가하여 국내 생사량의 절대 부족을 완화시킬 것으로 보았다. 그리고 백사 수입량이 증가하면, 생사 원가가 내려갈 것으로 보았다. 즉 바쿠후는 국내 생사가격을 조정하기 위하여 폐지한 것이다.[86]

그러나 이것은 다시 일본은의 유출을 증가시켰다. 그래서 무역통제책을 다시 실시하게 되었다. 그것은 1668년 경부터 꽤 구체적으로 나타나, 1672년에 체계적으로 확립되었다. 시호바이바이[市法賣買]가 그것이다. 이 정책의 핵심은 수입품 가격 결정에서 외국상인의 참여를 배제하고, 나가사키부교의 감독을 받는 시호카이쇼[市法會所]가 가격을 결정하는 것이었다.[87] 즉 수입품 원가와 무역고를 억제하는 것이다. 그래서 네덜란드선과 중국선이 금은을 가지고 가는 것을 줄이기 위한 조처였다. 네덜란드선과 중국선의 교역은량을 직접 고정하여 무역을 제한하는 것은 아니었다. 이것은 1684년에 실

85 上田信(2005), 303~304쪽 ; 원정식(2003), 「清初 福建社會와 遷界令 實施」『동양사학연구』, 81집, 동양사학회.

86 山脇悌二郎(1964), 20~28쪽.

87 윤병남(2007), 171~172쪽.

시된 조교레이[貞享令]에서 이루어졌다.[88]

다음 표는 천해령 공포 이전과 이후, 그리고 시호 실시 이후에 나가사키에 내항한 중국선을 비교한 것이다.

표 5 중국 천해령과 일본 시호[市法] 시기 중국선의 나가사키 내항

시기	내항 중국선 총수	연 평균 선박수	비고
1655~1661	340	48.5	천해령 이전
1662~1672	413	37.5	천해령 이후
1673~1684	298	24.8	시호 시기

※ 출전 : 任鴻章(1988), 118쪽에서 재인용.

〈표 5〉에서 보는 것처럼 1673년부터, 내항한 중국선의 수가 명백하게 줄었다. 시호 실시가 중국선에 준 영향은 청의 천해령보다 심하였다. 이처럼 일본의 시호은 일종의 무역보호주의 조치였다.[89]

나가사키에 내항하는 중국선의 선박수가 감소함에 따라, 일본의 은 유출량도 감소하였다. 1660~1671년의 12년간 중국선에 의해 유출된 일본은의 양은 10만 5,818관 정도이고, 1673~1684년의 12년간의 은의 양은 7만 1,424관 정도였다. 시법 실시의 두 가지 목표 중 하나인 생사 수입원가의 압축은 확실하지 않지만, 또다른 목표인 금은 유출의 감소는 틀림없었다. 시호 시행의 결과 두 가지 목표 중 하나는 확실히 나타났다.[90]

88 山脇悌二郎(1964), 36~43쪽.

89 任鴻章(1988), 118~119쪽.

90 山脇悌二郎(1964), 43~44쪽.

2. 조선의 은 중개무역

1) 17세기 쓰시마번의 일본은 수출

임진왜란 때 조선 출병을 비롯한 군사비로 과다한 은을 지출한 명은 은 부족과 그에 따른 은 가격의 등귀를 초래했다. 명은 갖은 방법을 동원하여 은을 확보하려고 하였다. 이에 조선에 가는 명 사신이 과다한 은을 요구하였다. 조선은 은광 개발을 독려하는 등 여러 방법으로 은을 확보하려고 노력하였다. 당시 독보적 은산지인 단천은 은맥이 거의 바닥난 상태였다. 국내 은생산 자체가 빈약하였기 때문에, 좀더 근본적으로 은을 확보하기 위해서 일본과의 무역에 주목하였다.[91] 조선에서 은 수요가 대량으로 존재하였고, 일본에서는 은광 개발, 은제련 기술의 발전 등에 의해 은 공급력이 증대하고 있었다. 그 결과 은의 상대가격이 일본에서 싸고, 조선에서 더 비쌌다. 이 때문에 일본에서 조선으로 은의 흐름이 이루어진 것이다.[92]

조선과 일본과의 교역은 동래에 설치된 왜관(倭館)에서 이루어졌다. 17세기 이후 왜관은 동래에만 존재하였다. 왜관은 절영도왜관(1601~1607년), 두모포왜관(1607~1678년), 초량왜관(1678~1876년)으로 위치를 옮겼다. 1609년 기유약조의 체결로, 사절 왕래와 통교 무역은 정상적인 궤도에 오르게 되었다.

조선-일본의 무역은 크게 공무역, 사무역[개시무역], 밀무역으로 나눌 수 있다. 공무역은 경영 주체가 국가나 국가기관, 사무역은 정부가 지정한 상인이었다. 밀무역은 불법적인 무역이다. 공무역에는 일본측의 구청·구무나 진상[뒤에 봉진(封進)으로 바뀜]과 조선측의 회사(回賜)를 포함하는 넓은 의미의

91 한명기(1992), 「17세기초 銀의 유통과 그 영향」 『규장각』, 15, 서울대 규장각, 2~32쪽.

92 정성일(2004), 242쪽.

공무역도 포함될 수 있다.[93]

양국 간의 무역은 1611년 9월 쓰시마가 최초의 세견선(歲遣船)을 파견하면서 재개되었다. 이 배에는 공무역 물품이 가득 실려 있었다.

표 6 쓰시마번주가 파견한 세견제1선의 공무역 품목과 수량 (단위 : 근)

사행원	은	구리	납	연	후추	단목	물소뿔	용뇌	침향	유석
정관	50	3,000	1,000	6,000	3,000	4,000	500본	3	30	300
도선주		1,000	500	300	2,000					
압물		700	500	300	1,500	1,500	300통			

※ 출전 : 『변례집요』 권8, 공무역, 기유(1609) 10월.

조선측은 많은 수량의 공무역에 응할 수 없다고 하여, 수량을 줄여서 교역을 하였다.[94] 이때 세견제1선의 정관[정사]분 공무역에는 은 50근(50×16=800냥)이 포함되어 있었다. 이 은이 당시 구입되었는지 여부는 알 수 없다. 은은 공무역보다는 주로 사무역으로 거래되었다.

일본과의 무역이 재개된 초에는 은의 밀무역이 빈번하게 일어났다. 잠상들은 일본인과 내통하여 왜은을 가지고, 중국의 비단 등을 구입해 온 후 이를 다시 동래 왜관의 일본인에게 팔았다. 일본인은 은을 주고 중국 비단을 사갈 동안에 동래에 머물러 있었다. 그리고 이런 밀무역 활동은 의주 잠상과 연계되어 이루어졌다. 1613년(광해군 5) 계축옥사(癸丑獄事) 발단 때, 조령(鳥嶺)에서 은상(銀商)이 살해되는 사건이 발생하였다. 그는 본래 서울 부상(富商)으로서 동래 왜관에서 물건을 팔고 일본은 300냥을 사왔다. 동래에서 조령을 넘어 서울로 이르는 길은 왜은의 통과로였다.[95]

1612년에는 잠상 조한무(曺汗茂)의 밀무역 사건이 적발되었다. 조한무는

93 정성일(1997), 「일본과의 무역」 『한국사』 33, 국사편찬위원회, 461쪽.

94 田代和生(1981), 『近世日朝通交貿易史の研究』, 東京 : 創文社, 58~64쪽.

95 한명기(1992), 32~33쪽.

명문을 작성해 주고 일본인에게서 은 400여 냥을 받고 밀무역을 하다가 현장에서 발각되어 물품을 압수당했다. 이에 쓰시마에서는 서계(書契)를 갖추어 조한무의 명문을 가져와서 은을 돌려줄 것을 요청하였다. 조선 정부는 잠상 물품은 관청에 압수하고 환급하는 사례가 없지만, 예외적으로 돌려준다고 하였다. 그리고 조한무는 잠상죄로 사형되었다.[96] 이처럼 죽음을 무릅쓰고 밀무역을 하는 것이 활발하였다.

밀무역에서는 조한무처럼 은을 미리 받고 무역품을 뒤에 지급하는 경우가 많았다. 밀무역 자금으로 은을 미리 받고 약속한 물품을 제대로 지급하지 못할 경우에는 일본인에 대한 채무인 왜채(倭債)가 발생하였다. 이 왜채를 노부세(路浮稅)라고 불렀다. 노부세는 당시 외교나 무역상의 중요한 현안이었다. 그래서 1653년 1월부터 왜채를 몰래 쓰는 자는 대소를 막론하고 사형에 처한다고 규정하였다. 그리고 1683년 계해약조에서는 노부세를 주고 받은 자는 사형에 처한다고 규정하였다. 이러한 엄격한 계해약조의 내용이 적힌 약조제찰비(約條制札碑)가 왜관 안팎에 세워졌다.[97]

17세기 중반 당시 왜채 미상환액은 10여 만냥 정도였다. 일본측의 상환 독촉에도 불구하고, 상환비율은 2~3할 정도였다. 액수가 많은 10여 명의 명단이 조선측에 전달되기도 하였다. 1652년 당시의 동래부의 왜채 실태를 정리하면 다음과 같다.

---

96 『변례집요』 권14, 潜商路浮税并錄, 임자(1612) 6월.

97 長正統(1971), 「路浮税考－肅宗朝癸亥約條の一考察」 『조선학보』 58집, 조선학회 ; 김동철(1993a), 「17세기 일본과의 교역·교역품에 관한 연구－밀무역을 중심으로－」 『국사관논총』 61집, 국사편찬위원회 ; 尹裕淑(1997), 「近世癸亥約條の運用實態について」 『조선학보』 164집, 87쪽.

표 7 1652년 동래부 부채인의 왜채 실태

채무자	원액	상환액	미상환액	비고
박신(朴信)	은 3,797냥	3,025	770	
한인상(韓仁祥)	6,577	4,300	2,276	미상환액 350냥은 開城府人 韓承吉·金信立 등이 갚아야 할 것
김운(金雲)·김기남(金起男)	3,867	2,887	980	980냥은 서울사람 林春得이 갚아야 할 것
문의룡(文義龍)				모두 상환
양의신(梁義信)				모두 상환

※ 출전 : 『비변사등록』 효종 3년 7월 12일 : 『승정원일기』 동년 7월 11일.

〈표 7〉을 보면 부채의 원금은 채무자별로 은 4,000~7,000냥 정도였다. 이들 동래부의 부채인은 서울이나 개성 사람들과 상호 연계 속에서 채무관계를 맺고 있었다.

〈표 7〉의 채무자 외에도, 잠상 임금(林金)은 안응성(安應星)과 결탁하여 수년 동안 왜관에서 밀무역을 하였다. 그가 대출한 왜은이 만 여냥이나 되었으며, 왜은을 상환하지 않은 경우가 많았다. 밀무역이 적발되자 안응성은 경상(境上)에서 효수되고, 임금은 서울 당고개에서 처형되었다. 처형된 장소로 보아 임금은 서울 거주, 안응성은 동래 거주인이라고 생각한다. 서울의 잠상이 동래 잠상과 결탁하여 은 밀무역을 한 사례이다.[98]

1678년 약 10만 평 규모의 초량왜관이 완성된 이후 조선과 일본의 사무역은 더욱 활발하였다. 1679년 네덜란드 상관장은 에도로 가는 도중에 오사카에서 쓰시마 사람들이 생사와 비단을 거래하는 현장을 목격하고 다음과 같이 보고하였다. "예년과 같이 쓰시마주가 조선에서 가져온 중국 생사 14~15만 근, 2만 7천 반(反)의 축면(縮緬)·윤자(綸子)·사릉(紗綾) 기타 견직물을 며칠 전에 오사카로 보내왔다. 난징[南京]·광둥·푸저우[福州]에서 만들어진 것과 길이가 다른 물건인데, 오늘 공매에 넘겨졌다. 그 가격은 정확하게 알 수 없다."

98 김동철(1993a), 259~260쪽.

이처럼 엄청난 양의 중국산 생사와 비단이 동래 왜관 → 쓰시마 → 오사카 → 교토로 이동하였다.[99]

1683년에 쇼바이가카리[商賣掛]라는 종래의 다이칸[代官]과는 별도로 사무역 업무를 전담하는 관리가 쓰시마 안에 조직되었다. 이들은 곧 모토가타야쿠[元方役]로 명칭이 바뀌었다. 이들의 주업무는 수출입품의 출납과 무역장부를 관리하는 일이다. 이들의 활동은 1684년부터 시작되었다. 이들이 작성한 사무역 장부의 내용을 통해 1684년의 사무역 내용을 정리하면 다음과 같다.

조선의 수입품은 광산물[은, 구리, 납, 유석, 토단 등], 가죽류[여우, 삵괭이 등], 동남아시아산 물품[단목, 후추, 사탕류], 황련, 담배, 담뱃대, 과자, 바구니, 상아로 만든 바늘, 안경 등이다. 수출품은 백사, 비단, 인삼 등이다. 이 가운데 백사가 3만근 정도로 수출품의 50%, 축면·사릉·윤자 등 비단이 26%를 차지했다. 즉 중국산 물품이 80% 정도였다. 나머지 20% 정도가 조선산 인삼이다. 수입품은 정은 66%, 기타 은 6%, 구리 9%, 납 8%, 유석(鍮錫) 2%, 여우 가죽 3%, 삵괭이 가죽 2% 등이다. 정은 단일 품목만 66%를 차지할 정도였다. 그리고 백사는 이듬해 1685년에는 7만근 정도였다. 쓰시마번이 조선과의 사무역을 통해 거둔 이익은 1684년에는 은 1,065관 270돈이었다. 1690년에는 2,539관 190돈, 1691년에는 3,577관 400돈으로 점점 증가하였다.[100]

17세기 이후 전개된 사무역의 수출입품은 백사와 비단, 인삼, 은의 3품목에 집중되어 있었다. 왜관의 개시대청에서 열린 사무역[개시무역]은 조선산의 인삼과 일본산 은의 직교역과, 중국산 백사·비단과 일본산 은의 중개무역이라는 2중구조를 중심축으로 하면서 전개되었다.[101] 일본이 조선에 수출

99 다시로 가즈이 지음·정성일 옮김(2005), 『왜관』, 서울 : 논형, 135쪽.

100 다시로 가즈이 지음·정성일 옮김(2005), 123~126쪽.

101 김동철(1998), 「조선 후기 왜관 개시무역과 동래상인」 『민족문화』 21집, 민족문화추진회, 62쪽.

하는 길을 '은의 길(silver road)'이라 부를 수 있다면, '인삼의 길[조선]' '비단의 길[중국]' '은의 길[일본]'이 서로 맞물려 있었다.[102]

1685년(貞享 2) 일본은 나가사키 무역에서 무역량의 총액을 규정하는 조쿄레이[貞享令]를 실시하였다. 청 무역선은 은 6,000관, 네덜란드 무역선은 은 3,000관이었다. 이 무역상한제는 쓰시마에도 적용되어, 1686년 연간 1,080관으로 정해졌다. 처음에는 이 숫자가 무역총액을 의미하였으나, 언제부턴가 정은 자체를 의미하는 '현은(現銀)'이라는 틀로 바뀌었다.[103] 현은은 은 이외 다른 물품의 가격을 은으로 평가한 '대은(代銀)'과 구별되었다.[104] 그러나 이 숫자는 일본 바쿠후와 쓰시마가 정한 양자 사이의 결정에 지나지 않았다. 그것이 동래 왜관의 무역 현장에서 지켜지는가는 별개 문제였다.[105]

표 8 1680~1710년대 조선에 대한 쓰시마번의 정은 수출량

해	1684	1685	1686	1687	1688	1689	1690	1691	1692
정은	1938	2007	2887	2044	2487	1995	2231	2731	2437
비율	66%	64	69	59	63	50	47	47	52
해	1693	1694	1695	1696	1697	1698	1699	1700	1701
정은	2274	2579	2449	2440	2405	1400	1980	1565	2730
비율	41%	46	47	49	40	53	68	98	64
해	1702	1703	1704	1705	1706	1707	1708	1709	1710
정은	1807	730	1350	1078	1300	972	980	940	620
비율	64%	59	70	44	67	63	62	58	48

※ 출전 : 다시로 가즈이 지음, 정성일 옮김(2005), 130쪽 〈표 4〉를 간략하게 정리한 것임.
※ 비고 : 단위는 관(貫). 소숫점 이하는 반올림함. 1684~1697년은 게이초은, 1697~1710년은 겐로쿠은임. 1697년은 양자가 섞임. 게이초은 순도 80%, 겐로쿠은 순도 64%.

〈표 8〉은 순은으로 환산한 것은 아니고, 수출은 자체의 양만 표시한 것

102 다시로 가즈이 지음·정성일 옮김(2005), 135쪽.
103 다시로 가즈이 지음·정성일 옮김(2005), 128쪽.
104 정성일(2000), 336쪽.
105 다시로 가즈이 지음·정성일 옮김(2005), 128쪽.

이다. 비율은 전체 수출액에서 차지하는 은의 비율이다. 은이 최소 40% 이상의 높은 비율을 차지하고 있다. 표의 수출액처럼, 은 1,080관의 무역한도액은 지켜지지 않았다. 1684~1697년에는 순도 80%의 정은인 게이초은이 연간 2,000관 이상 조선에 수출되었다.

한편 일본은 1695년 화폐개혁을 단행하여 겐로쿠은을 주조하였다. 이 은은 형태와 양식은 게이초은과 동일하지만, 순도가 64%로 낮았다. 게이초은에서 겐로쿠은으로 바뀐 지 2년이 지나도록 쓰시마번은 이 사실을 조선에 알리지 않았다. 순도가 낮은 겐로쿠은의 수출이 조선, 중국 등 동아시아 무역시장을 교란시킬 것을 염려했기 때문이다.[106]

표에서 보는 것처럼, 1697년에는 고은(古銀, 게이초은)과 신은(新銀, 겐로쿠은)이 통용되었다가, 1698년부터는 겐로쿠은이 수출되었다. 여러 차례의 교섭 끝에 순도가 낮은 겐로쿠은을 통용하기로 합의하였다. 그 대신 백사와 비단의 수출가격을 27%씩 인상하기로 합의하였다. 이러한 변화는 결과적으로 사무역 시장의 혼란을 야기하였다. 은화의 개주는 일본측의 백사 등의 수입가격 상승을 가져와 쓰시마번의 수입이윤 감소로 이어졌다. 1700년 이후 전반적으로 수출량이 감소하였다. 쓰시마번 수출총액에서 은이 차지하는 비율이 절반 이상을 차지하므로, 수출은의 변화는 쓰시마번의 무역총액이나 이윤총액에 절대적인 영향을 미쳤다. 겐로쿠은의 통용 이후 쓰시마번의 무역규모는 크게 위축되고, 무역이윤도 감소하였다.[107]

---

106 정성일(2011), 4쪽.

107 다시로 가즈이 지음·정성일 옮김(2005), 131쪽 ; 정성일(2000), 196~198쪽 ; 정성일(2011), 18~20쪽.

2) 조선의 중국산 백사·견직물과 일본산 은의 중개무역

조선 국내에 유통되는 은화의 주요 보급원은 국내 광산에서 개발된 광은(鑛銀)과 수입된 일본은이었다. 1678년 상평통보가 주조되어 전국적으로 유통되었다. 이때 마련된 주전응행절목(鑄錢應行節目), 행전절목(行錢節目)을 보면, 동전 400문을 은 1냥, 40문을 1돈[錢], 4문을 1푼[分]으로 규정하였다.[108] 은화가 가치척도로서 규정력을 가지고 있는 상황에서 정부는 동전을 기준으로 가치를 결정함으로써, 은화를 유통경제에서 몰아내려고 하였다. 그러나 처음에는 동전보다 은화를 선호하여 은귀전천(銀貴錢賤) 현상이 일어났다.[109] 그러나 해남 윤씨가의 전답매매문서를 보면, 16세기부터 1681년까지는 목면으로 전답이 매매되었으나, 1682년부터는 정조(正租), 1697년에는 은자(銀子)가 나타났다. 그리고 1701년 처음으로 동전이 나타나고, 1707년 이후는 모두 동전으로 거래되었다.[110]

이러한 매매문서 속의 은화의 위상은 약간씩 차이를 보인다. 『조선전제고(朝鮮田制考)』에 수록된 문서를 보면, 서울 훈도방 수표교 아래 공터는 1602, 1604년은 목면, 1624, 1642, 1685, 1725년에는 은화로 거래되었다. 동대문 밖 채소밭은 1673~1714년은 은화, 1731년은 동전으로 거래되었다. 국립중앙도서관 소장 공물문서를 보면, 공물 납부권은 은으로 거래되는 것이 특징이다. 19세기에 동전으로 매매되기도 했지만, 은화로 매매되는 관행은 계속되었다. 한편 경기도 지역은 전답은 1660~1670년대에는 은화로 많이 거래되었으나,

108 『비변사등록』, 숙종 4년(1678) 윤3월 24일.

109 성백용(1996), 「17~18세기 전반 동전유통구조의 성립과 錢荒」, 부산대학교 대학원 석사학위논문, 124~31쪽.

110 이재수(2000), 「17세기 전답매매의 실태」『역사교육논집』, 26, 541~542쪽.

18세기 이후에는 잘 보이지 않는다.[111]

동전은 빠른 속도로 국내 유통경제에서 가치척도로서의 규정력을 장악하여 갔다. 그러나 18세기 이후에도 여전히 공인권 매매 등 다양한 거래에서 정은이 결제수단으로 통용되고 있었다. 수입된 정은은 국내에서도 통용되지만, 대부분 중국으로 수출되었다. 중국으로 수출된 일본은은 중국산 생사·비단과 교환되었다. 청과의 무역은 매년 조선 사절단이 베이징을 오가는 과정에서 이루어진 사행무역이 핵심이다. 무역을 주도한 것은 역관이다.

사행은 정기사행과 임시사행으로 구분된다. 정기사행은 정례화된 삼절연공행(三節年貢行)과 황력재자행(皇曆齎咨行)으로, 삼절연공행은 삼절행과 연공행을 합한 것이다. 삼절행은 동지행, 신년 하례하는 정조행(正朝行), 황제 생일을 축하하는 성절행(聖節行), 연공행은 세폐(歲幣)를 내는 사행이다. 삼절행과 연공행이 통합된 것은 베이징 천도 다음해인 1645년이다. 삼절연공행은 통상 동지행으로 기록되어 있다. 황력재자행은 황력행, 역행, 역자행이라고도 부른다.[112]

1653년에는 사행원의 정관(正官) 30명에게 사행경비 몫으로 1인당 인삼 80근을 지급하였다. 이 인삼 80근을 10근씩 나누어 포장되었다. 이것을 '팔포(八包)'라고 부른다. 1662년에는 인삼 1근을 은 25냥으로 환산하여 은 2,000냥을 팔포정액으로 책정하였다. 그리고 당상관과 상통사는 1,000냥을 더하여 은 3,000냥을 팔포정액으로 규정하였다.[113]

---

111 이헌창(2006), 「금속 화폐 시대의 돈」, 국사편찬위원회 편, 『화폐와 경제 활동의 이중주』, 서울 : 두산동아, 63~64쪽.

112 이철성(2004), 「조선시대의 무역」, 최광식 외편, 『한국무역의 역사』, 서울 : 해상왕장보고기념사업회, 409~417쪽.

113 유승주(1997), 「청과의 무역」 『한국사』 33, 국사편찬위원회, 442~443쪽 ; 김정미(1996), 「조선후기 대청무역의 전개와 무역수세제의 시행」 『한국사론』 36, 158쪽 ; 이철성(2004), 418~419쪽.

정관은 공인된 30명에 국한되지 않았다. 동지행의 경우는 35명에 달하였다. 정관의 경우 이 은을 무역자금으로 활용하여 중국 물품을 수입하였다. 이것을 팔포무역이라 부른다. 팔포무역은 주체에 따라 성격이 달랐다. 삼사나 군관은 사행에 참여하는 기회가 적었으며 사치품이나 서적 등의 구입에 주력하였다. 이들의 무역은 예우에 불과하며 영리성을 띤 상업적 의의를 갖지 못하였다. 사자관·의원·화원의 무역은 간헐적이며 미미한 활동이었다. 따라서 팔포무역은 역관들이 장악하고 있었다. 역관은 팔포 외에 각 관청의 별포(別包)무역도 담당하였다.[114] 사행역관들이 주로 수입한 물건은 백사와 백색단(白色緞)·삼승방사주(三升方絲紬)·금단(錦緞)·사단(紗緞) 등 비단이 중심이었다.[115]

이처럼 동래 왜관을 통해 수입된 일본은은 사행에 따라 중국으로 매년 2회 이동하였다. 역자행은 8월에 한성을 출발하여, 베이징에 체재한 후 11월에 귀국하였다. 동지행은 11월에 한성을 출발하여, 신년하례 등 의례를 마치고, 다음해 4월에 귀국하였다. 역자행이 가지고 가는 은을 황력은, 동지행이 가지고 가는 은을 동지은이라고 불렀다.

쓰시마는 동래 왜관으로 은을 수송하기 위하여 은선(銀船)이라 불리는 전용선을 사용하였다. 이 은선의 활동은 달마다 상당한 차이를 보였다. 7~8월, 10~11월의 4개월간 연간 수송량의 60% 이상을 수송하였다. 일본은의 흐름을 정리하면 다음과 같다.

114 유승주(1970), 「조선후기 대청무역의 전개과정-17·8세기 부연역관의 무역활동을 중심으로-」『백산학보』 8, 백산학회.

115 이철성(2004), 419~420쪽.

표 9 일본은의 시기별 이동 경로

은 명칭	교토 → 쓰시마	쓰시마 → 왜관(조선)	조선 → 중국
황력은	6월중	7~8월	8월 이후
동지은	8월중	10~11월	11월 이후

※ 출전 : 다시로 가즈이 지음, 정성일 옮김(2005), 135쪽.

쓰시마번의 교토 번저(藩邸)를 담당하는 다이칸은 1681년 쓰시마로부터 인삼 대금과 불시 사자(使者)가 사용할 은 1,000관은 2월, 황력은 700관은 6월, 동지은 1,500관은 8월중에 쓰시마 본섬에 도착할 것을 지시 받았다.[116] 이처럼 조선의 중개무역을 통해 생산지 일본에서 소비지 중국으로 가는 은의 흐름은 조선의 사행 파견시기와 연동되어 있었다.

조선사절단이 베이징에서 교역하는 방법은 숙소인 조선관 관내 교역, 성내 개시장 교역, 특정상인과의 교역의 세 유형이다. 세 유형 중 가장 중심적인 것은 특정상인과의 거래이다. 청의 무역상인은 오상(烏商), 유상(劉商), 우상(于商), 진상(陳商), 항상(項商), 황상(黃商), 정상(鄭商) 등이 유명하였다.[117] 항상은 방균점(邦均店) 주인이다. 오상은 회동관(會同館) 조선통사인 오림보(烏林哺)의 동생이다. 그는 조선어에 능통했으며, 문구류·침향·보완(寶玩) 등 물건을 판매하였다. 유상은 약재를 판매하였다. 우상은 팔기 한군(漢軍)이다. 왕상(王商)은 통역관 서종현(徐宗顯)의 친척이었다. 진상은 산시[山西]인으로 조선어에 능통한 천주교 신자였다. 이들 상인은 대부분 기인(旗人)이거나 회동관의 조선어 역관과 관계가 있었다.[118]

이 가운데 가장 유명한 무역상인은 정상이다. '상호정세태가(商胡鄭世泰

116 다시로 가즈이 지음·정성일 옮김(2005), 133~135쪽.

117 畑地正憲(1981), 「清朝と李氏朝鮮との朝貢貿易について–特に鄭商の盛衰をめぐって–」『東洋學報』 62권 3·4호, 東洋文庫, 80~83쪽.

118 張存武 지음·김택중 외 옮김(2001), 『근대한중무역사』, 서울 : 교문사, 132~134쪽.

家), 상고정세태지가(商賈鄭世泰之家), 상인정세태'[119]라고 한 것처럼, 정상은 정세태를 가리킨다. 그의 점포는 옥하교(玉河橋)의 대로 남변에 있었는데, 규모가 커서 궁전과 같다고 하였다. 그가 파는 무역품은 문단(紋緞)으로 대표되는 비단과 견사였다. 1712년 연행사로 갔던 김창업(金昌業)은 "정세태는 북경 상인의 우두머리다. 우리나라가 구입하는 비단은 모두 정세태에게서 나온다. 값이 은 10만냥 이상이다."[120]라고 하였다. 정세태로 대표되는 정상의 성쇠는 조선과의 무역에, 그리고 일본-조선과의 무역은 중국과의 무역에 연동되어 있었다.[121]

사절단이 귀국한 지 2~4개월이면, 백사와 비단은 왜관으로 운반되었다. 이 물품은 쓰시마를 거쳐 다시 일본 최대의 비단 산업지대인 교토로 들어왔다. 교토 니시진[西陣]에서 짜는 고급 비단의 원료는 중국산 백사였다. 교토는 은 길의 출발지인 동시에 비단 길의 종착지였다.[122] 일본의 은과 중국의 생사와 비단은 동래 왜관의 개시대청에서 이루어진 사무역을 통해 환류하고 있었다. 조선은 세계 최대의 은 수요자인 중국과 세계 제 2위의 은 공급자인 일본 사이에서 은 흐름의 중개인 역할을 담당하였다.[123]

119 『勅使謄錄』, 영조 2년(1726) 10월 11일 ; 5년 7월 4일 : 6년 6월 24일.

120 金昌業, 『稼齋說叢』, 연행록, 왕래총록.

121 畑地正憲(1981), 85~100쪽.

122 다시로 가즈이 지음 · 정성일 옮김(2005), 135쪽.

123 주경철(2008), 269쪽.

IV. 1680년대 이후 교역망과 은 유통 변화

1. 청의 전해령, 일본의 조교레이 실시 이후의 변화

1684~85년은 청과 일본의 대외무역에서 중요한 변화가 일어난 해이다. 중국의 전해령, 일본의 조교레이[貞享令]가 거의 동시에 일어났다는 점이 주목된다. 1684년 강희제는 바다를 개방하고 해외와 무역하는 것을 허가하였다. 이것이 이른바 전해령(展海令)이다.

청은 해외와의 교역을 관리하는 해관을 장쑤[江蘇], 저장, 푸젠, 광둥에 두었다. 1684년에 민[閩, 푸젠]해관은 샤먼, 위에[粵, 광둥]해관은 광저우에 두었다. 장[江, 장쑤]해관은 1685년에 화팅[華亭]현에 두었다가, 1687년에 상하이로 옮겼다. 저[浙, 저장]해관은 1686년에 닝보에 두었다. 상선이 입항하면 선초(船鈔)라는 입항세와, 화물에 부과하는 화세(貨稅)를 징수하였다.[124] 중국 민중의 해상(海上)무역 및 해상항로에 따라 중국으로 내항하는 여러 외국의 조공에 대처하였던 것이다.[125] 1661년 천계령[천해령] 실시 이후 1684년까지 20여년 간은 산둥에서 광둥까지의 모든 항구가 폐쇄되었으므로,[126] 타이완[臺灣, 東寧]선이 나가사키무역을 독점하였다. 타이완선은 나가사키에 간 중국선[동남아시아의 중국선은 제외]의 53% 이상을 차지하였다.[127]

---

124 上田信(2005), 305~306쪽 ; 任鴻章(1988), 124~126쪽 ; 夏秀瑞·孫玉琴(2001), 『中國對外貿易史』(제1책), 北京 : 對外經濟貿易大學出版社, 358~362쪽.

125 松浦章(2002), 『淸代海外貿易史の硏究』, 京都 : 朋友書店, 5쪽.

126 로이드 이스트만 지음·이승휘 옮김(1999), 『중국 사회의 지속과 변화』, 서울 : 돌베개 178쪽.

127 任鴻章(1988), 134쪽.

표 10 나가사키로 출항한 중국선의 지역별 분포

	총선박수	타이완 [東寧]	푸젠연해	장쑤 · 저장 연해	광둥	동남아시아 [南洋]	기타
1683	27	11(40%)		1(3%)	1	12	2
1684	24		1	1(4%)	5	15	2
1686	103		34(33%)	49(48%)	1	17	
1689	79	1	23(29%)	33(42%)	7	12	3
1699	74	3	9(12%)	49(66%)		9	4
1719	37	1	2(5%)	30(81%)		4	

※ 출전 : 任鴻章(1988), 134쪽.

그러나 〈표 10〉에서 보는 것처럼, 1684년 전해령이 발포된 후에는 상황이 크게 변하였다. 대외무역의 전통을 지닌 푸젠상인이 바로 활약하여 1686년 해외로 도항하는 붐을 일으켰다. 이 1년간 나가사키에 입항한 푸젠 상선은 전체 중국선의 1/3을 차지하였다. 장쑤·저장 상선도 종전의 5% 이하에서 갑자기 50% 정도로 증가하였다.[128] 푸젠 상선의 주요 수출품은 백사와 비단, 서적·그림·묵 등 문방구류, 천문동 등 약재, 사탕수수 등 농산물, 칠기 등 수공업품, 수입품은 은·금·구리 등 광산물, 해삼·다시마 등 수산물이 주종을 이루었다.[129] 그 이후 푸젠 상선의 비중이 점점 감소한 데 비해, 장쑤·저장의 비중은 점점 늘어나고 있었다. 특히 1719년에는 나가사키에 입항한 청선의 80%를 차지하고 있다.[130]

상선은 샤먼선, 닝보선처럼 모두 출항지의 명칭을 적게 되어 있다. 이들 항구는 주변의 자항(子港)과 연계되어 있었다. 자항에서 출항한 상선도, 나가사키에 입항할 때는 각각 소속 중심지 항구의 명칭을 붙였다. 따라서 나가사키와 무역관계를 맺은 중국의 항구는 자항까지 포함하면 광범위한 교역

128 任鴻章(1988), 134쪽.

129 林金水(1997), 『福建對外文化交流史』, 福州 : 福建教育出版社, 153~160쪽.

130 任鴻章(1988), 134쪽.

망을 형성하고 있었다. 전해령 이전에는 동남아시아에서 출항한 상선은 남중국해 근해를 따라 북상하여 타이완해협을 지나 바로 나가사키로 향하였다. 전해령 실시 후에는 무역 중심지가 북으로 이전함에 따라, 민위에[閩粵]나 동남아시아에서 출항한 중국선은 대륙 연해안으로 북상하여, 닝보나 푸퉈[普陀]산에서 기항하다가 순풍이 오면 동중국해를 횡단하여 나가사키로 갔다. 따라서 대일 항로에서 안전하고 가까운 곳에 위치한 장쑤·저장 지역으로 무역의 중심지가 이동하였던 것이다. 닝보, 푸퉈산, 상하이 등은 현지의 수출입 업무 외에, 동아시아 각지의 나가사키와의 무역 중개지로 발전하였다. 장저[江浙] 연해에 속하는 자푸[乍浦]에는 중계무역의 필요에 따라, 대일 위탁무역 업무를 전담하는 아행(牙行)이 설치되기도 하였다.[131]

천계령~전해령까지의 23년간, 나가사키에 입항하는 중국선은 매년 20~30척이었다. 전해령이 발포된 다음 해에는 85척이 쇄도하였다.[132] 1684년 7월 입항한 샤먼선은 천계령[천해령]이 철폐되었다는 정보를 전하였다. 일본은 1684년 12월 시호[市法]를 폐지하고, 1685년에 무역선의 총액을 규정하는 조교레이[貞享令]를 실시하였다. 1685년 봄에 갑자기 예고도 없이 조교레이를 실시한 것은 중국의 전해령 실시 이후 갑자기 중국상선이 쇄도하여 금은의 유출이 증가하는 상황에 대한 응급책이었다. 시호는 수입품의 가격을 낮추어 지불액을 줄임으로써, 금은의 유출을 막으려는 정책이었다. 거래 선박수가 증가하여 무역액이 높으면, 가격 인하만으로는 지불 총액의 팽창을 막을 수가 없었다.[133]

조교레이는 나가사키에 입항하는 청선은 6,000관, 네덜란드선은 3,000관으로, 연간 무역총액을 은 9,000관으로 한정한다는 법령이다. 시호의 실패는 바쿠후가 무역총량에 관심을 갖게하는 계기가 되었다. 무역총량을 규정한

131 任鴻章(1988), 136~142쪽.

132 上田信(2005), 305~306쪽 ; 任鴻章(1988), 124~126쪽.

133 任鴻章(1988), 144~145쪽 ; 山脇悌二郞(1964), 50~51쪽.

이 정책은 16세기 후반 해외무역이 재개된 이래 일본 정부가 무역량을 제한한 최초의 사례라고 할 수 있다.[134]

네덜란드선 3,000관은 금화로 고반[小判] 50,000냥에 해당한다. 따라서 기본 목적은 청선에 의한 은 유출과 네덜란드선에 의한 금 유출을 적극 억제하는 것이었다. 청선 6,000관은 다시 생사, 비단, 약종·잡화의 대금 비율을 각각 2,000관씩으로 정하였다. 네덜란드선 3,000관도 마찬가지였다. 또한 중국선의 출항지에 따라 차별을 두고, 입항 선후에 따라 6,000관에 달할 때까지 무역고를 누계하고, 그 후에 입항한 상선은 무역에서 제외하고 돌려보내도록 하였다. 이런 무역방법을 '왓푸시호[割符仕法]'라고 부른다. 이와 동시에 30년간 중지하였던 이토왓푸제를 다시 실시하였다. 그러면서 생사 구입을 종전의 1회에서 춘하추 3회로 개정하고, 질이 좋은 백사 외에 질이 떨어지는 생사도 구입하도록 하였다. 이토왓푸제를 다시 실시한 것은 시호 폐지에 따라 야기된 일본상인의 경쟁을 막기 위함이었다.[135]

조교레이는 죠우다카[定高]라는 무역총액령은 물론, 왓푸시호레이[割符仕法令], 이토왓푸사이코레이[再興令] 등을 포함하는 무역통제책이었다. 조교레이를 실시한 효과는 즉시 나타났다. 청선에 의한 일본은 유출은 1686년에 596.8관이나, 1694년에는 65.2관으로 격감하였다. 시호 실시 12년간 중국선에 의한 은 유출량은 연평균 5,952.4관 정도였으나. 1685~1697년까지의 13년간의 총 유출양은 3,973.2관이었다. 은 유출 통제의 효과는 이처럼 확연하였다. 네덜란드선에 의한 금 유출도 조교레이 시행전인 1683년에는 27,944냥, 1684년에는 60,635냥인데 비해, 조교레이 시행후인 1685년에는 4,739냥, 1686년에는 4,020냥으로 격감하였다. 금 유출 통제 효과도 마찬가지였다.[136]

---

134 윤병남(2007), 172쪽.

135 任鴻章(1988), 145~146쪽 ; 山脇悌二郎(1964), 50~56쪽..

136 山脇悌二郎(1964), 55~57쪽.

2. 밀무역 성행과 선박에 대한 통제

조교레이의 가장 문제점은 무역총액만 한정하고, 입항 선박수는 한정하지 않은 것이다. 은 6,000관의 총액 안에서 입항순으로 선박마다 무역액을 할당해 가면, 늦게 온 선박은 배당을 받지 못해 돌아갈 수밖에 없었다.

표 11 1685~1697년 나가사키에 입항한 청선과 돌아간 선박

연도	1685	86	87	88	89	90	91	92	93	94	95	96	97
입항수	85	102	136	194	79	90	90	73	81	73	61	81	103
돌아간수	12	18	22	77	9	20	20	3	11	3	1	11	33

※ 출전 : 任鴻章(1988), 148~153쪽에서 정리.

〈표 11〉에서 보는 것처럼 1685년에 나가사키에 입항한 청선은 85척으로 전년 24척의 3배나 되었다. 85척 가운데 12척이, 1686년에는 102척 가운데 18척이 돌아갔다. 배당을 받은 선박도 무역액이 만족하지 못하여, 추가 매매를 탄원하는 경우가 많았다.[137] 무역액을 배당받지 못한 선박은 그냥 돌아갈 수 없으므로, 밀무역을 할 수밖에 없었다.

일본 에도시대에는 불법무역, 즉 밀무역을 누게니[拔荷]라고 불렀다.[138] 1685년 청선 무역총액을 6,000관으로 한정하면서, 밀무역이 급속하게 증가하였다. 이토왓푸제의 부활에 따라 생사무역의 이익이 다시 소수 특권상인에게 독점되면서, 배제된 지방상인이 밀무역을 추구하였다. 그리고 중국선이 장쑤·저장 지역에서 도항하기 때문에, 네덜란드보다 거리가 짧고 안전하여 경쟁력이 강하였다. 바쿠후는 네덜란드와의 관계를 유지하기 위해, 그들

137 山脇悌二郎(1964), 70쪽.

138 山脇悌二郎(1965), 『抜け荷−鎖國時代の密貿易−』(日經新書 28), 東京 : 일본경제신문사.

에게 비교적 높은 가격으로 팔게 하고, 양쪽 상품의 가격을 맞추기 위해 청선 화물에 중과세를 하였다. 청선은 과중한 세금을 피하기 위하여 밀무역을 하였다. 이런 원인 때문에 조교레이가 실시된 이후 밀무역이 더욱 성행하였다. 동인도회사 소속의 네덜란드선과는 달리 청선은 상호 관계가 약하였다. 일부 상선이 무역에서 배제되면서 서로 격렬하게 투쟁하게 만들었다. 이러한 한계점을 보완하고 청상인에 대한 관리를 강화하기 위하여, 1688년에 나가사키 교외의 주젠지[十善寺]촌에 중국인 거주지인 토진야시키[唐人屋敷]를 건설하였다. 여기에 나가사키에 입항한 모든 중국인을 수용하여, 일본인과 접촉할 수 없게 하였다.[139]

무역총액제의 한계를 보완하기 위하여 1689년부터는 나가사키에 입항하는 중국선을 70척으로 제한하고, 선박수를 봄, 여름, 가을로 나누어 기항지별로 할당을 하였다. 70척에 대한 시기별, 지역별 상황은 다음과 같다.

표 12 나가사키에 입항하는 청선의 계절별, 지역별 상황

	계	南京	寧波	普陀山	福州	泉州	漳州	咬𠺕吧	東埔寨	廈門	太泥	廣東	交趾	暹邏	高州	東京	潮州
춘선	20	5	7	2	6												
하선	30	3	4	1	4	4	3	2	1	5	1	2					
추선	20	2	1		3							4	3	2	2	1	2
계	70	10	12	3	13	4	3	2	1	5	1	6	3	2	2	1	2

※ 출전 : 山脇悌二郎(1964), 72쪽 ; 任鴻章(1988), 150쪽.

70척의 선박은 푸저우, 닝보, 난징선 순이다. 내항하는 중국선에 대한 규정 정비, 중국인 거주지 설정 등 관리체제가 정비되었다.[140]

139 任鴻章(1988), 149~153쪽 ; 上田信(2005), 351쪽.

140 上田信(2005), 351쪽.

3. 은무역에서 구리무역으로

1685년 조교레이에 규정된 네덜란드선의 무역총액은 은 3,000관이다. 이를 금으로 환산하면 고반 50,000냥이다. 네덜란드선의 실제 무역 내역을 보면 다음 〈표 13〉과 같다.

표 13 1685년 네덜란드선의 무역총량제에 따른 실제 무역 내용

규정(고반 50,000냥)	비율	환산 무역 내용
37,603냥	75.2%	구리 2,350,000근(1,410,000kg)
7,658냥	15.3	구리 이외의 대가(장뇌, 밀, 도자기, 해산물 등), 네덜란드인의 일본 체류 경비
4,739냥	9.5	고반
합계 50,000냥		

※ 출전 : 任鴻章(1988), 118쪽에서 재인용.

즉 무역총액의 75% 정도가 구리로 환산되어 수출되었다. 이처럼 조교레이는 구리무역을 근간으로 하여 발포된 것이다.[141]

1660년대 무렵부터 일본 국내의 구리 생산이 비약적으로 증가하였다. 이에 따라 17세기 후반에서 18세기 초반에 걸쳐, 구리가 은을 앞서 최대 수출품으로 부상하였다. 이것은 중국의 수요에 따른 것이었다. 중국은 대규모의 동전주조 사업을 하여, 구리의 수요가 비약적으로 증가하였다. 구리생산의 증대에 힘입어 1685년에 규정된 교역량 외에 은 1,000관에 해당하는 물품을 구리로 구입하는 것을 허용하는 도시로모노가에[銅代物替]가 1695년에 처음 도입되었다. 1696년에는 은 5,000관, 1697년에는 다시 은 2,000관에 해당하는 무역총액이 추가로 허락되었다. 은 5,000관은 구리로 수출되고, 2,000관은 해산물, 해조류 등으로 수출되었기 때문에 시로모노가에라고 한다. 이것을

141 山脇悌二郎(1964), 50~51쪽.

'츠이고죠우다카[追御定高]'라고 한다. 추가의 해산물 등 시로모노가에는 거의 실시되지 않았지만, 구리의 수출 증가에 따라 구리에 의한 시로모노가에가 실시되어, 은 4,200관분은 청선, 800관분은 네덜란드선에 할당되었다.[142]

1695년에는 종전의 순도 64%의 겐로쿠은이 새로 개주(改鑄)되었다. 화폐의 악질화는 네덜란드나 중국의 반발을 초래하였다. 겐로쿠은 개주와 동시에 도시로모노가에제도가 나가사키무역에서 허용되었다.[143] 이 제도는 교역 할당량을 채운 뒤 귀로에 다른 지역에서 청상선이 밀수하는 것을 방지하기 위한 것이었다. 그렇지만 밀무역은 근절되기 어려워서, 밀무역을 통해서도 상당량의 구리가 유출되었다. 이러한 구리의 유출이 1690년대 구리 광업의 발전을 촉진시켜, 1690년대 말에 천만 근을 기록할 정도로 정점에 달하였다.[144]

구리는 광산에서 1차 제련을 한다. 이 제련된 순도 95% 정도의 조동(粗銅)을 아라도[荒銅]라고 부른다. 이 구리의 대부분은 오사카로 보내졌다. 은을 0.044% 이상 함유하는 아라도에서 은을 분리시키는 핵심공정이 남반부키[南蠻吹]이다. 이 기술은 오사카 제련업자들이 오랫동안 독점하고 있었다. 이 과정을 거쳐 수출용 사도오[棹銅]가 만들어졌다. 사도오는 길이 22㎝, 폭 2㎝, 두께 1.5㎝, 무게 300g 정도의 구리 막대기로, 100건 단위로 포장되어 나가사키에서 외국상인에게 넘겨졌다.[145]

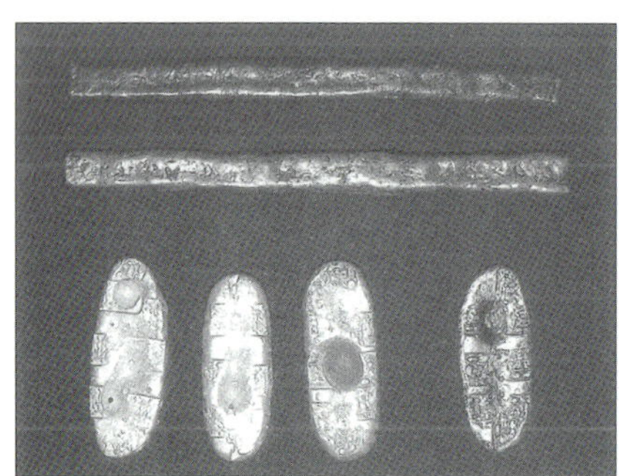

그림 3 상단 막대기가 사도오[棹銅]

142 小葉田淳(1996), 133쪽 ; 任鴻章(1988), 153~156쪽 ; 山脇悌二郎(1964), 99~101쪽 ; 윤병남(2007), 173쪽.

143 東野治之(1997), 177쪽.

144 윤병남(2007), 173~175쪽.

145 村上隆(2007), 156쪽 ; 윤병남(2007), 168쪽.

해외무역을 유지하기 위해서는 구리의 안정적인 공급이 절대 필요하였다. 바쿠후는 구리무역을 엄격하게 통제하는 정책을 취하였다. 바쿠후는 1701년 오사카에 긴자[銀座]의 하부기관으로 도자[銅座]를 설립하였다. 도자는 구리무역에 관한 거의 전권을 행사하였다. 구리무역을 독점해왔던 구리무역상이 도자의 감독을 받았다. 제련업자도 그 감독 아래 제련하였다. 도자는 구리의 구입가격을 결정하는 권한을 부여받는 등 구리무역에 큰 영향력을 행사하였다. 구리의 생산, 제련, 유통에 대한 바쿠후의 간섭과 도자의 전권 등에 대한 반발이 일어나, 1712년 도자가 폐지되었다. 도자의 설치와 폐지가 반복된 것은 그만큼 구리무역에 대한 바쿠후의 통제가 어려웠기 때문이다.[146]

V. 18세기 이후 동아시아 무역 동향

1. 1715년 쇼토쿠신레이의 실시와 구리무역의 변화

일본의 구리 생산의 전성기는 매우 짧아, 18세기 초에는 수출 구리의 조달에 어려움이 생겼다. 구리 생산의 현실에 맞게 구리 수출량을 축소하는 정책이 모색되었다. 1709년부터 사실상 바쿠후의 권력을 장악하고 있던 아라이 하쿠세키[新井白石]는 나가사키 구리무역의 어려움에 직면하여, 무역법

146 小葉田淳(1996), 134쪽 ; 윤병남(2007), 185~186쪽.

을 혁신하여 무역의 총액을 감소하고, 내항하는 외국 선박의 수를 제한할 것을 건의하였다. 그리고 1713년에는 나가사키부교[長崎奉行]의 핵심 인물인 오카 다다스케[大岡淸相]가 무역 개정에 관한 의견을 개진하였다. 아라이와 오카의 주도 아래 1715년 바쿠후는 카이하쿠고시신레이[海舶互市新例]를 발포하였다. 이것이 바쿠후의 새로운 무역정책인 쇼토쿠신레이[正德新令]이다. 이것은 무역을 가능한 억제하고 자급 경제의 길을 모색하는 것이다. 당시 일본은 생사와 인삼의 국내 생산이 확대되고 있었으므로 가속화될 수 있었다. 쇼토쿠신레이는 바쿠후 정책의 근간을 이루면서 오랫동안 영향을 미쳤다.[147] 그 주요한 내용은 다음과 같다.

① 무역총액은 종전대로 청선은 은 6,000관, 네덜란드선은 은 3,000관(고반 50,000냥)을 정액으로 한다.

② 일본 구리 수출은 청선은 연간 300만근(1,800t), 네덜란드선은 150만근(900t)으로 한다.

③ 도시로모노가에는 폐지한다. 구리가 부족할 때는 해산물이나 기타 물품으로 구입한다.

④ 무역선의 입항은 매년 청선은 30척, 네덜란드선은 2척으로 제한한다.

⑤ 필요에 따라 중국선은 출항지를 기준으로 매년 내항하는 선박수와 선박당 무역고를 배분한다.

⑥ 신패(信牌)에 근거하여 입항하여 무역하는 것을 제한한다. 신패를 소지하지 않은 상선은 무역을 금지한다.[148]

147 任鴻章(1988), 161~165쪽 ; 윤병남(2007), 160~177쪽.

148 任鴻章(1988), 162쪽 ; 東野治之(1997), 178쪽 ; 小葉田淳(1996), 134쪽 ; 上田信(2005), 352~354쪽 ; 太田勝也(2000), 『長崎貿易』, 東京 : 同成社, 208~254쪽.

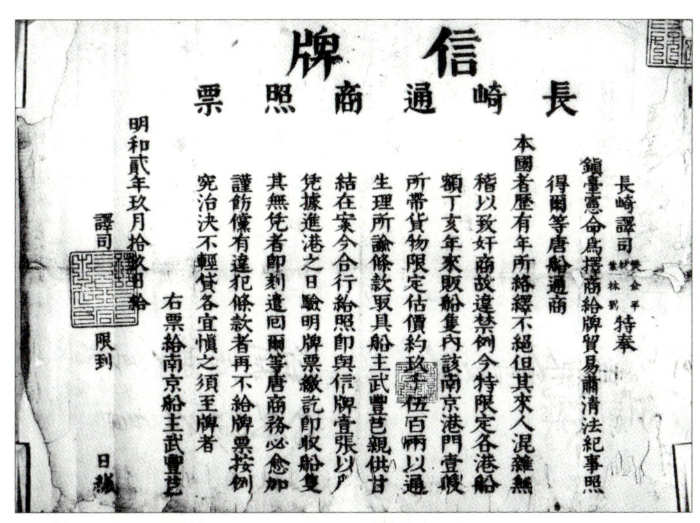

信牌

長崎通商照票

長崎譯司 特奉
鎮臺憲命爲擇商給牌貿易肅清法紀事照
得爾等唐船通商
本國者歷有年所絡繹不絕但其來人混雜無
稽以致奸商故違禁例今特限定各港船
額丁亥年來販船隻內該南京港門壹艘
所帶貨物限定估價約玖千伍百兩以通
生理所諭條款取具船主武豐芑親供甘
結在案今合行給照即與信牌壹張以爲
凭據進港之日驗明牌票繳訖即收船隻
其無凭者即刻遣回爾等唐商務必愈加
謹飭儻有違犯條款者再不給牌票按例
究治決不輕貸各宜愼之須至牌者
右票給南京船主武豐芑
譯司 限到 日繳
明和貳年玖月拾玖日給

그림 4 신패(1765년에 난징선주에게 지급된 신패)

이 신레이는 1685년에 규정된 무역총액의 원칙을 유지하고 있다. 따라서 신레이의 핵심은 내항하는 중국 선박수의 감소, 구리 무역액의 격감, 도시로모노가에의 폐지, 신패제 실시에 있었다. 특히 신패 즉 무역허가증제의 실행은 쇼토쿠신레이의 중요한 특징 중 하나이다. 청선은 귀항하기 전에, 각각 신패를 받는 수속을 밟았다. 상선의 출항지에 따라, 나가사키부교쇼[所]는 각 지역 상선의 내항시간, 선박수를 면밀하게 할당하였다.[149] 지역별로 할당된 선박수는 다음과 같다.

표 14 쇼토쿠신레이에 규정된 중국선의 지역별 입항 수

지역	난징선	닝보선	샤먼선	타이완선	광둥선	광난선	샴선	바타비아선	계
입항수	10	11	2	2	2	1	1	1	30척

※ 출전 : 上田信(2005), 352~353쪽.

149 任鴻章(1988), 163~170쪽.

30척 가운데 난징선이 10척, 닝보선이 11척으로 압도적 비중을 차지하고 있다. 신레이가 발령된 해에, 나가사키에 입항한 푸저우선과 취안저우[泉州]선은 1매의 신패도 교부받지 못하였다. 장난[江南]을 출범한 상선의 태반에 신패가 교부되었다. 이에 따라 장난 자푸가 일본을 향하는 상선의 출항지로 급성장하였다. 자푸는 닝보와는 항저우[杭州]만을 끼고 대안에 위치한 항구다. 푸젠계 상인을 배척하고, 일본과의 교역에서 주도권을 장악한 저장상인의 본거지였다. 중국의 입장에서 보면 신레이는 닝보 등 장난 상인을 우대하고, 푸젠계 상인을 압박하는 정령이었다.[150] 이처럼 신패제는 청 무역상인의 위상에 큰 영향을 주었다. 신패를 받지 못한 선박이 증가하면서 밀무역이 성행하였다.[151]

바쿠후는 그후 몇차례나 무역총액 내에서 구리의 무역고를 조절하였다. 그것을 정리하면 다음 표와 같다.

표 15 18세기 이후 청선과 네덜란드선에 의한 일본 구리 수출 상한액 변화

시기	1715	1742	1746	1749	1790	1840
청선	300만근	150	200	150	100	100
네덜란드선	150만근	60	110		60	60

※ 출전 : 任鴻章(1988), 164쪽에서 재인용.

17세기 이후 청선과 네덜란드선에 의한 구리수출은 점차 감소하였다. 18세기말에 오면 1715년 규정의 1/3 정도 수준으로 감소하였다. 17세기말~18세기초에는 구리가 가장 기본적인 수출품이었으나, 점차 해산물 등으로 수출품목이 바뀌어 갔다.[152]

150 上田信(2005), 352~355쪽 ; 廖大珂(2002), 『福建海外交通史』, 福州 : 福州人民出版社, 337~340쪽.

151 劉序楓(1997), 「享保年間の唐船貿易と日本銅」, 中村質 편, 『鎖國と國際關係』, 東京 : 吉川弘文館, 296쪽.

152 任鴻章(1988), 165쪽.

2. 해산물 무역의 발달

음식의 종류가 많다는 뜻의 팔진(八珍)이 송대에 오면, 실제로 8종류의 진미를 열거하게 된다. 청대가 되면 더욱 확대되어 4종류 8진미, 즉 32가지 진미를 갖춘 연회요리가 등장한다. 그것이 만주족과 한족의 대표적인 음식재료를 모은 코스요리 '만한전석(滿漢全席)'이다. 4종류 8진미는 산팔진(山八珍), 금팔진(禽八珍), 초팔진(草八珍), 해팔진(海八珍)이다. 18세기가 되면 연회석요리가 체계화되었다. 연회석요리는 만한전석을 으뜸으로 연채석(燕菜席), 어시석(魚翅席), 해삼석(海蔘席), 하건석(蝦乾席), 삼사석(三糸席) 순서였다. 연회요리의 대부분은 마른 해산물을 주축으로 구성되어 있다. 연소(燕巢, 제비집)는 태국에서 오는 선박이 가져왔다. 상어지느러미, 해삼, 전복의 산지는 광둥·푸젠 등 중국 연해지역도 있지만, 대부분은 동남아시아, 일본이었다. 당시 청은 고급 식재료를 탐욕스럽게 갈망했던 사회였다. 대량의 마른 해산물을 수입하기 시작한 청은 바다의 교역 형태를 바꾸었다.[153]

청선이 해산물을 수입한 것은 1683년 기록에 처음 보인다. 광둥선이 말린 해삼[乾海蔘, 煎海鼠], 말린전복[乾全鰒, 干鮑]을 구입해 갔다. 그러나 1666년에 샤선이 가다랑어포[鰹節] 등을 수입해 간 사실도 있으므로, 일본이 해산물을 수출한 역사는 오래되었다. 1680년대 이후 구리와 함께 주요 수출품이었다.[154]

특히 18세기 이후, 구리에 대신하여 중국이 요구한 새로운 구매품은 해산물이다. 이 가운데서도 주목되는 것은 말린해삼, 말린전복, 상어지느러미이다. 모두 청대에 활발하게 요리되기 시작한 '해선(海鮮)요리'의 중요한 재료가 되었다. 일본에서는 이 3품목을 특히 '다와라모노산삥[俵物三品]' 또는

153 上田信(2005), 349~351쪽.

154 山脇悌二郎(1964), 222~223쪽.

'다와라모노'라고 불렀다. 다와라모노는 짚으로 포장한 상품이라는 뜻이다. 따라서 일본은 '다와라모노산뺑'으로 증산에 적극적이었다. 중국인은 해산물을 상하이, 닝보, 난징 부근에서 팔았다. 특히 말린해삼은 수요가 높았다. 이외에 한천, 곤포, 가다랑어포 등 다른 해산물의 수출도 실시되었다. 이들은 '다와라모노'와 구분하여 쇼시키[諸色]라고 불렀다. 1715년 쇼토쿠신레이 이후 금, 은, 구리에 대체하여 해산물 수출에 의한 무역결제가 장려되었다.[155]

해산물 생산지는 주로 일본의 동북 지역이다. 간토[關東], 시코쿠[四國], 기타규슈[北九州]도 생산되었다. 1742년부터 그 집하 체제의 재편이 행해지기 시작하였다. 1744년에 나가사키의 해산물 도매상인에게 해산물을 집하하는 특권이 주어졌다.[156] 바쿠후가 새로운 수출상품으로 해삼 생산을 독려하기 시작했던 1744년에 수출된 해삼의 총량은 31만 7천근(약 190톤)이나 되었다. 바쿠후의 요청에 가장 잘 부응한 것은 기타규슈, 세토 내해, 노토를 중심으로 한 도카이[東海], 이세·시마, 홋카이도의 다섯 해역이었다.[157]

1745년에는 다와라모노카이쇼[俵物會所]가 발족하였다. 이 카이쇼는 후에 나가사키가이쇼에서 독립하였다. 1785년에는 바쿠후 스스로가 해산물의 전국 집하에 착수하여 직구입을 하였다. 나가사키부교에게 해산물 행정을 통제하게 하고, 나가사키에 해산물관청을 설치하여 전국 집하 업무를 담당하게 하였다. 그리고 전국 어촌에 해산물 생산액을 강제로 할당하였다. 해산물의 생산, 수출체제가 완비되어 1864년까지 해산물 3품목의 연간 수출량은 40만근 이상을 유지하였다. 많을 때는 연간 80만근 전후였다. 이러한 막

155 谷口規矩雄 편·정성일 옮김(1997), 『아시아의 역사와 문화』 4, 서울 : 신서원, 287~288쪽 ; 小川國治(1973), 『江戸幕府輸出海産物の研究－俵物の生産と集荷機構－』, 吉川弘文館 ; 荒居英次(1975), 『近世海産物貿易史の研究－中國向俵け輸出貿易と海産物－』, 吉川弘文館 ; 山脇悌二郎(1964), 222~223쪽 ; 任鴻章(1988), 219~221쪽.

156 任鴻章(1988), 219~221쪽.

157 쓰루미 요시유키 지음·이경덕 옮김(2005), 『해삼의 눈』, 서울 : 뿌리와이파리, 360쪽.

대한 수출액은 수출품의 비율을 변화시켰다.[158]

이러한 일본의 무역동향에 따라, 말린해삼은 조선에서도 일본으로 수출되었다. 쓰시마번은 1763년 말린해삼으로 물소뿔을 매입하고 싶다고 나가사키부교에게 요청하였다. 이 요청은 말린해삼 15,000근을 나가사키로 더 보낸다는 조건으로 허락되었다. 쓰시마번은 이 증가분 15,000근을 확보하기 위하여 말린해삼 수입을 도모하였다. 그 이후 조선의 말린해삼 수출은 더욱 증가하였다.[159]

쓰시마 소[宗]씨문서인 『일대관매일기(一代官每日記)』에 의하면, 말린해삼은 1844~1849년의 6년간에 총 691괘(掛)가 수출되었다. 부산 초량왜관의 도중상고인 의여(宜汝, 의여는 자, 본명 미상) 박서방이 283.5괘(掛), 자범(子範, 자범은 자, 본명 미상) 정(鄭)아무개가 250괘로, 두 사람이 거의 독점하고 있었다. 정자범은 오위장 정윤중(鄭允中, 윤중은 자, 본명 미상)의 아들로 1846년 6월 당시 그해 봄철에 입송할 말린해삼 목표량을 초과하는 좋은 실적을 올렸다. 정자범은 정윤중의 뒤를 이어 대일무역에 종사하고 있었다.[160] 해삼은 경상도 통영, 거제, 남해 등지에서 많이 생산되었다. 『통영지(統營志)』(규장각도서 10976) 장시조를 보면, '해삼도고(海蔘都賈)'를 별도로 기술하고 있다. 해삼은 거제와 고성 두 읍의 특산물인데 개성상인과 동래상인이 오랫동안 구매하였다고 하였다.[161]

말린해삼은 조선에서 일본으로 수출되었다가, 다시 중국으로 수출되었다. 조선산 말린해삼이 쓰시마-나가사키를 거쳐 중국으로 건너간 것이다. '해삼의 길'은 18~19세기 동아시아 교역망의 중요한 루트였다.

158 任鴻章(1988), 219~221쪽

159 小川國治(1973), 200~201쪽.

160 정성일(2000), 168~172쪽.

161 김동철(1998), 「조선 후기 왜관 개시무역과 동래상인」『민족문화』, 21집, 민족문화추진회, 72~73쪽.

3. 조선 무역구조의 변화

1) 인삼무역과 인삼대왕고은

"일본의 풍속은 매번 병이 나면 곧 인삼을 복용하여 효과를 본다. 그러므로 값의 많고 적음을 논하지 않고 다투어 산다. 70냥에 서울에서 인삼을 사서 에도에 들어가면 반드시 300여냥에 팔아넘긴다."[162]라고 할 정도로, 조선 인삼은 불로장생의 명약으로서 당시 일본에서 인기가 높았다. 일본에서 조선인삼의 수요가 급증한 것은 1660년대 이후다. 쓰시마번은 조선인삼을 판매하는 인삼가게[人蔘座]를 1674년 에도에 설치하였다. 조신인삼은 환자가 복용하기 위한 것만은 아니고, 투기의 대상이 될 정도였다. 일본에서 인삼의 소매가격은 정액제였다. 대체로 인삼 1근 값이 은 680돈이었다. 그러던 것이 1700년 무렵 이후 840돈, 1,080돈으로 개정되었다. 1707년에는 1,440돈으로 등귀하였다.[163]

그러나 1697년 이후 순도 64%의 겐로쿠은이 인삼무역에서 통용되자, 조선상인은 인삼수출을 거부하였다. 쓰시마번은 무역이 매우 어려운 상황임을 바쿠후에 호소하였다. 여러 해 동안 쓰시마의 노력에도 양질의 인삼을 구할 수 없고 가격도 크게 올랐기 때문에, 에도 인삼좌에서도 서민들이 큰 어려움을 겪는다고 호소하였다. 그리고 인삼은 인명을 구제하는 중요한 약종이므로, 이 귀중한 인삼을 확보하기 위해서는 은이 꼭 필요하다고 호소하였다. 이에 1710년 9월 쓰시마가 바라는 바를 바쿠후가 허가하였다. 1710년 조선인삼 수입대금을 위해 순도 80%의 은화를 특별히 주조하였다. 이 은을 특주은

162 『승정원일기』, 영조 3년(1727) 5월 25일.

163 다시로 가즈이 지음·정성일 옮김(2005), 146~147쪽.

(特鑄銀), 인삼대왕고은(人蔘代往古銀)이라고 부른다. 즉 인삼무역 대금용[人蔘代]으로 만든 옛 게이쵸은과 같은 순도의 은[往古銀]이라는 뜻이다.[164] 바쿠후가 주조한 은화 가운데 수입 상품명이 적힌 첫 사례이다. 이 은은 바쿠후 각료와 긴자[銀座] 담당자만 알고, 일반에는 알려지지 않았다. 오직 조선과의 무역용으로 쓰시마에 알려졌을 뿐이다. 명칭도 쓰시마에 갈 때만 사용되고, 쓰시마에서는 동래 왜관으로 은선(銀船)에 실어 운반할 때는 '특주은 오백목(特鑄銀 五百目)'이라고 적었다. 이 은 때문에 쓰시마는 화폐 악주의 시대를 극복할 수 있었다.[165]

현재 국사편찬위원회에는 조선과 일본 간의 무역 거래 증서인 명문(明文)이 다수 소장되어 있다. 명문의 시기는 1687~1743년이다. 이 명문에 기록된 교역품은 인삼, 백사, 단물[비단], 쌀과 구리, 납, 석(錫), 피물, 후추, 흑각, 단목, 백반, 공목(公木), 잡물 등이다. 조선 수출품과 수입품이 망라되어 있다. 무역액은 1697년까지는 백은(白銀), 즉 순도 80%의 게이초은, 1698~1710년은 금은(金銀), 즉 순도 64%의 겐로쿠은, 1712년 이후에는 특주은이 기준화폐로 사용되었다.[166] 1712년 이후에는 조선-일본 무역에서 특주은이 기준화폐로서 정착된 것을 알 수 있다.

2) 은-백사·견직물 중개무역 구조 변화

1715년 쇼토쿠신레이 이후 나가사키무역에서 청선수와 은 무역액은 계속 감소되었다. 일본의 은 유출 통제는 조선도 예외는 아니었다. 일본은 유입의 격감에 따른 문제점을 해결하기 위해, 조선은 청에 대한 은 유출을 최대한

164 田谷博吉(1985 2쇄), 『近世銀座の研究』, 東京 : 吉川弘文館.
165 田代和生(1981), 305~306쪽 ; 다시로 가즈이 지음·정성일 옮김(2005), 138~150쪽.
166 정성일(2000), 122~124쪽.

그림 5 인삼대왕고은

감소할 수밖에 없었다.[167] 조선에서 청으로 은이 유출되는 주된 요인은 무늬있는 고급 비단인 문단(紋緞) 수입에 있었다.

"우리 나라에서 비록 은이 나기는 하나, 근래 연경에 가는 역관들이 금물(禁物)을 가지고 책문(柵門)을 나갈 때 정은을 많이 허비하여 한번 사신의 행차에 지급하는 은화가 3, 4천 냥을 밑돌지 않는다. 우리의 은화로 중국의 금단(錦緞)·채단(綵緞) 등을 무역해 오는 데에 지나지 않는다. 동방의 풍습이 사치가 날로 심하여 심산궁협(窮峽)의 농가에 사는 부녀자까지도 한 벌의 비단옷을 가지고 있지 아니한 자가 없다."[168]라고 하였다.

평안감영, 평안병영, 의주, 대동역(大同驛), 어천역(魚川驛)의 평안도의 5곳에서 사신과 통역관에게 은화와 각종 물품을 지급하였다. 현물을 제외한 은화는 모두 정은으로 10,827냥 정도나 되었다.[169] 그리고 "한 번 사신이 가는 비용에 광은(礦銀) 10만냥을 써서 왕공(王公)·경대부(卿大夫)·서민[匹庶]에 쓰이는 능라를 충당했는데, 궁벽한 초야에서도 다투어 숭상하여 사치한다."[170] 라고 하였다. 이처럼 사치 풍조가 성행하여 중국의 문단 수입이 증대하고 있었다. 이에 따라 문단 수입으로 지급되는 일본은의 양도 증가하였다.[171]

이에 조선은 청으로 가는 은의 유출을 최대한 줄이기 위하여, 청으로부터의

167 烟地正憲(1981), 98~100쪽.

168 『영조실록』, 영조 11년(1735) 12월 5일.

169 권내현(2004), 『조선 후기 평안도 재정 연구』, 서울 : 지식산업사, 133~135쪽.

170 『禁紋事目』(1776년), 「先朝受教」

171 김연신(2002), 「18세기 조선사회 외래 사치품 紋緞의 소비 확대와 금지정책」, 가톨릭대학교 대학원 석사학위논문, 18쪽.

수입품 중에서 사치품의 무역을 금지하는 정책을 실시하였다. 이것이 1746년(영조 22)에 실시된 문단 수입 금지책이다.[172] 왕실·조신(朝臣)·장복(章服) 등에 쓰이는 물품을 제외하고는 모든 직물의 문단 사용을 금지하는 조치였다.[173] 문단의 금지 이후 상인들의 활동이 위축되어, 사행에 가져가는 팔포(八包)의 수가 은 13만냥에서 2만냥으로 줄어들 정도였다. 이에 사행원들은 사행액의 부족분을 보충하기 위하여 정부에 공용의 공화(公貨)를 요청하였다.[174]

조선의 문단 금지정책에 대응하여, 조선과의 무역을 장악하고 있던 정세태(鄭世泰)는 즉시 강남에 문단 직조 정지를 단행하였다. 그러나 문단 생산과 구입은 선대제로 실시되었기 때문에 비단은 적체되었다. 조선 이외에는 매매의 상대가 없었던 것이 치명적인 타격이었다. 경제적 대손실를 회복시키지 못한 상태에서 정세태가 사망하면서, 정상(鄭商)은 쇠퇴할 수밖에 없었다.[175]

1746년 영조가 전교(傳敎)로 내린 문단 금지 조치는 그후에 다시 해이해졌다. 그러자 1787년(정조 11)에 다시 반포되었다. 이때 이를 문서로 만든 것이 『금문사목(禁紋事目)』이다. 문단 금지정책의 시행으로 가례(嘉禮) 적의(翟衣) 직물은 고급 화문(花紋)에서 광적(廣的), 향직물(鄉織物)로 변화하였다. 문단의 소비는 어느 정도 통제되었지만, 문단의 잠매, 무늬없는 비단 수입의 급증 등으로 문단금지령은 효과를 거두지 못하였다. 상인들에 의해 문단을 비롯한 사치품 수입은 계속되었다. 이제 상인들은 스스로 은광개발에 나서거나, 홍삼무역을 통해 대체자본을 강구함으로써 은화 부족 문제를 해결하려고 하였다.[176]

일본이 나가사키를 통해 청선으로부터 백사를 수입한 것은 1658~1662년

172 烟地正憲(1981), 98~100쪽.

173 김연신(2002), 54쪽.

174 『비변사등록』, 영조 22년 10월 29일 ; 김연신(2002), 19쪽.

175 烟地正憲(1981), 98~100쪽.

176 김연신(2002), 55~56쪽.

의 4~5년간이 최전성기였으며, 이후 1665년까지 순조롭게 수입되었다. 동래 왜관을 통해 조선으로부터 백사를 수입한 것은 1697년 이후 크게 증가하였다. 일본의 백사 수입에서 1684~1711년의 경우, 조선과의 무역과 청과의 무역을 몇 사례 비교해 보면 동래를 통한 수입량이 나가사키를 통한 수입량을 크게 상회하고 있다. 1688~1711년의 백사 수입은 나가사키 무역을 대신하여 조선과의 무역을 중심으로 전개되었다. 그러나 1708~1715년에는 지금까지와는 비교가 되지 않을 정도로 조선과의 무역에서 백사 수입량이 감소하였다. 그러다가 1744~1747년과 1751~1755년은 조선 무역에서의 백사 수입이 전무하였다. 이처럼 백사 수입의 동향은 '나가사키의 시대'에서 '쓰시마의 시대'로 옮겨갔고, 그 다음에는 '일본 국산의 시대'로 접어들다.[177] 중국산 백사와 일본 은을 중심으로 하는 조선의 중개무역 구조는 1740년대 이후 크게 변하였다.[178]

3. 중개무역 단절 이후 새 무역구조

1) 일본에 대한 수출품 변화

조선의 인삼생산 부진, 일본의 인삼 국산화, 일본의 은 수출 통제에 따른 생사 유통의 부진, 1752~53년 이후의 은 수입의 단절 등에 의해, 조선과 일본과의 무역은 18세기 중엽 이후 전반적으로 쇠퇴하는 추세였다. 이러한 전반적인 사무역의 쇠퇴는 1774~75년에 사무역이 중지되었다는 '사무역 단절

177 尾道博(1991), 「朝鮮貿易における白糸取引の問題点」『太平洋地域研究所研究紀要』, 2호, 日本文理大學, 26~31쪽.

178 김동철(1998), 64쪽.

론'을 낳았다.[179] 그 때문에 18세기 중엽 이후에는 조일간의 무역은 공무역에 의해 그 명맥이 유지되었다는 주장도 제기되었다. 그러나 쓰시마의 '사무역 단절' 주장은 바쿠후의 재정지원을 받기 위해 거짓으로 꾸민 계책이었다.[180]

18세기 이후 사무역이 단절된 것이 아니고, 중개무역이 단절된 것이다. 사무역은 쇠퇴한 것이지 단절된 것은 아니다. 그러나 중개무역의 단절과 사무역의 쇠퇴에 따라 사무역 구조가 변하여 갔다. 18세기 후반, 특히 19세기 이후에는 소가죽[牛皮], 소 뿔·발톱[牛角爪], 황금(黃芩), 말린해삼[煎海鼠]의 4품목이 조선의 수출품의 중심이었다. 4 품목 가운데 가장 중요한 것은 소가죽이다. 1844~45년 쓰시마번의 4 품목의 사무역 이윤 가운데 소가죽이 60~76% 정도를 차지하였다. 조선의 수입품은 은에서 구리로 바뀌었다.[181]

이러한 무역 변화 양상은 왜관 개시무역[사무역]을 담당했던 동래상인들의 인식에 잘 나타나 있다. 1813년 2월에 올린 동래상인 김처순(金處淳)의 등장(等狀)에 의하면, "피집(被執)이 쇠퇴한 후, 자신들의 생애는 전적으로 구리·우피·우각의 매매에 달려있다."[182]라고 하였다.

19세기 일본과의 사무역은 우피·우각·말린해삼·약재의 수출과, 구리, 황련(黃連)·진피(陳皮)·청피(靑皮) 등 약재의 수입을 중심으로 전개되었다. 동래상인은 사무역의 독점권을 보장 받기 위해, 도중(都中)이란 조직의 권한을 강화하였다. 도중을 구성하는 핵심은 수패(受牌)상고였다. 이들은 동래부가

179 中村榮孝(1971), 『日鮮關係史の硏究』(하), 吉川弘文館, 331쪽에서는 1775년, 森山恒雄(1971), 「對馬藩」『長崎縣史』(藩政編), 吉川弘文館, 1045쪽에서는 1774년에 단절·중지되었다고 하였다.

180 정성일(2000), 200쪽.

181 田代和生(1989), 「幕末期日朝私貿易と倭館貿易商人–輸入四商品の取引を中心に–」『德川社會からの展望』, 速水融 외, 京都 : 同文館出版.

182 『慶尙道東萊府商賈等捄弊節目』(규장각도서 18109의 4, 국사편찬위원회 『각사등록』 50에 수록).

발급한 왜관 출입 허가패를 받고 무역에 종사하였다. 따라서 이들을 수패상고라고 불렀다. 무역 독점권은 이들 수패상고가 독점하였다. 이들 수패상고의 독점력이 강화되자, 동래상인 내부에도 분화가 일어나 독점권에서 배제된 상인과의 갈등을 야기시켰다.[183]

2) 수입품 변화

일본의 은 수출은 겐몬[元文, 1736~1740년]시대 이후 바쿠후의 수출억제에 따라 감퇴하다가, 곧 정지되었다. 그 결과 일본의 수출 중심은 은 대신 구리가 차지하게 되었다. 일본-조선의 무역에서 구리의 수출은 은과는 다른 성격과 내용을 가지고 있었다. 은이 사무역으로 수출된 것에 비해, 구리는 공무역, 사무역으로 수출되었다.[184]

구리는 아라도로 수출되었다. 조선에서는 이를 생동(生銅)이라고 부른다. 또한 공무역을 간품(看品)하기 때문에 간품동(看品銅)이라고도 한다. 쓰시마번은 수출은을 주로 교토에서 구입한 것에 비해, 구리는 주로 오사카에서 구입하였다. 나가사키 무역이 은에서 구리로 바뀌어 갔지만, 일본 구리 생산의 저하로 쓰시마번의 구리 조달을 점점 곤란하게 되었다. 그래서 조달하고 싶은 수량을 미리 바쿠후에 제출하여 허락을 받았다. 1706년의 사무역 구리 수출고는 55,200근이다. 여기에 공무역 정액분을 더하면 83,100근이다. 그러나 1707, 1708년은 각각 5,000근 미만으로 감소하였다. 1709년부터 다시 5만근 이상을 확보하였다. 이 수출 구리의 대부분을 유력한 구리 제련업자이자 광산 경영자인 이즈미야 요시자에몬[泉屋吉左衛門, 住友]으로부터 조달하고 있었다.

183 김동철(1993b), 405~425쪽.

184 田代和生(1981), 349쪽.

1712년 도자[銅座]가 폐지되었음에도 불구하고, 구리 부족 상태는 지속되었다. 바쿠후는 지금까지 이상으로 조선 수출 구리의 조달을 억제하였다. 1714~1717년에는 쓰시마번의 신청액인 20만근에 대하여 바쿠후는 절반인 10만근을 허락하였다. 쓰시마번은 조선의 화폐주조를 전면에 내세우면서 많은 수량을 주장했지만, 바쿠후의 강한 규제로 좌절되었다. 이 규제는 1714년 처음 시작되었다. 1715년 쇼토쿠신레이가 발령되기에 앞서, 이런 모습으로 이미 시작된 것이다. 그 결과 특별한 이유가 있는 해를 제외하면, 쓰시마번의 신청과 바쿠후의 허가는 둘다 대체로 10만근이라는 일정한 수준을 유지하게 되었다. 이것이 새로운 관례가 되었다. 결국 이 상태가 수년간 계속되어 일본측의 구리 수출 한도액, 즉 수출 정액이 되었다.

3) 중국과의 모자, 홍삼 무역

일본은과 중국생사·비단을 중심으로 1720년대까지 지속된 중개무역을 주도한 사람은 부연(赴燕)역관, 서울상인, 개성상인, 평양상인, 의주상인, 안주상인 등이었다. 특히 서울상인과 개성상인이 중개무역을 통해 거상으로 성장하였다.[185]

그러나 18세기에 들어와서 중개무역이 쇠퇴하면서 호조의 일본은 수세량도 줄어들어, 호조의 은 수입 총량에 큰 영향을 미쳤다. 총량은 1713년에 66,780근으로 정점에 달하였으나 1723년 31,156냥, 1730년 28,332냥, 1732년 12,922냥으로 1720~30년대에 크게 줄었다. 그러다가 1778년 3,042근, 1779년 752근으로 격감하였다. 1780년대에는 1천근을 밑돌 정도로 거의 정체상태였다.

185 이철성(2004), 370~371쪽.

이것은 국내 광산은 수입의 하락보다는 일본은의 영향 때문이었다.[186]

이 때문에 중국 사행원 가운데는 팔포를 채우지 못하는 경우도 있었다. 연행사를 통해 청과의 외교관계를 유지하던 조선은 역관을 부양하는 방도를 찾아야 했다. 공용 여비용의 은 마련과 함께 역관의 무역 이익을 보장하는 방안으로 1758년(영조 34) 관모제(官帽制)를 실시하였다. 정부가 지급한 자금으로 역관이 모자를 수입해 오는 대신, 사행에 필요한 공용은을 역관에게 부담시키는 제도이다. 중앙 5군영, 평양감·병영 등 각 아문으로부터 관은(官銀) 4만냥을 거두어 역관에게 지급하고, 이들은 공용경비를 제하고 남는 은을 무역자금으로 삼아 모자를 수입하는 것이다. 수입 모자는 모자전민(帽子廛民), 의주상인, 개성상인에게 국내 판매를 위임시켰다. 그러나 국내 은 확보량이 크게 고갈된 상황에서 관은을 마련하여 무역하는 것이므로, 오히려 국내 은화를 더욱 소모하는 모순에 빠졌다. 관은 대출을 전제로 이루어지는 관모 수입과 관모 가격의 환수가 원활하지 못했다. 관이 직접 무역에 참여한다는 명분론까지 대두하여 관모제는 1774년(영조 50) 폐지되었다.[187]

관은 대출 문제, 관무역이라는 명분, 외교비용 마련 등을 모두 충족시키는 방안으로 1777년(정조 1) 세모법(稅帽法)이 제정되었다. 세모법은 모자무역을 통해 공용은을 마련하는 점에서는 관모법과 동일하다. 그러나 ① 주체가 역관에서 개성상인, 의주상인, ② 자금이 관은에서 상인 자금, ③ 모자의 국내 판매와 수익의 관리가 관에서 상인으로 바뀌었다는 점에서 관모제와 큰 차이를 보였다.[188]

세모법은 모자의 수입과 판매를 의주상인과 개성상인에게 맡기는 대신, 세금을 거둠으로써 공용은을 마련하려는 정책이다. 이것은 18세기 후반 사

---

186 김소은(2008), 『조선후기 호조 재정정책사』, 서울 : 혜안, 86쪽.

187 이철성(2004), 439~440쪽.

188 이철성(2004), 441~442쪽.

상의 성장을 인정한 정책이다. 그러나 정부의 의도와는 달리 1년 한도액인 1천척을 채우지 못하는 경우가 많았다. 세모무역을 통한 공용은 확보를 기대하기 힘들었다. 청과의 외교 관계 변화가 없는 한, 역관을 위한 부양책은 필수적인 것이다. 그 부양책 제도로 실시된 것이 1797년의 포삼제(包蔘制)다. 포삼은 팔포에 채우는 홍삼을 가리킨다. 이로써 대청무역은 모자 수입 무역에서 홍삼 수출 무역으로 전환되어 갔다.[189]

18세기 후반에는 전국에서 인삼재배가 성행하였다. 이에 따라 재배삼인 가삼(家蔘)을 쪄 말려 상품화하는 홍삼제조 기술이 보급되었다. 자연산 인삼의 품귀 현상을 농법상의 기술로 극복하면서, 은을 대체하는 무역 결제수단이 창출된 것이다.[190]

홍삼은 침체된 국제무역에 돌파구를 열었다. 1797년 처음으로 120근이 중국에 수출되었다. 포삼 1근은 약 160개 인삼으로 구성되었다. 1근의 값은 순도 100% 천은(天銀) 100냥 정도였다. 이것이 중국에 넘어가면 은 350~700냥에 팔렸다. 1851년에는 4만근으로 증가하였다. 홍삼무역은 처음에는 역관과 서울상인이 주도하였으나, 가삼생산과 홍삼제조를 독점하고 있던 개성상인과 그 협력자인 의주상인에게로 넘어갔다. 개성상인이 포삼 전매권을 장악, 의주상인이 포삼 무역권을 독점하면서, 개성의 삼포는 더욱 확장하고, 홍삼 생산량도 급증하였다.[191]

조선에서 청으로 유출되었던 은은 18세기말 홍삼무역의 개시에 의해, 역으로 청에서 조선으로 유입되게 되었다. 조선은 청에서 유입되는 은으로써, 청에 대한 조공관계를 유지시켜 나갔다.[192]

189 이철성(2000), 『조선후기 대청무역사 연구』, 서울 : 국학자료원, 97~98쪽.

190 이철성(2000), 113쪽.

191 이철성(2004), 375~444쪽.

192 畑地正憲(1981), 100쪽.

인구증가와 사회경제
– 17~19세기 동아시아의 인구증가와 도시의 성장

고동환 | 한국과학기술원

Ⅰ. 머리말
Ⅱ. 인구증가와 사회변화
Ⅲ. 상공업 발달과 도시의 성장
Ⅳ. 맺음말 : 동아시아 3국의 인구증가와 도시화 비교

I. 머리말

동아시아의 17~19세기는 그 이전시기와는 비교할 수 없을 정도로 매우 빠른 성장을 경험한 시기였다. 이 시기 초반에는 임진왜란, 병자호란, 명청교체, 도쿠가와 막부의 성립 등 전쟁과 왕조교체와 같은 큰 변화가 일어났으며, 19세기 후반은 제국주의 세력의 침략으로 동아시아 전체가 위기에 봉착하였다. 아편전쟁, 메이지유신, 청일전쟁 등은 이러한 위기의 반영이었다. 그러나 17세기 전반과 19세기 후반을 제외한 200여년의 기간은 동아시아에서 유례없는 평화와 번영의 시기였다. 이러한 평화와 번영을 나타내는 가장 중요한 요소가 인구증가와 도시화의 진전이었다. 성장과 번영의 시기였기 때문에, 이 시기를 초기 근대(early modern)로 규정하기도 한다.

동아시아는 인구가 많고, 지역적으로 광대하다. 이 지역이 품고 있는 역사 또한 지역마다 매우 다른 특성을 지닌다. 이처럼 광대하고 긴 역사를 지닌 지역을 대상으로 보편적인 역사상을 그려낸다는 것은 역사학자들이 지향하는 목표일 수 있지만, 현실적으로 매우 어려운 일이다. 많은 사례연구를 축적하고, 이를 토대로 동아시아 전체 지역을 일반화하는 연구방법이 출현해야 가능할 터이지만, 그러한 방법론이 정립되지 않은 현재 기왕의 연구만을 토대로 동아시아 지역을 하나의 개념, 하나의 기준, 하나의 법칙으로 이해하고 설명하기는 애초 불가능하다. 그러므로 본고에서는 이 시기 중국, 일본, 한국의 인구와 도시에 대한 기왕의 학계 연구들을 정리하고 상호 비교함으로써 근대로의 전환을 앞둔 시기에 동아시아 지역이 어떠한 역사적 상태에 놓여있는가를 보여주고자 한다.

II. 인구증가와 사회변화

1. 중국의 인구변동과 사회변화

동아시아 사회에서 17~19세기는 전체적으로 인구가 증가하는 시기였다. 중국의 경우, 명나라초기인 14세기 말엽 6,500만명에서 1600년에는 1억 5,000만명으로 증가했지만, 17세기 초와 중엽은 인구가 감소했다. 명청교체에 따른 농민반란과 정복전쟁, 1630년대부터 1640년대까지 화북지방에서 발생한 치명적인 전염병으로 인구가 크게 감소한 것이다. 청나라의 중국지배가 안정기에 접어든 1683년과 1700년 사이에 인구의 성장속도가 증가하여 1700년에 1억 5,000만명 수준으로 회복되었고, 1794년에는 3억 1,300만명으로 추정되고 있다. 18세기 1백년 남짓한 기간동안 중국의 인구는 2배 이상 증가하였다. 1%에 약간 못미치는 연평균 인구증가율이 1세기 동안 지속되었다는 것은 전근대사회에서 유례를 찾아보기 어렵다. 1770년 이후 증가율은 완화되었지만, 인구규모의 효과로 인해 1850년경 중국의 인구는 4억 3,000만명으로 증가하였다. 19세기 후반이후 중국사회는 인구압력을 제대로 극복하지 못하여 점차 가난해지기 시작했다. 그러나 거대한 인구규모 때문에 훨씬 낮아진 인구성장률에도 불구하고 1953년 중국의 인구는 5억 8,300만명으로 늘었다. 중국의 인구는 14세기 말에서 1850년의 450년 동안 약 6.6배가량 증가하였다. 이와 같은 중국의 인구변동을 표로 나타내면 다음의 〈표 1〉과 같다.[1]

1 何炳棣(허핑티) 지음 · 정철웅 옮김(1994), 『중국의 인구 1368~1953』, 책세상, 317~332쪽.

표 1 중국의 인구변동

연도	인구(명)
14세기 말	6,500만
1600	1억 5,000만
1700	1억 5,000만
1794	3억 1,300만
1850	4억 3,000만
1953	5억 8,300만

흔히 18세기 중국인구가 급증한 요인을 사망률의 감소에서 찾는다. 전통사회에서의 출생률은 급격하게 변동하지 않기 때문이다. 사망률 감소의 원인으로 이 시기가 강희(康熙), 옹정(雍正), 건륭(乾隆) 황제의 통치시기로써 오랫동안 평화가 지속되었다는 점, 16세기에 천연두에 대한 백신이 이미 알려졌을 정도로 의학과 위생이 개선되었다는 점, 그리고 증가한 인구를 먹여살릴 수 있는 식량생산이 가능했다는 점 등을 꼽는다. 종두법(種痘法)이라는 천연두에 대한 백신은 제너의 천연두 백신개발보다 200년 앞선 것이었다. 이 중에서도 가장 중요한 것은 식량생산의 증가였다. 이 시기 중국의 인구와 경지면적을 상호 비교해 보면 다음의 〈표 2〉와 같다.

표 2 중국의 인구와 경지면적[2]

연도	인구(단위 : 백만 명)	경작면적(단위 : 백만 畝)	1인당 경작면적(단위 : 畝)
1400	65~80	370(±70)	5.1
1600	160	500(±100)	3.1
1779	275(±25)	950(±100)	3.5
1850	430(±25)	1,210(±50)	2.8

※ 참고 : 경작면적에는 곡물이 자라는 모든 지역이 포함되어 있으나 목초지는 제외되었다. 경작지의 상당 부분이 1년에 두세 번 수확을 하기 때문에 인용된 숫자는 실제 '경작면적'보다 작다.

2 로이드 E. 이스트만 지음·이승휘 옮김(1999), 『중국사회의 지속과 변화』, 돌베개.

〈표 2〉에서 보듯이 1400년에서 1850년 동안 인구가 6.6배가량 늘었지만, 경작지 규모는 3.2배 증가에 그쳤다. 1인당 경작규모는 5.1무(畝)[3]에서 2.8무로 줄었다. 1인당 경작면적의 감소에도 불구하고 인구증가가 지속된 것은 농업생산력의 발전과 시장경제의 성장이 뒷받침되었기 때문이다.

15세기 중엽이후 양자강 중류지역이 개발되어 중국의 주요곡창지대로 등장하였다. 양자강유역의 호광(湖廣 : 호북과 호남지역) 및 사천지방의 경지가 급증했다. 강서성 남부 5부의 임야가 집중적으로 개간되어 강서지방의 경작지는 명나라 말기에 이르면 명나라 초기에 비해 북부에서는 5만여 경(頃 : 1頃은 100무)에 달했다. 그러나 이 시기 농업생산력 발전은 경지면적의 확대보다 집약농법의 진전에 크게 의존하였다. 노동생산성보다는 토지생산성의 증대가 농업생산력 발전의 핵심이었다. 명나라 때에는 절기에 맞춰 해오던 쟁기질, 씨뿌리기, 모내기, 거름주기, 잡초제거, 수확 등의 단계별 작업이 정형화되었다. 청나라 때에는 작물의 성장을 저해하는 해충구제를 위한 살충제도 사용했다. 또한 비료가 다양하게 개발되었고, 시비법이 개선되었으며, 퇴비제조법이 발전되었다. 각종 유기질, 무기질 비료가 나타났을 뿐만 아니라 비료사용량도 크게 늘었다. 벼농사의 집약화는 단위면적당 투입 노동량과 비료사용량의 증대에 의해 가능해졌다. 벼농사에 투입되는 노동과 비료의 양을 상호비교하면, 비료투입량의 비중이 명대에서 청대로 가면 27~50%까지 증가했다.

벼 품종의 개발도 단위면적당 곡물생산량의 증가에 한 몫을 담당했다. 성숙기간에 따라 50일 벼, 60일 벼, 80일 벼, 100일 벼, 120일 벼 등의 다양한 벼 품종을 다른 잡곡들과 결합하여 1년 2모작, 2년 3모작의 경작패턴을 개발하여 곡물생산량을 늘렸다. 다양한 농서의 출현으로 농업기술도 진전되

3 1무(畝)는 1/6에이커로 667㎡, 1/15정보(ha)이며, 대략 200평(坪)정도에 해당한다.

었다. 명대에는 370여종, 청대에는 1천여종의 농서가 간행되었다.

아메리카 대륙에서 전래된 옥수수, 감자, 고구마 등의 신대륙 작물들은 미곡의 대체식물 혹은 구황작물로 보급되었다. 신대륙 작물은 산지나 구릉지 등 이전에 버려둔 땅의 이용률을 높여 식량생산량을 크게 증가시켰다. 곡물중에서 미곡이 차지하는 비중은 명나라 말기에는 70%였으나 1930년대에는 36%로 낮아졌다.[4] 옥수수는 곡물재배가 어려운 해발 1,000~2,000미터 정도의 고산지대나 건조한 땅에서도 재배가 가능했다. 옥수수가 중국에 전래된 것은 16세기 중엽이지만, 명말 청초까지 각광받지 못하였다. 중국 중남부에서 인구압력이 거세지던 18세기 중엽에서 19세기 전반기에 각 지역으로 인구가 이동하면서 섬서, 사천, 호북, 호남, 운남, 귀주 등 전국에 옥수수가 보급되었다. 16세기에 중국에 전래된 고구마는 다른 작물과 달리 무성번식이어서 재배가 쉽고 단위면적당 수확량도 많았다. 고구마는 18세기 중엽부터 감숙과 서북변경을 제외한 중국 전역에 보급되었고, 양자강 이남지역에서는 5~6개월치 식량 구실을 충분히 했으므로 서민들은 고구마를 쌀만큼 중시했다. 17세기 중엽 중국에 전래된 감자는 처음에는 중국인 입맛에 맞지 않아 18세기까지 큰 관심을 끌지 못하였지만, 19세기 중엽부터 서민의 식량으로 널리 재배되었다. 담배는 명나라 말기에 복건과 광동에 전래되었다. 처음에는 벼농사가 어려운 산지에서 재배되었지만 점차 이익이 많은 환금작물로 인식되면서 저지대 농경지에서도 재배되었다.[5] 지역에 따라 차이가 있지만 청말 사천동북부지역에서 쌀값대비 옥수수 가격은 2/3~1/3, 고구마 가격은 1/6, 감자 가격은 1/20정도여서 18세기 인구폭발에 큰 영향을 미쳤다.

조숙종벼의 개발과 조와 밀의 혼작, 다모작 등의 작부체계의 변화 또한

4 이준갑(2007), 「인구」『명청시대 사회경제사』(오금성 외 지음), 이산, 183~185쪽.

5 강판권(2007), 「농업」『명청시대 사회경제사』(오금성 외 지음), 이산.

집약적 농업의 진전을 가능케 한 요인이었다. 이와 더불어 수리관개시설도 증가했다. 14세기에서 1900년까지 수리시설 건설을 위해 투입한 자본은 3~4배 증가하였다. 또한 분뇨, 녹색비료, 금비사용 등의 시비체계의 진전도 단위면적당 생산량의 증가에 크게 기여했다. 이외에도 강남지역에서는 농업생산과 뽕나무재배의 상호보완, 사탕수수재배를 토대로 한 양어장 경영, 과수재배를 기반으로 한 양어장 경영 및 북부지역의 농업과 목축업의 결합과 같은 다양한 복합적인 농업생산방식이 발전하였다.

18세기 중국은 인구가 많으나 땅이 적은 나라였다. 그러므로 토지의 공급탄력성에 비해 노동력의 공급탄력성이 훨씬 컸다. 이러한 인구와 토지간의 모순은 토지절감기술을 발전시켜 토지이용률과 토지생산성을 향상시켰다. 그 결과 1400년에서 1850년 동안 경지 면적은 3.2배 증가했으나 식량생산량은 5.3배 증가했고, 단위면적당 생산량도 3/4 증가하여 6.6배나 증가한 인구를 먹여 살릴 수 있었던 것이다.[6]

농업에서의 혁신과 더불어 시장경제도 성장했다. 16세기 미주대륙의 은광개발의 여파로 마닐라를 통한 동서교역이 확대되었고, 특히 광동, 복건, 절강지역에는 연간 2~3백만 온스의 은이 유입되어 16세기 화폐경제의 붐을 조성하였다. 이에 따라 담배, 비단, 면화 등 상업작물재배가 복건, 광동 연안지방 등 강남지역에 성행했다. 수공업도 크게 발전했다. 면방직공업은 송강(松江), 비단산업은 소주(蘇州)와 항주(杭州), 염색은 안휘성의 무호(蕪湖), 종이산업은 강서성의 연산(鉛山), 도자산업은 경덕진(景德鎭)에서 발전하여 지역적 전문화를 수반했다.

농촌시장도 발전했다. 현(縣)내의 상업과 교통의 중심지에는 진(鎭), 시(市),

6 王思明(왕쓰밍)(2003), 「유발적 기술과 제도의 변천-16세기 이후 중국의 농업발전」 『농업사연구』 2권2호, 한국농업사학회.

점(店), 보(步) 또는 부(埠)로 불리는 소도시가 생기고, 농촌에는 촌시(村市), 초시(草市), 허시(虛市), 집(集), 회(會), 장(場)으로 불리는 정기시가 섰다. 따라서 지방경제는 현내 물자 전체의 수급을 조절하는 현성(縣城), 그곳의 상점이 출점하여 형성한 진시(鎭市) 및 농촌의 물자수매와 판매장소인 촌락의 정기시라고 하는 3급의 시장에 의해 계층화되었다. 평균적인 농촌의 정기시에서는 중심지에 있는 시장거리의 주변에 있는 10개 이상의 마을이 하나의 시장권을 형성하여 장날에는 현성의 순회상인단이 각 정기시에 출장을 하였다. 정기시를 중심으로 하는 시장권은 농민의 사회·경제적인 생활의 기초단위였다. 또한 진상(晉商)과 휘상(徽商)을 대표로 하는 대규모 상업자본도 형성되었고, 이들은 신용을 기초로 장거리 교역을 담당하였다. 이들에 의해 상방(商幇), 회관(會館), 공소(公所) 등과 같은 상인조직도 발달할 수 있었다.

이와 같은 변화도 중요했지만, 변화하지 않은 것도 많았다. 기술, 제도, 정치가 변화하는 속에서도 전통적인 사회문화적 특징은 여전히 그 위세를 발휘하였다. 중국 사회는 변화보다도 안정과 조화에 높은 가치를 두고 있었다. 중국의 기술은 오랜 시간 동안 세계에서 가장 발전된 형태를 가지고 있었지만, 상업을 천시하는 유교적 가치관, 상하관계의 의존적인 인간관계 중심으로 이어진 사회조직과 가치관, 정부의 끊임없는 간섭과 방임 그리고 무관심, 안정적 수요로 인한 고정적인 상품 공급체계 등이 기술의 발전을 저해하는 요소로 작용한 것이다.

18세기의 인구증가와 경제성장은 자원에 대한 압박을 가중시켰다. 인구가 너무 많았기 때문에 목초지가 부족했고, 축력보다는 인력에 운송을 의존하는 것이 합리적이었다. 19세기에 이르러 노동력을 절약할 수 있는 기계를 만들 수 있는 금속원자재가 비싸졌고, 그런 것을 개발하는 것은 경제적이지도 합리적이지도 않았다. 인구의 급속한 성장으로 노동력을 제외한 모든 자원이 희소해졌기 때문에, 합리적 전략은 노동력을 절약하는 기계쪽이 아니라 자원과 고정자본을 절약하는 방향으로 기울었다. 즉 중국은 기술의 새로운 돌파구를 여는데 필요한 집중적 투자를 하기에는 인구밀도가 너무 높았고, 이러한 높은 수준의 인구와 중간수준의 기술이 균형을 이룬 상태에서 벗어나지 못했던 것이다. 이른바 "고차적인 균형의 함정"에 빠져 중국은 근대산업혁명으로 진전할 수 없었던 것이다.[7] 중국은 제도의 실패로 발전하지 못한 것이 아니라 자원이용의 합리성 추구가 성장을 억제한 것이었다. 반면에 유럽은 인구가 적었던 데다가 식민지의 확대로 인구가 지속적으로 유출되어 인구-토지자원 비율이 아시아보다 훨씬 낮았고, 이것은 고임금, 고비용 생산구조로 이어졌다. 유럽은 노동절약적 기계를 만들어야 할 절박한 이유가 있었다. 이 이유로 인해 유럽에서 산업혁명의 막이 올랐고 유럽은 이때부터 경쟁력의 우위를 점하기 시작하였다.[8]

2. 일본의 인구변동과 사회변화

일본은 중국과 달리 17세기가 인구 대폭발의 시대였고, 18세기는 인구 정체기였다. 메이지유신 이후인 19세기 말기는 산업혁명에 따른 근대적인 인구증가가 나타나는 시기이다. 일본의 인구변동을 보면 다음의 〈표 3〉과 같다.[9]

7 마크 엘빈 지음·이춘식·김정희·임중혁 옮김(1989), 『중국역사의 발전형태』, 신서원.

8 안드레 군더 프랑크 지음·이희재 옮김(2003), 『리오리엔트』, 이산.

9 鬼頭宏 카토 히로시 지음·최혜주·손병규 옮김(2009), 『인구로 읽는 일본사』, 어문학사.

표 3 일본의 인구변동

연도	인구(명)
1150	638만
1600	1,227만
1721	3,127만
1750	3,101만
1792	2,987만
1846	3,229만
1890	4,130만

〈표 3〉에서 보듯이 1600년에서 1721년의 120년 동안 인구는 2.5배나 증가했다. 17세기의 급속한 인구증가는 농업사회에서 일어난 시장경제의 보편화와 농업생산의 발전에 따른 것이었다. 일본은 경사지와 산악부가 많은 반면, 농경에 적당한 토지는 협소하다. 그러므로 경작지의 대규모 확대는 쉽지 않았다. 경지면적은 태합검지(太閤檢地)가 끝난 시점인 1598년 180만정보에서 메이지 초기인 19세기 후반 440만정보로 증가했다. 같은 시기 인구는 3.3배 증가했지만, 경지면적은 2.4배 증가하여,[10] 경지면적의 확대는 인구증가에 미치지 못했다. 식량생산의 증대는 단위면적당 생산량의 증대에 기인하는 바가 컸다. 이는 토지생산성의 증대와 토지이용의 고도화를 통해 달성되었다. 우선 노동조직이 바뀌었다. 종전 나고[名子]와 게닌[下人] 등의 예속노동력 사역에 의한 농장경영은 노동의 집중관리가 곤란하고, 토지이용이 방만했다. 그러므로 농장경영주인 묘슈[名主]는 농장경영을 포기하는 대신, 나고와 게닌들의 가족노동력을 이용하여 집약경영을 실현함으로써 증대된 생산량을 소작료로 수취하는 쪽으로 방향을 선회했다. 그 결과 일본에서는 한 쌍의 부부와 가족노동력에 기초한 소농경영이 대두하였고, 지주-소작에 기초

10 速水融 하야미 아키라 지음·조성원·정안기 옮김(2006), 『근세일본의 경제발전과 근면혁명』(日本近世の經濟社會), 혜안, 196쪽.

한 소농경영의 자립을 달성하였다.

소농경영은 교토[京都]와 나라[奈良]의 도시 주변부로부터 시작되어 효고[兵庫]나 사카이[堺] 같은 도시로 파급됨으로써 16세기에는 기내(畿內) 평야지대로까지 널리 확산되었다. 소농경영의 진전에는 농업기술의 발전이 뒷받침되었다. 17세기만큼 많은 농서가 출판되고 필사본이 유포된 시대는 없었다고 얘기된다. 대부분의 농서에는 심경(深耕), 종자선별, 파종시기, 시비(施肥)와 같은 농업에 종사하는 사람들에게 쉽게 적용할 수 있는 기술들이 실렸다. 이로 인해 집약적 농업기술은 일본 전역으로 파급되었다. 수도작의 우위는 변함이 없었지만, 지리적 특성을 살린 특산품도 각지에서 생산되었다. 특히 비단의 원료인 생사(生絲)의 생산과 잠사업은 습기가 낮은 일본 중앙부에 집중되었다. 조선에서 도입된 면화도 17세기에 모래지대에서 재배되었는데, 일본 서부를 중심으로 생산이 증가하였다. 그 결과 대중들의 옷감으로 무명이 일반화되었다. 이러한 변화는 의료(衣料) 혁명이라고까지 얘기될 정도로 대중들의 일상생활에 큰 변화를 야기한 것이었다. 소농경영에서 농업기술은 노동력의 집약과 경지면적당 수확량의 증대라는 방향으로 발전하였다. 그 결과 17세기 단위면적당 수확량은 세계적인 수준에 도달하였다. 소농경영이 최고의 생산성을 발휘하게 되면서 인구가 대폭으로 증가할 수 있었던 것이다.

17세기 폭발적 인구증가를 가능케 한 사회적 동력을 하야미 아키라[速水融]는 '경제사회'의 성립에서 찾는다. 경제사회는 인간이 가진 종교, 신분, 문화 등 다원적인 가치기준 가운데 경제적 가치가 독립하여 자율적으로 회전하는 사회로 규정된다. 경제사회 성립 이전의 농민들은 단지 생존을 위해 농사를 지었지만, 경제사회 성립 이후에는 비용을 최소화하여 생산성을 극대화하는 전략을 구사하는 경제인으로 변모하였다. 경제사회는 16세기 말 기내지역과 그 주변에서 성립하였으며, 새로운 영주제의 전개에 의해 17세기를 통해 거의 전국으로 확산되었다. 영주제는 병농분리(兵農分離)에 기초한 성하정(城下町)을 건설하고 소비인구집단을 강제적으로 창출했다. 그러므로 초기 기내지역에서 완만히 진행되었던 성하정과 병농분리도 영주제의 전개에 따라 전국으로 급속히 확산되었다. 이에 따라 농업생산물의 급격한 수요증대가 나타났다.

이와 더불어 도쿠가와 막부가 시행한 참근교대제(參勤交代制)로 인해 에도[江戶]는 거대한 소비력을 갖춘 도시로 급속히 발전했고, 오사카[大坂]는 에도에 필요한 물자공급지 역할을 담당하였다. 여기에서 전국경제가 성립하였다. 영주는 농민으로부터 받은 연공을 미곡과 화폐로 통일했기 때문에 미곡을 화폐로 교환해야 했으며, 여기에 영주, 상인, 농민들 사이에 물자, 서비스, 화폐가 순환하게 되었다. 화폐사용은 전국민으로 확산되었고, 농민의 행동에 경제적 인센티브가 작용하였다.[11] 화폐경제, 시장경제, 도시경제의 성장이 경제사회의 성립을 촉진했고, 이러한 경제사회의 성립이 인구증가를 가능케 한 핵심요소였다.

한편 소농경영이 일반화되면서 부부가족이 경영단위가 되고 자립한 농민은 신분적 예속에서 해방되었기 때문에 결혼율이 높아지고 출산율이 상승하였다. 이를 반영하여 세대규모도 점차 축소되었다. 세대규모는 17세기 후반 7.04명에서 18세기 전반 6.3명, 18세기 후반 4.2명으로 줄었다. 세대규모의 축소가 진행된 17세기 이후는 누구나 생애 한번은 결혼하는 것이 당연하다고 하는 개혼(皆婚)사회가 성립하였다. 세대규모의 축소와 개혼사회의 성립은 소농자립현상의 한 단면이었다. 이와 아울러 사망률도 대폭 감소되었다. 이 시기 사망률감소의 원인은 의료, 의학의 진보보다는 의식주 전반에 걸친 생활주순의 향상에 기인하는 것이었다. 고구마 등의 신종작물이 도입되어 재배되었으며, 1일 3식제가 정착되어 식생활이 충실화되었다. 또한 무명의 보

11 速水融(하야미 아키라) 지음·조성원·정안기 옮김(2006), 위의 책, 88~92쪽.

급으로 옷감과 침구가 개선되었고, 타타미 등이 보급되어 주거생활에서도 향상이 있었다.

일본에서 18세기 인구정체는 도시화율의 진전에 따른 것으로 해석되고 있다. 18세기 일본에서는 많은 도시들이 번성하였는데, 도시 인구는 재해와 전염병에 대해 농촌보다 취약했기 때문에 사망률이 높았다. 또한 도시에서는 성비의 불균형, 낮은 유배우율(有配偶率), 짧은 유배우 기간, 낮은 유배우 출생력 등으로 인해 출생률이 낮았다. 도시화의 진전과 도시에서의 높은 사망률과 낮은 출산력이 18세기 인구정체의 원인이었던 것이다.

그동안은 18세기 인구가 정체된 원인을 막번제 경제가 정점에 도달하여 과잉인구가 기근이나 낙태, 영아살해로 도태되었기 때문이라고 설명해왔다. 즉 18세기 인구정체의 원인을 맬더스의 덫에서 찾고자 하는 견해가 통설이었다. 그러나 최근에는 17세기 말 18세기 초 경지와 인구사이의 긴장이 발생했지만, 결혼시기를 늦추는 만혼 등과 같은 사회적 풍조가 대두되면서 의식적으로 인구를 억제하여 이러한 긴장을 완화함으로써 1인당 소득수준을 그대로 유지할 수 있었다는 해석이 제기되었다. 즉 18세기 낮은 인구성장률은 맬더스의 예방적 억제로 인한 것으로써, 1인당 소득수준을 향상시켜 19세기 경제발전을 가능케 하였다는 것이다. 중국에 비해 항상 뒤쳐졌던 일본이 19세기 공업화에서 중국보다 앞서게 된 중요한 요인이 바로 인구의 예방적 억제메커니즘이 작동했기 때문이라고 해석하는 것이다.[12]

12 鬼頭宏(카토 히로시) 지음·최혜주·손병규 옮김(2009), 앞의 책.

3. 조선의 인구변동과 사회변화

조선의 인구는 15세기에 급격한 증가를 보였고, 17세기 전반은 인구가 감소했으며, 17세기 후반에서 18세기 전반은 인구가 급증하였다. 18세기 후반 이후와 19세기는 정체와 감소기로 파악된다. 조선의 인구변동을 보면 다음의 〈표 4〉와 같다.[13]

표 4 조선의 인구변동

연도	인구(명)
1400	573만
1500	942만
1600	1,172만
1650	1,088만
1700	1,435만
1750	1,865만
1790	1,822만
1850	1,640만

〈표 4〉의 인구추세는 이영구, 이호철의 연구에 의해서도 확인된다. 이 연구에 의하면, 4차례의 전쟁(임진왜란, 정유재란, 정묘호란, 병자호란)이 끝난 직후인 1639~1669년의 연평균 인구증가율은 0.505%로 매우 높았고, 1672~1693년은 0.435%, 1696~1756년은 0.331%, 1759~1810은 0.197%의 인구증가율을 보였다.[14] 최근 족보를 이용한 연구에서도 18세기의 빠른 인구성장, 19세기의

13 신용하·권태환(1977), 「조선왕조시대 인구추정에 관한 일시론」『동아문화』 14, 서울대학교 동아문화연구소.

14 이영구·이호철(1988), 「조선시대의 인구규모추계(2)-17, 18세기 인구증가율 추계를 중심으로」『경영사학』 3, 한국경영사학회.

완만한 인구증가 또는 정체, 20세기의 폭발적 인구증가로 요약하고 있다.[15] 이와 같은 조선의 인구추세는 일본보다는 중국과 비슷했음을 보여준다.

19세기 인구성장이 완만하거나 정체된 원인은 이러한 인구압력을 제대로 극복할 수 있는 방안이 없었기 때문이었다. 반면 1890년을 계기로 인구가 급증한 까닭은 우두법의 보급과 위생상태의 개선으로 유아사망률이 낮아지는 반면, 가임기 여성 및 남성의 생존율이 높아졌기 때문이다. 그 결과 조선사회는 20세기를 전후하여 다산다사(多産多死)에서 다산소사(多産少死)의 인구구조로 변화하기 시작하였다.[16]

농경사회가 성숙한 이래 조선은 늘 세계에서 인구밀도가 높은 나라에 속했다. 18세기의 인구밀도는 1㎢당 70명을 넘었다. 이는 당시 중국 선진지대 및 일본과 같은 수준이며, 산업혁명 이전에 이렇게 높은 인구밀도를 달성한 나라는 그 밖에 찾기 어렵다. 1600년경 쌀농사지대인 동남아시아의 평균인구밀도는 1㎢당 5.8명인데, 임진왜란 직전 조선의 인구밀도는 그 10배 내외였다.[17]

17세기 이후 조선의 인구가 급증한 요인은 농업생산력의 발전과 시장경제의 성장이 뒷받침되었기 때문이다. 조선사회는 17세기 이래 농업생산력의 발전에 기초한 사회적 분업의 진전으로 점차 농업과 수공업에서의 상품생산이 발달하기 시작하였다. 특히 도시인구의 증가와 수공업 및 광업의 발달에 따른 임노동층의 증가는 농산물의 수요를 증가시키면서 상업적 농업을 진전시키는 토대가 되었다.

농업에서는 이앙법과 수전종맥법(水田種麥法)의 보급, 이모작 등 작부체계

15 박희진·차명수(2004), 「족보에 나타난 인구변동, 1700~1938」 『수량경제사로 다시 본 조선후기』, 서울대출판부.

16 박희진(2006), 「조선의 인구」 『고문서연구』 28, 한국고문서학회.

17 이헌창(2006), 「한국사에서의 수도집중」 『한국사연구』 134, 한국사연구회.

의 고도화, 시비법 및 농기구의 발달, 개간 및 화전의 확대, 상업적 농업의 발전 등이 이 시기에 나타났다.[18] 인삼이나 채소재배 등과 같이 전적으로 시장판매를 목표로 하여 재배하는 상업적 농업이 활성화되었고, 농산물을 그대로 판매하는 것이 아니라 그 일부 또는 전부를 가공해서 파는 상업적 농업과 수공업적 소상품생산이 결합하는 경우도 생겨났다.[19] 농촌지역에서는 특정 농산물을 전업적으로 생산하는 상업적 농업지대가 형성되어 갔다. 진안의 연초, 전주의 생강, 임천과 한산의 모시, 안동과 예안의 용수전(龍鬚田), 강진의 고구마, 개성과 강계의 인삼, 경상, 전라도 지방과 공주, 황간, 회덕, 황주의 면화 등이 당시에 유명하였다.

17세기 후반이후 비농업인구의 증가와 도시발달을 배경으로 미곡의 상품화도 진전되었다. 18세기에는 전주, 김제, 만경의 완미(完米), 황해도 연백평야의 메쌀, 봉산의 장요미(長腰米), 여주, 이천지역의 세도(細稻) 등 각 지역의 미곡이 특정 이름이 붙어 전국적으로 유통되고 있었다.[20]

한편 관영수공업체제가 붕괴되고 민영화되면서 민간수공업도 발전하였다. 민간수공업자들은 뛰어난 기술을 배경으로 도시민의 수요에 맞춰 상품을 생산, 공급하여 생산자와 상인의 역할을 동시에 수행하였다. 유기, 칠기, 자기와 같은 수공업제품의 생산도 지역적으로 특화되어 유기점, 철기점, 자기점과 같은 수공업 촌락이 발달하였다.

농촌지역에서의 수공업도 부업적이고 자급적인 형태에서 전업화, 상품생산화되었다. 모시는 충청도 한산, 임천, 서천, 홍주, 면포는 경상, 전라도 일대, 명주는 평안도의 안주, 개천, 성천, 삼베는 함경도 길주, 명천, 안변, 왕골돗

18 김용섭(1971), 『조선후기농업사연구 2－농업경영, 농학사상』, 일조각.

19 전석담·허종호·홍희유(1970), 『조선에서의 자본주의적 관계의 발생』, 백과사전종합출판사(이성과 현실, 1989 : 복간) 34~39쪽.

20 홍희유(1989), 『조선상업사(고대, 중세편)』, 과학백과사전종합출판사, 192~202쪽.

자리는 경상도의 안동 등지가 유명하였다. 특산지가 생기기 시작한 것도 바로 진전된 사회적 분업의 결과였다. 면화는 경상도, 전라도, 충청도에서 대량 재배되었기 때문에 이 지역에 면직업이 발달하였으며, 뽕나무를 전업적으로 재배하였던 평안도, 황해도지역에는 성천, 영변을 중심으로 견직업이 발달하였다. 또한 충청도, 전라도 일부지역에서 재배된 모시는 임천, 한산지역에서 전업적으로 직조하여 상품화하였다. 공예작물재배와 직조업은 상호 밀접한 관련속에서 발달하였고, 공예작물에서의 상품생산은 비약적으로 성장하였다.[21]

농지는 17세기 이후 크게 증가하지는 않았다. 조선시대의 전결(田結)의 추세를 보면 다음의 〈표 5〉와 같다.

표 5 조선시대 전결수 변동[22]

연대	전결수 단위 : (結)[23]	실경작면적 단위 : (結)
1450년대	163만	
16세기말(임진왜란 이전)	170만	
1611년	54만	
1788년	142만	83만
1807년	145만	

〈표 5〉에서 보듯이 15세기 중엽 163만결에서 16세기 말에는 170만결로 150년 남짓한 기간 동안 7만여결이 증가했다. 그러나 임진왜란을 거친 이후

21 고동환(1997), 「상품의 유통」『한국사 33-조선후기의 경제』, 국사편찬위원회.

22 김옥근(1984), 『조선왕조 재정사연구』, 일조각, 371쪽.

23 1결(結)은 토지면적 단위가 아니라 생산량 단위이다. 1결의 생산량은 동일하였다. 세종때 확립된 공법(貢法)에 의하면 토지는 비옥도에 따라 1등전에서 6등전까지 구분되었다. 1등전과 6등전의 면적비율은 1:4정도였다. 1등전 1결이 3천평(坪) 내외, 6등전 1결은 1만 2천평(坪) 내외로 추정되고 있다.

전결수는 54만결로 120만결 이상이 줄어들었다. 이와 같은 엄청난 경작면적의 축소는 실제가 아니라 전쟁으로 정부의 행정력이 미치지 못하여 양전사업을 제대로 실시하지 않았기 때문에 나타난 현상이다. 예컨대 평안도, 함경도 지역은 양전사업이 이루어지지 않아 정부 공식통계에서 제외되었다. 그렇지만 전쟁을 통해 경지면적이 대폭 감소한 것은 분명한 사실이다. 토지결수는 17세기 중엽에서 18세기 후반에 걸쳐 빠르게 회복되어 18세기 후반에 이르면 임진왜란 이전의 수준을 거의 회복하였다. 18세기 후반을 획기로 19세기에도 전체 전결수는 145만결 내외에 정체되어 있다. 실제 경작이 이루어지는 기경지(起耕地)의 면적도 18세기 후반에서 19세기 이후까지 80만결 내외로 정체되어 있다고 추정된다.[24] 이처럼 경작면적이 크게 늘지 않은 상황에서 인구증가가 지속된 것은 단위면적당 생산력을 높이는 집약적 농법이 이 시기 농업생산의 주류를 이루었기 때문이다.

상품작물과 농촌직물업의 발달은 점증하고 있는 인구압력과 밀접한 관계가 있었다. 조선후기의 인구증가는 토지의 영세화를 초래하였으며, 빈농과 무전농민의 숫자를 증가시켰다. 생존위기에 직면한 농민들은 이를 극복하기 위해 토지를 보다 효율적으로 이용하는 방안을 고안하였다. 작부체계의 고도화, 시비와 노동집약화를 통한 단위면적당 수확고 증대 등이 그 하나의 방법이며, 상품작물과 직물생산의 비중을 늘려 이를 시장에서 판매하고 부족한 주곡작물은 시장에서 구입하는 것이 다른 하나의 방법이었다. 이러한 대응은 상품작물과 직물이 노동집약적인 재화라는 점에서 토지에 비해 상대적으로 노동력이 풍부한 빈농들에게 적절하였다. 노동에 비해 상대

24 〈표 5〉에서 제시된 전결수는 이른바 원장부(元帳簿) 전결수로서 실제 경작이 이루어지는 전결이 아니라 정부에서 파악한 과세대상으로 상정된 토지 전체의 액수이다. 원장부 전결중에 실제 경작이 이루어진 토지를 기경전(起耕田)이라고 했는데, 기경전에 대한 통계는 수시로 변동하여 집계하기 곤란하기 때문에 원장부 전결을 대상으로 추계하였다.

적으로 토지가 풍부한 부농들은 상품작물의 비중을 줄이는 대신 비교우위가 있는 주곡작물의 비중을 늘리고 이를 팔아 부족한 상품작물과 직물을 시장에서 보충하는 방향으로 나아갔다. 이와 같이 빈농과 부농간, 그리고 인구밀집지역과 인구희소지역간의 분업과 전문화는 인구증가와 함께 교역규모를 확대시켰으며, 조선후기 장시의 발달을 유도하였다.[25]

장시의 발달은 17~18세기 조선에서 가장 주목할 만한 변화 중의 하나이다. 장시는 15세기 말 처음 그 모습을 드러낸 후 17세기 말에는 5일장 체제로 확립되었고, 18세기 후반에는 1천여개를 헤아렸다. 1850년대까지 장시간 통합도 비교적 높은 수준을 유지했다. 조선후기 장시발달수준은 장시밀도와 시장간 통합에서 서유럽과 중국에 필적할 만한 것이다.[26]

조선후기 시장경제의 발달에 따라 나타나는 이윤추구, 분업과 전문화, 경쟁 등은 그 자체가 근대적 경제성장으로의 이륙(take-off)을 보장해주지는 않지만, 근대적 경제성장과 전혀 무관한 것은 아니었다. 이러한 요소들은 이륙을 용이하게 해주고, 이륙 후에는 경제성장의 속도에 긍정적인 영향을 미치는 요인이 된다. 조선에서서는 이러한 시장제도에 대한 경험을 개항이전인 17세기부터 축적해왔던 것이다.[27]

25 우대형(2002), 「조선후기 인구압력과 상품작물 및 농촌직물업의 발달」『경제사학』 34, 경제사학회.

26 이헌창(1994), 「조선후기 충청도지방의 장시망과 그 변동」『경제사학』 18, 경제사학회.

27 이헌창(1994), 『한국경제통사』, 법문사.

III. 상공업 발달과 도시의 성장

1. 상공업 발달

1) 중국

명대 초기까지 관영수공업체제가 주류를 이루던 중국의 수공업은 명 중기 이래 상품경제와 화폐경제의 발달로 점차 쇠퇴하고 민영수공업이 발달하였다. 민영수공업은 도시와 농촌에서 괄목할만한 진전을 나타냈다. 견직업, 철기제조, 도자기 생산, 면방직 등의 도시수공업은 강남의 소주, 항주, 남경, 불산진(佛山鎭), 경덕진 등에서 크게 발달하였다. 소주는 고급 견직물 생산의 중심지로 성장했으며, 소주의 견직물업은 주변 농촌에도 파급되어 농촌 촌락이 시진(市鎭)으로 성장하는 계기가 되었다. 소주는 고급 견직물 생산 외에도 시진을 기반으로 하여 농촌생산품의 집산 및 가공, 제조 등을 담당함으로써 대도시로 성장하였다. 견직업은 소주(蘇州)외에도 남경, 호주(湖州), 항주 등지에서도 번성하였다.

경덕진은 도자기 산업의 전국적 중심으로 성장했으며, 불산진은 1519년 광동순무(廣東巡撫)가 광동의 모든 생철을 불산에 운반하여 숙철을 만들거나 철기를 생산하도록 허가한 이래 철기제조업의 중심으로 성장하였다. 철기제조 공정의 분업화와 전업화가 진행되어, 불산진에서 철기제조에 종사하는 노동자수도 건륭 연간(1736~1795)에 약 3만명에 달할 정도였다. 불산진의 1년 철강생산량은 옹정 연간(1723~1735)에 3만 4,000톤에 달했는데, 이는 산업혁명 이전 영국의 철강생산량(1만 7,350톤)의 2배에 달하는 것이었다. 불산진에서 생산된 철제품은 중국 국내뿐만 아니라 마카오나 광주를 통해 네덜란드, 일본, 류쿠, 태국, 필리핀에까지 팔려나갔다.

농촌수공업도 명대 중기이후 크게 발달하였는데, 특히 강남지역이 두드러졌다. 송강부는 농민중 70%가량이 면화를 재배했으며, 소주부의 가정, 태창, 곤산, 상숙 일대는 유명한 면화재배 지구와 면방직업 지구로 발전했다. 또한 소주, 호주, 가흥과 항주 일대는 뽕나무재배와 양잠업이 성행하였다. 15세기 이래 강남농촌에서 전개된 양잠업과 견직업에서는 뽕나무재배, 양잠, 명주실 꼬는 작업[繅絲, 撚絲] 등 각 공정이 분리되어 있었으며, 각 공정사이에는 상인자본의 개입하여 이윤을 취하였다. 그 결과 이 지역의 직조업은 남경여직(男耕女織)이라는 전통적인 분업체제에서 벗어나 전업적인 직물수공업으로 발달하였다. 농촌수공업 중에서 견직업이 집중적으로 발전한 지역은 시진(市鎭)으로 성장하였다. 소주의 성택진과 진택진, 호주의 남심진, 쌍림진(雙林鎭), 오청진(烏靑鎭), 가흥의 복원진(濮院鎭), 왕강경진(王江涇鎭), 왕점진(王店鎭) 등이 이러한 경우였다.[28] 제사업도 농촌수공업으로 성행했다. 초기에는 농민들의 생계보충을 위한 농가부업의 일환으로 출발했지만 점차 전업화되어 갔다. 농촌에서 생산된 생사를 원료로 한 견직업은 주로 숙련된 기술을 지닌 도시와 전업 시진에서 이루어졌지만, 일부 농촌에서는 도시주민이나 재촌 지주를 대상으로 하여 토주(土紬)라는 저급 견직물을 생산하기도 했다.

민영수공업의 성장과 함께 16세기 이후 은(銀)의 대량 유입에 기초한 화폐경제의 성장은 교통과 상업을 발달시켰다. 송대부터 계속된 교통망의 정비는 원대의 역참과 더불어 명대에서도 새로운 도로 건설로 이어졌다. 특히 북경 천도 이후 북경과 북변(北邊)에서 필요한 수백만석의 식량을 남방에서

28 박기수(2007), 「수공업」 『명청시대 사회경제사』(오금성 외 지음), 이산.

운반하기 위해 1411년(영락 9) 개통된 회통하(會通河)는 항주에서 개봉을 연결하였으며, 경항(京杭)운하는 북경과 강남 각지의 시진을 연결하였다. 이외에 100여 노선에 달하는 수륙상업노선들은 북의 요통에서 남의 복건, 동의 상해에서 서의 섬서 지역을 연결하면서 상품과 물자의 유통을 매우 원활하게 만들었다.

농촌수공업의 발달로 강남지역의 농지가 면화나 뽕나무재배 등 직물원료 생산지로 바뀌면서 곡물생산이 줄어 이 지역의 식량부족을 야기했다. 부족한 식량은 광동, 호북, 복건 등 인근 내륙지역에서 유입되었다. 그러므로 송대 이후 "소주와 호주가 풍년이 들면 천하가 풍족해진다[蘇湖熟 天下足(소호숙 천하족)]"는 말이 명 중기부터 "호남과 호북이 풍년이 들면 천하가 풍족해진다[湖廣熟 天下足(호광숙 천하족)]"는 말로 바뀌었다. 호광지역이 새로운 곡창지대로 대두한 것이다. 곡창지대인 호광은 사천(四川)지역에 의지했고, 면방직업이 발달한 전업 시진과 장강(長江) 연안의 시진은 호광지역에 의존하면서 이들 지역간에 더욱 밀접한 관계가 형성되었다. 또한 동북, 화북의 잡곡과 각 지역에서 생산된 특산물들도 편리한 수운교통망을 통해 전국 각지의 시장으로 유통되어 점차 전국적 시장이 형성되었다. 한 통계에 따르면 아편전쟁 이전시기 유통된 상품유통량 중에서 가장 많은 비중을 차지한 것은 약 245억근(斤)이 유통된 곡물로써 전체 유통량의 42%를 차지하였다. 그 다음 상품이 255.5담(擔)이 유통되어 전체의 24%를 차지한 면포였으며, 소금, 차, 견직물 순으로 유통량이 많았다.

화폐경제, 수공업의 성장, 교통의 발달은 상업의 발달에 의해 견인되면서 한편으로 상업의 성장을 더욱 가속화했다. 16세기 이후 분명해진 상업화, 화폐경제, 도시화는 19세기 중엽에 이르러 사회구조의 근본적인 변화를 야기했다. 19세기에 이르러 상인의 힘과 위신이 점차 상승됐으며, 유학교육보다 금전이 중시되는 사회로 변모하였고, 이러한 사회분위기의 변화에 부응하여 상인들도 명 중엽 이후 혈연과 지연을 기초로 집단화하여 사회적 위세를 지니게 되었다. 이러한 집단화 경향은 동향인의 모임인 회관(會館)을 통해 더욱 강화되었다. 이들 집단화된 상인 중에 대표적인 그룹이 강남의 휘주상인(徽州商人)과 강북의 산서상인(山西商人)이었다.

휘주상인은 만력 연간(1723~1620)에 급성장하였다. 초기에는 주로 식량과 지역 생산물에 의지했으나, 점차 범위를 확대하여 많은 자본을 필요로 하는 소금과 면포, 비단, 차, 그리고 경덕진의 자기까지 거의 모든 상품의 유통을 담당하였다. 특히 양자강 중상류지역에서 생산되는 곡식, 목재, 약재 그리고 화북과 동북의 면화, 콩 등을 취급하여 남북 상로와 동서 상로를 장악하고, 진, 현, 주, 부와 대도시를 연결하는 유통망을 확보했다. 이들이 확보한 상품유통권은 연해를 거쳐 동남아까지 확장되었다.

산서상인은 지리적 장점을 이용하여 양곡과 소금의 유통에서 많은 부를 축적하였다. 산서상인들은 서북을 잇는 변방무역외에도 가장 큰 염장(鹽場)이 있는 양회(揚淮), 강절(江浙)지역으로 활동범위를 넓혀 이 지역에서 활동하던 휘주상인과 치열한 각축전을 벌임으로써 천하양대상방(天下兩大商幇)으로 불리웠다. 19세기 산서상인들은 금융업에 뛰어난 수완을 발휘하였다. 고객과의 철저한 신용을 바탕으로 현대식 은행업무인 송금을 전담하는 표호(票號)를 설립하였다. 본점을 평요(平遙), 기현(祁縣), 태곡(太谷)에 둔 표호들은 전국 주요도시에 지점을 설치하였고, 정부의 공금수송은 물론, 조선의 신의주와 일본의 고베에 지점을 설치하여 국제송금업무까지 담당했다.[29]

이와 같은 상공업의 발달은 도시발달을 야기하였다. 대도시는 소주, 송강, 상주, 항주, 가흥, 호주부 등 강남지역에 집중되었을 뿐만 아니라 이들 대도시 주위에는 촌락이 도시로 성장한 많은 시진들이 있었다. 강남지역 대도

29 이화승(2007), 「상업」 『명청시대 사회경제사』(오금성 외 지음), 이산.

시와 시진외에도 남북 상인들이 몰려든 전국 33개 주요 부, 주, 현에서 상인들에게 거두어들인 상세가 크게 증가했기 때문에 도시화가 가속화되었다.

2) 일본

에도막부는 에도[江戸 : 오늘날의 東京], 오사카, 교토를 비롯해 나가사키, 사카이, 나라, 야마다 등의 주요도시를 직할 관리함과 동시에 육지와 바다의 교통을 관리 장악했다. 막부는 에도에서 여러 지방으로 통하는 방사선형의 5가도(街道)[동해도(東海道), 중산도(中山道), 일광도중(日光道中), 오주도중(奥州道中), 갑주도중(甲州道中)]를 정비하였다. 또한 에도 막부는 쇄국정책의 기조하에 대형선박의 건조와 원양항해를 금지하였지만, 물류의 주요수단인 연안항로의 정비에 힘을 쏟아 해상교통을 촉진시켰다. 해상교통로는 17세기 초 에도와 오사카 간의 남해로가 정비되었고, 17세기 중엽에는 동회항로(東廻航路), 서회항로(西廻航路)가 정비되었다. 이리하여 전국 규모의 육상과 해상교통체계가 확립되었다.[30] 이와 아울러 에도막부는 도량형을 통제하고, 화폐의 주조권을 독점했다. 이렇게 함으로써 에도 막부는 일반 다이묘를 능가하는 중앙정권으로서의 실질을 확보할 수 있었다.

막번체제 하에서 영주들은 사회적 분업을 인위적으로 유지하기 위해 가신과 상공업자를 성하정에 집중시켰다. 영주는 농민의 잉여생산물 모두를 연공(年貢)으로 수취한다는 원칙하에 수확고의 4~5할을 징수하고자 했다. 그러므로 영주는 농가경영의 유지에 불가결한 상품유통만을 인정하고 농민의 과도한 시장접촉을 막았다. 이를 위해 영주들은 성하정과 약간의 재정

30 水本邦彦(미쯔모도 쿠니히코)(2003), 「막번체제」『새로 쓴 일본사』(朝尾直弘 아사오 나오히로 엮음·이계황 외 옮김), 창작과 비평사.

(在町)에만 상업을 허용하였다. 농가에서 필요한 비자급분의 생산과 유통도 성하정이 담당함으로써, 농촌과 도시가 뚜렷하게 분리되었다. 일본 중세에서 근세 이행기에 출현하기 시작한 성하정은 영국(領國)내의 상공업 중심지인 도시로 성장한 것이다.[31]

새로운 도시의 발흥은 종래 영주와 강하게 유착하여 활약하던 초기 호상(豪商)들을 대신해 새로운 상인계층을 출현시켰다. 새로운 상인들은 종래의 영주 수요에 대응할 뿐만 아니라 새롭게 도시주민이 된 상인, 직인, 나아가 일용직 등 하층민들의 수요에도 맞추어 상품을 공급하였다. 성하정에 모여든 상인들은 17세기까지 거대상인으로 성장하지는 못하였다. 이 시기 도시상인은 도시수요의 증대에 걸맞게 발전하고, 농촌까지 포함하는 시장을 지배하는 매입도매상[仕入問屋 시이레토이야]이 아니라 도시에서 소매를 주로하는 판매점, 중매상의 성격이 강했다. 그리고 18세기 이후 비단과 목면의 도매상[問屋]이 되는 시라끼야 [白木屋]와 카시와야[栢屋] 등도 17세기 후반에는 주로 교토에서 들여오는 방물, 담뱃대, 부채 등을 취급하고 때로는 말린 정어리를 원료로 한 비료, 쌀, 콩, 연초 등과 같은 상품도 취급했다. 17세기의 성하정 상인들의 취급상품은 잡다했고, 영업내용은 전업화되지 않았던 것이다. 17세기 원격지 거래를 담당했던 상인들은 기내 재향정(畿內 在鄕町) 상인과 동북, 관동의 재정(在町) 상인들이었다. 이러한 상인들은 수송수단과 도시상업이 정비되지 않은 상황에서 지역농민의 다종다양한 농산물을 매집하고, 대신 씨를 뺀 목화솜[繰綿], 무명 등 선진지역의 상품을 판매했다.

17세기 소자본의 상인들이 주류를 이루던 상업계에서 도시상업이 번성하기 시작한 원록기(元錄期 : 1688~1704)부터 향보기(享保期 : 1716~1736)에 거

---

31 이헌창(1999), 「조선후기사회와 일본근세사회의 상품유통의 비교연구-전근대재정과 시장형성의 관련성을 중심으로-」『재정정책논집』 1, 한국재정정책학회.

대 상인이 출현하였다. 17세기 후반이후 수하업자의 비중은 저하되고, 특정 물품을 취급하는 전업도매상[專業問屋]이 등장하였다. 이들은 수수료를 취할 뿐만 아니라 자신의 자금으로 대량의 상품을 매입해 판매하는 매입도매상으로 변신하여 이제까지 원격지 상인의 단골이었던 동북지역과 관동지역의 상인과 직접 거래하였다. 이러한 매입도매상의 성장은 에도와 오사카의 인구를 증가시켰다. 에도에는 교토와 오사카에서 올라온 상품량이 격증해 하역과 운송을 위한 노동력이 필요하게 되어 대량의 일용직 고용층이 형성되었다. 그리고 상품을 팔러 돌아다니는 소상인인 보떼우리 등도 증가했다. 이리하여 향보기에는 일용직 고용층을 중심으로 하는 도시하층민이 에도와 오사카 등 거대도시에서 형성되었다.[32]

영국경제(領國經濟)가 전국적으로 통합되는 과정에서 전국적인 상품유통의 중심지로써 삼도(三都)가 성장하였다. 참근교대제는 인구 100만의 거대도시 에도를 출현시켰고, 연공미의 거래는 오사카를 발전시킴으로써 17세기 후반 전국적 시장을 창출하였다. 정치적 중심지로써 에도, 상품유통의 중심지로써 오사카, 영주의 고급수요에 응하는 전통공업의 중심지로써 교토가 영국경제를 전국적으로 통합하는 지위를 지닌 삼도로 성장한 것이다.[33]

일본의 근세를 대표하는 상인은 근강상인(近江商人)이다. 행상에서 출발한 근강상인은 전국각지에 지점을 두고 다양한 상품과 거래를 행하며, 공동기업이나 회계방식을 동원하여 합리적 경영을 한 상인으로 알려져 있다.

32 藤井讓治(후지이 죠오지)(2003), 「근세사회의 성숙」 『새로 쓴 일본사』(朝尾直弘 아사오 나오히로 외 엮음·이계황 외 옮김), 창작과 비평사.

33 이헌창(1999), 앞의 논문 참조.

3) 조선

성리학을 지배이념으로 삼았던 조선초기 조선왕조는 맹자의 중경의리(重義輕利)사상을 수용하여 이재(理財)의 추구를 경계한 반면, 무농(務農)과 절용(節用)을 경제운영의 원칙으로 삼았다. 이러한 경제사상에 입각하여 조선왕조는 상업을 억제하고, 사치를 금지하며, 국용(國用)을 절감하는 정책을 펼쳤다. 이러한 억말론적 상업관은 16세기 이후 무본보말론(務本補末論)적 상업관으로 변하였다. 무본보말론은 상업이 농민의 경리를 보완할 뿐만 아니라 국부(國富)를 증진시키는 요소가 될 수 있다는 관점에서 상업의 효용성을 적극적으로 긍정하는 상업관이었다. 무본보말론은 16세기 후반 대두하였지만, 국가운영의 경제론으로 확산된 직접적인 계기는 임진왜란이었다. 17세기 전반의 무본보말론자들은 농업에서의 상업적 영농의 확대, 소금, 산삼, 은광개발 등과 같은 산천의 이익을 개발하는 방안을 구체화하고, 운송수단인 선박과 수레의 개선과 제조이용, 새로운 금속화폐의 주조와 유통을 제기하였다. 이들은 전란으로 파괴된 농업생산기반을 회복하기 위해 농업을 기본으로 하면서도 농업외의 다양한 산업을 육성함으로써 농민경제의 안정을 확보하고 국가의 재정위기도 극복할 수 있다고 생각하였다.[34]

상업관의 변화는 현실 경제의 변화에 견인되면서 동시에 현실의 변화를 추동하는 힘을 지녔다. 17세기 후반이후에는 농업생산력이 발전하였고, 사회적 분업이 진전되면서 상업이 성장하였다. 이 시기 물가는 장기적인 안정 속에 완만한 상승추세였으며,[35] 인구 또한 기복이 없지 않았지만 꾸준한 증가추세를 보이고 있었다.[36] 이와 같은 인구성장과 물가안정을 기반으로 상품

34 백승철(2000), 『조선후기 상업사연구－상업론 · 상업정책』, 혜안.

35 이헌창(1998), 「숙종－정조조(1678~1800년간) 미가의 변동」 『경제사학』 21, 경제사학회.

36 신용하 · 권태환(1977), 앞의 논문 참조.

화폐경제는 매우 건실하게 발전하고 있었다.

이와 같은 건실한 경제성장을 더욱 촉진한 것은 육상, 해상교통의 발달이었다. 육상교통의 경우, 18세기 중엽이후 한양을 기점으로 전국 각지를 연결하는 간선도로망이 계속 증가하여 6대로에서 7대로, 9대로로 칭해지다가, 19세기 후반에는 10대로를 칭하게 되었다. 이와 더불어 기존 도로의 확대나 정비, 신작로 개설, 빠른 길의 개척 등이 활발하게 이루어졌다. 또한 경강선인(京江船人)의 주도하에 항해술과 조선술도 발전하였다. 예컨대 17세기 중엽에는 태안반도 끝인 안흥량(安興梁)을 넘다가 침몰사고가 빈발했다. 정부에서는 안흥량 남북에 각각 남창(南倉)과 북창(北倉)을 설치하여, 조운선에 실린 세곡을 남창에 하역한 다음 빈 배로 북창까지 가서 육로로 북창까지 운송된 세곡을 싣고 서울로 운송하게 하였다. 이처럼 안흥량은 뱃사람들에게 공포의 해역이었는데, 18세기 중엽 『택리지(擇里志)』에는 "뱃사람들이 안흥량 넘기를 자기 집 뜰을 거니는 것과 같다"고 얘기하고 있다. 그만큼 항해술이 진전되었던 것이다. 항해술과 조선술의 발전을 기초로 18세기 이후에는 전국 연해지역을 육상으로 연결하는 연로(沿路)와 경강(京江)-함경도 경흥, 경강-의주, 해남-제주에 이르는 3가지 해로(海路)가 완전하게 파악되고 있다. 조선후기에는 이처럼 연로와 해로, 그리고 9대 간선도로망을 통하여 전국은 육상과 해상으로 완전히 연결되었다. 또한 17세기 말에 전국적으로 유통된 금속화폐인 상평통보는 18세기 초반에 법으로 유통이 금지된 함경도 마천령 이북지역까지 유통되었다. 이처럼 매우 빠르게 금속화폐의 유통지역이 확대된 것은 화폐를 받아들일 만한 경제적 기반이 충분히 성숙되어 있었기 때문이었다.

육상교통, 해상교통의 발달로 인한 상품유통권의 확대와 화폐유통의 전국적 확산은 새로운 유통시장을 창출하였을 뿐만 아니라 18세기 말 이후 지방장시의 대형화추세와 연결되면서 상품유통경제를 새로운 단계로 나아가게 하였다.[37] 장시를 중심으로 형성되었던 지역 내의 상품유통권과 전국적 상품유통의 중심지였던 대포구가 유기적으로 연결되면서 조선후기의 상품유통권은 서울을 중심으로 단일한 상품유통권으로 통합되어 갔다. 즉 포구를 중심으로 한 포구시장권과 장시를 중심으로 한 장시시장권이 유기적으로 연결되면서 전국적 시장이 형성되기 시작한 것이다. 전국적 시장을 기반으로 농촌에서 생산된 생산물이 농촌장시를 통하여 중간도매상에게 매집되고, 이는 포구가 있는 산지 매집상에게 모였으며, 이는 다시 선상과 포구주인층에 의하여 서울이나 다른 유통지역으로 운반되는 체제가 완성되었다. 이러한 체제는 대체로 18세기 중후반을 거치면서 완결되었다.[38] 이러한 육상, 해상교통의 발전과 시장권의 통합, 확대는 서울시장과 포구상업의 번성을 초래하였다.

서울의 시전상업은 17세기 말을 전후하여 크게 정비되었다. 17세기 후반 비시전계상인이 성장함에 따라 이들에 대한 대응조치로 17세기 최말기에 금난전권(禁亂廛權)이 확립되었고, 1706년(숙종 32)에는 평시서(平市署) 시안(市案)에 각 시전이 주관하는 물종이 자세히 기록되기 시작하였다. 금난전권의 확립과 주관물종의 시안등재는 특정물종의 독점권을 시전상인에게 부여한 조치였기 때문에, 시전상인의 이익은 그 이전에 비해 훨씬 늘었다. 그러므로 비시전계 상인들도 이러한 특권을 확보하기 위하여 새로운 시전 창설을 도모하여, 18세기 전반기에는 소소한 물종에도 대부분 시전이 창설되었다. 그동안 영세소상인들이 길거리에서 행상이나 좌판에서 자유롭게 판매했던 미나리와 같은 소소한 물종도 평시서 시안에 등재됨으로써 시전화

37 한상권(1981), 「18세기말 19세기초 장시발달에 대한 기초연구」 『한국사론』 7, 서울대학교 국사학과.

38 고동환(1994), 「조선후기 교통의 발달과 전국적 시장권의 형성」 『문화역사지리』 8, 한국문화역사지리학회.

되었다. 그 결과 17세기 전반 30여 개에 불과했던 시전이 18세기 말에 이르면 120여 개로 늘어났다. 18세기 전반 시전 설치의 목적은 상품거래를 통해 이익을 보는 것보다 오히려 비시전계 상인에 대한 금난전권의 행사를 통해 이익을 얻기 위한 것이었다. 새로 창설된 시전의 대부분은 수공업자나 사상세력들이 권력기관과 결탁하여 설립한 시전이었다. 그러므로 이 시기에는 영세소시민들의 자유로운 상행위는 크게 억제될 수밖에 없었다.

신설 시전의 증가와 짝하여 서울상업계에는 시안에 등록하지 않은 난전상업도 활성화되었다. 난전의 형태는 수지물(手持物) 판매가 합법적으로 허용된 군병들에 의한 난전, 지방 향상(鄕商)과 선상에 의해 전개된 난전, 수공업자들이 직접 제조 판매하는 난전, 부상대고와 세력가의 하인들이 생산지나 서울로 상품이 반입되는 중간에서 물건을 매집하여 전개하는 난전도고(亂廛都賈), 시전체계 하부에 종속되었던 여객주인, 중도아(中都兒)들이 시전상인을 배제하고 상품을 유통시키는 난전, 그리고 다른 시전의 주관물종을 자신의 주관물종과 유사하다는 점을 구실로 불법적으로 판매하는 시전에 의한 난전 등 매우 다양하게 전개되었다.[39]

상업중심지로 발전하였던 포구들은 주로 강과 바다가 만나는 지점으로, 바닷물이 올라올 수 있었던 포구였다. 대포구는 서울의 경강포구 외에도 낙동강 하구의 김해 칠성포, 금강하류에 위치한 은진의 강경포, 그리고 커다란 강은 없었지만 북어생산의 집산지로써 발달한 동해안의 원산포, 그리고 남해안의 창원 마산포가 대표적이었다.

전국적 시장의 중심은 서울을 배후시장으로 갖고 있으면서 동시에 전국에서 가장 큰 포구시장이었던 마포와 용산, 서강이 위치한 경강(京江)이었다. 경강은 서울 시장과 관련해서는 미곡, 목재, 어물, 소금과 같은 상품의 도매

39 고동환(2000), 「18세기 서울의 상업구조변동」『서울상업사』, 태학사.

시장으로서 기능하였다. 소매상이나 행상들은 경강에 와서 어염이나 젓갈, 목재, 주류 등을 구입한 뒤, 도성 안에 들어가서 일반소비자에게 판매하였던 것이다. 또한 경강은 전국적인 시장과 관련하여서는 전국의 상품가격을 조절하는 중심시장의 기능을 담당하였다. 예컨대 당시 경강에 집하되는 미곡을 '강상미(江上米)'라고 불렀는데, 이 강상미는 전국 미곡가격의 동향에 매우 민감하였다. 다른 지역에 큰 흉년이 들어 서울지역보다 미가가 높으면 경강의 미곡을 취급하는 무곡상(貿穀商)들은 경강에 올라온 미곡을 다시 내려 보내 많은 이익을 남겼는데, 그 양은 많을 경우 강상미의 1/3에 달하였다. 막대한 자본력과 권력의 비호 하에 경강상인들은 생산지부터 상품을 독점하고, 서울에서 출하시기를 조절함으로서 막대한 이익을 얻을 수 있었다. 이는 경강상인이 서울의 상권을 계통적으로 장악할 수 있었기 때문이다. 이를 보여주는 대표적인 사례가 바로 1833년(순조 33) 서울의 '쌀폭동'이었다. 경강객주(京江客主) 김재순(金在純)이 다른 객주는 물론 도성 안의 미전(米廛)상인에게까지 영향력을 발휘하여 쌀을 팔지 못하게 하였다. 쌀이 시장에 나오지 않자 쌀가격이 급등하고, 돈이 있어도 쌀을 구할 수 없었던 빈민층이 쌀값폭등에 항의하여 대규모 폭동을 일으켰던 것이다. 이 사건은 19세기 경강의 여객주인이 미전상인보다는 훨씬 주도적으로 미가의 조절기능을 가졌다는 점에서 경강상인의 성장을 보여주는 것이었다.[40]

경강상인과 함께 대규모 상인으로 성장한 상인이 개성상인이었다. 개성상인들은 전국의 시장을 대상으로 한 상업활동뿐만 아니라 국제무역과 홍삼제조업에도 진출하였다. 개성상인들은 차인(差人), 서사(書士), 수사환(首使喚), 사환(使喚) 등으로 구성되는 치밀한 상업조직을 내부에 갖고 있었다. 또한 사개치부라는 독특한 복식부기방식의 회계법도 고안하였다. 이들은 이

40 고동환(1998), 『조선후기 서울상업발달사연구』, 지식산업사.

러한 상업조직을 기초로 전국의 주요지역에 송방(松房)을 설치하여 차인을 상주시키고 그 지역의 상품유통을 담당하게 하였다. 개성상인들은 자본력은 물론 조직력에서도 국내의 여타 상인에 비해 훨씬 월등했으므로 전국을 대상으로 한 도고(都賈)상업을 전개할 수 있었다. 17세기 후반이후 청과 일본과의 무역이 활발해지면서 개성상인들은 의주의 만상(灣商), 동래의 래상(萊商)과 함께 국제무역을 주도하는 상인으로 성장하였다. 한편 개성상인들은 신용에 기초한 금융거래기법을 발달시킴으로써 합리적인 상업관행을 정착시키는데도 크게 기여했다. 이와 같은 신용을 기초로한 거래관행은 금융의 대부에서도 그대로 관철되었다. 그것이 개성지역에서만 존재했던 독특한 금융관행인 시변제(市邊制)였다. 17세기 무렵 발생했을 것이라고 추정되는 시변제는 자금의 대여자와 차용자가 중개인을 매개로 물적 담보없이 신용을 바탕으로 대차관계를 맺는 제도였다. 신용을 토대로 한 거래관행에 익숙한 개성상인들은 어음(於音)과 환(換)이라는 신용화폐를 창안하여 유통시켰다. 개성상인들은 국내 상업과 국제무역에서 축적한 자본을 생산부문에 투자하였다. 정부의 허가를 받지 않고 광산을 채굴하는 잠채광업에 투자하여 광산물주가 되기도 하였고, 삼을 캐는 사람들에게 미리 삼가(蔘價)를 주고 정해진 날짜에 인삼을 받는 등, 생산부문에 대한 선대제적 경영도 시도하였다. 개성상인들의 생산부문에의 투자중에서 가장 두드러진 분야가 인삼재배업과 홍삼제조업이었다. 그들의 자본축적과 그 자본의 생산부문에의 투자는 우리나라 중세말기의 근대적 지향을 보여주는 징표로도 이해되고 있다.[41]

41 고동환(2009), 「조선후기 開城의 도시구조와 商業」『지방사와 지방문화』 12권 1호, 역사문화학회.

2. 도시화 진전과 도시 성장

1) 중국 : 행정도시 '현성'과 상공업도시 '시진'의 병존

중국의 도시는 수도(首都), 배도(陪都), 성도(省都), 부성(府城), 주성(州城), 현성(縣城)이라는 행정위계에 따른 상하관계로 편성되는 것이 일반적이다. 전국의 지방행정은 성(省)-부주(府州)-현(縣)으로 구성되었고, 부성과 주성은 현성과 현청사가 소재하였고, 이들이 행정과 상품유통의 중심지로써 도시로 기능한 것이다. 이와 같은 현성은 송대에서 청대에 이르기까지 1,200곳에서 1,300곳이 존재했다. 행정중심기능을 갖는 전통적인 도시와 달리 송대에서 청대에 이르는 시기에 농촌지역의 시진(市鎭)이 성장하여 중소도시로 기능하였다. 시진은 1개 현당 1.3개 정도 존재했다고 추정된다.[42] 시진은 촌락-시집(市集 : 정기시)-시진(市鎭 : 상설시, 중소도시)-대도시로의 성장과정을 밟는다. 전국의 3분의 1에 달하는 시진은 강남지역인 강소와 절강지역에 집중되었다. 강남의 도시화는 대략 9세기 후반부터 시작하여 남송시대에는 그 첫 단계의 전성기에 이르렀고, 경제기능을 가진 중소도시가 많이 발생하였으며, 명 중기에 재차 발전기에 돌입하여 장기적 성장단계에 돌입하였다.

시진의 성장은 도시수공업과 상업발달을 배경으로 주변 농촌에서 많은 인구들이 이주하면서 본격화되었다. 중국사에서 인구이동은 매우 중요한 사회현상이었다. 대대적인 인구이동은 명 중기에서 명 말기, 명 말에서 청 초 두 시기에 있었다. 인구이동은 성(省) 내부 지역간에는 물론 성과 성 사이에서도 나타났다. 인구이동의 유형은 농촌지역에서 도시 및 수공업지역으로의 이동유형, 농촌지역에서 금산구(禁山區)로의 이동유형, 인구가 과밀한 선진경

42 斯波義信(시바 요시노부) 지음·임대희·신태갑 옮김(2008), 『중국도시사』, 서경문화사.

제지역[狹鄕]에서 낙후한 농촌지역[寬鄕]으로의 이동유형으로 크게 구분된다. 명 중기에서 말기에 걸쳐 계속된 인구이동은 '북에서 남으로'라는 이전시대의 대세와는 달리 매우 복잡하고 다양했다. 이 기간 동안에 인구가 가장 집중된 지역은 섬서 남부, 사천 동북부, 하남 남서부, 호북 서북부로 이루어지는 사성교계(四省交界)지역이었고, 그 다음이 강서 남부, 복건 북부, 광동 동북부, 호남 동남부 등으로 이루어지는 사성교계지역이었다. 성단위로 보면 호광지역에 인구가 집중적으로 유입되었고, 그 다음이 사천, 북직예, 산동, 하남 지방이었다. 명 말 청초에 걸쳐 또 한번의 대대적인 인구이동이 있었다. 사천지역은 명 말 장헌충(張獻忠)의 난 때문에 인구가 격감되었다. 청 초기 사천의 인구비중은 전체의 1%에 불과했지만, 1761년(건륭 26)에는 전체 인구의 10%로 격증했다.[43]

이와 같은 인구이동으로 인해 명대 양자강 중류 일대의 토지가 급속히 개발되었으며, 토지개발의 결과 중국의 경제중심지가 분화되었다. 특히 송대에서 명 초까지는 양자강 하류의 강소성, 절강성 지역이 경제 문화의 중심지였다. 그런데 명 중기에서 명 말에 이르는 시기에 경제적 중심지로써 강남의 지위가 분화되어갔다. 강남지역은 일반적으로 강소성의 소주, 송강, 상주, 태창의 4부주와 절강성의 가흥, 호주, 항주의 3부 등 7개의 부주를 일컫는다. 이 지역은 동으로는 황해, 서로는 산구사이에 위치하는대 모두가 태호(太湖) 주변지역이어서 대소의 하류가 관류하고, 항주로부터 북경에 이르는 경항(京杭) 대운하의 연변에 위치한 풍요로운 평원이며 수향택국(水鄕澤國)이었다. 도시화는 이 지역에서 가장 두드러지게 나타났다. 강남지역은 명초에 홍무제(洪武帝)가 뽕나무, 마, 목면의 재배를 권장하고 조세의 일부를 그 생산물로 납부하게 하면서 경제구조가 변모하였다. 이 지역에는 면화를 원료

43 오금성(1986), 『中國近世社會經濟史硏究 – 明代紳士層의 形成과 社會經濟的 役割 –』, 일조각.

로 하는 면직업과 견직업이 발달하였다. 특히 면직업에 견직업의 방직기술의 결합되면서 고급면포 생산이 이루어졌다. 미곡을 재배하던 농경지가 뽕나무나 목면의 재배지로 변모하였고, 견직업, 면직업 분야에서 일자리를 구하는 사람들이 대거 몰려들어 인구가 급증하였다.

강남지역에는 소주, 남경, 항주 같은 대도시만이 아니라 시진이라는 다수의 중소도시들이 밀집하였다. 명, 청시대 발달한 도시 중 시(市)는 대개 100~300호 정도가 보편적이었고, 500~1,000호는 그리 많지 않았으며, 1,000~2,000호는 극소수였다. 진(鎭)은 대개 1천호 이상의 중급도시를 지칭했는데, 인구는 2천호에서 3천호정도였다. 명청시대 강남지방의 도시화는 이미 존재하던 대도시는 안정되어 성장세가 둔화된 반면, 시진은 수적인 증가와 함께 시진내외의 호구수도 증가함으로써 도시규모의 확대와 번영이라는 양면적 발전이 이루어졌다.

소주부 오강현 성택진(盛澤鎭)의 경우 명초에는 50~60가구에 불과한 촌락이었으나 15세기 중엽부터 상인과 수공업자가 증가하기 시작하여 16세기 중엽에는 100여 호로 증가했고, 17세기 전반에는 1천호, 강희연간(1662~1722)에는 1만여호로 증가한 결과, 1740년(건륭 5)에는 진(鎭)으로 승격하였다. 소주부 진택진(震澤鎭)의 경우 14세기 중엽에는 수십호의 촌락이었으나 15세기 중엽에는 300~400호, 16세기 중엽에는 2천호~3천호로 증가했다.

명말 청초를 기준으로 하여 1만호 이상의 초대형 진은 소주부에 성택진 등 6개, 송강부 2개, 호주부 2개, 가흥부 3개, 항주부 1개, 가흥과 호주부 사이에 있었던 호청진 등 모두 15개였다. 거민이 수천호에서 만호에 이르는 중형 진도 10개였다. 이처럼 명청시기 강남지역의 시진은 매우 빠르게 늘었다.[44] 소주부와 송강부에서 나타난 시진의 증가추세를 보면 다음의 〈표 6〉과 같다.

44 오금성(2007), 『국법과 사회관행-명청시대사회경제사연구』, 지식산업사.

표 6 16세기~20세기 소주부, 송강부 양부의 시진의 증가추세[45]

	1550년이전	1551~1722	1723~1861	1862~1911
소주부	102	128	157	264
송강부	59	113	167	369

〈표 6〉에서 보듯이 소주부의 시진은 1550년 이전에 102개였다가 18세기 중엽에는 157개로, 19세기에는 264개로 늘었다. 송강부는 1550년 이전에 59개였다가 18세기 중엽에는 167개로, 19세기에는 369개로 급속하게 늘었다.

이처럼 늘어난 강남의 시진들은 업종별로 전문화된 자신의 산업을 가지고 있었다. 예컨대 비단생산의 중심은 남심진(南尋鎭), 성택진, 면포생산의 중심은 남상진(南翔鎭), 나점진(羅店鎭), 미곡유통의 중심지는 풍교진(楓橋鎭)과 평망진(平望鎭) 등이 대표적 시진이었다. 시진은 교통이 중요하므로, 강남지역의 경우에는 수로의 연변이나 교차지점에 형성되었다. 그러므로 특정 행정단위 내에서만 형성된 것이 아니라 현과 현의 경계에 위치하기도 하고 2개의 성에 걸쳐있는 경우도 있다. 예컨대 풍경진(楓涇鎭)의 북측은 강소성, 남측은 절강성에 속했다. 이들 시진은 성벽에 둘러싸여 있지 않는 것이 일반적이다.[46]

2) 일본 : 근세도시 '성하정'의 발전

영주제의 전개에 따라 영주들은 가신과 상공업자를 성하정에 집중시켰다. 무사층은 석고제(石高制)에 의해 농촌에서 쌀과 화폐를 연공으로 받았는데, 그 쌀의 일부는 직접 소비했지만, 그 나머지와 화폐로 받은 연공은 행

45 范毅軍(2002),「明中葉以來江南市鎭的成長趨勢擴張性質」『歷史語言硏究所集刊』73~3, 中央硏究院(오금성(2007),『국법과 사회관행-명청시대사회경제사연구』, 지식산업사, 301쪽에서 재인용).

46 이윤석(2007),「도시」『명청시대 사회경제사』(오금성 외 지음), 이산.

정비용에 충당하거나 생활에 필요한 물품과 서비스를 구입하는데 사용했다. 이러한 화폐지출을 둘러싸고 다수의 상공업자, 서비스업자가 모여 거주한 곳이 성하정이었다. 성하정이 영내 인구의 1~2할 정도를 흡수하면서 도시로 성장함에 따라 영국내 도시와 농촌의 분리가 뚜렷해졌다. 막부직할지는 물론 거의 모든 영주의 지배하에서 병농분리가 실시되고, 무사의 성하정 집주가 실현되었다. 17세기 중엽이후 성하정을 중심으로 한 교통, 유통구조가 정비됨으로써 성하정은 영역시장의 중핵에 위치하게 되고 정보와 문화센터의 역할도 맡게 되었다.

무사와 농민의 신분적 공간적 분리가 사회구조로 정착된 에도시대에 성하정의 형성은 무사들에게 필수요건이었다. 각 번(藩)에서의 병농분리와 성하정의 건설이라는 지방적인 변화를 전국 규모로 확대시킨 것은 참근교대제였다. 때문에 전국 250여개 번이 각각 스스로 성하정을 형성하게 된다. 모든 다이묘 재정의 3분의 1을 소비시킨 참근교대는 에도라는 거대도시와 에도에 상품공급역할을 하는 오사카와 교토를 낳았다.[47] 성하정 중에는 전국다이묘[戰國大名] 이래의 성하정, 숙장정(宿場町), 항정(港町), 문전정(門前町) 등을 기초로 한 경우도 있었지만, 대부분은 근세에 들어와 새롭게 건설된 도시였다. 무사와 상인의 인구비율은 3 : 7 혹은 4 : 6이 일반적이었고, 상인인구는 카나자와[金澤]의 7만명을 최고로, 나고야[名古屋], 카고시마[鹿兒島]가 6만명, 히로시마[廣島], 후쿠오카[福岡]가 4만명, 오까야마[岡山], 센다이[仙臺] 등이 뒤를 잇는 규모였다.

에도[江戶], 오사카, 교토의 삼도(三都)는 각지의 성하정의 상위에 위치하면서, 전국적인 정치, 상공, 문화의 중심으로 기능했다. 쇼군[將軍]이 거주하는

47 速水融(하야미 아키라) 지음·조성원·정안기 옮김(2006), 「근세일본의 경제발전」 『근세 일본의 경제발전과 근면혁명』, 혜안, 243쪽.

에도성을 중심으로 발달한 에도는 쇼군에 봉사하는 각종 관원과 참근교대로 에도에 올라온 무사 등 60만명에 상인 40만명을 합해 인구 100만명의 거대 도시로 발달하였다. 에도는 소비수요의 확대로 말미암아 전국시장에서 독자적인 위치를 점했다. 교토는 인구 35만여명을 헤아렸으며, 문화, 경제적 전통과 염직, 금속, 미술 등의 분야에서 고도의 공업기술을 자랑했다. '천하의 부엌[天下の台所]'이라는 별칭으로도 불려졌던 오사카는 17세기 후반부터 전국적 상업, 금융활동의 중심으로서 전성기의 인구는 40만명에 달하였다.[48]

3) 조선 : 행정도시 중심의 도시화와 도시화의 한계

조선의 도시들은 15세기에 확립된 위계적 지방행정조직에 따라 철저하게 조직되었다. 조선시대의 지방행정은 주, 부, 군, 현으로 구성되어 있다. 지방 중에서 개성은 경관직(京官職)인 종2품 유수(留守)가 통치했다. 외관직(外官職)으로서 종2품 부윤(府尹)이 다스리는 고을은 평양, 전주, 경주, 영흥 등 4곳이었고, 정3품 대도호부사(大都護府使)가 통치하는 고을은 안동, 강릉, 안변, 영변 등 4곳이었고, 정3품 목사(牧使)가 통치하는 곳은 광주(廣州), 공주, 안동, 진주 등 20곳, 종3품 도호부사가 통치하는 부는 수원, 강화, 부평 등 총 44곳이었다. 그리고 종4품 군수가 다스리는 군은 82곳, 종5품 현령이 다스리는 현은 34곳, 종6품 현감이 다스리는 현은 141곳으로 총 330개 군현으로 구성되었고, 여기에 수도인 정2품 판윤(判尹)이 통치하는 한성부를 합하면 총 331개의 지방행정단위를 지니고 있었다.[49] 이처럼 고을의 크기에 따라

48 水本邦彦(미즈모도 쿠니히코)(2003),「막번체제」『새로 쓴 일본사』(朝尾直弘 아사오 나오히로 엮음·이계황 외 옮김), 창작과 비평사.

49 『경국대전』, 吏典 外官職. 조선시대 전시기를 걸쳐 군현의 수는 약간의 변동이 있지만, 대체로 330개를 전후하여 큰 변동이 없었다.

위계를 설정하여 통치하는 방식은 고구려 이래의 지방통치방식을 계승한 것이었지만, 이것이 제도와 법전에 고착된 것은 15세기 이후의 일이다.[50] 조선시대 종3품 도호부사 이상이 통치하던 74개 고을은 오늘날도 대부분 모두 시(市) 단위 이상의 행정구역으로 편제되고 있다. 이러한 점은 한국도시사의 가장 큰 특징을 이룬다. 즉 대부분 행정중심지를 바탕으로 도시가 형성, 발전해 왔다는 점, 도시의 위계가 지방통치체계상의 위상을 그대로 반영한다는 점, 그리고 도시의 연원이 매우 오랜 시기에 형성되었다는 점이다.

1789년(정조 13) 조사된 전국 군현별 인구수 조사자료인 『호구총수(戶口總數)』를 기초로 조선후기 도시인구 규모를 살펴보면 다음의 〈표 7〉과 같다.

표 7 1789년 『호구총수』의 인구 5,000명 이상 도시[51]

지 역	인 구	지 역	인 구	지 역	인 구	지 역	인 구
한양	189,153	황주	8,123	명천	5,978	廣州	5,467
개성	27,769	거제	7,839	창성	5,963	청주	5,436
평양	21,869	영유	7,754	의성	5,948	상원	5,431
상주	18,296	공주	7,139	동래	5,946	함흥	5,418
전주	16,694	성천	7,085	밀양	5,818	철산	5,272
대구	13,734	제주	6,761	초산	5,769	덕천	5,255
충주	11,905	정주	6,536	강화	5,704	홍원	5,225
의주	10,837	안주	6,401	나주	5,638	온양	5,147
진주	10,000	안동	6,334	아산	5,607	부여	5,144
해주	9,958	당진	6,316	태인	5,601	가산	5,081
경성	9,102	단천	6,308	光州	5,525	양주	5,031
부산	9,047	경주	6,308	정안	5,488	선천	5,007
길주	8,641						

50 장국종(1990), 『조선정치제도사』, 과학백과사전종합출판사.

51 손정목(1977), 『조선시대도시사회연구』, 일지사, 211~215쪽. 본 통계는 호구총수의 군현별 인구수 중에서 읍치가 있는 지역을 포함한 1개 또는 2개의 면 지역 인구수를 합계한 것이다. 그러므로 농촌부 인구도 일부 포함되어 있다. 조선의 인구통계가 도시부를 확정할 수 있는 자료가 없기 때문에 미흡하지만 기왕의 연구를 그대로 인용한다. 중국과 조선의 경우 서양이나 일본과 같이 도시와 농촌의 분리가 명확하지 않기 때문에 도시인구를 추계할 때 근본적인 한계가 있을 수 밖에 없다.

〈표 7〉에서 보듯이 인구 5,000명 이상의 도시 49곳 가운데 종3품 도호부 이상의 고을은 30곳이었다. 도호부 이상의 고을이 전체 74곳이었는데, 그 중 30곳이 5천명 이상의 인구를 가진 도시였다. 조선에서는 행정상의 위계가 높은 곳이 도시로 성장한 것이다.

행정중심지의 도시화가 조선시대 보편적 추세이긴 했지만, 의주 주내면(인구수 10,837명), 동래부 부산면(9,047명), 동래부 읍내면(5,946명), 창원 부내면(4,381명), 안성(3,497명), 덕원 부내사, 북면사(3,497명), 덕원 원산촌(3,416명), 은진군 김포면 강경(2,671명) 지역은 상업과 교역 중심지로써 도시로 성장한 곳이었다. 덕원의 원산촌, 은진의 강경, 창원 등지는 조선후기 포구상업이 활성화되면서 인구가 늘어난 곳이며, 안성은 삼남지역의 물화가 서울로 올라가는 도중에 집산되는 육로유통의 중심지로써 성장한 곳이었다. 동래와 의주는 잘 알려져 있듯이 대청, 대일무역의 중심지였기 때문에 인구가 밀집한 도시로 성장하였다. 조선에서도 농촌과 수공업에서의 상품생산의 발달과 이에 기초한 상업발달이 행정중심지가 아닌 교통중심지에서 도시가 생성, 발달하였던 것이다. 18세기 후반 인구 1만명 이상의 도시는 한양, 개성, 평양, 전주, 대구, 전주, 충주, 의주 등지였다.

이와 같은 도시화의 진전 중에서 가장 뚜렷한 모습을 보이는 곳이 수도인 한양이었다. 18세기 후반 조선왕조의 호구통계상의 한양인구는 20만명이었지만, 실 거주인구는 30만명을 상회하는 것으로 추정되고 있다.[52] 10만명의 거주인구를 예상하고 건설된 도시에 그 3배에 달하는 인구가 집중됨으로써 한양의 도시공간도 도성 밖으로 확대되었다. 18세기 후반 통계에 의하면 한성부 전체 호의 49.7%가 도성 밖에 거주하였다. 세종 때인 15세기

52 고동환(1998), 「조선후기 서울의 인구추세와 도시문제의 발생」『역사와현실』 28, 한국역사연구회.

전반 도성안 인구가 90%였다는 점을 감안하면, 증가된 인구의 대부분이 도성 밖에 거주했음을 알 수 있다. 인구의 증가와 상업발달에 따라 서울은 점차 중세적 왕도(王都)에서 상업도시로 그 성격이 변하였다. 도시구조 자체도 궁궐과 관청 중심에서 상업중심지의 비중이 높아지는 구조로 변모하였다. 한양 건설초기 종로 시전상가 하나뿐이었던 상업중심지는 18세기 이후 칠패(七牌)와 이현(梨峴 : 배오개), 서소문밖 네 군데로 늘었고, 인구구성도 종친과 관원중심에서 상업인구가 대부분을 차지하였다. 19세기 초의 한 기록에는 "장사나 품을 팔아서 생계를 이어가는 한잡지류(閑雜之類)가 수십만명을 헤아린다"고 얘기되고 있다. 상인, 수공업자와 임노동자층이 서울 주민의 대다수를 차지함으로써 한양은 신분적 권위보다는 경제적 실력이 모든 것을 좌우하는 도시로 변모되었던 것이다.

도시인구비율에 있어서도 한양의 도시인구비율은 전국인구의 3.8%를 차지할 정도로 압도적이다.[53] 2위 도시인 개성의 인구는 한성부 인구의 14%에 지나지 않았다. 한성부의 도시인구는 한성부 이하 14위 도시까지를 모두 합한 인구수보다 많았다. 한성부를 제외한 인구 5,000명이상인 48곳의 도시인구가 전국인구에서 차지하는 비중은 5.14%로서, 한성부의 도시인구비중의 두배 정도밖에 되지 않은 것이다. 이처럼 총 인구중 수도 한양의 인구비중은 작았지만, 도시인구 중의 한양인구의 비중이 압도적인 것은 도시화율이 낮았기 때문이다.[54] 조선후기 도시화는 수도 한양을 중심으로 이루어졌던 것이다. 18세기까지 조선의 도시인구는 완만히 증가하였으나 총인

53 고동환(2007), 「17, 18세기 런던과 서울의 도시구조비교」『조선시대 서울도시사』, 태학사.

54 이헌창(2006), 「한국사에서의 수도집중」『한국사연구』 134, 한국사연구회. 이헌창교수는 앞의 손정목 교수가 읍치가 위치하는 면 전체의 인구수를 도시인구로 추계한 것과 달리 읍치를 중심으로 거주가 밀집한 지역의 인구만을 도시인구로 추계했기 때문에 도시인구수 추계가 손정목교수의 연구와는 크게 다르다.

구가 더욱 빠르게 증가했기 때문에 도시화율은 오히려 낮아졌다. 그러나 18세기 이후 사회적 분업의 진전과 상품화폐경제의 성장을 기반으로 점차 도시화율이 높아져 갔다.

IV. 맺음말 : 동아시아 3국의 인구증가와 도시화 비교

앞서 살폈던 17~19세기 동아시아 세나라의 인구변동추세를 하나의 표로 나타내면 다음의 〈표 8〉과 같다.

표 8 17~19세기 동아시아의 인구변동 (단위 : 만명)

연도	중국인구	일본인구	조선인구
1600년 전후	15,000	1,227	1,172
1700년 전후	15,000	3,127	1,435
1790년 전후	31,300	2,987	1,822
1850년 전후	43,000	3,229	1,647
2005년 전후	133,000	12,705	7,225(남북한 합계)

〈표 8〉에서 보듯이 중국과 조선은 동일하게 16세기 인구급증과 17세기 인구감소, 18세기 급증현상을 나타내고 있다. 다만 일본은 17세기 폭발적 인구증가와 18세기 인구정체현상을 보인다. 17세기 인구감소와 18세기 인구의 급증은 중국과 조선에만 국한된 인구현상이 아니다. 영국, 프랑스를 비롯한

유럽과 인도의 인구도 거의 같은 추세였고, 러시아의 인구도 18세기에 두 배나 증가했다. 17세기 인구감소와 18세기 인구급증현상은 일본을 제외한 지역에서 공통적으로 나타나기 때문에, 그 원인을 전지구적 현상인 소빙기(little ice age) 기후에서 찾기도 한다.[55]

오늘날 중국과 일본, 조선의 인구규모는 일본이 중국인구의 9.5%, 남북한을 합한 한반도의 인구는 중국인구의 5.4% 규모이다. 시대별로 이러한 인구규모가 어떻게 변동하는가를 살펴보면, 조선의 인구는 18세기 이전까지 중국인구의 10%의 규모였다. 그러나 18세기 후반이후 인구규모의 격차는 더욱 크게 벌어져, 1790년에는 6%내외로 줄었고, 1850년에는 4%로 줄었다. 일본의 인구는 1600년에 중국의 8%수준이었다가 1700년에는 20%로 급증하였고, 1790년에는 9%, 1850년경에는 8%로 점차 감소하였다.

조선과 일본의 인구규모를 비교해보면, 오늘날은 남북한을 합한 인구규모는 일본의 57% 수준이다. 1600년경에 조선의 인구규모는 일본의 92%수준이었지만, 1700년경에는 46%, 1790년경에는 60%, 1850년경에는 51% 수준으로 하락했다.

단순한 인구규모비교는 국토면적의 크기를 고려하지 않은 비교이기 때문에 그 격차를 제대로 확인할 수 없다. 한일간의 인구상태에 대한 정밀한 비교를 위해 다음의 〈표 9〉에서 인구밀도를 비교해 보도록 하자.

55 로이드 E. 이스트만 지음·이승휘 옮김(1999), 『중국사회의 지속과 변화』, 돌베개 ; 페르낭 브로델 지음·주경철 옮김(1995), 『물질문명과 자본주의 1-일상생활의 구조 상』, 까치, 26~28쪽. 소빙기기후는 태양흑점활동이 약화됨에 따라 태양열이 지구에 도달하는 힘이 약화되어 기온강하가 나타나는 현상을 말한다. 17세기 유럽의 평균기온은 A.D 1천년 이후 최저기온으로 기록되고 있다. 연평균온도가 섭씨 1도 하락하면 작물의 생장기간이 3~4주 지체될 뿐만 아니라 작물의 재배지역 또한 해발 500피트 이하로 제한된다고 한다. 17세기 유럽과 동아시아 지역에서 전쟁과 자연재해가 지속된 이유도 바로 이와 같은 기온의 급격한 하락에서 비롯된 생산기반의 동요에 있다고 지적하고 있다.

표 9 조선과 일본의 인구밀도[56]

	1600년경		1700년경		1800년경	
	인구수	인구밀도	인구수	인구밀도	인구수	인구밀도
조선	110	50	135	61	165	75
일본	120	31	277	75	307	83

〈표 9〉에서도 확연하게 드러나듯이 1600년경 조선의 인구밀도는 일본에 비해 1.6배로 높았지만, 1700년에는 역전되어 조선은 일본의 81%에 지나지 않았다. 이와 같은 사태역전의 원인은 무엇이었을까. 두가지 원인을 생각할 수 있을 것이다. 하나는 인구통계의 오류이고, 또 다른 하나는 실물경제의 격차이다. 인구통계의 오류라는 관점에서 보면, 두가지 가능성을 생각할 수 있다. 오늘날의 인구규모를 한일간의 정상적인 인구규모라고 본다면, 1600년의 인구추계는 일본이 과소추계되었거나 조선이 과대추계되었을 가능성이 크다. 우선, 국토면적이 일본이 훨씬 큼에도 불구하고 1600년경 일본의 인구가 조선과 비슷하다는 점은 일본의 인구통계가 과소추계되었을 가능성을 시사한다. 1600년 일본인구의 과소추계로 인해 전지구적으로 인구가 감소하는 17세기에 일본만이 예외적으로 폭발적인 인구증가가 기록된 것으로 이해할 수 있다. 또 하나는 18세기 조선의 인구증가율이 과소추계되었을 가능성이다. 조선의 경우 중국과 전체적으로 비슷한 인구추세를 보임에도 불구하고 18세기 인구증가율은 중국에 비해 훨씬 낮게 평가되고 있다. 그 결과 인구규모도 18세기 이전 10%에서 18세기 말 6%로 대폭 감소한 것이다. 또한 1700년의 한일간 인구규모가 현재 수준보다 훨씬 낮은 46%로 기록된 것으로 보인다. 추측컨대 통계상에서 나타나는 중국·조선, 조선·일본 간의 인구규모는 조선의 인구규모를 과소 추계한 결과일 가능성이 높다.

56 이헌창(1999), 「조선후기 사회와 일본근세사회의 상품유통의 비교연구–전근대 재정과 시장형성의 관련성을 중심으로–」『재정정책논집』 1, 한국재정정책학회.

인구통계의 오류가 아니라면 실물경제에서 그 원인을 찾을 수 밖에 없다. 16세기 일본인구의 급증현상은 경제사회의 성립이라는 사회시스템의 변화를 수반하는 것이었다. 조선에서도 17세기 이후 농업생산력의 발전과 시장경제의 발흥이라는 경제발전이 성취되었지만, 이러한 경제발전은 늘어난 인구를 부양하기에는 불충분한 발전이었다고 평가할 수 있을 것이다.

한편 동아시아 삼국의 도시화율은 중국이 명청대에 6~7%, 일본이 7~8%, 조선이 5%였고, 19세기 초에는 중국이 7~8%, 일본이 18%, 조선이 6%였다.[57] 17, 18세기 한, 중, 일 도시화율은 1% 내외의 차이가 있긴 했지만, 큰 차이는 없었다. 그러나 19세기 이후 일본의 도시화는 비약적으로 증가하여 중국과 한국을 압도했다. 중국과 일본의 도시화율은 2.5배, 조선과 일본의 도시화율은 3배정도 차이가 발생했다. 중국과 조선이 농촌과 도시부의 뚜렷한 분리가 행해지지 않은 반면, 일본은 막번체제하에서 강제로 도시와 농촌을 분리하여 도시 중심의 경제가 성장하면서 나타난 결과였다.

중국의 도시는 행정위계의 상하관계로 편성된 행정중심도시와 함께 명청시기에 현성급(縣城級)의 시진이 성장하였다. 북송이후 시진은 1개 현당 1.3진 정도로 추정되고 있으며, 1982년 중국의 진은 2,660곳을 헤아린다. 행정중심지인 현성이 명청시기 1,200~1,300여곳이었다는 점과 비교하면 시진이 얼마나 급속하게 증가했는지를 알 수 있다. 중국의 도시화는 행정도시의 서열화와 함께 시진 성장의 결과였지만, 하나의 상하체계로 편제되지는 않았다. 이와 같은 시진의 성장으로 인해 현성의 존재와 지위가 모호해졌다는 점이 중국도시사의 특징으로 지적되고 있다.[58]

반면 일본은 병농분리, 농과 상공의 분리를 유지하려는 정책을 펼쳤기

57 이헌창(2006), 앞의 논문 참조.

58 斯波義信(시바 요시노부) 지음·임대희·신태갑 옮김(2008), 앞의 책, 63쪽.

때문에 도시와 농촌이 뚜렷하게 분리되었다. 성하정은 영국(領國)지배의 거점으로써의 정치적 기능과 영국내 상공업의 중심지로써의 경제적 기능을 가지게 되었다. 성하정이 영내 인구의 10~20%를 흡수하면서, 도시와 농촌은 기능과 인구면에서 완전히 다른 사회를 형성하게 된 것이다. 성하정은 오늘날 일본열도내 각 지역의 중심도시로 계승되었다. 도쿄를 필두로 오사카, 나고야, 센다이, 가네자와, 히로시마, 가고시마 등 전국 현청 소재지의 70%가 일본 근세의 성하정에서 비롯된 도시들이다. 근세 일본열도내에서 전개되어 현대로까지 계승된 도시들을 핵으로 하는 사회의 기본구조는 일본 중세에서 근세로의 전환기에 만들어진 것이다.[59]

조선은 도시시장을 위해 농촌정기시를 해체하거나 농촌의 상공업자를 도시로 이주시키는 조치가 취해지지 않았다. 시장기능이 농촌에도 분산되었기 때문에, 농촌장시가 조밀하게 편성되었던 반면, 도시로의 인구집중은 일본, 중국에 비해 미약했고, 상설점포도 대도시를 제외하고는 크게 발달하지 않았다.[60] 조선후기 교통과 상업중심지인 강경, 마산, 원산 등에서 도시화가 진행되었지만, 그 추세는 전통적인 행정중심도시를 압도하기에는 미약했다. 집권적 관료국가체제로 운영된 조선왕조사회에서 도시는 군현제라는 지방행정위계에 기초하여 운영되고 있었다. 수도인 한양만이 군사, 행정중심도시에서 18세기 이후 상업도시로 변모하면서 조선의 경제, 사회, 문화의 변동을 추동하고 있었다.

59 玉井哲雄(다마이 데쯔오)(1994), 「日本 中, 近世都市의 特質」『동양도시사속의 서울』, 시정개발연구원.

60 이헌창(1999), 앞의 논문 참조.

高橋康夫 吉田伸之 편(1990),『日本都市史入門 Ⅰ, Ⅱ, Ⅲ-空間, 人, 町』, 동경대학출판회.
고동환(1998),『조선후기 서울상업발달사연구』, 지식산업사.
______(2007),『조선시대 서울도시사』, 태학사.
鬼頭宏(카토 히로시) 지음·최혜주·손병규 옮김(2009),『인구로 읽는 일본사』, 어문학사.
김옥근(1984),『조선왕조 재정사연구』, 일조각.
김용섭(1971),『조선후기농업사연구 2-농업경영, 농학사상』, 일조각.
로이드 E. 이스트만 지음·이승휘 옮김(1999),『중국사회의 지속과 변화』, 돌베개.
마크 엘빈 지음·이춘식·김정희·임중혁 옮김(1989),『중국역사의 발전형태』, 신서원.
斯波義信(시바 요시노부) 지음·임대희·신태갑 옮김(2008),『중국도시사』, 서경문화사.
速水融 하야미 아키라 지음·조성원·정안기 옮김(2006),『근세일본의 경제발전과 근면혁명』, 혜안.
손정목(1977),『조선시대도시사회연구』, 일지사.
안드레 군더 프랑크 지음·이희재 옮김(2003),『리오리엔트』, 이산.
오금성(1986),『中國近世社會經濟史研究-明代 紳士層의 形成과 社會經濟的 役割 -』, 일조각.
______(2007),『국법과 사회관행-명청시대사회경제사연구』, 지식산업사.
오금성 외(2007), 『명청시대 사회경제사』, 이산.
玉井哲雄(다마이 데쯔오)(1994),「日本 中, 近世都市의 特質」『동양도시사속의 서울』, 시정개발연구원.
이태진 외(2000),『서울상업사』, 태학사.
이헌창(1994),『한국경제통사』, 법문사.
장국종(1990),『조선정치제도사』, 과학백과사전종합출판사.
전석담·허종호·홍희유(1970),『조선에서의 자본주의적 관계의 발생』, 백과사전종합출판사(이성과 현실, 1989 : 복간).
朝尾直弘(아사오 나오히로) 외 엮음·이계황 외 옮김(2003),『새로 쓴 일본사』, 창작과 비평사 .
페르낭 브로델 지음·주경철 옮김(1995),『물질문명과 자본주의 1 - 일상생활의 구조 상』, 까치.
何炳棣(허핑티) 지음·정철웅 옮김(1994),『중국의 인구 1368~1953』, 책세상.
홍희유(1989),『조선상업사(고대, 중세편)』, 과학백과사전종합출판사.
고동환(1994),「조선후기 교통의 발달과 전국적 시장권의 형성」『문화역사지리』 8, 한국문화역사지리학회.
______(1997),「상품의 유통」『한국사 33-조선후기의 경제』, 국사편찬위원회.

______(1998), 「조선후기 서울의 인구추세와 도시문제의 발생」『역사와현실』 28, 한국역사연구회.

______(2000), 「18세기 서울의 상업구조변동」『서울상업사』, 태학사.

______(2009), 「조선후기 開城의 도시구조와 商業」『지방사와 지방문화』 12권 1호, 역사문화학회.

박희진(2006), 「조선의 인구」『고문서연구』 28, 한국고문서학회.

박희진·차명수(2004), 「족보에 나타난 인구변동, 1700~1938」『수량경제사로 다시 본 조선후기』, 서울대출판부.

백승철(2000), 『조선후기 상업사연구-상업론·상업정책』, 혜안.

范毅軍(2002), 「明中葉以來江南市鎮的成長趨勢擴張性質」『歷史語言研究所集刊』, 73~3, 중앙연구원.

신용하·권태환(1977), 「조선왕조시대 인구추정에 관한 일시론」『동아문화』 14, 서울대학교 동아문화연구소.

王思明(왕쓰밍)(2003), 「유발적 기술과 제도의 변천-16세기 이후 중국의 농업발전」『농업사연구』 2권 2호, 한국농업사학회.

우대형(2002), 「조선후기 인구압력과 상품작물 및 농촌직물업의 발달」『경제사학』 34, 경제사학회.

이영구·이호철(1988), 「조선시대의 인구규모추계(2)-17, 18세기 인구증가율 추계를 중심으로」『경영사학』 3, 한국경영사학회.

이헌창(1994), 「조선후기 충청도지방의 장시망과 그 변동」『경제사학』 18, 경제사학회.

______(1998), 「숙종-정조조(1678~1800년간) 미가의 변동」『경제사학』 21, 경제사학회.

______(1999), 「조선후기사회와 일본근세사회의 상품유통의 비교연구-전근대재정과 시장형성의 관련성을 중심으로-」『재정정책논집』 1, 한국재정정책학회.

______(2006), 「한국사에서의 수도집중」『한국사연구』 134, 한국사연구회.

한상권(1981), 「18세기말 19세기초 장시발달에 대한 기초연구」『한국사론』 7, 서울대학교 국사학과.

서민문화, 각국의 독자적 전통
– 18세기 동아시아의 학풍과 서민문화

김문식 | 단국대학교

Ⅰ. 서학의 성립과 전파
Ⅱ. 경세적 학풍의 성립
Ⅲ. 고증적 학풍 성립
Ⅳ. 서민문화의 성립

I. 서학의 성립과 전파

1. 서양 국가의 동아시아 진출

아시아 해역은 몽골제국 이래 해상로를 따라 중동, 인도, 동남아시아, 중국의 해상 상인들이 활동했던 무대였다. 이곳의 무역은 주로 계절풍과 해류를 이용하여 전개되었으며, 해상로는 이집트의 카이로, 호르무즈 해협, 인도의 캘리컷(지금의 코지코드), 말레이 반도의 말라카, 중국의 광주(廣州)로 이어졌다.

원래 아시아 해역의 무역은 이슬람 상인과 중국 상인, 일본 상인들이 유통망을 형성하여 활동하고 있었다. 그런데 16세기 전반에 포르투갈이 등장했다. 포르투갈은 서양식 화포인 불랑기포(佛郞機砲)의 위력을 앞세워 1510년에 인도의 고아(Goa, 果阿)를 점령했고, 이어 실론섬과 말라카 제도를 점령하면서 아시아 유통망에 참가했다. 이들은 1517년에 광주에 도착하여 중국 상인과 밀무역을 시작했고, 1553년에는 마카오(Macao, 澳門)에 처음으로 진출했으며, 1557년에 왜구의 진압을 도운 공적으로 마카오를 조차하고 중국무역의 근거지를 획득했다. 이후 포르투갈은 마카오를 거점으로 광동(廣東) 무역을 독점하여 동아시아 무역을 장악했다.

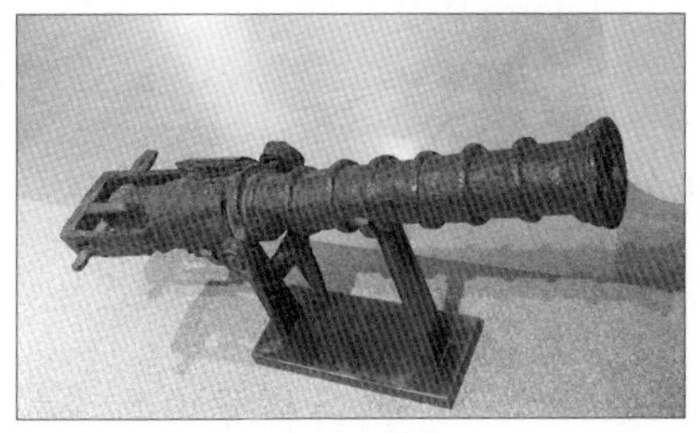
그림 1 불랑기포

다음에는 스페인이 아시아 해역에 등장했다. 스페인은 1565년에 필리핀을 점령하고 1571년에 마닐라성을 건립했다. 이들은 1575년에 중국에 들어왔다가 명나라 황제의 허락을 받고 하문(廈門)을 통상 항구로 삼았고, 1626년에 대만의 기융(基隆)을 점령하기도 했다.

네덜란드는 16세기 말에 아시아 해역에 진출했고, 얼마 후 포르투갈을 대신하여 동남아시아 무역을 장악했다. 네덜란드는 1602년에 동인도회사를 설립하고, 1619년에 자바에 바타비아성(Batavia, 현재 인도네시아 자카르타)을 건립하여 동남아시아의 향신료 무역을 독점했으며, 1609년에 히라도[平戶]에 네덜란드 상관(商館)을 설치하면서 일본과의 무역을 개시했다. 네덜란드는 1622년에 팽호도(澎湖島)를 점령하여 요새를 세웠고, 1623~4년에 대만을 점령하여 안평요새(安平要塞, Fort Zeelandia)와 적감성(赤嵌城)을 건설했지만, 1661~2년에 정성공(鄭成功) 정경(鄭經) 부자에 의해 완전히 밀려났다. 이후 네덜란드는 중국, 유구, 일본, 동남아시아를 연결하는 남해무역을 전개했다.

그림 2 네덜란드 동인도 회사

영국은 1588년에 스페인의 무적함대를 섬멸하여 해상세력이 커지게 되었고, 1600년에 동인도회사를 설립하면서 네덜란드와 경쟁했다. 영국은 1670년에 대만과 무역을 시작했고, 1699년에는 청조의 허락을 받아 광주에 상관을 설치했다(윤내현(1992), 502~506).

2. 청대의 서학 수용

중국과 서양 국가의 만남에는 서양 선교사들이 가교 역할을 했으며, 특히 예수회(The Jesuit) 선교사가 중심이었다. 명나라 말기에 우수한 학식을 지닌 선교사들이 중국에 나타나자 중국의 지식인 가운데 일부가 새로운 학문과 기술에 관심을 가지고 이를 배우려 했다. 그 결과 한역 서학서(漢譯西學書)들이 많이 출판되었고, 중국인의 저작에서 인용되기도 했다.

청나라에 들어와서도 서양 선교사를 존중하는 풍토에는 변함이 없었고, 역(曆)을 만드는 흠천감(欽天監, 천문대)의 장관에는 예수회 선교사를 임명했다. 그러나 강희제 때 이른바 전례문제(典禮問題)가 발생하면서 사정이 달라졌다. 로마 교황청에서는 예수회의 선교 방식이 중국의 전통과 지나치게 타협함으로써 크리스트교의 교의(教義)를 어겼다고 판단했고, 청나라에서는 이에 대응하여 예수회 이외의 선교사들을 모두 추방했다. 1723년부터 청조에서는 크리스트교 포교가 전면 금지되었다.

예수회 선교사들은 서양의 지도와 수학, 역학 등을 소개했으며, 최초의 선교사는 마테오리치(Matteo Ricci, 利瑪竇)였다. 마테오리치는 1582년 포르투갈이 관리하던 마카오에 상륙하였고, 1589년에 남경(南京)에서 〈산해여지도(山海輿地圖)〉란 세계지도를 만들었다. 마테오리치는 1601년에 명의 황제 신종(神宗)을 처음 만나 자명종(自鳴鐘)과 『만국도지(萬國圖誌)』를 바쳤다.

1602년에 이지조(李之藻)는 마테오리치의 지도를 바탕으로 〈곤여만국전도

(坤輿萬國全圖)〉라는 정밀한 세계지도를 제작했다. 이는 길이가 179cm, 폭이 144cm나 되는 대형 세계지도였다. 중국에서는 이미 원나라 때에 이슬람의 지구의(地球儀)가 전해졌지만, 지구설(地球說)이 널리 받아들여진 것은 이 지도에 의해서였다. 당시 유럽의 지도는 지도의 중앙에 대서양이 위치하도록 그려져 있었지만, 마테오리치는 중국이 지도의 중심에 위치하도록 그렸다.

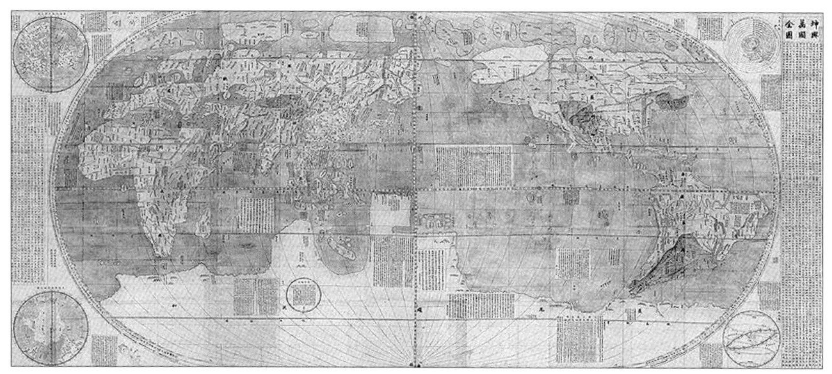

그림 3 곤여만국전도(坤輿萬國全圖)

이응시(李應試)는 1606년에 마테오리치의 지도를 수정한 〈양의현람도(兩儀玄覽圖)〉를 만들었다. 마테오리치는 1605년에 서양의 우주관을 소개한 『건곤도설(乾坤圖說)』을 간행했는데, 여기에는 지리론과 기후론이 간략하게 언급되었다. 선교사 앨레니(J. Aleny, 艾儒略)는 1623년에 『직방외기(職方外紀)』를 편찬했다. 이는 〈곤여만국전도〉의 내용을 해설하기 위한 세계지리지였다.

청나라에 들어와서는 1674년에 선교사 페르비스트(Ferdinand Verbiest, 南懷仁)가 동반구와 서반구로 구성된 〈곤여전도(坤輿全圖)〉를 간행했다. 강희제는 프랑스 출신 예수회 선교사들을 동원하여 중국의 전역을 측량한 지도를 작성할 것을 명령했고, 자르토(P. Jartoux, 杜德美), 레지스(J. B. Régis, 雷考

思), 부베(J. Bouvet, 白晉) 등이 참여했다. 이 작업은 1707년에 시작되어 1717년에 〈황여전람도(皇輿全覽圖)〉로 완성되었다. 이는 1739년에 프랑스에서 『중국신지도장(中國新地圖帳, Nouvel Atlas de la Chine)』이라는 이름으로 출판되었다. 〈황여전람도〉는 북경을 남북을 통과하는 경선(經線)을 기준 자오선으로 하고, 위도는 북극성의 지평고도(地平高度)를 기준으로 측정했다. 건륭제는 신강(新疆) 지역이 청조의 판도 안으로 들어오자 〈황여전람도〉에 기재되지 않은 합밀(哈密) 서쪽 지역에 선교사를 파견하여 실측을 하게 했고, 여기에 러시아인이 올린 시베리아 지도를 더한 〈건륭내부여도(乾隆內府輿圖)〉가 작성되었다. 이는 1775년에는 프랑스 출신 브누아(M. Benoist, 蔣友仁)가 감수한 지도이다. 이처럼 예수회 선교사들이 중국 전역을 측량하여 지도를 작성한 것은 청나라가 서학의 장점을 적극적으로 받아들였기 때문이다.

서양의 선교사들은 수학과 천문학을 소개하기도 했다. 1607년에 유클리트의 『기하학원론(幾何學原論)』을 번역한 『기하원본(幾何原本)』이 북경에서 간행되었다. 이는 마테오리치가 구술한 것을 서광계(徐光啓)가 기록한 것이다. 유럽의 천문학을 제대로 이해하려면 기하학에 대한 이해가 필요했으므로, 『기하원본』의 간행은 중요한 의미가 있다. 1605년에는 사크로보스크의 『천구론(天球論)』을 번역한 『건곤체의(乾坤體義)』가 간행되었다. 이는 지구 중심의 우주론을 기초로 한 르네상스 천문학을 소개한 책이었다. 또한 천문을 관측하는 의기(儀器)가 간행되었다. 1607년에 간행된 『혼개통헌도설(渾蓋通憲圖說)』과 1617년에 간행된 『간평의설(簡平儀說)』이 그것이며, 이 책은 그리스의 천문학자가 사용했던 아스트롤라베를

그림 4 마테오리치와 서광계

설명한 것이다.

1615년에 간행된 『천문략(天問略)』에는 1610년 갈릴레오가 발견한 천문학의 새로운 정보들이 수록되었다. 1612년과 1629년에 대통력(大統曆)이 연속으로 일식의 예보에 실패하자 숭정제는 역서(曆書)를 개정하는 작업에 착수했다. 이 작업은 서광계가 총지휘하고 선교사인 슈레크(J. Schreck, 鄧玉函), 아담 샬(Johann Adam Schall von Bell, 湯若望), 야고보 로(Jacobus Rho, 羅雅谷) 등이 참여했다. 아담 샬은 그 성과를 새로 건설된 청나라에 전달하여 『서양신법역서(西洋新法曆書)』를 간행하고, 새 역법인 시헌력(時憲曆)을 편성했으며, 국립천문대에 해당하는 흠천감(欽天監)의 책임자가 되었다. 페르비스트는 아담 샬 이후 흠천감 책임자가 되었는데, 1673년에 천문 관측기구를 그림으로 설명한 『영대의상지도(靈臺儀象地圖)』를 간행했고, 1668년에는 『서양신법역서』를 보완한 『강희영년역법표(康熙永年曆法表)』를 작성했다.

안휘성 선성(宣城)에서는 매문정(梅文鼎)이 중국과 서양의 천문학을 비교하여 연구했다. 매문정은 1724년에 손자인 매곡성(梅瑴成)과 함께 『역상고성(曆象考成)』을 간행했다. 천문역법을 다룬 『역상고성』은 수학을 다룬 『수리정온(數理精蘊)』, 음율학을 다룬 『율려정의(律呂正義)』와 함께 『율역연원(律曆淵源)』 3부작의 하나가 되었다. 독일 태생인 쾨글러(I. Kögler, 戴進賢)와 포르투갈 태생의 페레이라(A. Pereira, 徐懋德)는 1742년에 『역상고성후편(曆象考成後編)』을 편찬하면서 케플러의 타원운동을 적용하여 역법의 정확성을 높였다. 브누아(Michel Benoit, 蔣友仁)는 1799년에 『지구도설(地球圖說)』을 완성했고, 이를 통해 태양중심설이 완전히 수용되었다.

서양과의 접촉을 통해 서양식 화기(火器)가 도입되었다. 서양식 총포를 제작하려는 움직임은 명·청 교체기에 시작되었다. 1598년에 조사정(趙士禎)은 『신기보(神器譜)』를 편찬하면서 다양한 총기의 제작법과 사용법을 그림으로 설명했다. 1617년에 동북 지역에서 누르하치 군대가 남진해 오자, 서광계는 항주에 있던 이지조(李之藻)와 양정균(楊廷筠)에게 마카오에서 포르투갈의 불랑기포를 구입하게 했다. 이 불랑기포는 1626년 청과의 항전에서 큰 위력을 발휘했고, 이로 인해 북경에서 추방되었던 예수회 선교사가 북경으로 돌아올 수 있었다. 명나라가 위기에 처했을 때 화기 제작을 담당한 인물은 아담 샬이었고, 그의 지도 아래 대포 500문을 제조했다. 그러나 명나라 장군들이 청나라에 투항하면서 이 대포를 가져갔고, 이는 결국 명나라를 멸망시키기에 이른다. 청나라가 건설된 이후 아담 샬은 태상시(太常寺) 소경(小卿)으로 있으면서 『화공설요(火攻挈要)』를 지어 서양식 대포들을 설명했다. 강희제가 삼번(三藩)의 난을 진압할 때에는 페르비스트가 작은 포 120문을 제작했고, 그 후 320문의 대포를 갖추게 했다. 페르비스트는 1681년에 『신위도설(神威圖說)』이란 총포해설서를 지었고, 오늘날 차관급에 해당하는 공부(工部) 우시랑(右侍郎)에 임명되었다. 청나라의 화기 제작은 이처럼 크리스트교 선교사들이 담당했다(橋本敬造(1997), 252~270).

3. 에도시대의 난학

1543년에 표류한 포르투갈 선박이 일본의 다네가시마[種子島]에 도착했고, 이를 계기로 히라도에서 일본과의 통상이 시작되었다. 이때 일본에 전해진 서양식 총포(조총) 기술은 전국 시대의 일본을 통일시켰고, 조선을 침략하는 임진왜란의 배경이 되었다. 1549년에 스페인의 예수회 선교사 사비에르(Francisco Xavier, 方濟各)가 가고시마[鹿兒島]에 도착하여 크리스트교 포교를 시작했는데, 이때 일본인들은 크리스트교를 '남만교(南蠻教)'라 불렀다. 활발한 포교 활동을 전개하여 크리스트교의 교세는 급속도로 확산되었다.

서일본 제국의 다이묘[大名]들이 크리스트교를 묵인했고, 오랜 전란을 겪었던 백성들이 크리스트교의 박애정신과 평등사상에서 위로를 받고 구원의 길을 찾았기 때문이다. 그러나 크리스트교를 수용하는 것은 서양의 문화와 사상을 받아들여 일본적 가치관과 행동 양식에 변혁을 예고하는 것이었으므로 지배층에서는 이를 위험시했다. 전국시대 말엽부터 17세기 중엽까지 일본에서는 크리스트교에 대한 박해가 계속되었다.

전국시대에는 서학을 '남만학(南蠻學)'이라 했지만 네덜란드와의 교역이 시작되면서 '난학(蘭學)'이라 했다. 일본에서는 네덜란드를 뜻하는 홀랜드(Holland)를 '오란다[和蘭]'라 했으므로, 난학이란 '오란다에서 들어온 서양의 학문'이라는 뜻이었다. 네덜란드 상관이 설치된 나가사키[長崎]에는 네덜란드어를 구사하는 에도 막부의 관리가 상주했고, 이들은 네덜란드 상인을 통해 전해지는 서양의 소식과 의학, 과학 지식을 국내로 소개하는 역할을 담당했다. 에도시대에 난학이 하나의 학문으로 자리를 잡은 것은 17세기 말 니시카와 조켄[西川如見]이 『화이통상고(華夷通商考)』를 저술하여 세계의 지리와 풍속을 소개하면서부터였다.

그림 5 사비에르 초상

1708년에 이탈리아 선교사인 요한 시도치(Sidocci)가 포교를 목적으로 일본에 잠입했다가 막부에 체포되었다. 아라이 하쿠세키[新井白石]는 요한 시도치를 심문한 내용을 기록한 『서양기문(西洋紀聞)』을 남겼는데, 여기에는 세계 지리와 크리스트교에 대한 내용이 나타났다. 아라이 하쿠세키는 1713년에 시도치를 심문하면서 얻은 서양 관련 지식에 중국 지리서의 내용을 추가하여 『채람이언(采覽異言)』을 저술했다. 이는 일본 최초의 세계지리서였다. 하쿠세키는 1711년에 통신사로 에도를 방문한 조태억(趙泰億), 임수간(任守幹)을 만나 대화를 나눴는데, 서양 국가들의 형편에 대해 훨씬 많은

정보를 가지고 있었다.[1]

서학에 대한 연구가 본격화된 것은 8대 쇼군 도쿠가와 요시무네[德川吉宗]의 시대였다. 요시무네는 교호[享保] 개혁을 통해 농지를 확대하고 농업 기술을 향상시키려 했으며, 새로운 농업 기술을 도입하기 위해 청에서 한역된 서학서를 수입했다. 에도시대에 나가사키에는 네덜란드 상선 이외에 당선(唐船)이라 불리는 중국 강남의 상선도 출입하고 있었다. 청조의 『고금도서집성(古今圖書集成)』이 일본으로 유입되거나 일본에 있던 『고문효경(古文孝經)』을 청으로 가져간 것도 대외무역항인 나가사키를 통해서였다.

아오키 곤요[靑木昆陽]는 『화란문자략고(和蘭文字略考)』 『화란문역(和蘭文訳)』과 같은 네덜란드어 연구서를 지어 난학 연구의 전기를 마련했고, 에도 막부에 구황 작물인 감자의 재배를 건의하면서 감자에 관한 연구서인 『번서고(蕃薯考)』를 저술하기도 했다.

18세기 후기에는 난학에 대한 관심이 더욱 고조되었다. 1771년에 난학 계열의 의사였던 스기다 겐파쿠[杉田玄白]와 마에노 료타쿠[前野良澤]는 인체의 해부를 시도하면서 네덜란드어로 된 해부학 서적을 지참하고 있었다. 그런데 실제로 인체를 해부해 본 결과 서양의 해부학 서적이 매우 정밀한 것을 발견하고 이 책을 번역하기로 했다. 그러나 당시 네덜란드어 사전이나 번역어가 불충분한 상황이었기 때문에 엄청난 노력을 기울였고, 1774년에 『해체신서(解體新書)』라는 제목으로 번역서를 출판했다. 『해체신서』는 한문으로 번역되지 않은 서양 서적을 최초로 번역했다는 점에 의미가 있다. 이 책을 번역하는 과정의 일화는 1815년에 스기다 겐파쿠가 작성한 『난학사시(蘭学事始)』에 상세하게 기록되어 있다.

난학은 이들의 제자였던 오쓰기 겐타쿠[大槻玄澤]가 에도에 지란당(芝蘭

1　任守幹, 『東槎日記』 坤, 「江關筆談」.

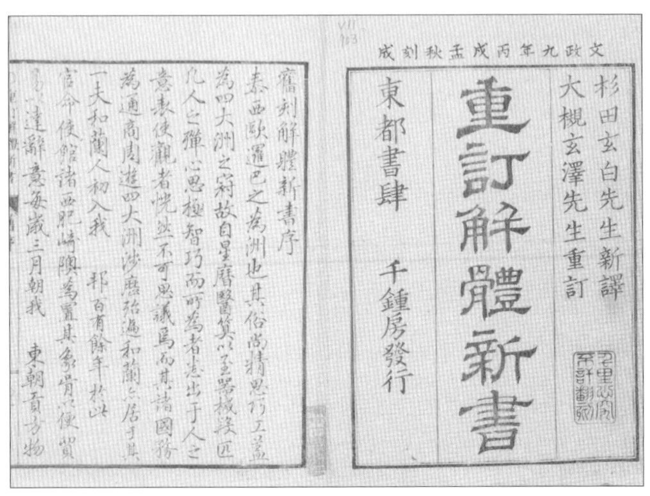

그림 6 겐파쿠가 개정한 『중정해체신서』 속표지

堂)을 설립하고 제자들을 교육시키면서 급속도로 발전했다. 겐타쿠는 1788년에 난학 입문서인 『난학계제(蘭學階梯)』를 출간하여 난학 연구의 의의 및 역사를 소개하고, 초보적인 네덜란드어 문법을 설명했으며, 1790년부터 스승 겐파쿠의 명으로 『해체신서』의 개정 작업을 시작하여 1826년에 『중정해체신서(重訂解體新書)』를 출간했다.

겐타쿠의 문하에서는 '지란당의 사천왕(四天王)'이라 불리는 우다가와 겐신[宇田川玄真], 이나무라 삼파쿠[稻村三伯], 하시모도 소우키치[橋本宗吉], 야마무라 사이스케[山村才助]가 출현하면서 난학이 전국으로 전파되었다. 이나무라 삼파쿠는 1796년에 『파유마화해(波留麻和解)』를 간행했는데, 이는 일본 최초의 난일(蘭日)사전으로 약 8만 단어가 수록되었다. 삼파쿠의 제자인 후지바야시 후잔[藤林普山]은 이를 간략하게 정리한 『역건(譯鍵)』을 출판했다.

의학이 발달하면서 해부학, 생리학, 병리학 같은 기초의학도 소개되었다. 1792년에 우다가와 겐즈이[宇田川玄随]는 네덜란드의 내과 전문서를 번역하여 『서역내과찬요(西訳内科撰要)』라는 제목으로 출판했다. 이를 통해 서양의 내과 학설이 일본에 소개되었다.

천문학에서는 18세기 말에 네덜란드어 통역관인 모토키 요시나가[本木良永]가 『신제천지이구용법(新制天地二球用法)』를 저술하여 코페르니쿠스의 지동설을 소개했다. 그의 제자인 시즈키 타다오[志筑忠雄]는 『역상신서(曆象新書)』를 저술하여 뉴턴의 만유인력설과 태양의 운동 법칙의 소개했다. 지란당에서는 서양의 태양력을 가르쳤으며, 이를 기념하여 1795년 정월을 '오란다 쇼가쓰[和蘭正月]'라고 한다.

지리학에서는 사천왕의 한 사람인 야마무라 사이스케가 활약했다. 사이스케는 외국의 지리서인 『증정채람이언(增訂采覽異言)』을 저술하고, 이와 함께 매우 정밀한 지도를 출판했다. 또한 미토번[水戶藩] 출신의 나가쿠보 세키스이[長久保赤水]는 1779년에 경도와 위도가 표시된 〈일본여지노정전도(日本輿地路程全図)〉를 작성했고, 이노 타다타카[伊能忠敬]는 막부의 명령으로 일본의 모든 해안을 실측하여 〈대일본연해여지전도(大日本沿海輿地全図)〉를 완성했다. 이 지도는 '이능도(伊能図)'라고도 불리는데, 타다타카가 사망하고 3년이 지난 1821년에 다카하시 가게야스[高橋景保]에 의해 완성되었다.

난학이 발전하면서 수입된 서양의 물품들을 귀중하게 여기는 사람들이 늘어났다. 서양 수입품에는 온도계, 색안경, 시계, 망원경 등이 있었고, 일본인들은 그 정교함에 감탄했다. 서학에 관심을 가지는 사람이 늘어나면서 해외 지식의 자유로운 수입을 통제하는 막부의 쇄국체제를 비판하는 사고도 나타났다. 난학자들은 서학을 알면 알수록 그것을 형성한 서양의 사회구조, 사상, 문화에 관심을 가졌고, 일본 사회에 대해서도 비판적 사고를 가지게 되었다. 에도 막부는 난학자들이 가진 서양의 합리주의 정신과 시민사회 사상을 용인할 수 없었으므로 난학을 통제하고 사상을 탄압하는 방향으로 대응했다.

에도시대의 난학은 막부 말기에 영국, 프랑스, 독일의 학문을 받아들이면서 '양학(洋學)'이라 불리게 되었다(구태운(2008), 215~221).

4. 조선후기의 서학

서양인이 조선을 직접 방문하여 문물을 전한 경우가 있었다. 서양인이 조선 해안으로 표류해 온 경우를 말하는데, 1627년에 영일만에서 체포된 벨테브레(Weltevree, 박연) 등 3인과 1653년에 제주도에 표류한 하멜(Hamel) 등 36인이 그들이다. 벨테브레는 훈련도감에 소속되어 조선인에게 홍이포(紅夷砲)의 제조법과 조종술을 가르쳤고, 하멜의 동료 중에는 성력(星曆)을 아는 자, 조총을 잘 쏘는 자, 포술(砲術)에 능한 자가 있었다고 한다. 그러나 조선후기의 서양 문물은 주로 북경에 파견된 조선의 사신단을 통해 도입되었다(신동규(2007), 174~184).

1631년에 명나라를 방문한 정두원(鄭斗源)은 선교사 로드리게스(Rodriquez, 陸若漢)를 만나 서양식 화포와 망원경, 『천문략』, 『치력연기(治曆緣起)』『이마두천문서(利瑪竇天文書)』『직방외기』『곤여만국전도』와 같은 한역 서학서를 기증받았다. 이중에서 『이마두천문서』는 마테오리치의 『혼개통헌도설』을 말하는 것으로 이해된다. 또한 병자호란 때 심양에 인질로 갔던 소현세자는 1644년 청조가 북경에 입성할 때 함께 들어가 흠천감에 있던 선교사 아담 샬을 만났고, 귀국할 때 아담 샬에게서 서학서와 지구의, 천주상 등을 기증받았다. 이 무렵 조선에는 아담 샬이 작성한 천문도와 역서가 도입되어 시헌력(時憲曆)을 채용하는 계기로 작용했다(강재언(1990), 49~75).

서양식 역법인 시헌력을 채용하자는 논의는 1644년 김육(金堉)의 건의로 시작되었다. 조선에서는 1653년에 시헌력을 채택할 것을 선언했고, 김육은 관상감(觀象監) 소속의 천문학자인 김상범(金尙范)을 북경의 흠천감으로 파견하여 역법의 계산법을 배워오게 했다. 숙종대에는 천문학자 허원(許遠)이 북경으로 파견되어 천문학자 하군석(何君錫)을 만났고, 오랜 노력 끝에 영조 원년인 1724년에 새로 수정한 시헌칠정법(時憲七政法)을 시행하게 되었다. 허원은 1684년에 『의상지(儀象志)』와 1710년에 『세초류휘(細草類彙)』를 간행했으며, 여기에서 청나라의 천문 기관과 천문 기구, 시헌력을 연구한 결과를 소개했다. 1795년에 천문학자 성주덕(成周悳)은 서호수(徐浩修), 김영(金泳)과 함께 『국조역상고(國朝曆象考)』를 편찬했다. 이는 조선의 천문학 역사를 종합적으로 정리한 책이었다. 성주덕은 1818년에 서운관(관상감)의 역사와 관련 자료를 정리한 『서운관지(書雲觀志)』를 작성했고, 김영은 절기의 변화에 따른 시간의 변동을 기록한 『신법누주통의(新法漏籌通義)』를 완성했다. 19세기에는 고위 관리인 동시에 천문학자이자 수학자였던 남병철(南秉哲)·남병길(南秉吉) 형제가 활동했다. 이들 형제는 『추보속해(推步續解)』 『의기집설(儀器輯說)』 『성경(星鏡)』 『칠정보법(七政步法)』과 같은 과학 서적을 작성했다.

서학의 성과를 접하면서 이를 적극 활용하려는 학자들이 나타났다. 이익은 조선에 전래된 한역 서학서를 통해 서학을 이해했으며, 『천학초함(天學初函)』에 포함된 『직방외기』 『천문략』 『기하원본』 『간평의설(簡平儀說)』 『칠극(七克)』 『곤여도설』 『혼개통헌도설』 등을 보았다. 이익은 아담 샬이 만든 시헌력을 역법의 으뜸으로 보았고, 지구설을 수용하여 중국이 세계의 중앙에 위치한다고 생각할 필요가 없다고 했다. 이익은 12중천(重天)이나 9중천 같은 서양의 우주관에 관심을 가지고 우주의 크기에 대한 자료를 소개하기도 했다.

그림 7 아담 샬의 초상

홍대용은 1766년에 북경을 방문하여 서양 선교사이자 흠천감 관리로 있던 할러스타인(Hallerstein, 劉松齡)과 고가이슬(Gogeisl, 鮑友管)을 만났다. 홍대용은 이들과 필담을 나누면서 자명종, 망원경, 안경, 풍금을 구경했고, 북경의 관상대를 방문하여 천문 관측기구를 살펴보았다. 홍대용은 귀국한 이후 자기 집 뜰에 농수각(籠水閣)이란 전각을 짓고, 혼천의(渾天儀), 후종(候鍾), 통천의(統天儀) 같은 천문 관측기구를 만들어 설치했다.

박제가는 서학의 실용 기술을 적극 수용할 것을 제안했다. 박제가는 농기구의 개량을 위해 서광계의 『농정전서(農政全書)』를 참고하자고 했고, 매년 기술자 10인을 북경으로 파견하여 새로운 과학 지식과 기계 제조법을 배워오게 하자고 했다. 박제가는 서양의 과학기술을 배우기 위해 서양 선교사를 초청할 것을 제안하기도 했다. 그는 기하학에 밝고 이용후생의 기술에 능통한 선교사를 초빙하여 조선의 젊은이들을 가르치게 하면 과학기술이 크게 진보할 수 있다고 생각했다.

정약용은 서양의 과학기술을 수용하기 위해 이용감(利用監)을 설치하자고 주장했다. 그는 사역원에서 매년 중국어를 잘하는 역관 2명과 관상감에서 과학기술 전문가 2인을 선발하여 중국으로 파견하며, 그곳에서 배워온 지식을 국내에 잘 보급하는 성과를 거둔 기술자를 지방관으로 등용하여 승진시키자고 제안했다. 정약용의 제안은 중인으로 고정되어 신분상 차별을 받던 역관과 과학기술자들을 우대하기 위해서였다(박성래(1998), 336~374).

II. 경세적 학풍의 성립

1. 청초 경세학의 전개

청나라는 송대의 정호(程顥)·정이(程頤) 형제와 주희(朱熹)가 정립한 성리학(性理學)을 관학으로 받아들였다. 성리학은 지주와 전호 사이의 엄격한 상하관계를 기본으로 하는 사회규범과 상호관계를 중시하는 학문체계였다. 청나라는 이러한 성리학의 이론이 백성을 통치하고 사회를 통합시키는데 적합하다고 판단했기 때문에 관학(官學)으로 수용했다.

명나라 말기에는 과거를 준비하면서 학문과 문장을 학습하는 단체인 문사(文社)가 있었다. 그 구성원에는 관료도 있었지만 관리가 되지 않은 독서인이 다수였고 개혁적인 성향이 강했다. 이들은 명나라 말기에 환관의 부패를 척결하고 유교적 이상을 고양할 수 있는 개혁 방안을 마련하기 위해 고심했고, 청이 북경을 장악한 이후에는 이민족에게 나라를 빼앗긴 원인을 규명하고, 청조에 충성해야 하는가라는 윤리적 문제로 갈등했다.

이런 상황에서 사대부 가운데 일부는 명나라 유민(遺民)을 자처하며 청나라에 저항했고, 명나라가 멸망하기에 이른 정치 경제 사회적 실상을 검토하기에 이르렀다. 이들은 송의 이학(理學)과 명의 심학(心學)이 아무런 역할을 하지 못했음을 깨닫고, 세상을 다스리는 학문인 경세학을 제창하기에 이르렀으며, 대표적인 인물은 고염무(顧炎武), 황종희(黃宗羲), 왕부지(王夫之)였다. 청조의 경세학은 정치 경제 사회적 조건의 개선과 한족의 자주 독립을 강하게 호소했으며, 청 정부로부터 억압을 받았다(임계순(2000), 231~232).

고염무는 강소성 곤산(崑山) 사람으로 무석(無錫) 동림서원(東林書院)에 근거를 둔 동림당(東林黨) 계열의 인물들과 교류했다. 동림당 인물들은 환관이 주도하는 명나라 말기의 정치적 폐해를 비판하고, 경세제민(經世濟民, 세상을 다스리고 백성을 구제함)에 학문의 목적을 두었으며 행정, 재정, 군사 전반에 걸친 제도 개혁에 관해 관심을 보였다. 그런데 이들의 학문적 근거는 주자학이고, 수양의 실천이라는 학문적 본령을 벗어나지 않았다.

고염무는 학문 연구의 목적을 명체달용(明體達用 : 체를 밝히고 용에 통달함)과 경세제민에 두고, 이를 달성하는 방법으로 실사구시(實事求是 : 사실에 입각하여 진리를 탐구함)를 중시했다. 실사구시란 『한서』 「유덕전(劉德傳)」의 "修學好古 實事求是"란 구절에서 나온 것으로, 청대의 학문은 한학(漢學)을 중시했기 때문에 이 용어가 빈번하게 사용되었다. 고염무는 경학이 발전했던 시대로 돌아가 유학의 의의를 재평가하려고 했다. 그가 "옛날의 이른바 이학(理學)은 경학(經學)이다"라고 한 것도 허망한 이론에 빠진 이학이 아니라 경학의 본뜻에 바탕을 둔 유학의 부흥을 추구한 것이다. 고염무의 『일지록(日知錄)』은 그의 경세학적 의도가 잘 나타나는 책으로, 경학, 정치, 풍속, 예제, 과거, 문학 등의 문제점을 전반적으로 언급하여 경세학 연구자들의 지침서가 되었다.

> 지금의 학자들은 육예(六藝)의 문장을 학습하지 않고, 백왕(百王)의 경전을 연구하지 않으며, 당대의 실무를 다하지 않고, 공자가 학문과 정치를 논한 큰 문제를 문제로 삼지 않는다. 일관(一貫)과 무언(無言)을 논하고, 명심견성(明心見性)의 공허한 말을 수기치인(修己治人)의 실학으로 바꿔놓고 있다. 팔과 다리를 게을리하여 만사에 거칠어지고, 자기를 보좌하는 사람들을 없애 사방의 나라를 혼란스럽게 하며, 신주(神州, 중국)를 무너뜨려 종묘사직을 공허하게 했다.[2]

2 顧炎武, 『日知錄』 권7, 「夫子之言性與天道」.

황종희는 절강성 여요현(餘姚縣) 사람이다. 부친 황존소(黃存素)가 동림당 계열의 인물이었고 황종희 자신도 그 동조자였다. 황종희는 여요현 출신의 양명학자인 유종주(劉宗周)의 영향을 받아 양명학의 양지설(良知說)을 바탕으로 한학을 연구했고, 경학 연구의 바탕을 한학에 두고 경세학을 목적으로 했다는 점에서 고염무와 같았다. 황종희는 청나라의 지배가 확정된 이후 명나라 유민(遺民)으로 저술에 전념했다. 그는 『명이대방록(明夷待訪錄)』에서 명나라가 멸망한 이유는 행정, 재정, 군사 등의 분야에서 폐해가 누적되었기 때문으로 보고 개혁안을 제시했다.

> 명대에는 세금을 납부할 때나 일반적인 교역에서 은(銀)만을 통화로 사용했다. 은이 결핍되면 은값이 폭등하고 상대적으로 모든 물가가 하락했으며, 사람들은 은을 구하기가 어려워져 고통을 받았다. 조세로 은을 사용하는 것을 중지하고, 아울러 은의 유통을 일체 금지하며, 동화(銅貨)와 지폐를 발행하여 유통을 원활하게 하지 않으면 안된다. 또 민간의 사치, 허례, 속신(俗信)에 따른 쓸데없는 비용을 없애 사람들의 생활을 풍부하게 하도록 할 필요가 있다.[3]

황종희는 『송원학안(宋元學案)』과 『명유학안(明儒學案)』을 저술하여 송대 이후 학자들의 전기(傳記)와 학설의 계통을 밝혔다. 황종희의 사상에는 군주의 전제를 비판하고 민생의 향상을 구하는 내용이 들어있어, 민주 사상의 실마리가 있었던 것으로 이해되기도 한다.

왕부지는 호남성 형양(衡陽) 사람으로, 학술의 중심지인 강남지역에서 멀리 떨어진 지역의 출신이었다. 그는 한학을 기초로 하고 송학을 학문의 요

3 黃宗羲, 『明夷待訪錄』「財計」.

지로 삼았으며, 학문의 목적을 경세치용에 두었다. 그는 "사람의 욕망은 천리(天理)의 지정(至正)이라"고 하여 인간의 욕망을 긍정했다. 이는 사회적 욕망이라고 할 영리(營利)를 인정하는 것으로 인간의 욕망을 부정적으로 보았던 성리학적 천리관(天理觀)에 대전환을 가져왔다. 왕부지는 『독통감론(讀通鑑論)』에서 역사를 바탕으로 시정(時政)을 비판했고, 천하를 사유화하는 군주의 전제 대신에 지극히 공평한 정치를 주장했다(大谷敏夫(1997), 220~225).

청조의 경세학은 고염무, 황종희, 왕부지 등에 의해 정치개혁의 학문으로 연구되었고, 청조가 안정기에 들어간 이후에는 억압을 받았다. 18세기에는 고전의 고증을 위주로 하는 고증학이 전성기를 이루었다. 그러나 19세기에 들어와 내외적으로 위기상황이 계속되면서 경세학은 다시 각광을 받았다. 이 시기의 경세학은 상주학파(常州學派)의 공양학(公羊學)에 이론적 근거를 두었다.

강남의 상주 지역을 중심으로 일어난 공양학은 당대의 학술을 일변시켰다. 공양학의 대표적 학자로는 장존여(莊存與), 유봉록(劉逢祿), 송상봉(宋翔鳳)이 있다. 장존여는 공양학 연구의 개조이며, 그가 지은 『춘추정해(春秋正解)』는 공양춘추를 공부하는 학자들의 지침서가 되었다. 장존여는 이공(李塨)의 사상에도 관심을 가져 실용적인 학문을 중시했다.

유봉록은 장존여의 외손자이다. 그는 동중서(董仲舒)의 『춘추번로(春秋繁露)』와 하휴(何休)의 『공양해고(公羊解詁)』를 연구했고, 이들의 학설을 바탕으로 『춘추』에 나타난 공자의 미언대의(微言大義)를 파악해야 한다고 주장했다. 유봉록은 특히 하휴의 삼과구지설(三科九旨說)을 바탕으로 인류의 역사는 쇠란(衰亂) → 승평(昇平) → 태평(太平)의 단계로 진보한다는 것이 공자의 미언이며, 청나라의 역사적 현실을 이런 시각에서 파악했다. 유봉록의 학설은 청말 변법개혁가인 캉유웨이[康有爲]에게 수용되어 『신학경위고(新學經緯考)』란 저서로 나타났다.

송상봉은 장존여의 조카인 장술조에게 공양학을 배운 학자이다. 그는 『논어설의(論語說義)』에서 자공(子貢) 이하 64명이 공자의 미언을 좇아 공자를 소왕(素王)으로 모셨다고 서술했다. 유봉록이 말한 '미언대의'와 '삼과구지설', 송상봉의 '공자소왕설'은 공양학의 중요한 이론이 되었다.

19세기에 활동한 위원(魏源)과 공자진(龔自珍)은 유봉록에게 공양학을 배우고 이를 정치개혁의 이론으로 삼은 인물이었다. 위원은 송학을 배우다가 경세학을 지향했고, 공양학의 '삼과구지설'을 보다 현실적인 변화사관으로 심화시켰다. 위원은 유교의 이상적 정치인 요(堯) 순(舜) 우(禹)의 정치를 실현하는 것이 치(治)이고, 국가의 부강을 위해 서양 국가의 산업과 군사시설의 도입이 필요하다고 주장했다. 위원은 『해국도지(海國圖志)』에서 국가의 부강을 위해 상리(商利)를 충실하게 하는 것이 필요하다고 강조했다. 이는 영리를 인간의 욕망으로 파악했던 대진의 사상을 계승하면서 정책적으로 실현하려고 한 것이다.

공자진은 유봉록의 공양학과 장학성의 사학 이론을 수용한 학자였다. 그는 경학과 사학을 연구하는 목적이 미래를 예측하는 미언대의를 밝히는데 있다고 했고, 당대의 정치 사회를 개혁하는 방안으로 농종(農宗)이나 평균(平均) 같은 논의를 전개하고, 신강성(新疆省)의 개발과 방비를 주장했다.

그림 8 『해국도지』 표지

19세기에 강남의 상주지역에서 발전한 경세학은 이후 영남지역으로 전래되어 캉유웨이, 량치차오[梁啓超]와 같은 근대 정치사상가가 등장했다(大谷敏夫(1997), 240~249).

2. 에도시대의 경세사상

16세기 말에 도쿠가와 막부가 성립되면서 당면 과제는 봉건질서를 재편하는 것이었다. 도쿠가와 이에야쓰[德川家康]는 체제를 옹호하는 이데올로기로서 유학에 관심을 보였고, 이를 통해 지배체제를 확립하고 혼란한 사회질서를 바로잡으려 했다. 17세기 후기에 이르러 문치정치가 뿌리를 내리면서, 주자학은 봉건교학의 지위를 확립하며 전성기를 맞이했다. 그러나 주자학은 학문적으로 크게 발전하지는 못했다.

에도시대의 사회의 기초 구조는 봉건 사회였다. 그러나 성격을 달리하는 봉건제와 집권제가 함께 있어 언젠가는 모순을 드러낼 수밖에 없는 구조였다. 에도 중기의 무사들은 전국 규모의 상업 조직에 압박을 받아 경제적 궁핍에 빠졌다. 무사의 궁핍은 농민들에게 더 큰 궁핍을 가져다주었다. 무사의 궁핍을 해결하기 위해 농민들에게 직간접으로 무거운 과세가 부과되었기 때문이다.

오규 소라이[荻生徂徠]는 이런 문제가 봉건제적 집권제라는 이중 구조에서 비롯된 것임을 통찰한 최초의 인물이었다. 소라이는 한 왕조나 정권이 존속하는 것은 창립자가 만든 제도에 따라 결정된다고 생각했다. 그는 성하정(城下町) 제도가 전국(戰國) 시대의 관습을 완화시키고 통일을 용이하게 했지만, 통일을 이룬 다음에는 이를 폐지하고 무사를 토착화함으로써 상업자본의 그물에서 벗어나게 해야 한다고 보았다. 그가 제안한 대책은 무사를 지행지(知行地 : 무사에게 지급되는 토지)에 정착시키고, 호적을 만들어 서민이 도시로 이동하는 것을 금지시키며, 신분에 따라 욕망을 제한하고 수요와 공급의 균형을 맞추자는 것이었다. 이러한 소라이의 정책은 무사와 농민을 상업 자본의 영향권에서 끌어내어 자연 경제로 복귀시킴으로써 문제를 해결하려는 것이었다.

다자이 슌다이[太宰春台]는 소라이의 뒤를 이어 무사의 입장에서 경세방안을 제안했다. 그는 농업을 중시하고 상업을 천시하는 입장에서, 사농공상의 역할을 '예의를 알고 그 몸에 군자의 행함이 있는 무사' '무사를 먹여 살리는 농민' '기예로 먹고사는 공인' '상품 교환으로 먹고사는 상인'으로 규정했다. 이는 일반적인 유학자와 동일한 생각이었다. 그러나 슌다이는 도덕의 유지를 위해서는 경제의 안정이 필요한 것으로 보고 최초로 부국강병을 주창했다.

그림 9 오규 소라이 초상

> 부국강병(富國强兵)을 패자(霸者)의 술책이라고 비판하는 것은 부패한 후세 유학자들의 망설(妄說)이다. 요순(堯舜) 이래로부터 공자의 가르침에 이르기까지 성인이 천하를 다스리는 도는 부국강병과 다름이 없다.[4]

슌다이는 부국이 강병의 근본이 된다고 생각하며, 구체적 방법으로는 토지의 이용과 특산물의 장려를 통한 이익의 증진을 강조했다. 또한 그는 무사에 한정된 것이기는 하지만 의창제(義倉制)를 주장하여 사회 복지에도 관심을 보였다.

회덕당(懷德堂)의 유학자였던 나카이 지쿠잔[中井竹山]은 왕도론의 입장에서 경세론을 주장했다. 그는 주자학자로서 오규 소라이의 고학을 반대했지만 그의 장점은 흡수하고자 했다. 지쿠잔은 세습적이고 조상의 공적에 의해 결정되는 무사들의 봉록(俸祿)을 실력 본위의 봉록제로 바꾸자고 주장했다. 그는 물가가 올라가는 원인으로 통화의 팽창, 권리의 독점, 조닌[町人]에

4 太宰春台, 『經濟錄』.

대한 과세를 들고, 쌀값을 조절하기 위해 오사카에 상평창(常平倉)을 둘 것을 제안했다. 또한 그는 교통 문제의 해결을 위해 대정천(大井川)에 석교를 놓자고 했고, 서민들의 복지를 위해 사창(社倉)을 설치하자고 했다. 그는 에도시대 사회복지 사상의 선구자라는 평가를 받는다.

가이호 세이료[海保青陵]는 상업 자본을 긍정하고 상품 경제의 발전을 통해 에도사회의 모순이 해결될 수 있다고 생각했다. 그는 '천지 사이에 있는 모든 것이 경제적 재화이며, 이 재화가 다른 재화를 낳는 것이 세상의 이치'라고 하여, 매매 관계를 천리(天理)로 인정하고 매매 거래를 공정한 것으로 보았다. 세이료는 경제 사회의 원리에 입각하여 상하 모두를 부유하게 하는 것이 정치의 목적이며, 최대의 비생산자였던 무사 계급에게 상업 자본주의 기구의 일원임을 자각할 것을 촉구했다.

> 천자는 천하라고 하는 경제적 재화를 가진 부자이다. 천자는 이 재화를 백성들에게 빌려 주고 그 이자를 챙기는 자이다. …… 경·대부·사(卿大夫士)는 자신의 지식을 군주에게 팔아 그날만큼 고용된 임금으로 먹고 사는 자이다. 운조(雲助, 역참에서 일하던 가마꾼이나 인부)가 1리를 가서 1리만큼의 임금을 받아 떡을 사고 술을 사먹는 것과 다를 바가 없다.[5]

세이료는 당시의 무사 사회가 상품경제의 발전을 인정하지 않고서는 성립할 수 없는 상황임을 잘 인식하고 있었다. 그러나 그의 현실주의가 정치세계로 적용되면 현상을 유지시키려는 보수주의로 나타났다.

혼다 도시아키[本多利明]는 경제 문제를 해결하기 위해 개항의 필요성을 강조했다. 도시아키는 제한된 땅에서 나오는 산물로 만민(萬民)의 의식주에

5 海保青陵, 『稽古談』.

대한 무한한 수요를 충당하는 것은 무리이며, 관선(官船)을 제조하여 해외 무역을 적극적으로 전개해야 한다고 주장했다. 그는 동경에서 남동쪽으로 1,000㎞ 떨어진 곳에 있는 오가사와라 제도[小笠原諸島]를 개방하고, 북해도, 사할린, 캄차카를 개척하여 '대일본(大日本)'이라 칭하며, 캄차카에 수도를 구축하여 북방 제국과 무역을 하자고 제안했다. 그는 특히 일본이 오랫동안 모델로 삼았던 중국은 대륙 국가이므로 해양국 일본의 표본이 될 수 없고, 일본은 여러 나라에 선박을 파견하여 국가에 필요한 산물과 금·은·동 같은 자원을 빼내어 국력을 키워야 한다고 주장했다.

도시아키는 국가의 발전을 위해 서양의 궁리학(窮理學)을 채용하는 것이 시급하다고 보았다. 그는 학문이란 수리, 추보(推步), 측량술부터 시작에서 천문, 지리, 항해술을 익혀야 하며, 일본이 직면한 문제를 해결하려면 재(材) 덕(德) 능(能)의 겸비가 필요한데 '재'와 '덕'은 중국학으로 이룰 수 있지만 '능'은 서양을 배울 수밖에 없다고 했다. 여기서 '능'은 천문, 지리, 항해술을 말한다. 도시아키는 무사에 대해서도 '짧은 시간도 헛되이 보내지 말고 고금의 일본, 중국, 서양의 사정을 공부하여 정통해야 한다'고 했다(源了圓(2000), 159~171).

이시다 바이간[石田梅岩]은 조닌 출신으로 상업의 발전을 긍정했다. 바이간은 신분제 사회를 긍정하면서도 직분상으로 모든 인간은 평등하다는 기능적 사회관을 주장했다. 그는 사농공상으로 구성되는 사민(四民)이 군주를 돕는다는 측면에서 동일한 역할을 하는 것으로 보았다.

> 사농공상(士農工商)은 천하를 다스리도록 도와준다. 이들 사민(四民)이 없으면 세상을 도울 수가 없다. 이 사민을 다스리는 것은 군주의 직분이며, 그 군주를 돕는 것은 사민의 직분이다. 사는 본래 벼슬 있는 가신이며, 농민은 초목의 가신이며, 상공인은 시정(市井)의 가신이다. 가신의 도(道)는

군주를 돕는 데에 있다. 상인이 장사를 하는 것은 천하를 도우려는 것이다.[6]

바이간은 무사가 녹을 받고 생활하듯이 상인은 이익을 취함으로써 생활한다고 보았다. 따라서 상인의 정당한 이익 추구는 욕심에 찬 행위가 아니며, 부당한 상행위만이 욕심에서 나온 행위였다. 바이간은 상인의 정직은 정당한 방법으로 이익을 올리는 것이며, 정직의 도는 다시 검약의 도와 불가분의 관계가 있다고 보았다. 그는 검약이란 단순히 사물을 절약하는 것이 아니라 사물을 살리는 동시에 사람을 살리는 것이고, 진짜 상인이라면 남을 살리고 자신도 서는 것을 생각해야 한다고 했다.

이러한 바이간의 사상은 교토와 오사카에서 커다란 사회 세력을 형성했고, 데지마 도안[手島堵庵], 나카자와 도니[中澤道二] 같은 후계자를 낳았다(源了圓(2000), 117~127).

3. 조선후기의 실학

'실학'이라는 용어는 역사적으로 통시성을 가지며, 어느 시대이든 그 시대의 현실에 적합한 학문을 지칭한다. 가령 송나라 때에는 불교와 도교의 비실용성에 대해 유학의 현세적 성격을 부각시키기 위해 유학을 실학이라 했고, 고려 말기에는 불교나 사장학(詞章學)에 대해 성리학을 실학이라 했다. 임진왜란과 병자호란을 겪은 후에는 번쇄하고 자잘한 곳으로 흘러버린 성리학과 예학(禮學)의 단점을 비판하면서 현실문제에 관심을 둔 학문을 강조

6 石田梅岩, 『都鄙問答』.

하는 경향이 나타났다. 이를 조선후기의 실학이라 한다.

조선후기의 실학은 몇 가지 학문적 특징이 있었다. 첫 번째는 비판적 정신으로, 권위적인 주자학의 세계에 매몰되지 않고 자유롭게 학문을 탐구하며, 기성 사회의 구조적 모순에 대해 날카롭게 비판하는 정신을 말한다. 두 번째는 실용에 대한 관심으로, 학문적 관심을 윤리 도덕적이고 관념적인 것에서 현실적이고 구체적인 것으로 전환하여 민생을 위한 학문과 생산의 증대를 강조했다. 세 번째는 실증적 연구 방식으로, 청조 고증학의 영향을 받아 경서의 고증뿐만 아니라 역사, 지리, 언어 등의 분야에서도 박물학적으로 연구하는 학풍을 말한다. 네 번째는 주체적 입장으로, 당대 사회의 현실 문제를 해결하려는 경향이 강해지면서 자기 발전적이고 주체적인 입장이 강조되었다(천관우(1965)).

조선후기의 실학은 경세치용파와 북학파로 구분해 볼 수 있다. 경세치용파의 대표적 학자로는 이익(李瀷)과 안정복(安鼎福)이 있고, 북학파에는 홍대용(洪大容), 박지원(朴趾源), 박제가(朴齊家) 등이 있다.

이익은 주자학에 정통한 학자였고, 이황의 학문을 추앙하며 허목을 사숙했다. 이익은 선배학자 가운데 시무(時務)에 밝은 학자로 이이와 유형원을 높이 평가했고, 학문이란 반드시 실제 생활에 유용한 것이어야 한다고 주장했다. 이익은 중국에서 전래된 서학의 성과를 적극 수용했으며, 『질서(疾書)』의 작성을 통해 마련한 유교 이념을 바탕으로 『성호사설(星湖僿說)』『잡저(雜著)』『곽우록(藿憂錄)』 등에서 현실에 적용할 수 있는 개혁안을 제시했다. 그는 토지 소유에 있어 매매할 수 없는 영업전(永業田)을 기본으로 하여 균전(均田)의 효과를 거두고자 했고, 화폐의 악순환으로 농촌경제가 피폐해지는 것을 막기 위해 화폐의 유통과 상업 활동을 억제하려고 했다.

이익의 제자인 안정복은 주자학을 신봉한 학자로 『주자대전』『주자어류』, 이황이 편찬한 『주자서절요』를 애독했다. 안정복은 "학자가 주자서(朱

그림 10 이익의 초상화

子書)를 읽어 문 안으로 들어갈 수 있다면, 천덕(天德) 왕도(王道)의 전체대용(全體大用)이 그 속에 갖추어져 있다"고 할 정도로 주자학을 중시했고, 서양의 과학지식을 흡수하면서도 크리스트교에 대해서는 매우 비판적이었다. 안정복의 경세적 학풍은 『임관정요(臨官政要)』와 『하학지남(下學指南)』에서 잘 나타나며, 학문과 정치가 별개가 아니며 경학의 목적은 경세학에 있다고 하여 인사(人事)에 해당하는 하학(下學)의 중요성을 강조했다. 그는 경세학을 위한 사서로 『동사강목(東史綱目)』을 지어, 사실을 성실하게 고증하고 자국의 역사를 중시하는 주체의식을 뚜렷하게 나타냈다(최영성(1995), 78~116).

홍대용은 주자학에 학문적 토대를 두고 북학파 학자들의 선도적 위치에 있으면서 이용후생을 주창했다. 홍대용은 주관적 관념론을 배격하고 객관적 입장에서 사물을 관찰하려 했으며, 무한우주설을 주장하여 지구중심설을 부정하는데 결정적으로 기여했다.

> 하늘에 가득 찬 별 중에 하나의 세계가 아님이 없으니, 성계(星界)에서 본다면 지계(地界)도 역시 하나의 별이다. 한없는 세계가 끝이 없는 허공에 흩어져 있는데, 유독 지계만이 교묘하게도 여러 성계의 한 가운데에 있다는 이치는 없다.[7]

홍대용은 조선을 침략한 청나라에 대해 적개심을 가졌다. 그러나 청나라의 문물은 중화(中華)의 문물을 계승한 것이며, 우리보다 앞서있는 만큼 부

7 洪大容, 『湛軒書』 內集 권4, 「毉山問答」.

강한 나라를 만들기 위해 이를 적극 수용해야 한다는 북학론(北學論)을 주장했다.(김문식(2009), 122~133).

박지원은 홍대용과 교류하면서 청조의 실정과 서학의 성과를 접했고 북학에 뜻을 두었다. 그는 1780년에 삼종형(三從兄) 박명원(朴明源)을 따라 북경과 열하를 여행했는데, 이때 목격하고 느낀 바를 기록한 『열하일기(熱河日記)』를 작성했다. 박지원은 이 책에서 정덕(正德)을 이루기 위해서는 이용과 후생이 필요하며, 이용후생을 위해서는 중국을 배워야 한다고 주장했다. 이는 감정적인 배청의식에서 벗어나 청나라의 문물이 중화문화의 유산임을 인식하고, 청조의 우수한 문물을 받아들여 조선의 내실을 기하자는 주장이었다.

> 공자가 『춘추』를 지은 것은 진실로 존왕양이(尊王攘夷)를 위한 것이다. 그러나 이적(夷狄)이 중화(中華)를 어지럽힌 것에 분개하여 중화의 존숭할 만한 내용까지도 물리쳤다는 것은 들어보지 못했다. 지금 사람들이 진실로 오랑캐를 물리치려고 한다면, 중화의 남겨진 법을 남김없이 배워 우리 풍속의 유치한 것을 변화시키는 것이 가장 좋다.[8]

박지원은 실학을 하여 농업, 공업, 상업에 종사하는 서민에게 이바지하는 것이 사대부의 임무라 규정하고, 물자의 유통을 원활히 하기 위해 수레나 선박과 같은 교통수단의 개발을 주장했다. 그는 또한 『과농초소(課農小抄)』를 작성하여 영농기술의 개선, 농기구의 개량, 관개 수리 시설의 확충을 제안했고, 한전론(限田論)을 통해 토지 소유를 제한하고 자영농을 육성하여 농민들의 생활 근거를 마련해 줄 것을 주창했다.

박제가는 박지원의 제자로 1778년에 북경을 여행하고 돌아와 『북학의(北

8 朴趾源, 『熱河日記』「馹汎隨筆」.

學議)』를 저술하여 북학론을 주장했다. 박제가는 이 책에서 생활 주변의 일상적 기구나 시설에서부터 국가의 주요 정책에 이르기까지 조선과 중국의 제도를 비교하며 개선책을 제시했고, 소비를 통해 생산이 축적되고 생산의 증대를 통해 부(富)가 축적된다고 밝혔다. 그는 상업을 진흥시켜야 부국강병을 이룰 수 있다고 하면서, 육로보다 해로의 통상을 강조하고, 서양 선교사를 초빙하여 과학기술을 도입함으로써 상업을 진흥시킬 수 있다고 주장했다(최영성(1995), 127~146).

조선후기의 실학은 경세치용파가 농촌 경제의 진흥을 통해 농민들의 생활을 안정시키려는 입장이라면, 북학파는 상업의 진흥을 통해 부국강병을 이루자는 입장에서 차이를 보였다. 그러나 이들은 농업의 생산력이나 상업의 이익을 극대화하기 위해 청조의 우수한 문물과 서양의 과학지식을 적극 도입하자는 데에서 공통적인 모습을 보였다.

III. 고증적 학풍 성립

1. 청대 고증학

청대의 고증학은 청초의 경세학에서 육성된 학문으로, 건륭(乾隆, 1736~1795) 가경(嘉慶, 1796~1820) 시대에 새로운 학문 분위기로 나타났다. 고염무를 개조로 하는 고증학은 염약거(閻若璩), 호위(胡渭), 모기령(毛奇齡) 등에게 계승되었고, 염약거의 『고문상서소증(古文尙書疏證)』이나 호위의 『역도명변(易圖明辨)』, 모기령의 『사서개착(四書改錯)』이 대표적인 저술이다. 이들의 학문은 경세학을 중시했던 청초의 학풍과 다르게 경세학에 이르는 수단으로서 고전(古典)의 고증을 중시했다. 여기서 고전의 고증이란 고전의 자구(字句) 뿐만 아니라 원문 자체의 진위(眞僞)까지 밝혀내는 작업이었다. 또한 고전의 고증은 경서 이외에 사서, 지리서, 음운학(音韻學) 등 다양한 분야를 대상으로 했고, 금석문(金石文)을 광범위하게 수집하여 고전의 원문을 분석하는 근거로 삼았다.

고증학이 성행한 것은 청나라의 사대부 정책과 밀접한 관련이 있었다. 청나라는 북경을 장악한 이후 한인 사대부의 문화적 욕구를 채워주기 위해, 한편으로는 학술을 장려하고 일련의 문화 사업을 전개했고, 다른 한편으로는 만주인을 비판하는 언동이나 저술을 엄격하게 통제했다. 만주인을 오랑캐로 간주하여 처벌을 받은 사건으로는 '대명세(戴名世)의 옥(獄)'과 '여유량(呂留良)의 옥'이 대표적이었다. 이 때 한인 사대부들은 청조가 주도하는 문화 사업에 적극 참여하거나 중국의 우수한 학술 문화의 연구에 몰두하는 것으로 사대부로서의 자각과 책임을 담당했다. 청나라가 전개한 대대적 문화 사업에는 강희제가 주도한 『성리대전(性理大全)』『주자전서(朱子全書)』『강희자전(康熙字典)』『고금도서집성(古今圖書集成)』의 간행이 있었고, 건륭제 때에는 『명사(明史)』와 『사고전서(四庫全書)』의 편찬이 있었다. 특히 『사고전서』의 편찬 사업은 중국 전역의 서적을 수집하여 한 곳에 집중시켜 놓고, 학자들이 한꺼번에 많은 서적을 열람할 수 있게 함으로써, 고증학의 연구를 더욱 심화시켰다.

고염무의 학문을 계승한 절서학파에는 오파(吳派)와 환파(皖派)가 등장하여 특색 있는 학문을 발달시켰다. 오파는 강소성(江蘇省) 소주(蘇州)를 중심으로 발달한 학파로서, 박학호고(博學好古 : 박식하고 옛 것을 좋아함)를 중시하고 한학을 복원시키기 위해 노력했다. 오파의 대표 학자로는 혜동(惠棟), 강번(江藩), 왕명성(王鳴盛), 전대흔(錢大昕), 조익(趙翼)이 있다. 혜동은 경학, 사학, 제자백가, 불교 등 다양한 분야를 연구하여 『구경고의(九經古義)』를 지었고, 『주역』을 연구하면서 한유(漢儒)들의 주장을 바탕으로 면밀한 고증을 진행했다. 혜동의 제자였던 강번은 청대 한학자들의 전기인 『한학사승기(漢學師承記)』를 지어 한유들의 학설을 존중하고 위진(魏晉) 이래의 유학을 거부했다. 혜동과 강번이 송학을 부정하는 태도에 대해 동성파(桐城派) 학자였던 방동수(方東樹)는 통렬하게 비판했다.

그림 11 승덕(承德) 문진각(文津閣)의 사고전서

혜동의 제자였던 왕명성과 전대흔, 이들과 교류한 조익은 사학 분야에서 뛰어난 재능을 발휘했다. 왕명성은 17종의 역사서를 교감한 『십칠사상각(十七史商榷)』을 지었다. 이는 원문의 교감을 위주로 하면서도 여지(輿地), 직관(職官), 전장(典章), 명물(名物)을 일일이 고증한 책이었다. 전대흔은 유학, 제자백가, 음운(音韻), 훈고, 천산(天算), 지리, 금석, 시문, 소설에까지 두루 통하는 박학한 인물로서, 22종의 역사서를 교감한 『이십이사고이(二十二史考異)』를 지었다. 이 책은 역사서 분야에서 청대의 고증학을 대표하는 책이라 할 수 있다. 조익은 22종의 역사서에 나타나는 형식과 내용을 고증한 『이십이사차기(二十二史箚記)』를 지어, 문자와 자료의 고증은 물론이고 각 시대별 정치의 득실을 실증적이고 귀납적으로 설명했다.

환파는 안휘성(安徽省) 출신의 학자를 중심으로 한 학파로, 실사구시와 무징불신(無徵不信 : 증거가 없으면 믿지 않음)을 표방하면서 명물과 전장 제도의 고증에 주력했다. 대표적 학자로는 강영(江永), 대진(戴震), 단옥재(段玉

裁), 왕염손(王念孫), 왕인지(王引之)가 있다. 강영은 해박한 지식을 바탕으로 『예서강목(禮書綱目)』을 지어 주관(周官)의 오례(五禮)를 밝혔고, 『근사록집주(近思錄集註)』를 지어 주자의 학문을 보완했다. 혜동과 강영의 제자였던 대진은 학문하는 방법으로 자의(字義), 제도, 명물에 통한 다음에 육경(六經)으로 나아가야 한다고 주장했다. 대진의 『맹자자의소증(孟子字義疏證)』은 『맹자』에 나타나는 용어들의 뜻을 고증학적으로 설명한 책이다. 그는 이 책에서 천리(天理)를 보존하고 인욕(人欲)을 없애야 한다는 주자학을 비판하고, 독특한 기(氣) 철학을 바탕으로 인간의 욕망을 긍정하는 주장을 폈다. 대진은 관학인 주자학을 비판하고 사회적 욕망으로서의 영리를 긍정했다는 점에서 주목된다.

> 성현의 도(道)는 사사로움이 없는 것이지 욕망이 없는 것이 아니다. 노자와 장자, 불교의 사상은 욕망을 없애는 것이지 사사로움을 없애는 것이 아니다. 그들은 욕망을 없앰으로써 자신의 사사로움을 이룬다. 성현의 도는 사사로움이 없는 것으로 천하의 정(情)을 통하게 하고, 천하의 욕망을 이루는 것이다.[9]

대진의 제자인 단옥재는 『설문해자주(說文解字注)』를 지어, 허신(許愼)이 『설문해자』를 작성하면서 한자의 자형을 허신 시대의 글자체인 소전체(小篆體)를 근거로 한 것이 오류임을 규명했다. 대진의 제자인 왕염손은 위(魏) 장읍(張揖)이 편찬한 『광아(廣雅)』의 오류를 한대 이전의 고훈에 의거하여 바로잡은 『광아소증(廣雅疏證)』을 지었고, 왕염손의 아들인 왕인지는 『경전석사(經典釋詞)』를 지어 경전에 나타나는 조어(助語)의 같고 다른 점을 분석하

9 戴震, 『孟子字義疏證』 「權」.

여 경문 해석을 용이하게 했다.

절서학파에는 양주(揚州) 지역을 중심으로 하는 양주학파도 있었다. 이들은 오파와 환파의 성과를 수용하면서 발달했는데, 대표적 학자로는 왕중(汪中), 완원(阮元), 유문기(劉文淇), 초순(焦循)이 있다. 왕중은 『술학(述學)』이란 저서를 지어 삼대의 교육제도, 문자의 훈고, 제도 문물의 학에 관해 서술했다. 왕중은 예(禮)에 관한 연구를 위주로 했고, 순자를 높이 평가했다. 완원은 지방관과 중앙 관료를 역임하면서 자신의 지위와 재력을 활용하여 뛰어난 글들을 편집 간행했다. 완원이 작성한 『십삼경주소교감기(十三經注疏校勘記)』는 청대 고증학을 결산하는 대사업이라 할 수 있다. 유문기는 한학과 함께 후대의 학설도 널리 탐구했고, 특히 『춘추좌씨전』의 연구에 힘을 쏟아 가학(家學)이 되었다. 초순은 『맹자자의소증』과 동일한 성격의 『논어통석(論語通釋)』을 지었으며, 대진의 기철학을 바탕으로 『논어』를 해석하여 공맹(孔孟) 학문을 철학적으로 탐구하는데 기여했다.

절동학파(浙東學派)는 황종휘를 계승한 학파이다. 이 학파는 양명학을 존중하면서 주자학에도 지속적인 관심을 가졌고, 특히 사학을 중시했다. 대표적 학자로는 만사동(萬斯同), 소진함(邵晉涵), 장학성(章學誠)이 있다. 황종휘의 제자인 만사동은 절통학파의 개조(開祖)라 불리며, 고학(古學)에 전념하고 제자백가의 사상이나 명나라의 전례(典禮)에 정통했다. 만사동의 『역대사표(歷代史表)』는 17종의 역사서 가운데 『후한서』 이후에 나오는 표(表)를 『사기』와 『전한서』의 체제에 따라 작성한 것으로, 수보(修補) 사학의 길을 열었다. 소진함은 고금의 정치 득실을 따졌고 명나라의 전례에도 능했다. 소진함은 역사란 사실을 나열하는 것이 아니라 역사적으로 종합하여 전체로서의 특징을 연구하는 것이라 생각했다.

장학성은 절동학파의 역사 연구를 계승하면서 절서학파의 사상까지 수용하여 사론(史論)을 완성시킨 학자였다. 그는 『문사통의(文史通義)』를 지어 육경(六經)이 모두 역사서라는 '육경개사(六經皆史)'를 주장했다. 이는 경전이 추구하는 도는 사실을 통해 구현되고, 육경 이후에 나타난 사실의 변화가 기록되어 있는 역사서를 중시한다는 뜻이었다.

> 도(道)는 육경(六經)에 구비되어 있으므로, 그보다 앞 시기에 깊은 뜻이 숨겨져 있는 것은 장구(章句)의 해석으로 밝혀내기에 충분하다. 그러나 그보다 뒷 시기에 사실의 변화가 생긴 것은 육경이 말할 수 없다. 물론 육경의 뜻을 집약하여 수시로 찬술함으로써 큰 도를 탐구하는 것은 중요하다.[10]

장학성은 역사 연구의 축을 의리[義]와 사실[事]로 보았으며, 유학의 기본이념인 의리를 중시하면서도 사실을 중시했다. 이는 대진과 통하는 점이다.

그림 12 장학성의 초상

청대의 고증학은 실사구시를 핵심 사상으로 하면서 한대에 성립된 유학 경서의 진위를 밝히는 등 철저한 고증을 중시했다. 절서학파 가운데 오파는 학문의 대상이 경서, 역사서, 지리서에까지 미쳤고, 환파는 음운학과 소학에 특색이 있었다. 또한 양주학파는 제자학(諸子學), 좌전(左傳), 경서의 수집에 특징이 있었고, 절동학파는 사학 연구에 장점이 있었다(大谷敏夫(1997), 225~239).

10 章學誠,『文史通義』內篇 2,「原道」下.

2. 에도시대 고학

고학파(古學派)는 주자학을 비판하고 공자와 맹자의 가르침으로 돌아가 유학의 진리를 파악해야 한다고 주장했다. 주자를 통해 공자와 맹자의 사상을 배우지 말고, 직접 공자와 맹자의 저서를 통해 그들의 사상을 배워야한다는 주장이었다. 에도시대의 대표적인 고학자로는 야마가 소코[山鹿素行], 이토 진사이[伊藤仁齋], 오규 소라이[荻生徂徠]가 있다.

야마가 소코는 학문이란 현실 생활에 바람직한 규범을 제시해야 한다고 하면서, 정신의 수양을 중시하던 주자학을 비판했다. 그는 원래 무사의 나라인 일본은 무사의 나라로써 전통을 지켜야지 중국이나 조선을 모방해서는 안된다고 주장했다.

> 중국은 나라가 바뀐 것이 30여 차례이고, 오랑캐가 들어가 왕이 된 경우도 몇 차례나 있다. 춘추시대 240여 년 동안 신하가 자기 군주를 시해한 경우가 25차례이고, 그 앞뒤로 난신적자(亂臣賊子, 나라를 어지럽히는 신하와 어버이를 해치는 자식)는 일일이 셀 수도 없다.
> 조선은 기자(箕子)가 천명을 받은 이후 나라가 바뀐 것이 네 차례이다. 나라가 멸망하여 한의 군현이 되기도 했고, 고려 때 왕씨가 즉위하지 않은 것이 두 번이나 있었다. 조선의 28대 중에 왕을 시해한 것이 네 차례이다. 하물며 그 밖의 난은 금수가 서로 싸우는 것과 다르지 않았다.
> 오직 일본은 천지가 개벽한 이후 인황(人皇)에 이르기까지 수만 년을 내려왔고, 인황에서부터 지금에 이르기까지 2,300년이 지났다. 천신이 정해준 황통(皇統)은 잠시도 어긋나지 않았고, 그 사이 반란 등은 겨우 손꼽을 정도이다. 더욱이 외적들은 일본의 변경을 엿볼 수조차 없었다.[11]

---

11 山鹿素行, 『中朝事實』.

이토 진사이는 교토에 고의당(古義堂)이란 사숙(私塾)을 열고 후학을 양성했다. 그는 신도 사상이나 노장 사상이 융합된 주자학은 진실한 성인의 학문이 아니라며 공자와 맹자의 사상을 직접 연구했다. 그는 주자학의 정태적인 이(理)를 부정하고 경험적 지식을 중시했으며, 이는 『논어고의(論語古義)』와 『맹자고의(孟子古義)』로 나타났다. 이토 진사이의 학문은 아들인 이토 도가이[伊藤東涯]에게 계승되어 18세기 초에 전성기를 맞았고, 난학자인 아오키 곤요도 이 정신을 계승했다.

그림 13 이토 진사이 초상과 고의당(古義堂)

오규 소라이는 이토 진사이의 학문에 영향을 받으면서도 독특한 학문 체계를 형성했다. 그의 학문을 계승한 학파는 고문사(古文辭) 학파 또는 소라이 학파라고 부른다. 소라이가 고문사에 관심을 가진 것은 16세기 후반 명나라에서 고문사(古文辭)를 강조하며 재기있는 시문을 썼던 이반룡(李攀龍), 왕세정(王世貞) 등의 영향이 있었다. 이반룡과 왕세정은 진한대의 고문사를 강조하며 이를 문학 창작에 응용했지만, 소라이는 고문사를 고전 영역에까지 확대하여 응용했다. 소라이는 유학의 오경(五經)을 중시하고 고문헌의 실증적 연구를 통해 경서의 참 뜻을 이해하려고 했다. 그는 성인의 도(道)란 관념적인 것이 아니라 성인인 천자(天子)가 통치를 위해 인위적으로 만든 것으로, 예악형정(禮樂刑政)의 제도를 정비하는 것이 중요하다고 주장했다.

오규 소라이는 막부의 정치에도 참여했고, 『태평책(太平策)』『정담(政談)』을 저술하여 정치 개혁안을 제시했다.

> 유학의 흐름이 가지각색으로 되고, 끝의 끝에 이르러서는 불교와 노장의 학에 물들어 마음을 다스리고 성(性)을 밝힌다는 이상한 행동을 제일 중요한 일로 생각하게 되었다. 그런데 성인(聖人)이란 천자(天子)이며, 천자는 천하 국가를 다스리는 일을 자신의 직분으로 한다. 따라서 성인의 도란 바로 천하 국가를 다스리는 도라는 본래의 뜻을 어느 틈엔가 잊어버렸다.[12]

에도시대의 고학은 8대 쇼군 도쿠가와 요시무네에 의해 등용된 오규 소라이 이래 전성기를 맞이했다. 오규 소라이 학설 중에서 경제론은 다자이 슌다이[太宰春台]에게, 도덕론은 핫토리 난카쿠[服部南郭]에게 계승되었다. 그러나 이후로는 뛰어난 학자가 배출되지 않았다.

고학이 쇠퇴하면서 특정 학파의 학문에 구애되지 않고 중국 고대의 경전에 주석을 달거나, 송명(宋明) 시대의 학설을 절충하여 유학의 정신을 이해하려는 절충학파가 형성되었다. 이중 고증학파(考証學派)는 고문사학(古文辭學)을 공격하면서 신용할 수 있는 최고의 문헌을 정하여 이를 정확하게 이해하려는 실증적 태도를 가졌다. 절충학파의 기초를 쌓은 것은 가타야마 겐잔[片山兼山]과 이노우에 킨가[井上金峨]이고, 고증학의 발전에 기여한 사람으로는 오타 긴조[太田錦城]와 마쓰자키 고도[松崎慊堂]가 있었다(구태훈(2008), 114~116).

12 丸山眞男 校注(1913), 「太平策」『荻生徂徠』, (岩波 日本思想大系, 제36권), 448면.

3. 조선후기 고증학풍

조선후기에는 주자학의 정통성이 강조되면서 주희의 『사서집주(四書集註)』를 비판하거나 이의를 제기하는 것을 매우 위험시했다. 그러나 경학에서는 주자학의 정통주의에 대한 비판이 제기되었으며, 대표적 학자로는 윤휴(尹鑴), 박세당(朴世堂), 정약용(丁若鏞), 성해응(成海應), 김정희(金正喜)가 있다.

윤휴는 『상서』에서 요전(堯典)편과 순전(舜典)편을 하나로 합치고, 순전의 앞머리 28글자는 위작(僞作)이라 했다. 이는 고문 경학에 대해 비판적 입장을 보인 것으로 주자학의 전통에서 벗어난 것이었다. 윤휴는 『중용』의 해석에서 『중용장구(中庸章句)』가 33장 체제로 구분한 것을 10장 28절 체제로 구분하여 주희와 입장을 달리했다. 윤휴는 『대학』의 해석에서도 주희의 『대학장구』 체제를 인정하지 않고 고본대학(古本大學)을 받아들여 7절로 구분했고, 주희가 격물(格物)의 격(格)을 '이른다(至)'로 해석한 것에 대해 '감응하여 통한다(感通)'로 해석하여 독창적 입장을 보여주었다.

박세당은 『사변록(思辨錄)』에서 사서(四書)와 『상서』 『시경』을 새롭게 주석했으며, 특히 『대학』과 『중용』의 주석에서 주희와 해석이 달랐다. 박세당은 『대학』의 격물을 '물(物)의 법칙을 구하여 바른 것을 얻는 것'으로 해석했고, 『중용』의 천명(天命)은 주희처럼 '하늘이 시키는 것'이 아니라 '하늘이 주는 것'으로 해석했다. 윤휴와 박세당의 이러한 해석은 주희의 경학 해석이 절대적이지 않음을 보여주는 것으로, 정통 주자학자로부터 이단(異端)으로 규정되어 혹독한 배척을 받았다(금장태(1998), 35~40).

정약용은 육경과 사서를 독창적으로 해석하여 방대한 경학 체계를 이룬 학자였다. 정약용은 자신의 학문 체계에서 경학 연구는 수기(修己)를 위한 것이고, 『경세유표(經世遺表)』 『목민심서(牧民心書)』 『흠흠신서(欽欽新書)』는 천하 국가를 위한 것으로, 본말(本末)이 갖추어졌다고 했다. 이는 학문의 최종 목표를 경세학에 두고 그 학문적 기반을 마련하기 위해 경학을 연구한다는 뜻이었다. 정약용은 한학이 고고(考古)를 위주로 하지만 분명하게 변별하는 것이 부족하고, 송학이 궁리(窮理)를 주장하지만 옛 것을 증거로 삼는 데 소홀한 점이 있다고 지적했으며, 한학의 훈고와 송학의 의리를 극복하여 경전 원래의 세계로 돌아가는 것을 경학 연구의 목표로 했다.

> 한유는 경전을 주석함에 있어 고고(考古)를 준법으로 삼았기 때문에 명변(明辨)이 부족하다. 따라서 참위의 사설(邪說)이 수록됨을 면치 못했으니 이것이 학이불사(學而不思 : 배우면서 생각하지 않음)의 폐단이다. 후대의 유학자(송학)는 궁리(窮理)를 위주로 했기 때문에 간혹 고거(考據)에 소홀했다. 따라서 제도 명물이 잘못 다뤄지기도 했으니, 이것이 사이불학(思而不學, 생각하면서 배우지 않음)의 폐단이다.[13]

그림 14 정약용의 초상

정약용은 『대학』의 구조는 주희의 해석처럼 3강령 8조목이 있는 것이 아니라 명덕(明德)이라는 하나의 강령과 효(孝) 제(弟) 자(慈)란 세 개의 조목이 있을 뿐이라 했고, 사천(事天)의 내세워 원시유교의 종교성을 강조하면서 주희의 이기설(理氣說)은 선종 불교에 가까운 것으로 비판했다. 정약용은 선왕(先王)의 제도를 정확하게 이해하는 경학 연구와 지인(知人) 안민(安民)의 실천 방안을 마련하는 경세학 연구를 합하여 이론화했고, 인간이 가진 부욕(富欲)과 귀욕(貴欲)을 적극적으로 실현해 주는 방향으로의 개혁안을 제시했다(김문식(1996), 217~222).

13 丁若鏞, 『論語古今註』.

성해응은 청조의 고증학을 수용하는데 선구적 역할을 한 학자로 160여 권에 이르는 『연경재전집(研經齋全集)』을 남겼다. 그는 북학론을 주장한 성대중(成大中)의 아들로 규장각 검서관이 되어 규장각에 소장된 자료들을 열람하면서 훌륭한 학자가 되었다. 그는 경학 연구의 목적이 경전의 원래 모습을 되찾아 성인의 본지(本旨)를 파악하는데 있다고 했으며, 연구 방법으로는 전문성을 특징으로 하는 한학과 의리의 순수성을 특징으로 하는 송학을 절충하려고 했다.

> 한학은 명물도수(名物度數)에 깊으면서 이(理)가 원래 포함되었고, 송학은 천인성명(天人性命)에 밝으면서 수(數)도 섞여 있다. 다만 이미 문호가 나뉘어져 서로 공격하기를 그치지 않는다. 만일 한학과 송학을 합하고 그 요점을 잡아 박문약례(博文約禮, 지식은 넓게 가지고 행동은 예의에 맞게 한다)의 가르침에 도달할 수 있다면, 학문은 여기에서 더욱 넉넉하게 될 것이다.[14]

성해응은 고증학의 필요성과 요점을 분명히 인식했고, 고증학이 지나치게 번쇄한 데로 치닫는 한계점은 송학의 장점으로 해결하려 했다. 이러한 성해응의 연구 방법은 청의 고증학자인 옹방강(翁方綱)의 영향을 받은 것으로 보인다.

김정희는 조선후기의 고증학풍을 집대성한 것으로 평가받는 학자이다. 그는 박제가의 제자로 1809년에 부친 김노경(金魯敬)을 따라 북경을 방문했다가 고증학자 옹방강과 완원(阮元)을 만났다. 이 때 완원은 자신이 편찬한 『황청경해(皇淸經解)』와 『십삼경주소(十三經注疏)』를 기증했다. 김정희는 청조 학자와의 만남을 통해 고증학의 정수인 경학과 금석학에 관심을 가졌다. 김정희는 경학 연구에서 한학의 장점인 훈고와 송학의 장점인 의리를

14 成海應, 『研經齋全集』 外集 권8, 「送趙義卿寅永遊燕序」.

흡수하여 종합적으로 보아야 한다고 주장했는데, 이는 옹방강의 '한송불분론(漢宋不分論)'과 동일한 논리였다. 김정희는 정약용이 경학 연구에서 자기 견해가 너무 강한 것을 비판하고 옛 것을 보존할 것을 강조했다. 이는 목적의식이 개입되지 않은 순수 학문을 중시했기 때문이다(최영성(1995), 158~217).

조선후기에 고증학풍을 보인 학자들이 많이 나타났지만, 송학의 장점인 의리의 중요성을 부인하는 학자는 없었다. 이는 성리학 계열의 학자들이 학계를 주도하는 가운데 고증학은 성리학의 한계점을 보완하는 역할을 했기 때문이다.

IV. 서민문화의 성립

1. 청대 서민문화

청대의 문화 중심지는 북경과 장강(長江) 하류 일대의 지역이었다. 북경은 황제의 보호와 장려 속에 재정적으로 풍부한 지역이었고, 장강 일대는 경제적인 발달로 형성된 막대한 상업 자본을 배경으로 성장한 지역이었다.

도시의 지식인들은 그들만의 독자적 문화를 가지고 있었다. 이들은 잔치와 유람, 원예, 연극 구경, 벗들과 유명한 장소를 여행하기를 즐겼고 서적, 회화, 서예 작품, 청동상, 탁본 같은 진귀한 물품들을 수집했다. 청대의 상인들은 도시문화의 주도자로 활동했으며, 특히 안휘성 휘주부(徽州府) 지역에 근거를 둔 휘상(徽商)이 유명했다. 청대의 휘상은 유명한 장서가이자 고증학 학자들의 후원자였고, 내지의 상업로에 대한 안내책자를 출판하고, 회관(會館) 조직과 공공정신에 대한 표준을 정했다. 휘상 이외에도 산서, 광동, 복건, 강서 지역의 상인들이 많은 활동을 보였으며, 자신들의 음식과 오락거리, 자신들만의 신(神)을 가지고 있었다.

청대의 서적출판은 다양한 형태로 이뤄졌다. 북경에서는 국가에서 후원하는 방대한 출판 사업이 있었고, 장강 일대에서는 상업적 출판사들이 다양한 입문서와 소설, 도덕지침서와 대본들을 출간했다. 또한 여타 지역과 소도시에서는 좀 더 값싼 형태의 책이 복사업자들에 의해 보급되었다.

청대에는 소설, 특히 장편의 연의소설(演義小說)이 등장하여 서민들의 욕구에 부응했다. 소설은 서민들의 경제적 여유가 증대되고, 문화 수준이 향상된 것에 기반을 두었지만, 지식인들이 민간문학에 참여하고 인쇄술과 출판업이 발달한 것도 중요한 요인으로 작용했다. 청대에는 명대에 유행했던 소설들이 광범위하게 유포되었으며, 4대 기서(奇書)라 불리는 『삼국지연의(三國志演義)』『수호지(水滸志)』『서유기(西遊記)』『금병매(金甁梅)』가 대표적이었다. 이들 소설의 몇몇 에피소드는 극화되거나 구연되고, 사원의 장식, 포스터, 속담으로 사용되었기 때문에 무식한 농민이라 해도 그 구성과 극중 인물의 성격을 알고 있을 정도였다. 청대에 작성된 소설로는 『홍루몽(紅樓夢)』과 『유림외사(儒林外史)』『요재지이(聊齋志異)』가 유명했다.

북경 일대에서는 경극(京劇)이 유행했다. 당시의 배우들은 상설극장을 옮겨 다니며 연극을 공연했고, 회관에 부속되어 있던 공연장은 일반 서민에게도 개방되는 독립 건물로 변했다. 배우들은 자신들의 조합을 가졌고, 내무부(內務部)는 산하에 대규모 극단을 소유했으며, 북경에만 21개의 대중극장이 있었다. 국가와 상인도 극단을 지원했다.

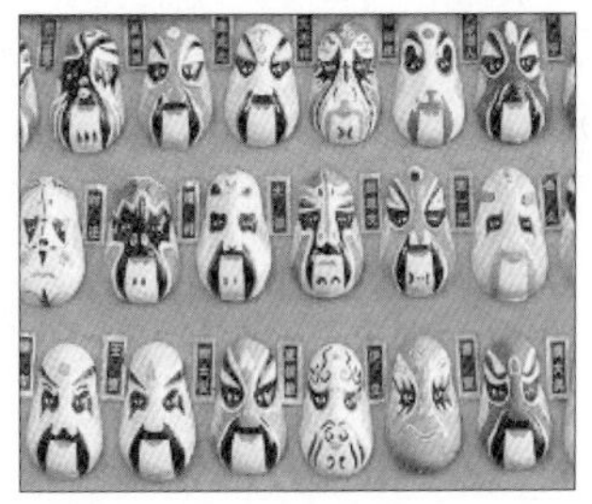
그림 15 경극에 사용되는 가면

황제와 관리들은 유명 배우를 북경으로 초청했고, 유력한 상인들은 개인 극단을 운영하며 지방색 짙은 연극을 상연했다. 북경을 중심지로 부상한 경극은 지방으로 보급되어 전국적으로 성행했고, 극본도 점차 다양해졌다.

다음은 조선의 사절단이 북경에서 목격한 연극을 기록한 것이다. 이를 보면 역사적으로 유명한 사건을 다룬 연극들이 크게 유행하고 있었음을 알 수 있다.

> 중국 사람들은 희장(戱場)에도 규모가 있는데 배울 만한 것이다. 연희(演戱)의 이름은 진시황의 아방궁연(阿房宮宴), 초 패왕의 홍문연(鴻門宴), 한 고조의 남궁연(南宮宴), 위 무제의 동작연(銅雀宴), 진 무제의 운룡연(雲龍宴), 수 양제의 서원행락(西園行樂), 당 태종의 칠덕무(七德舞), 송 태조의 청류관전(淸流關戰), 금 태조의 용왕묘전(龍王廟戰), 원 세조의 혼하전(渾河戰), 명 태조의 금릉전(金陵戰), 그 밖에 거록대전(鉅鹿大戰), 적벽대전(赤壁大戰), 서원아집(西園雅集), 기정고사(旗亭故事), 왕소군(王昭君)의 출새행(出塞行), 오손공주(烏孫公主)의 비파행(琵琶行) 등으로 이런 것들을 다 기록할 수가 없다.[15]

그림 16 홍문연(鴻門宴)을 소재로 한 항장무(項莊舞)

청대의 중엽 이후 지방에서는 지방희(地方戱)가 활발하게 나타났다. 지방희는 지방의 토속적 음악을 기반으로 발달한 양식인데, 도시가 발달하고 인구가 급증하면서 도시에서도 공연되기 시작했다. 지방희는 그 구성이 자유롭고, 엄격한 제약이나 규칙이

15 朴思浩, 『心田稿』 권2, 「留館雜錄」.

별로 없으며, 노래의 가사와 대화가 통속적 백화체로 되어 있어 서민들 사이에 크게 유행했다(Susan Naquin(1998), 95~107 ; 김영구(2005), 671~674).

2. 에도시대 서민문화

에도시대 도시민의 생활은 신분 계층에 따라 큰 차이가 있었다. 중, 하급 무사들의 생활은 곤궁했으며, 특히 하급 무사는 부업을 통해 생활을 유지했다. 무사의 부업에는 화초 재배, 분재, 금붕어 기르기, 우산 제작, 붓 제작 같은 일이 있었고, 가족들이 협력하여 베틀을 놓고 옷감을 짜는 경우도 있었다.

조닌[町人]은 에도시대 도시의 상인이나 장인을 말하는데, 상층 조닌은 비단옷을 입고, 고급 생활용품을 소지하며, 유흥가를 출입하면서 거금을 쓰는 소비자였다. 그러나 대부분의 조닌은 생활이 넉넉하지 못하여 검소한 생활을 했다. 도시에는 하층민이 거주하는 지역이 형성되었으며, 무가(武家) 상가(商家)의 봉공인(奉公人), 목수, 토수, 행상, 일당 노동자들이 그곳에서 생활했다.

도시에는 목욕탕과 이발소가 많았고, 서민들이 즐기는 오락 시설도 많았다. 가부키(歌舞伎) 극장을 비롯하여 역사 이야기나 인물 이야기를 들려주는 고단[講談], 만담의 일종인 라쿠고[落語]를 관람할 수 있는 시설이 있었고, 일본 씨름인 스모[相撲]도 인기를 끌었다. 유곽(遊廓)은 막부가 유흥가로 지정한 특별 공간이었는데, 교토의 시마바라[島原], 오사카의 신마치[新町], 에도의 요시와라[吉原] 등이 대표적이었다.

그림 17 에도의 유곽 .

유곽은 신분의 제약이 없이 누구나 출입하는 공간이었지만 경제력 있는 조닌들이 대우를 받았다.

도시는 생활이 유동적이고 부침이 심해 연대감이 형성되기 어려운 공간이었다. 조닌을 자연스럽게 연결해 주는 것은 공통의 취미였는데, 도시인의 취미생활은 단순히 즐기기 위해서보다는 교류를 위한 수단으로 활용되었다. 에도시대에는 대도시의 유력한 조닌을 중심으로 유예(遊藝)를 배웠으며, 와카[和歌], 하이쿠[俳句], 교카[狂歌], 다도(茶道)와 관련된 동호회를 결성하여 활동했다.

농민들은 도시의 조닌과는 전혀 다른 공동체 속에서 생활했다. 이들은 공동생활을 하면서, 농사를 지을 때뿐만 아니라 여러 사람의 힘이 필요할 때 협력하여 작업을 했다. 협동 작업에서는 요령을 피운다든지 게으름을 피우는 것은 용서할 수 없는 일이었고, 촌락에서 그런 사람에게 집단으로 벌을 가했다. 농민의 오락으로는 쇼가쓰[正月], 봉[盆], 셋쿠[節句] 등의 연중행사가 있었고, 농한기에 개최되는 연극과 스모대회가 있었다. 이런 오락은 단조롭고 힘든 노동에 시달리는 농민들에게 휴식의 기회를 제공했다.

도시와 농촌을 막론하고 서민들에게는 관습적으로 지켜오던 신앙이 있었다. 농민은 풍년을 기원하기 위해 논과 물의 신령을 섬겼고, 각 지역마다

그림 18 우타가와 구니사다[歌川國貞]의 스모 그림, 1860년대.

특별한 효험이 있다는 신령이 신앙의 대상이 되었다. 서민들은 현세 이익을 추구하면서 전국적으로 영험이 있다고 알려진 사원과 신사를 참배했다. 특히 천황의 조상신인 아마테라스오미카미[天照大神]가 모셔진 이세신궁(伊勢神宮)을 참배하는 것이 성행했고, 이곳을 참배한 이후에는 교토나 오사카 등으로 여행을 하는 것이 일반적이었다. 사원, 신사, 영산, 명산을 찾아 기도하는 목적은 신불(神佛)의 가호를 받기 위해서였다. 서민들은 신불의 가호를 입어 일상생활이 순조롭게 풀리기를 염원했고, 상업이 번창하고, 질병을 고치며, 집안이 평안하기를 빌었다(구태훈(2008), 227~230).

3. 조선후기 서민문화

조선후기에는 서민문화가 새롭게 형성되고 있었다. 상업이 발달하면서 서민들은 문학과 연결되었으며 특히 소설이 그 중심에 있었다. 소설의 작자는 이름이 알려지지 않은 경우가 대부분이며, 소설이 전달되는 과정에서 내용이 개작되는 경우도 허다했다. 서민들이 소설을 향유하는 방법에는 낭독, 세책(貰冊), 방각본(坊刻本) 출판이 있었다.

낭독은 소설을 읽어주는 전문 직업이 있었다는 것이다. 이덕무의 기록을 보면, 서울 종로의 담배 가게에서 소설을 듣던 남자가 영웅이 가장 실의(失意)한 대목에 이르러 갑자기 눈을 부릅뜨고 낭독자를 칼로 찔러 죽인 사건이 발생했다. 소설의 낭독은 하층의 부자, 상인, 가게나 장터로 모여드는 사람들 사이에 인기가 있었고, 낭독자의 신분은 매우 미천했다. 조선후기에는 민간에 전해지던 이야기를 많이 기억하고 그것을 개성 있게 구성하는 강담사(講談師)나 이야기나 소설책을 적당한 몸짓과 표정을 섞어가며 읽어주는 강독사(講讀師)가 등장했다.

세책은 돈을 주고 소설책을 빌어다 읽는 방식으로 여성 독자에게 인기가 있었다. 18세기 이후에는 집안에서 만들어 사용하던 물건들이 대량으로 상품화되어 시장에서 구입이 가능했기 때문에 여성들에게 시간적인 여유가 생겼고, 시간을 메우는 데는 소설이 유용했다. 소설은 남성 독자를 의식하기도 하지만, 여성 주인공을 등장시키고 여성의 관심거리를 세세하게 파헤치는 것을 특징으로 했다.

세책이 서울에서 유행했다면 지방에서는 방각본 출판이 발달했다. 방각본은 민간에서 소설을 판각해 인쇄한 책으로 서울, 안성, 전주와 같은 상업 중심지에서 성행했다. 방각본 소설은 새로운 작품을 개발하기보다 인기가 있는 작품을 줄여서 개작하는 편이 유리했고, 몇몇 중심지에서만 애독되던 소설들이 전국적으로 보급되는데 결정적으로 기여했다. 방각본으로 출판된 소설에는 『조웅전』『소대성전』『장풍운전』『춘향전』『심청전』 등이 있다.

서민들은 조선후기에 등장한 판소리도 향유했다. 판소리는 소리꾼이 서서 노래를 하고, 고수(鼓手)는 앉아서 반주를 하면서 추임새를 넣으므로 어디서나 놀이판을 벌일 수 있다는 장점이 있었다. 판소리는 전라도 지역에서 생겨나 중부지역으로 확산되었고, 소리꾼이 장터에서 청중을 모으거나 부잣집으로 초청을 받아가기도 했다. 판소리 소리꾼이 인기를 얻으면 가마를 타고 잘 차린 음식상을 받았으며, 기생들이 사랑을 이루고자 애쓰는 인기인이 되었다. 판소리를 향유하는 사람들은 중인 이하의 신분층으로 상업 활동을 통해 부를 축적한 사람들이었다. 판소리의 『춘향가』『흥부가』『심청가』는 물론이고 『수궁가』『적벽가』에서까지 인습적 규범에 대한 반발이 형상화 된 것은, 양반 사회에 대한 반발심을 가진 수용자들의 요구를 받아들였기 때문이다.

서민들의 음악적 요구에 부응하여 가객(歌客)과 악사(樂士)가 등장했다. 가객으로는 김현택, 김수장, 이세춘, 손실솔, 장우벽이, 악사로는 송경운, 김성기, 유우춘이 유명했다. 이들은 거문고, 가야금, 양금, 해금과 같은 현악기를 위주로 하면서 장구, 젓대, 단소 등의 반주를 곁들이는 일종의 실내악단인 줄풍류를 성립시켰다.

그림 19 판소리 공연

미술에서는 농촌의 중산층이나 도시의 중인층 기호에 맞는 그림이 그려졌다. 김홍도과 신윤복의 풍속화로 대표되는 속화(俗畵)가 그것인데, 중산층이나 중인층이 이들을 후원했다. 이 시기에는 민화(民畵)도 유행했는데, 유랑화가나 방랑화가들이 예술적 감상보다는 생활공간을 장식하는 그림을 그렸다. 민화에는 화조화, 산수화, 어류화, 풍속화, 문자화 등이 있으며, 윤곽선이 두툼하고 힘차며 어질고 선량한 분위기가 나는 것이 특징이다(조동일(1984) ; 정석종(1994)).

조선후기에는 국가행사로서의 도교 의식은 완전히 사라졌다. 그러나 양생법(養生法)이나 신선 사상처럼 도교에 연원을 둔 지식이 유행했고, 민간에서는 도교가 신앙의 형태로 남아있었다. 임진왜란 이후 관제(關帝) 신앙이 유입되어 관왕묘(關王廟)가 설립되었으며, 관우(關羽), 장아(張亞), 여순양(呂純陽)으로 이루어진 세 성인이 하늘로 올라가 인간의 선악을 감시하고 화복을 내리는 존재로 받아들여졌다.

그림 20 김홍도의 씨름도

민간에서는 『정감록(鄭鑑錄)』이란 도참서가 유행했다. 『정감록』은 참위설,

풍수지리설, 도교사상이 혼합되어 나타났으며, 왕조의 운이 다하여 계룡산으로 천도를 하며, 운수를 다하는 날 '정도령'이란 구세주가 나타나 세상을 구원한다는 내용이었다. 조선후기에는 『정감록』에 근거한 참위설이 각종 정변과 연결되어 나타났고, 민란의 배경이 되기도 했다(정승모(1998), 160~168).

참고문헌

강재언(1990), 『조선의 서학사』, 민음사.

구태훈(2008), 『일본 근세 근현대사-전통사회에서 세계속의 일본으로』, 재팬리서치 21.

금장태(1998), 「성리학」 『한국사』 35, 국사편찬위원회.

김문식(1996), 『조선후기 경학사상 연구-정조와 경기학인을 중심으로』, 일조각.

______(2009), 『조선후기 지식인의 대외인식』, 새문사.

김영구(2005), 『중국문학사강의』, 한국방송통신대학교출판부.

박성래(1998), 「과학과 기술」 『한국사』 35, 국사편찬위원회.

신동규(2007), 『근세 동아시아 속의 日·朝·蘭 국제관계사』, 경인문화사.

윤내현(1992), 『중국사』 2, 민음사.

임계순(2000), 『청사-만주족이 통치한 중국』, 신서원.

정석종(1994), 「중세사회의 동요와 해체」 『한국사』 9, 한길사.

정승모(1998), 「민간신앙」 『한국사』 35, 국사편찬위원회.

조동일(1984), 『한국문학통사』 3, 지식산업사.

천관우(1965), 「실학의 선구-유형원」 『한국의 인간상』 제4권, 신구문화사.

최영성(1995), 『한국유학사상사』 Ⅳ, 「조선후기편 하」, 아세아문화사.

高國抗 저·오상훈 이개석 조병한 역(1998), 『중국사학사』 하, 풀빛.

山井湧 저·김석기 강경석 역(1994), 『명청사상사의 연구』, 학고방.

守本順一郎 저·김석근 이근우 역(1994), 『일본사상사』, 이론과실천.

源了圓 저·박규태 이용수 역(2000), 『도쿠가와 시대의 철학사상』, 예문서원.

Susan Naquin·Evelyn S. Rawski 저·정철웅 역(1998), 『18세기 중국사회』, 신서원.

橋本敬造(1997), 「유럽 과학문명과 중화제국의 만남」 『아시아 歷史와 文化 4』, 신서원.

大谷敏夫(1997), 「청대의 학술과 문화」 『아시아 歷史와 文化 4』, 신서원.

찾아보기

| ㄱ |

가이바라 에키켄[貝原益軒] 261
가토 키요마사군[加藤淸正軍] 221
간품(看品) 332
감합무역(勘合貿易) 219, 245, 283, 286
강번 414
강영 415
강항(姜沆) 251
강화사(講和使) 233
개성상인 325, 333, 334, 335, 366
개시(開市) 299, 303, 309, 310, 331
개혼(皆婚)사회 347
거란(요) 13
게이초은 291, 304, 305
격물치지(格物致知) 153
겐로쿠은 304, 305, 318, 326, 327
경강(京江) 365
경강상인 366
경극 425
경력정학(慶曆正學) 142
경제사회 346
계해약조(癸亥約條) 301
고니시 유키나가군[小西行長軍] 221
고문운동(古文運動) 139
고염무 399, 413
고증학 402, 412
고차적인 균형의 함정 344
고추 254
고쿠시[國司] 108
곤여만국전도 387
공음전시 103
공양학 402
과거제 112
관모제(官帽制) 334
관정중수제가보(寬政重修諸家譜) 261
교역망 271, 276, 281, 286, 287, 290, 292, 311, 312, 325
구로다 나가마사군[黑田長政軍] 221
구리무역 317, 319
구양수(歐陽脩) 145
구재학당(九齋學堂) 159
군주 독재 체제설 97
권근(權近) 171
권문세족(權門世族) 124
권율(權慄) 231
근강상인(近江商人) 361
금(金) 23, 24, 26
금문사목(禁紋事目) 329
기호학파(畿湖學派) 182
기효신서(紀效新書) 235
긴자[銀座] 319, 327
김감불(金甘佛) 273
김상범 396
김육 396
김정희 423

| ㄴ |

나가사키[長崎] 285, 293, 294, 295, 296, 298, 304, 311, 312, 313, 315, 316, 318, 319, 322, 324, 325, 327, 329, 330, 332
나가사키부교[長崎奉行] 293, 297, 320, 324, 325
난전상업 365
난학 391
남만학 392
남명학파(南冥學派) 182
남반부키[南蠻吹] 318
남병길 397
남병철 397
네덜란드상관 293

노량해전 237
노부세(路浮稅) 301
누르하치 238
능문능리(能文能吏) 106

| ㄷ |

다와라모노[俵物] 323, 324
다이칸[代官] 303
다자이 슌다이 405
단옥재 415
단천 273, 286, 287, 299
담배 254
당·송 변혁론 93
대명의리론(對明義理論) 259
대진 415
도고(都賈)상업 367
도자[銅座] 319, 333
도자기전쟁 253
도중상고(都中商賈) 325
도쿠가와막부[德川幕府] 241, 245
도쿠가와 이에야스[德川家康] 236
도학정치(道學政治) 178
동래상인 325, 331, 332
동아시아 국제전쟁 200, 265
동인도회사 279, 295, 316
동중서(董仲舒) 144
동지은(冬至銀) 308, 309
동호문답(東湖問答) 181

| ㅁ |

마카오 278, 279, 285, 385
마테오리치 387
막부체제 111
만권당(萬卷堂) 164
만력삼대정(萬曆三大征) 243
만사동 416
만한전석(滿漢全席) 323
말라 21
말린해삼[煎海鼠] 323, 324, 325, 331
맬더스의 덫 348
메이지유신[明治維新] 262
명량해전 227
모토가타야쿠[元方役] 303
모토오리 노리나가[本居宣長] 262
몽골(원) 29
몽골제국 32
무본보말론(務本補末論) 362
무로마치 막부 130
무사(武士) 108
무신난 105
무역총액 304, 305, 313, 314, 315, 316, 317, 320, 321, 322
문벌귀족 103
문록경장의 역[文祿慶長の役] 209
문신 관료제 96
문화약탈전쟁 251
민화 431
밀무역 275, 283, 284, 285, 289, 294, 299, 300, 301, 302, 315, 316, 318, 322

| ㅂ |

박세당 421
박제가 398, 411
박지원 411
반청북벌론(反淸北伐論) 259
발해 22
백사(白絲) 289, 297, 303, 305, 306, 308, 310, 312, 314, 327, 329, 330
범중엄(范仲淹) 141
병자호란(丙子胡亂) 239
부산포해전 226

부상대고 289
북로남왜(北虜南倭) 240, 282, 285
북방민족 11
불씨잡변(佛氏雜辨) 171

| ㅅ |

사대부(士大夫) 97, 106
사라능단(紗羅綾緞) 286, 287
사명대사 유정(惟政) 241
사무라이(侍) 109
사서(四書) 146
사서대전(四書大全) 167
사서삼경석의(四書三經釋義) 180
사서언해(四書諺解) 181
사서집주(四書集註) 147
사서학(四書學) 147
사야카[沙也可 : 金忠善] 249
사창(社倉) 98
산서상인(山西商人) 358
삼도(三都) 361, 372
삼번(三藩)의 난 240
서경덕(徐敬德) 179
서울의 '쌀폭동' 366
서원 114
서하 19
서학 396
석개(石介) 142
성균관 중영 128
성리대전(性理大全) 167
성리학 114
성하정(城下町) 347, 371
성학십도(聖學十圖) 180
성학집요(聖學輯要) 181
성해응 423
성혼(成渾) 179
세견선(歲遣船) 300
세모법(稅帽法) 334
세책 430
센고쿠다이묘[戰國大名] 131
소농경영 345
소학(小學) 178
손복(孫復) 142
송방(松房) 367
송시열(宋時烈) 186
송학(宋學) 137
쇼바이가카리[商賣掛] 303
쇼시키[諸色] 324
쇼토쿠신레이[正德新令] 319, 320, 321, 324, 327, 333
순망치한론(脣亡齒寒論) 228, 264
슈인센[朱印船] 292, 293
스모 427
시로모노가에[代物替] 317, 318
시변제(市邊制) 367
시전상인 364
시진(市鎭) 355
시호[市法] 296, 298
신대륙 작물 341
신사 124
신유학(新儒學) 139
신패(信牌) 320, 321, 322
신흥유신(新興儒臣) 126
심기리(心氣理) 171
심문천답(心問天答) 171
심유경(沈惟敬) 229
쑤왕위[双嶼] 284
쓰시마[對馬] 299, 300, 301, 302, 304, 305, 308, 309, 310, 325, 326, 327, 330, 331, 332, 333

| ㅇ |

아라도[荒銅] 318, 332

아라이 하쿠세키[新井白石] 262, 291, 319, 392
아리타요[有田窯] 253
아말감법 277, 278
아메노모리 호슈[雨森芳洲] 261
악비 27
안정복 409
안향(安珦) 163
야마가 소코 418
양명학(陽明學) 170
양전사업 353
어음(於音)과 환(換) 367
에도[江戶] 295, 302, 315, 326
여진 24
역상고성 390
연의소설 425
영국경제(領國經濟) 361
영락대전(永樂大全) 167
오경대전(五經大全) 167
오경정의(五經正義) 139
오경천견록(五經淺見錄) 171
오규 소라이 404, 419
오사카 295, 302, 303, 318, 319, 332
오상(五商) 296
오징(吳澄) 157
완원 416
왓푸시호[割符仕法] 314
왕부지 401
왕수인(王守仁) 170
왕직(王直) 284, 285
왜관(倭館) 299, 300, 301, 302, 303, 304, 308, 309, 310, 325, 327, 330, 331, 332
요(거란) 14, 17
울루스 32
원(元) 35
위에강[月港] 284
위원 403
유구(琉球) 201
유서종(柳緖宗) 273, 274
유성룡(柳成龍) 233, 257
유희춘(柳希春) 183
육구연(陸九淵) 170
윤휴 421
은귀전천(銀貴錢賤) 306
은선(銀船) 308, 327
음서제 103, 119
의병(義兵) 222
의승군(義僧軍) 223
이덕무 429
이삼평(李參平) 253
이색(李穡) 164
이순(李順 : 高本紫溟) 251
이순신(李舜臣) 225
이숭인(李崇仁) 164
이시다 바이간 407
이언적(李彦迪) 179
이여송(李如松) 229
이와미[石見] 은광 275, 276
이이(李珥) 179
이익 409
이전직(李全直) 251
이제현(李齊賢) 164
이진영(李眞榮) 251
이토왓푸[糸割符] 295, 297, 314, 315
이토 진사이 419
이황(李滉) 179
인구이동 368
인삼대왕고은(人蔘代往古銀) 326, 327, 328
인삼좌(人蔘座) 326
일본이적관(日本夷狄觀) 205
일본형 화이의식 244
일조편법(一條鞭法) 282
임진록(壬辰錄) 259
임진왜란(壬辰倭亂) 203

임진전쟁(The Imjin War) 211
임진·정유왜란 204
임진조국전쟁 206, 207
입학도설(入學圖說) 171

| ㅈ |

장원공령제(莊園公領制) 110
장원(莊園) 93
장재(張載) 148
장학성 416
재조동번(再造東藩) 264
재조번방지(再造藩邦志) 258
재조지은(再造之恩) 259
전국시대(戰國時代) 214
전시(殿試) 112
전연(澶淵)의 맹약(전연지맹) 15, 17, 99
전제개혁 128
전해령(展海令) 296, 297, 311, 312, 313
절작통편(節酌通編) 186
정감록 431
정경세(鄭經世) 186
정도전(鄭道傳) 171
정몽주(鄭夢周) 164
정묘호란(丁卯胡亂) 239
정복왕조 11
정복왕조론 11
정세태(鄭世泰) 309, 310, 329
정약용 398, 421
정이(程頤) 150
정은(丁銀) 291, 292, 303, 304, 305, 307, 328
정청공[鄭成功] 295, 296
정호(程顥) 150
제1차 평양성 전투 229
제2차 평양성 전투 230
조공국보호론 228, 264
조공무역 280, 282, 283, 286, 287, 290
조광조(趙光祖) 178
조교레이[貞享令] 298, 304, 311, 313, 314, 315, 316, 317
조닌 427
조명연합군 236
조선중화주의의식 205, 244
조선침략론[征韓論] 262
조식(曺植) 179
조총(鳥銃) 254
종두법(種痘法) 339
죠우다카[定高] 314
주돈이(周惇頤) 147
주문작해(朱文酌海) 186
주자대전(朱子大全) 185
주자대전차의(朱子大全箚疑) 186
주자서절요(朱子書節要) 180
주희(朱熹) 152
중개무역 271, 299, 303, 306, 309, 327, 330, 331, 333
지봉유설(芝峯類說) 203
지봉유설(芝峰類說) 255
진골귀족 100
진상(晉商) 343
진회 27
집현전(集賢殿) 175
징기스 칸 33
징비록(懲毖錄) 258

| ㅊ |

참근교대제(參勤交代制) 347
책봉-조공 122
책봉체제 271, 289, 290
척계광(戚繼光) 235
천인감응설(天人感應說) 144
천인합일(天人合一) 144
천해령(遷海令) 296, 297, 298, 311, 313

청이적관(淸夷狄觀) 205
최충(崔沖) 159
칭량(稱量)화폐 291

| ㅋ |

카미야 쥬테이[神屋壽禎] 275
키노시타 쥰앙[木下順庵] 261

| ㅌ |

탐적사(探賊使) 241
태극도(太極圖) 148
태합검지(太閤檢地) 345
토요토미 히데요시[豊臣秀吉] 215, 218
토진야시키[唐人屋敷] 316
통일적다민족국가론 13
퇴계학파(退溪學派) 182
투순군(投順軍) 250
특주은(特鑄銀) 326

| ㅍ |

판소리 430
팔포(八包) 307, 308, 329, 334, 335
팽호도 386
포토시 은광 277, 278
피로인(被虜人) 247
피집(被執) 331

| ㅎ |

하야시 라잔[林羅山] 188, 251, 261
하야시 시헤이[林子平] 262
한산도대첩 226
한유(韓愈) 140
항왜(降倭) 247, 249
항왜원조(抗倭援朝) 208
해금(海禁) 122, 271, 280, 282, 285, 289, 296
해산물 317, 318, 320, 322, 323, 324
행주산성 전투 231
향리 105
향약 98
향직(鄕職) 102
허형(許衡) 156
형세호(形勢戶) 97
혜동 414
호상(豪商) 360
호원(胡瑗) 142
호족(豪族) 101
혼다 도시아키 406
홍대용 397, 410
홍삼 329, 333, 335
홍호연(洪浩然) 251
화담학파(花潭學派) 182
화이변태(華夷變態) 245
황력은(皇曆銀) 308, 309
황종희 401
회답겸쇄환사(回答兼刷還使) 241
회취법(灰吹法) 272, 273, 274, 275, 276, 277
후금(後金) 239
효행록(孝行錄) 174
후지와라 세이카[藤原惺窩] 188, 251, 261
휘상(徽商) 343, 424
휘주상인(徽州商人) 358
히라도[平戶] 285, 293, 386

| 기타 |

Hideyosi's Invasion of Korea : 1592~1598 210

동아시아의 역사 Ⅱ

(북방민족 - 서민문화)

초판 1쇄 발행 2011년 12월 15일
초판 2쇄 발행 2012년 12월 15일

엮은이 동북아역사재단
펴낸이 김학준
펴낸곳 동북아역사재단

등 록 제312-2004-050호(2004년 10월 18일)
주 소 서울시 서대문구 통일로 81(미근동 267) 임광빌딩
전 화 02-2012-6065
팩 스 02-2012-6189
홈페이지 www.nahf.or.kr

ISBN 978-89-6187-256-0 94910